Baedeker

Allianz  Reiseführer

W0040359

Provence
Côte d'Azur

www.baedeker.com

Verlag Karl Baedeker

TOP-REISEZIELE ✱ ✱

Die Liste der provenzalischen Sehenswürdigkeiten ist lang – was aber sind die echten Highlights? Ob Strände oder Schluchten im Hinterland, Naturparks oder historische Zeugnisse, Kulturstädte oder mondäne Badeorte – wir haben für Sie zusammengestellt, was Sie nicht versäumen sollten.

1 ✱✱ Mont Ventoux
Der kahle »Windberg« dominiert mit seiner eigentümlichen Gestalt die nordwestliche Provence. ▶ **Seite 276**

2 ✱✱ Avignon
Der Papstpalast und der ebenso berühmte Pont d'Avignon zählen mit weiteren Bauten zum Welterbe der UNESCO. ▶ **Seite 147**

3 ✱✱ Villeneuve-lès-Avignon
Die kleine Schwesterstadt von Avignon wartet mit einigen Kunstschätzen von Weltgeltung auf. ▶ **Seite 159**

4 ✱✱ Pont du Gard
Meisterwerk römischer Bauingenieure und beeindruckende Landmarke. ▶ **Seite 300**

5 ✱✱ Nîmes
Gehört nicht mehr zur Provence, sollte aber wegen seiner antiken und modernen Bauten nicht versäumt werden. ▶ **Seite 277**

6 ✱✱ Gordes
Eines der schönsten Dörfer Frankreichs, mit herrlichem Ausblick auf einen Hügel gebaut. ▶ **Seite 195**

Wallfahrtsort
der Franzosen:
Eine Mühle bei Arles
inspirierte den
Dichter Daudet.

Ouvèze
Durance
Verdon
Var
Rhône
Durance
Argens

3 Villeneuve-lès-Avignon
1 Mont Ventoux
22 Mercantour
4 Pont du Gard
10 Grand Canyon du Verdon
21 Monaco
5 Nîmes
2 Avignon
6 Gordes
7 Lubéron
19 St-Paul-de-Vence
8 Les Baux-de-Provence
20 Nizza
10 St-Gilles
9 Arles
12 Aix-en-Provence
16 St-Maximin-la-Ste-Baume
11 Camargue
17 Le Thoronet
©Baedeker
13 Marseille
14 Calanques
15 Massif des Maures

7 ★★ Lubéron
Postkartenansichten der Provence mit
verträumten Dörfern. ▶ **Seite 228**

8 ★★ Les Baux-de-Provence
Die Ruinen der mittelalterlichen Burg und
seine Lage machen Les Baux zu einer der
Hauptattraktionen. ▶ **Seite 222**

9 ★★ Arles
Griechisch-römische Wurzeln, südfranzösi-
sche Lebensart und Erinnerungen an
Vincent van Gogh. ▶ **Seite 134**

10 ★★ St-Gilles
Die Wallfahrtskirche ist ein Kleinod
südfranzösischer Romanik. ▶ **Seite 316**

11 ★★ Camargue
Schwarze Stiere, weiße Pferde und rosa
Flamingos in der Weite von Salzsümpfen
und Lagunen. ▶ **Seite 167**

12 ★★ Aix-en-Provence
Viele alte Paläste zeugen von der
glanzvollen Vergangenheit der einstigen
Hauptstadt der Provence. ▶ **Seite 122**

13 ★★ Marseille
Hafenmetropole, Frankreichs älteste Stadt
und Schmelztiegel der Nationen am
Mittelmeer. ▶ **Seite 237**

14 ★★ Calanques
Traumhafte Felsbuchten mit türkisblauem
Wasser, ein Dorado für Sonnenanbeter,
Kletterer und Wanderer. ▶ **Seite 253**

Sisteron
Tor zur Provence

Roussillon
Der Lubéron von seiner buntesten Seite

15 ★★ Massif des Maures
Wildromantisches Gebirge mit Ausblicken
über Berge und Meer. ▶ **Seite 255**

16 ★★ St-Maximin-la-Ste-Baume
Wallfahrtsort mit der bedeutendsten gotischen Basilika der Provence. ▶ **Seite 317**

17 ★★ Abbaye Le Thoronet
Schlicht und klar, ein Meisterwerk der
provenzalischen Romanik. ▶ **Seite 218**

18 ★★ Grand Canyon du Verdon
Mekka für Wanderer, Kletterer und
Wassersportler. ▶ **Seite 198**

19 ★★ St-Paul-de-Vence
Mittelalterliches Städtchen mit großer
moderner Kunst. ▶ **Seite 347**

20 ★★ Nizza
Mondänes Zentrum an der Côte d'Azur mit
atmosphärereicher Altstadt. ▶ **Seite 283**

21 ★★ Monaco
Ehrgeiziger Zwergstaat, Steueroase und
fast unerschöpfliches Thema in der
Regenbogenpresse. ▶ **Seite 267**

22 ★★ Massif du Mercantour
Grandiose Berglandschaft und eindrucks-
volle Schluchten im Hinterland von
Nizza. ▶ **Seite 264**

DIE BESTEN BAEDEKER-TIPPS

Von den Tipps in diesem Band haben wir hier einige besonders interessante zusammengestellt. Erlebe Sie die Provence von ihrer schönsten Seite.

🔳 Auf den Spuren der Maler
Machen Sie es Cézanne, van Gogh oder Pablo Picasso nach: Greifen Sie selbst zum Pinsel. ▶ **Seite 41**

🔳 Stierkampf provenzalisch
Stierkämpfe sind nicht jedermanns Sache – in Nîmes und Arles kann man außer der spanischen die provenzalische Variante erleben, bei der der Stier bis zum nächsten Kampf wieder in die Freiheit entlassen wird. ▶ **Seite 138**

🔳 Fest mit Ochsen
Barjols in der »Provence Verte« hatte einst dem Rindvieh einiges zu verdanken, was heute noch mit angemessenem Aufwand gefeiert wird. ▶ **Seite 164**

🔳 Geschmacksverwirrung
Erdbeerbonbons sind rot, Pfefferminz-bonbons grün – oder? Lassen Sie sich in Carpentras von den Berlingots eines anderen belehren. ▶ **Seite 178**

Cours Saleya
Lebendige italienisch-französische Atmosphäre in Nizza

🔳 In Seeigeln schwelgen
Ein Gaumenschmaus der besonderen Art sind Seeigel (wirklich!). An der Blauen Küste nahe Marseille werden sie im Winter gefeiert. ▶ **Seite 186**

Erkundungen per Rad
wie hier auf der Insel Porquerolles gehören zum Urlaubsspaß in der Provence.

🔳 So weit die Füße tragen
Die Provence ist für Wanderer und Rad-fahrer ein zwar anstrengendes, aber mehr als lohnendes Reiseziel. Beliebt ist z. B. der Küstenwanderweg zwischen St-Raphaël und Bandol. ▶ **Seite 191**

🔳 Reich der Farben und Formen
Roussillon leuchtet in allen Farben des Ockers, die man sich vorstellen kann. Hier macht das Werken und Gestalten beson-deren Spaß. ▶ **Seite 198**

🔳 Oliven auf der Haut
Gönnen Sie auch Ihrer Haut gutes Oli-venöl: in Form einer echten »Savon de Marseille«. ▶ **Seite 306**

Trüffeln
Eine Rarität, die ihren Preis hat,
aber Feinschmecker zahlen ihn gerne.

🔔 Traum in Gelb
Zwischen Bormes-les-Mimosas und Grasse
blüht es Ende Februar / März knallgelb,
sogar Feste werden zu Ehren der Mimose
abgehalten. ▶ **Seite 217**

🔔 Zwiebel-Nuss-Schokolade
180 Sorten Schokolade – für viele ein
Paradies. In Marseilles ältestem Viertel,
dem Panier, werden viele wundervolle,
originelle und auch recht exotische Leckereien kreiert. ▶ **Seite 247**

🔔 Geckos in den Calanques
Die traumhaft schönen Buchten der Kalkklippen zwischen Marseille und Cassis sind
ein Badeparadies. Mit etwas Glück sonnt
man sich in der Gesellschaft von Geckos.
▶ **Seite 253**

🔔 Bahnabenteuer
»Train des Pignes« und Tenda-Bahn: Gemütliche Expeditionen in die bergige Welt
von Haute Provence und Seealpen.
▶ **Seite 264**

🔔 Süßes Nizza
Von kandierten Rosenblüten bis zum
weißen Nougat mit Verbene: Die Confiserie
Florian ist seit langem der Nizzaer Fixpunkt
für Schleckermäuler. ▶ **Seite 295**

🔔 Klassik im Kloster
und an anderen ungewöhnlichen Orten
kann man Juli / August beim Internationalen Pianofestival La Roque-d'Anthéron
erleben. ▶ **Seite 312**

🔔 Vincents Motive
Van Gogh lebte zwar nur kurze Zeit in St-
Rémy, doch wurde der Ort zu einer wich-
tigen Station seines Schaffens. Wandeln
Sie hier auf seinen Spuren. ▶ **Seite 321**

🔔 Sinneserlebnis Wein
Im »Sinnesparcours« der Weinkellerei von
Cairanne kann man sich dem Wein auf alle
denkbare Weise nähern. ▶ **Seite 345**

Abtei Le Thoronet
Zisterzienser gaben der provenzalischen
Romanik ihren besonderen Charakter.

Die Sonnenblumen inspirierten nicht nur van Gogh.
▶ **Seite 13**

HINTERGRUND

Symbol des Südens:
Der violette Lavendel
▶ **Seite 208**

PRAKTISCHE INFORMATIONEN VON A BIS Z

Bestechend einfach:
Zisterzienserarchitektur in Sénanque
► **Seite 309**

TOUREN

REISEZIELE VON A BIS Z

Preiskategorien

Hotel
Übernachtung für 2 Personen im
Doppelzimmer, o. F. (Hauptsaison)
Günstig: bis 80 €
Komfortabel: bis 150 €
Luxus: ab 150 €

Restaurant
Dreigängiges Menü, ohne Getränke
Preiswert: bis 25 €
Erschwinglich: bis 45 €
Fein & teuer: ab 45 €

*Mohnblumenfelder,
ein Rausch in Rot*
▶ **Seite 15**

nachdenken · klimabewusst reisen
atmosfair

*Römische Vergangenheit:
Skulptur in Vaison-la-Romaine*
▶ **Seite 243**

*Gässchen mit edlen Läden
in St-Paul-de-Vence*
▶ **Seite 247**

Hintergrund

VON DER RÖMISCHEN »PROVINZ«
ZUM SCHICKEN AUFENTHALT
DER EUROPÄISCHEN HAUTEVOLEE,
VOM PARADIES DER MALER ZUM
LEBHAFTEN WIRTSCHAFTRAUM ZWISCHEN
HIGHTECH UND LAVENDEL: WISSENSWERTES
ÜBER DIE PROVENCE, ÜBER LAND UND LEUTE,
IHRE GESCHICHTE UND GEGENWART.

DAS LICHT DES SÜDENS

Erreicht man auf der Autoroute du Soleil – schon der Name verheißt so viel – Montélimar im Rhône-Tal, umfängt einen fast von einem Moment auf den anderen der Zauber des Südens. Ginster und Olivenbäume setzen bunte Akzente in der Landschaft unter strahlend blauem Himmel, der Duft von Kräutern betört die Sinne.

Im nahen Grignan erinnert das eindrucksvolle Renaissanceschloss an Madame de Sévigné, eine der gebildetsten Frauen der Zeit Ludwigs XIV. Spätestens Mitte November wird auf den Märkten von Nyons und Richerenches um das »Schwarze Gold« – die begehrte Trüffel – gefeilscht; Feinschmecker geraten schon beim Anblick der unscheinbaren Knollen in Verzückung. Weiter gen Süden dominieren zunehmend Weinberge das Bild: das renommierte Anbaugebiet der Südlichen Rhône. Hin und wieder ein heller Farbtupfer zwischen dem Grün der Reben, die kleinen Dörfer mit ihren Steinhäusern wirken wohltuend zurückhaltend. Die Päpste, die im 14. Jh. in Avignon residierten, machten Chateâuneuf zur Sommerfrische und ließen sich hier exzellenten Wein machen. Heute erstrecken sich die Rebberge weit über die Gemeinde hinaus. Avignon selbst, das während des päpstlichen Exils eine prachtvolle Blütezeit erlebte, besitzt ein teils mittelalterliches Stadtbild, das vom machtvollen Palast der Päpste geprägt ist – wie ein

Die Märkte der Provence
Einkauf unter freiem Himmel, ein inspirierendes Fest der Farben und Düfte

steinerner Koloss überragt er alles andere. Dem französischen König Philipp dem Schönen behagte dies wenig, so dass er auf der anderen Seite der Rhône Villeneuve-lès-Avignon zur Festung ausbauen ließ. Auch die Kardinäle und anderen Würdenträger des päpstlichen Hofstaats ließen sich Paläste und Sommerresidenzen errichten – als es innerhalb der Stadtmauern von Avignon zu eng wurde, auch im »feindlichen« Villeneuve. Die Verbindung über die Rhône stellte damals der Pont St-Bénézet her; nach der Zerstörung durch ein Hochwasser 1668 wurde er nicht wieder hergestellt, dennoch machte ihn das Kinderlied »Sur le pont d'Avignon« berühmt.

Aix-en-Provence liegt schon fast in Sichtweite des Mittelmeers. Die lebhafte Universitätsstadt, die auf der Beliebtheitsskala der Franzosen weit oben steht, hat eine aristokratische Vergangenheit; ihre schicken

Van Goghs Brücke
Der Pont de Langlois in Arles erhielt durch
van Goghs Bild Berühmtheit. Eine Nachbildung
vermittelt uns heute eine Vorstellung.

Städtchen in Rot und Gelb
Roussillon, die Stadt des Ockers,
vor der Kulisse des Mont Ventoux.
Mit seiner kahlen Kuppe sieht der »Windberg«
auch im Sommer wie schneebedeckt aus.

Van Gogh blühte auf
angesichts der Sonnenblumenfelder,
die im Süden die Sinne erfreuen.

Aus steinernen Antlitzen
*sprudelt in Aix das Wasser. Brunnen sind hier
so zahlreich wie nirgendwo im Südfrankreich.*

Trutzige Mauern
*Abweisend stellte sich die Hafenbastion
in Menton Eindringlingen in den Weg.*

Traditionelle Feste
*Munteres Tänzchen bei einer
der vielen Gelegenheiten zum Feiern.*

Innenhöfe versteckt sie allerdings vor den neugierigen Augen der Touristen. Es gibt dennoch genug zu sehen. Paul Cézanne konnte sich sein Leben lang nicht von der Stadt lösen. Mit Émile Zola durchstreifte er das Umland von Aix bis zur Montagne Ste-Victoire. In seiner Besessenheit vom Licht und den Farben des Südens malte er den Berg immer wieder. Wenn der Mistral am heftigsten blies, beschwerte er seine Staffelei mit einem Stein und malte weiter.

Auch ein anderer großer Künstler verfiel der besonderen Atmosphäre der Provence. Van Gogh kam nach Arles, wo seine künstlerische Produktivität ihren Höhepunkt erreichte. Ihn zog es zum Malen immer wieder ins Freie, ebenso wie Matisse, Picasso und viele andere. Alle waren angetan von dem sich immer wieder verändernden Licht und der Farbigkeit des Südens. Nicht selten ist dafür der Mistral die Ursache; er macht die Luft klar und holt alles Ferne nahe heran. Als der Mistral einmal wieder heftig blies, schrieb van Gogh an seinen Freund Emile Bernard, jetzt wisse er, warum Cézannes Pinselstrich manchmal unsicher, manchmal ungeschickt sei: Seine Staffelei habe eben gewackelt.

Die Blaue Küste

Bei Marseille wandelt sich das Bild. Keine pittoreske ländliche Szenerie, sondern dichter Verkehr, massive Industrialisierung mit ihren Begleiterscheinungen, aber auch eine über 2600 Jahre alte Geschichte und kulturelle Vielfalt prägen die Metropole im Süden. In Richtung Osten, bei Cassis, zeigt sich die Küste mit den Calanques atemberaubend schön. Toulon, der Marinehafen,

Roter Mohn
Bei solcher Blütenpracht geht einem das Herz auf.

ist nicht mehr weit. Und schließlich St-Tropez. Hier kann man sich noch immer vergnügen, seit Brigitte Bardot und der Jetset dem einstigen Fischerdorf an der Côte d'Azur zu Berühmtheit verhalf. Im Sommer kommen sie immer noch, die Reichen und Schönen mit ihren Ferraris und Jachten, um sich in den Cafés zu zeigen und sich an der Plage de Tahiti zu sonnen.

In stillen Winkeln und auf schattigen Plätzen unter Platanen den Boulespielern zuschauen und einen Pastis genießen; auf den Spuren der Römer wandern oder die Nobelorte Cannes und Nizza besuchen: In der Provence und an der Côte d'Azur findet sich für jeden der richtige Platz. An der Küste wetteifert das Blau des Meers mit dem des Himmels. Picasso hat in Antibes Halt gemacht und von den Anhöhen das Meer gemalt. Wir wissen warum.

Fakten

Lavendelfelder, die sich am Horizont verlieren, Sonnenblumen, die schon Vincent van Gogh inspirierten, der Duft der Kräuter, die die Küche bereichern, an den Küsten der Kontrast von weißen Kalk- oder roten Porphyrfelsen und blauem Meer, Salzsteppen in der Camargue oder lange Sandstrände an der Côte d'Azur – die Region bietet vielfältige Facetten des Erlebens.

Natur und Umwelt

Rhône-Tal

Das untere Tal der Rhône, des zweitlängsten und wasserreichsten Stroms in Frankreich, beginnt bei Lyon, wo die Saône einmündet. Unterhalb von Lyon fließt die Rhône durch den sog. Rhônegraben zwischen den Ausläufern der französischen Alpen und des Zentralmassivs (Cevennen) nach Süden. Dabei bildet das Tal eine breite Terrassenlandschaft aus, die intensiv für den **Wein-, Obst- und Gemüseanbau** genutzt wird. Bei Arles erreicht der Strom sein Mündungsdelta, das von dem Grand Rhône, der östlich bei Port St-Louis in den Golfe de Fos mündet, und dem westlich bei Stes-Maries mündenden Petit Rhône begrenzt wird und die Region der **Camargue** umschließt, eine urtümliche Landschaft von besonderem Reiz. Bereits lange vor der griechischen und römischen Antike war das Rhône-Tal ein stark frequentierter Handelsweg und eine wichtige kulturelle Verbindung zwischen dem Mittelmeer und Gallien sowie Britannien.

Küste

Der Küstenbereich der Provence zwischen dem Cap Couronne im Westen (südlich von Martigues) und dem Capo Mortola im Osten (italienische Grenze) lässt sich in vier Abschnitte gliedern, die Côte Bleue (Côte à Calanques), die Côte des Maures (Côte Vermeille), die Côte de l'Esterel und die Côte d'Azur im engeren Sinn.

Côte Bleue

Calanques

Die Côte Bleue bildet den westlichsten Abschnitt mit der Küste der Estaque – mit kleinen Buchten und Stränden sowie einem marinen Regionalpark –, der Bucht von Marseille mit einigen vorgelagerten Inseln und der Côte à Calanques. Letztere, die etwa 20 km lange Küste zwischen Marseille und Cassis, ist berühmt für ihre weißen Kalkklippen, die mit dem Türkis des Meers eine unwiderstehliche Farbkombination ergeben. Die **Calanques**, schwer zugängliche, tief eingeschnittene Buchten, entstanden durch die Absenkung des Meeresspiegels und die gleichzeitige Anhebung der Kalkmassive in der Eiszeit. Aufgrund der Brandgefahr in Juli und August und der ökologischen Belastung ist der Zugang zu den zerklüfteten Felsbuchten und -klippen in dieser Zeit streng reglementiert (▶S. 253).

Massif des Maures

Zwischen Fréjus und Hyères erstreckt sich das 60 km lange und 30 km breite Massif des Maures. Mit dem Estérelgebirge gehört es zu den erdgeschichtlich ältesten Massiven in Frankreich. Weite Buchten der Côte des Maures (oder Côte Vermeille, Purpurne Küste) mit einigen ausgezeichneten Sandstränden formen die Küstenlinie und dringen bisweilen, z. B. bei Toulon und St-Tropez, tief ins Land ein. Vorgelagert sind die Hyerischen Inseln, von denen die unter Naturschutz stehende Ile de Porquerolles die schönste ist. Durch Pinien-

← *Lavendel blüht in den Sommermonaten in der Provence, wie hier auf dem Plateau de Valensole.*

Vor den rot leuchtenden Felsen des Massif d'Esterel windet sich die pittoreske »Corniche d'Or« an der Küste entlang.

und Kiefernwälder gelangt man zu traumhaften Sandbuchten, das türkisblaue Wasser ist glasklar. Die Nachbarinsel Port-Cros wurde mitsamt dem umgebenden Meer zum Nationalpark erklärt.

Massif de l'Esterel Das Massif de l'Esterel erstreckt sich von St-Raphaël bis Cannes. Das rotbraune **Porphyrgestein** der buchtenreichen Küste mit ihren vielen Inselchen kontrastiert sehr reizvoll mit dem Blau des Meeres.

Alpes Maritimes Zwischen Nizza und der italienischen Grenze bei Menton brechen die Ausläufer der Alpes Maritimes zum Meer hin steil ab und lassen kaum Platz für Besiedlung. Das 2 km² große Fürstentum **Monaco** vergrößerte seine Fläche durch Aufschüttungen ins Meer, und Èze, kaum 1 km von der Küste entfernt, liegt in 427 m Höhe.

Binnenland Das Hinterland der provenzalischen Küste – in **Haute Provence** und **Basse Provence** gegliedert – wird im äußersten Westen durch die heute zu großen Teilen als Weideland und Gartenbaufläche genutzte **Crau** begrenzt, eine ursprünglich trockene, jetzt jedoch zu etwa 60 % bewässerte Aufschüttung der eiszeitlichen Durance. Das Gelände um den ca. 160 km² großen und nur bis 10 m tiefen **Etang de Berre** dient als industrieller Entlastungsraum für Marseille.

Nach Osten schließt sich ein Teil des Beckens von Aix-en-Provence an. Östlich und südöstlich von Aix treten die provenzalischen Ketten der **Montagne Ste-Victoire**, der **Montagne du Cengle**, der **Chaîne de l'Etoile** und der **Chaîne de la Ste-Baume** markant hervor. Aber auch Bergzüge wie die **Chaîne de l'Estaque** zwischen dem Etang de Berre und dem Golfe du Lion oder die **Montagne du Lubéron** im Osten von Avignon gehören dem pyrenäisch-provenzalischen Gebirgssystem an, das hauptsächlich aus jura- und kreidezeitlichen Kalken besteht. Die für den Weinbau genützte Senke zwischen Toulon und Le Muy trennt die Ketten von den alten Küstenberglandern.

Vom Auftauchen einer Hochzone aus einem ehemals weite Gebiete der Provence bedeckenden Meeresarm zeugen die Bauxitvorkommen in der Gegend von Brignoles. Den Norden des Hinterlandes bestimmen die Flusssysteme von **Durance** und **Verdon**.

Einen Sonderfall bildet der Mittellauf des durch mehrere Staustufen gezähmten Verdon. Das als **Gorges oder Grand Canyon du Verdon** bezeichnete Gebiet mit den tiefsten Schluchten Europas ist ein beispielhaftes antezedentes, d. h. schon vorher da gewesenes Durchbruchstal. Auch die Verdon-Zuflüsse Jabron und Artuby zeigen eine erstaunliche Unabhängigkeit vom heutigen Relief. **Verdon**

Der Osten des Hinterlands wird hauptsächlich von den in west-östlicher Richtung verlaufenden **Voralpen von Grasse** geformt, zu denen u. a. die Montagne de Thorenc, die Montagne du Cheiron und die Montagne de l'Audibergue gehören. Ihre Flussläufe folgen aber z. T. schon der Nord-Süd-Ausrichtung der **Seealpen** östlich des Var, wie das Beispiel des Loup zeigt. Die Seealpen gipfeln auf italienischem Gebiet in der Cima dell'Argentera (3297 m).

Das Wasser im küstennahen Mittelmeer (Golfe du Lion, Ligurisches Meer) ist verhältnismäßig warm; bedingt durch die geografische Breite sind Verdunstung und Salzgehalt relativ groß. Selbst in größeren Tiefen sinkt die Temperatur kaum unter 13 °C. Die Oberflächentemperatur beträgt im Winter 10 – 13 °C und kann im Sommer bis auf 25 °C ansteigen. **Mittelmeer**

Pflanzen- und Tierwelt

Aufgrund des mediterranen Klimas ist die **Flora** außerordentlich vielgestaltig. Die für die Côte d'Azur heute als typisch geltenden Pflanzen wie die grünsilbern glänzenden Olivenbäume, die überall an den Hängen bis zu einer Höhe von etwa 500 m wachsen, Orangen-, Zitronen- und Mimosenhaine, Weinreben, Palmen, Zypressen, Pinien,

? WUSSTEN SIE SCHON …?

■ Die Zikade wurde zum provenzalischen Souvenir schlechthin. 1895 erhielt der Steingutfabrikant Louis Sicard den Auftrag, ein Firmengeschenk herzustellen, das an die Provence erinnert. Seither ist die Palette der Souvenirs in Zikadenform schier unendlich. Das schrille Zirpen der echten Zikaden ist in den Sommermonaten nicht zu überhören.

Aloen, Agaven, Kakteen und zahlreiche andere wurden – teilweise schon in römischer Zeit – aus verschiedenen Erdteilen importiert, andere wurden erst in jüngerer Zeit hier heimisch. Bereits im Februar blühen die **Mimosenwälder** im Massif du Tanneron bei Mandelieu in leuchtendem Gelb.

Von der ursprünglichen Vegetation, die unter der wirtschaftlichen Nutzung durch den Menschen sowie durch Wald- und Flächenbrände schwer gelitten hat, ist vor allem **Kiefer** zu nennen (Aleppo-, Strand-, Nordische Kiefer), daneben die Stein-, die Kermes- und Korkeiche sowie Hainbuche und Edelkastanie. Hauptleitpflanze der **Garrigue** (Garigue, provenzal. Garoulia), einer Sonderform der für den ganzen Mittelmeerraum charakteristischen Macchia (franz. Maquis; ein Gestrüpp aus Hartlaubgewächsen, Büschen, Sträuchern u. v. a.), ist die **Steineiche**. Ihre Blätter sind mit einer Wachsschicht überzogen und an der Unterseite mit einem hellen Filzbelag versehen, was rascher Verdunstung vorbeugt. Weit verbreitet ist die Kermeseiche, zu erkennen an den stechpalmenartigen Blättern; sie war als Wirtspflanze der Kermesschildlaus, die einen begehrten roten Farbstoff lieferte, von großer wirtschaftlicher Bedeutung.

Charakteristisch ist die große Zahl und starke Verbreitung aromatisch duftender Sträucher und **Kräuter** (Lavendel, Rosmarin, Thymian, Salbei). Als **Herbes de Provence** finden sie in der Küche Einsatz. Seit 2003 garantiert das »Label Rouge« die Qualität und die genauen Anteile von Thymian, Rosmarin, Bohnenkraut, Oregano und Basilikum.

Die sommerliche Provence ist ohne die schier unendlichen blauen Felder nicht vorstellbar. Von Juni bis September zeigt sich der **Lavendel** von der Vaucluse bis zu den Alpen der Hochprovence von seiner schönsten Seite. Drei Hauptarten von Lavendel gibt es: neben dem echten Lavendel (»lavande fine«), der von Juni bis Ende August vorzugsweise im Gebiet der Montagne de Lure blüht, den stark kampferartig duftenden »lavande aspic«, der im August blüht, und den besonders widerstandsfähigen »lavandin«, der blumige und kampferartige Düfte verbindet. Das Musée de la Lavande bei Coustellet informiert über Anbau und Destillationsverfahren (7 km südwestlich

Sonnenblumen: ein Symbol der Provence

Halbwilde Camarguepferde sind in den Salzsümpfen des Rhône-Deltas heimisch.

von Gordes, www.museedelalavande.com). Die **Trüffel** war früher reichlich in den Wäldern im Südwesten Frankreichs anzutreffen. Heute kommt die Haupternte aus dem Südosten, wobei die Vaucluse mit ca. 70 % den größten Anteil der französischen Produktion liefert (▶ Baedeker-Special S. 182) – auch wenn die Trüffeln des Perigords viel berühmter sind.

Der **Blumenflor** der Riviera ist sprichwörtlich geworden, und die intensive Kultur von Schnittblumen für den Export oder von wohlriechenden Blüten (Veilchen, Rosen, Lavendel, Orangen u. a.) für die **Parfümherstellung** stellt einen wichtigen Erwerbszweig dar. Nicht zu vergessen sind die Sonnenblumen, die durch van Goghs Bilder zu einem Symbol für die Provence wurden; genützt werden sie als Futter- und Ölpflanze, in letzter Zeit wurden sie auch als Biomasse-Lieferant für die Treibstoffherstellung bedeutend.

Die Fauna zeigt sich sehr artenreich, insbesondere bei den Reptilien (Schildkröten, Eidechsen, Geckos, Nattern, Vipern u. a.) und den Insekten, die in schwer zugänglichem Gelände ideale Lebensräume finden. Der Bestand an jagdbaren Wildtieren ist im Hinterland nur mehr gering, da die Jagdleidenschaft in Frankreich traditionell sehr ausgeprägt ist. In den teilweise unter Naturschutz stehenden Calanques zwischen Marseille und Cassis findet man einige selten gewordene Vogelarten wie den Habichtsadler und verschiedene Eidechsenarten. Im Département Alpes-Maritimes ist in jüngster Zeit der Wolf wieder heimisch geworden. Die Camargue ist berühmt für ihre weißen Pferde, die schwarzen Stiere und die roten Flamingos.

Fauna

Wirtschaft

Die Provence ist traditionell durch Land- und Forstwirtschaft sowie die (stagnierende) Fischerei gekennzeichnet, andererseits hat sie aufgrund der stürmischen Entwicklung in Industrie, Tourismus und neuen Technologien unter starker Bevölkerungskonzentration zu leiden, die zur Verstädterung ganzer Küstenabschnitte führte.

Industrie

Marseille Marseille hat sich durch seine günstige geografische Lage als Tor nach Afrika und zum Orient zu einem Handelsplatz und Industriestandort ersten Ranges entwickelt, wobei sich die Zone um den Etang de Berre für den Ausbau zum »Europort« anbot. Mit einem jährlichen Güterumschlag von ca. 100 Mio. t (ca. 60 % des Einfuhrvolumens ist Erdöl) gehört der Hafen von Marseille zu den größten in Europa.

Ca. 70 % allen Lavendelöls der Welt stammen aus dem Verdon.

Mit einer Raffinerieleistung von ca. 30 Mio. t jährlich nimmt dieser Industrieraum die zweite Stelle in Frankreich ein.

Neben bedeutenden Anlagen der chemischen und der petrochemischen Industrie erzeugen Aluminiumhütten ca. 80 % der gesamten französischen Produktion. Außerdem arbeiten hier Eisen- und Stahlwerke, Flugzeug- und Maschinenbaubetriebe sowie Schiffswerften.

Neben Marseille ist auch Toulon mit seinem dank natürlicher Gegebenheiten vorzüglichen Hafen, genützt von Militär und Industrie, ein regionaler Wirtschaftsschwerpunkt. In jüngster Zeit hat jedoch die wirtschaftliche Krise der Werften und Raffinerien verstärkt zu Arbeitslosigkeit geführt. **Toulon**

Auch die Côte d'Azur hat sich zu einem bedeutenden Industriestandort entwickelt, vor allem für die neuzeitliche »schornsteinlose« Technik. Der Umsatz des Touristikgewerbes wird von den Erlösen aus Dienstleistungs-, Elektronik- und Computerunternehmen, aus chemischen und biotechnischen Forschungs- und Betriebsstätten übertroffen. Der Flughafen von Nizza ist mit über 10 Mio. Passagieren jährlich der zweitgrößte Frankreichs; etwa 20-mal pro Tag wird von hier aus Paris angeflogen, Direktflüge verbinden Nizza mit aller Welt. Dem Ziel, gegenüber Paris ein zweites Wirtschaftszentrum zu etablieren, ist man deutlich näher gekommen, u. a. mit der Anlage von Technologieparks (Sophia Antipolis bei Antibes, Chateau-Gombert bei Marseille, Toulon). **Côte d'Azur**

 WUSSTEN SIE SCHON …?

■ dass Lavendelöl aus der Hochprovence 1981 als Marke definiert wurde, um sich gegen die Konkurrenz von Ölen aus Bulgarien zu schützen? Der echte Lavendel, aus dem das hochwertige Öl gewonnen wird, muss in einem bestimmten Gebiet zwischen 600 und 1200 m ü. d. M. wachsen. Weitere Info unter www.lavande-provence-aoc.com.

Der Schwerpunkt der hochentwickelten und traditionsreichen Parfümindustrie ist die Stadt Grasse mit ihrem Umland. Hier verarbeiten über 30 größere Betriebe – ungeachtet der weiter an Bedeutung gewinnenden Herstellung synthetischer Duftstoffe – jährlich mehrere tausend Tonnen Pflanzenblüten: Orangen, Rosen, Jasmin, Thymian, Rosmarin, Reseda, Veilchen und viele andere. Die Lavendeldestillation ist vorwiegend im Einzugsbereich des Flusses Verdon heimisch, woher 70 % des weltweit gewonnenen Lavendelöls stammen (▶Baedeker-Special S. 206). **Parfümindustrie**

Energie

Die vielen Staustufen (Stauseen) und nach Süden führenden Kanäle dienen nicht nur der Elektrizitätsgewinnung, sondern auch der Wasserregulierung, um Hochwasserfluten aufzufangen und Wasserreserven zu schaffen: für Trockenzeiten, für die Bewässerung der Felder (z. B. in der Crau) sowie für die Trinkwasserversorgung. **Wasserkraft**

Kernkraft ▶ Das Wasser der großen Flüsse (v. a. Rhône) wird auch zur Kühlung der Reaktoren in Kernkraftwerken (Cruas, Tricastin) genutzt. Cruas und Tricastin verfügen zusammen über acht Reaktorblöcke, die im Jahr knapp 50 Mrd. Kilowattstunden produzieren können und damit ca. 10 % der französischen Stromerzeugung abdecken. Die Standorte Tricastin und Marcoule sind auch für ihre Anreicherungsanlagen für spaltbares Uran bedeutend. Im Kernforschungszentrum Cadarache, südlich von Manosque am Verdon gelegen, wird der Kernfusionsreaktor Iter gebaut, der 2019 in Betrieb gehen soll.

Landwirtschaft und Fischerei

Anbaugebiete und Produkte
Ausgedehnte Gemüse- und Obstkulturen sind ebenso wie die zahlreichen Weingärten hauptsächlich in den fruchtbaren Tallandschaften des Hinterlands, aber auch auf den künstlich bewässerten Feldern der Crau zu finden. Jedoch arbeitet ein immer geringer werdender Teil der Bevölkerung in der Landwirtschaft. Auch die Produktion von Olivenöl und Kork stellt einen nicht unerheblichen Teilbereich der Landwirtschaft dar. Zwischen Toulon und Menton züchten etwa 8000 Betriebe Blumen, deren Blüten zur Gewinnung von ätherischen Ölen und für die Herstellung von Parfüms benötigt werden. Das Département Alpes-Maritimes erzeugt allein ca. 50 % des französischen Exports an Schnittblumen. Für die Bauern auf der Hochebene zwischen Durance und der Küste ist der Lavendelanbau neben spärlicher Getreide- und Heugewinnung die Haupteinnahmequelle.

Transhumanz
Schafherden weiden allenthalben zwischen der Crau und den Seealpen. Der uralte Brauch der Transhumanz (franz. transhumance) – der Wechsel der Weidegebiete mit den Jahreszeiten – ist stark zurückgegangen. Über Jahrhunderte hinweg wurden die Schafherden im Frühsommer, wenn das Gras in den Ebenen bereits vertrocknet, auf den als »drailles« oder »carraires« bezeichneten Wegen in die Höhen der Cevennen, des Zentralmassivs und der Alpen getrieben, wobei Entfernungen von 100 km und mehr durchaus üblich waren. Heute zählen die Herden insgesamt etwa 500 000 Tiere (davon in der Crau 100 000), ein Bruchteil des früheren Bestands, und der Transport geht meist per Güterzug und Lkw vonstatten. Soweit noch anzutreffen, bietet der Zug der Schafherden ein archaisches Schauspiel, wenn die bunt markierten und geschmückten Tiere mit lärmendem Blöken und Schellengeläut über das Land und durch die Ortschaften ziehen (www.transhumance.org; ▶ Praktische Informationen, Feste, Feiertage und Events).

Pracht der Belle Époque: Im Negresco zu Nizza logiert seit dem 19. Jh. der Erb- und Geldadel.

Tourismus

Der große landschaftliche Reiz und das milde Klima der Côte d'Azur sprachen sich schon in der zweiten Hälfte des 18. Jh.s in Kreisen herum, die sich Vergnügungsreisen und der »Erholung« dienende Aufenthalte leisten konnten. In erster Linie waren es begüterte Engländer und Russen, die den ungemütlichen Winter lieber in Nizza, später auch in Cannes verbrachten. Nach der Beeinträchtigung durch die Wirren der Revolution und der Napoleonischen Kriege erlebte die Côte d'Azur im 19. Jh. einen vehementen Aufschwung, der durch den Bau von Bahnlinien und Straßen wesentlich gefördert wurde. Cannes, Nizza, Monaco und Menton waren in der Belle Époque die von der Aristokratie bevorzugten Orte. Heute sind es wieder russische Milliardäre, die sich die schönsten und teuersten Plätze sichern.

Der Erste Weltkrieg brachte eine zweite Krise. Eine geschickte Werbung und die Mundpropaganda der heimgekehrten US-Soldaten holten Gutsituierte aus aller Welt als Gäste. Nach 1930 entstanden als Dependancen landeinwärts gelegener Bergdörfer neue Küsten- und Strandsiedlungen, die die alten Kurzentren entlasteten und mit ihren Stränden vermehrt Sommergäste anzogen. Aus dem anfänglich reinen Winterkurgebiet wurde ein ganzjährig besuchter Erholungsraum, dessen Hochsaison sich auf den Sommer verschob, vor allem ab 1936, als in Frankreich der bezahlte Urlaub eingeführt wurde.

Entwicklung zum Massentourismus

Zahlen und Fakten Provence · Côte d'Azur

© Baedeker

*Eine der beiden proven-
zalischen Flaggen. Die
Farben stammen aus
dem Wappen von Aragon.*

Lage
▶ Südostfrankreich

Fläche / Staatsgebiet Monaco
▶ 31 400 km² (Région Provence – Alpes –
Côte d'Azur)
▶ 2,02 km² (Fürstentum Monaco)

Bevölkerung
▶ Region Provence-Alpes-Côte d'Azur:
4,94 Mio. (Frankreich: 62,2 Mio.)
▶ Größte Städte:
Marseille (852 000 Einw.), Nizza
(348 000 Einw.), Toulon (166 000 Einw.)
▶ In den fünf Ballungsräumen Marseille/
Aix, Nizza, Toulon, Avignon, Cannes/
Grasse/Antibes) leben ca. 65 % der
Bevölkerung der Region.
▶ Bevölkerungsdichte:
gesamt 157 Einw./km²
Alpes-de-Haute-Provence 19 Einw./km²,
Alpes-Maritimes 226 Einw./km²,
Hautes-Alpes 20 Einw./km², Bouches-
du-Rhône 346 Einw./km², Vaucluse 128
Einw./km², Var 160 Einw./km²

Verwaltungsgliederung
▶ 6 Départements:
Var (Hauptstadt Toulon), Alpes Maritimes (Nizza), Bouches-du-Rhône (Marseille), Vaucluse (Avignon), Alpes-de-
Haute-Provence (Digne-les-Bains),
Hautes-Alpes (Gap)

Wirtschaft
▶ 2 Mio. Erwerbstätige
▶ Bruttosozialprodukt: 116 Mrd. €
▶ Pro-Kopf-Einkommen: 22 440 €
▶ Beschäftigungsstruktur: Landwirtschaft
2,4 %, Industrie 19,8 %, Dienstleistung
77,8 % (Tourismus 12,2 %)
▶ Arbeitslosenquote: 11,8 %
▶ Tourismus: 35 Mio. Besucher im Jahr

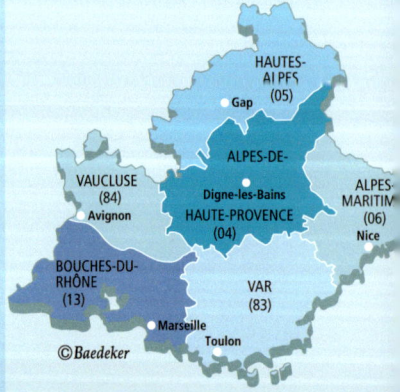

HAUTES-
ALPES
(05)
Gap

ALPES-DE-
Digne-les-Bains
HAUTE-PROVENCE
(04)

VAUCLUSE
(84)
Avignon

ALPES-
MARITIM
(06)
Nice

BOUCHES-DU-
RHÔNE
(13)

VAR
(83)

Marseille
Toulon

© Baedeker

Das glamouröse Cannes mit dem Palais des Festivals am Jachthafen

Die günstigen klimatischen Verhältnisse und die Schönheit der Küste sowie des Hinterlands haben nach dem Zweiten Weltkrieg eine Tourismuslandschaft par excellence entstehen lassen. Ca. 35 Mio. Besucher, davon ein Drittel aus den Ausland, jährlich sichern über 12 % des Bruttosozialprodukts und über 330 000 Arbeitsplätze; damit ist die Region Provence – Alpes – Côte d'Azur neben Paris die bedeutendste französische Tourismusdestination. Im Zug der modernen Massentourismus wurden die Küstenregionen geradezu hektisch mit Hotels, Ferienkolonien und -appartements, Zweitwohnsitzen, Jachthäfen, Campingplätzen und Freizeiteinrichtungen ausgebaut.

Wirtschaftliche und ökologische Bedeutung

In jüngerer Zeit hat sich neben dem Urlaubs- und Naherholungstourismus als ein neuer Faktor des Fremdenverkehrs der Geschäfts- und Kongresstourismus herausgebildet. So werben vor allem Cannes, Nizza und Monaco mit ihrer riesigen Palette von Veranstaltungen, Messen, Festivals und Kongresse um die Gunst eines zahlungskräftigen Publikums, wobei die schnelle Erreichbarkeit des Raums durch den TGV und die internationalen Flughäfen Nice-Côte d'Azur und Marseille-Marignane einen wichtigen Gesichtspunkt darstellen.

Wirtschaftstourismus

Geschichte

Die Griechen kommen als friedliche Kaufleute und bringen den Weinbau und den Olivenbaum mit. Später geben die Römer dem Land seinen Namen, im Mittelalter residieren in Avignon die Päpste, Napoleon verzeichnete hier seine ersten Erfolge – die Provence blickt auf eine bewegte Geschichte zurück.

Vor- und Frühgeschichte

900 000 v. Chr.	Früheste Spuren menschlichen Lebens.
40 000 v. Chr.	Der Cro-Magnon-Mensch siedelt in der Provence.
4500 v. Chr.	Der Übergang vom Jäger und Sammler zum Bauern und Hirten ist abgeschlossen.
600 v. Chr.	Griechen aus Kleinasien kommen in die Provence und gründen Niederlassungen.

Die Provence gehört zu den alten Siedlungsgebieten in der Menschheitsgeschichte. Knochenfunde reichen bis in die Altsteinzeit zurück. In der **Grotte du Vallonet** in der Nähe von Roquebrune entdeckten Archäologen Knochen und bearbeitete Werkzeuge aus Stein aus der Zeit von vor etwa 900 000 Jahren. Etwa 600 000 Jahre sind die ersten kulturellen Zeugnisse alt (Terra Amata bei Nizza). Mit dem Beginn der letzten Eiszeit wird der **Neandertaler**, der in der Provence zahlreiche Siedlungsplätze besaß, vom direkten Vorfahren des Homo sapiens, einem Jäger und Sammler, verdrängt.

Erste Siedlungsspuren

Der so genannte **Cro-Magnon-Mensch** siedelt im Zeitraum von ungefähr 40 000 bis 10 000 v. Chr. im heutigen Südfrankreich in Gegenden mit Kalkformationen, wo er Unterschlupf in Höhlen und unter Felsdächern findet. Ab 10 000 v. Chr. vollzieht sich der Übergang von der Alt- zur Jungsteinzeit. Aus der Zeit von vor 6500 Jahren stammen die **ersten bäuerlichen Ansiedlungen** in der Provence, das älteste bekannte Bauerndorf in Frankreich wurde in Courtezan im Rhônetal zwischen Avignon und Orange nachgewiesen. 2000 Jahre später ist die Entwicklung zur Sesshaftigkeit vollzogen.

Der Mensch wird sesshaft

Ligurer, Kelten und Griechen

Ab 1000 v. Chr. wandern die **Ligurer** ein und siedeln sich an einem breiten Streifen der Mittelmeerküste an. 400 Jahre später gelangen die ersten **Griechen** aus der kleinasiatischen Stadt Phokaia in die Region. Sie kommen als Kaufleute und gründen den **Handelsplatz Massalia**, das heutige Marseille. In den folgenden Jahrhunderten entstehen weitere griechische Niederlassungen wie Nikaia (Nizza). Den Griechen verdankt die Provence den Weinbau und den Olivenbaum sowie die Verbreitung der griechischen Kultur in Gallien. Ab etwa 400 v. Chr. dringen in mehreren Etappen keltische Stämme aus dem Norden in den südfranzösischen Raum vor. Sie vermischen sich zum Teil mit den Ligurern und bilden das Volk der **Saluvier**. Weitere griechische Kolonisierungsaktivität an der Küste.

Gründung von Handelsniederlassungen

← *Ein Jahr nach seiner Verbannung kehrte Napoleon von Elba nach Paris zurück – auf der Route, die heute »Route Napoléon« heißt.*

Römische Zeit

2. Jh. v. Chr.	Die Römer erobern die Provence und prägen sie in der Folgezeit nachhaltig.
58–52 v. Chr.	Eroberung der Provence durch G. Julius Caesar.
Ende 4. Jh.	Die Provence gerät in den Einflussbereich verschiedener Germanenstämme.

Römische Provinzen entstehen

Im 2. Jh. v. Chr. findet das friedliche Zusammenleben im südfranzösischen Raum ihr Ende, als die Griechen von der keltoligurischen Bevölkerung bedrängt werden und die Römer 181 und 154 v. Chr. um Unterstützung bitten. Diese unterstützen ihre Verbündeten, ein weniger uneigennütziges Motiv ist die Gewinnung neuen Landes und die Sicherung der Verbindungswege in die spanischen Provinzen. 125–121 v. Chr. kommt es zu einer erneuten militärischen Intervention der Römer. Ein großer Teil Südgalliens wird römische Provinz. 124 zerstören die Römer den Hauptort der Saluvier, das Oppidum d'Entremont, und gründen **Aquae Sextiae**, das heutige Aix-en-Provence. 121–119 v. Chr. unterwirft der römische Konsul Domitius Ahenobarbus noch verbleibende Keltenstämme und beginnt mit dem Bau der Via Domitia als Verbindung zwischen Italien und Spanien; Narbonne wird 118 zur Hauptstadt der **Provincia Narbonensis** (woher der Name der Region »Provence« kommt), der ersten römischen Provinz jenseits der Alpen, die ein Gebiet bis zu den Pyrenäen umfasst. Es entstehen die Städte Apt, Arles, Avignon, Carpentras, Cavaillon, Nîmes, Orange und Vaison-la-Romaine. Immer wieder versuchen sich in dieser Epoche auch Stämme aus dem Norden das Gebiet der Provence einzuverleiben.

Festigung der Macht

102 v. Chr. besiegt Marius in einer großen Schlacht nahe Aix die Teutonen und festigt so die römische Macht. Die Montagne Ste-Victoire trägt ihren Namen zu Ehren des siegreichen Römers. 58–52 v. Chr. erobert **Julius Caesar** die Provence, die Stadt Arles dient ihm als Ausgangspunkt und wird zum wichtigen Handelsplatz. Als Marseille Caesars Kontrahenten Pompejus unterstützt, zerstört er die Stadt im Jahr 49 v. Chr., die damit ihre herausragende Stellung endgültig verliert. In Arles und Fréjus werden **Veteranenkolonien** gegründet, später kommen u. a. Orange und Avignon hinzu. Kaiser Augustus unterwirft 27–22 v. Chr. noch bestehende rebellierende Stämme der Kelten und festigt die gallo-römische Kultur in der Provence. Das 2. Jh. ist die Blütezeit der »Pax Romana«. Von der Regierungszeit des Kaisers Antoninus Pius (138–161), dem Goldenen Zeitalter des Imperium Romanum, profitiert auch die Provence und erlebt so eine Phase des Friedens und des Wohlstands. In Antoninus Pius' Zeitalter gibt es wenig Krieg, er betreibt eine kluge Finanzpolitik, lässt das Straßennetz erweitern und baut Tempel und Theater.

Provence *im Altertum*

Griechische Gründungen | Griechisch: **Massilia** | Hauptstraßen | Heutige
Römische Städte und Orte | Lateinisch: **Massilia** | Nebenstraßen | Staatsgrenze
 | Heute: Marseille | vermutlicher Verlauf

Unruhige Spätzeit

Mit dem 3. Jh., der Epoche der Soldatenkaiser, beginnt eine unruhige Zeit. Von 235 bis 285 herrschen insgesamt 15 römische Kaiser über die Provence. 259 und zwischen 270 und 280 kommt es im Zug der beginnenden Völkerwanderung zu ersten Einfällen der Germanen. Auch das Christentum beginnt sich nach ersten Ansätzen im vorhergehenden Jahrhundert zu verbreiten und seinen Einfluss zu vergrößern. Im 4. Jh. erlebt **Arles** die Blüte seiner Geschichte, 308 ernennt Konstantin der Große die Stadt – in die sein Hof geflohen war – zur **Hauptstadt der römischen Provence**. 395 kann diese Stellung auf alle gallischen Provinzen ausgeweitet werden, einschließlich Spaniens und Britanniens. Im selben Jahr beginnt mit der **Einwanderung germanischer Völker** der Zerfall der römischen Herrschaft im provenzalischen Gallien.

Arles wird Hauptstadt der Provence

Das Ende des 5. Jh.s markiert den **Zusammenbruch des Weströmischen Reichs** (476). Die Provence gelangt vorübergehend in den Einflussbereich der **Westgoten**, die die Stadt Arles einnehmen und das Gebiet südlich der Durance besetzen, nördlich der Durance lassen

Unterschiedliche Einflüsse

sich Burgunder nieder. 507 werden sie von den Franken in der Schlacht von Vouillé besiegt und nach Spanien abgedrängt. Die Herrschaft übernehmen jedoch zunächst die **Ostgoten Theoderichs**, der als Ziel das Ende der Feindseligkeiten unter den verschiedenen Germanenvölkern anstrebt. Nach seinem Tod im Jahr 526 bemächtigen sich die machthungrigen **Franken** der Provence, die sich, obwohl nun ein Teil des Fränkischen Großreichs, eine relative Unabhängigkeit erhält.

Die Provence im Mittelalter

838	Sarazenen zerstören Marseille.
843	Teilung des karolingischen Reichs. Die Provence wird dem Reich Lothars I. zugeschlagen.
879	Die Provence löst sich vom Frankenreich. Boso wird zu ihrem König gewählt.
1033	Die Provence fällt an das Heilige Römische Reich Deutscher Nation.
1125	Teilung der Provence in das Marquisat de Provence, die Grafschaft Provence und die Grafschaft Forcalquier.
1246	Das Haus Anjou wird Herrscher über die Provence.
1309 – 1403	Avignon ist Papstresidenz.

Abwehr der Mauren und Franken

In der ersten Hälfte des 8. Jh.s (736 – 739) dringen wiederholt Sarazenen (Araber) nach Südfrankreich vor, die vom fränkischen Hausmeier Karl Martell, dem Großvater Karls des Großen, unterworfen werden. 768 – 814 »befriedet« Karl der Große das Gebiet. 838 zerstören die Araber Marseille. Die Provence versucht sich nun im Norden gegen die Franken abzugrenzen, während sie sich im Süden gegen die Mauren verteidigt. Erst 972 werden die Araber endgültig vertrieben und ihr Hauptstützpunkt, die **Festung Fraxinetum** im Hinterland von Saint-Tropez, zerstört.

Die Provence fällt an Burgund

Das Fränkische Reich wird im Vertrag von Verdun (834) zunächst von den Enkeln Karls des Großen aufgeteilt; **Lothar I.** erhält die Provence. Der provenzalische Adel nutzt die Schwächung im Karolingerreich, um einen eigenen Staat zu gründen, und wählt **Boso**, einen Schwager Karls des Kahlen, 879 zum Herrscher von Arelate (auch Niederburgund genannt). Zwei Jahrzehnte später fällt die Provence durch Erbfolge an das Königreich Burgund. 1033 stirbt Rudolf III. von Burgund, und die Provence wird – erneut durch Erbfolge – Teil des Heiligen Römischen Reichs Deutscher Nation. Wieder beweist sie ihren Willen zu einer **relativen Unabhängigkeit**, ein Charakteristikum, das auch für die folgenden Jahrhunderte bestimmend ist. Dies zeigen die Krönungen des deutschen Kaisers Friedrich I. Barbarossa 1178 sowie die Karls IV. rund 200 Jahre später zum König von Arelate. Sie bleiben ein rein nomineller Vorgang, ihr Einfluss bleibt praktisch ohne Wirkung.

Zweite Blütezeit

Das 12. Jh. stellt für die Provence nach der Epoche der Pax Romana eine zweite große Blütezeit dar. Die Wirtschaft erfährt durch die Erweiterung des Mittelmeerhandels ebenso einen Aufschwung wie das Kunst- und Kulturleben an den Adelshöfen. In den Städten entsteht ein **aktives Bürgertum**, das nach kommunaler Selbstverwaltung strebt. Auch die neue Bewegung der Pilger – für die die Provence Ziel oder Etappe ihrer Reise ist – stellt einen nicht unerheblichen wirtschaftlichen Faktor dar. 1125 wird die Provence geteilt: Das Gebiet zwischen Rhone und Alpen sowie Mittelmeer und Durance geht an die Grafen der Provence, dasjenige nördlich und westlich der Durance an die Grafen von Toulose. Zahlreiche Klöster und Kirchen werden in dieser Zeit gegründet, die bedeutende zivilisatorische Impulse geben. In der zweiten Hälfte des 12. Jh.s entstehen die **Zisterzienserklöster** Sénanque, Le Thoronet und Silvacane.

Wirtschaftlicher und kultureller Aufschwung

Im 13. Jh. kommt es zu ersten grausamen **Kreuzzügen** gegen die »Ketzer«, die Katharer (Albigenser) und die Waldenser, die eine radikale christliche Lebensweise fordern und sich von der römischen Kirche abwenden. Verbreitet sind sie in ganz Südfrankreich.

Verfolgung der »Ketzer«

Um 1700 entstand dieses Gemälde von Robert Bonnard (im Musée Calvet in Avignon), das die Papststadt Avignon von der Ile de Barthelasse aus gesehen darstellt.

Unter französischer Krone
1246 wird Karl I. von Anjou, der Bruder König Ludwigs des Heiligen, durch Einheirat zum Grafen, nach der Eroberung des Königreichs Neapel 1266 zum König der Provence.

Die Päpste in Avignon
Im 14. Jh. residieren in Avignon in der Zeit des **Babylonischen Exils der Kirche** (1309 – 1377) sieben Päpste, die alle aus Frankreich stammen, hinzu kommen von 1378 bis 1403 zwei Gegenpäpste (Clemens VII. und Benedikt XIII.), die nach dem Schisma gewählt und von einem Teil der katholischen Kirche nicht anerkannt werden. 1348 verkauft Gräfin Johanna aus dem Haus Anjou, zugleich Königin von Neapel, Avignon an den Papst. Nach dieser wichtigen Epoche verliert die Provence an politischer Bedeutung: 1382 wird Johanna von ihrem Cousin Karl von Durazzo ermordet; der folgende Krieg führt dazu, dass 1388 **Nizza und sein Hinterland zu Savoyen** kommen.

Unter dem letzten Herrscher aus dem Haus Anjou, dem **Guten König René** (»Le Bon Roi«), erlebt die Provence wirtschaftlich und kulturell einen erneuten Höhepunkt. 1480 stirbt René ohne Nachkommen. Karl III., sein Neffe und Nachfolger, stirbt bereits im folgenden Jahr, wodurch die Provence laut Testament wieder an die französische Krone fällt. Aufgrund der **Zentralisierung Frankreichs** verlagert sich das kulturelle Leben von diesem Zeitpunkt an nach Paris, das politische und das wirtschaftliche Leben stagnieren; lediglich die Stadt Aix bildet eine Ausnahme.

Neuzeit

1545	Massaker unter den Waldensern im Lubéron.
1598	Das Edikt von Nantes beendet die Religionskriege.
1789	Beginn der Französischen Revolution.
1792	Entstehung der Nationalhymne »Marseillaise«.
1793	Der junge Napoleon zeichnet sich bei der Eroberung von Toulon durch das Revolutionsheer aus.

Glaubenskriege und Absolutismus
Das 16. Jh. ist das Zeitalter der **Religionskriege**, in die auch die Provence involviert ist. Im Lubéron und im Tal der Durance sind seit dem späten 12. Jh. Gemeinden der Waldenser ansässig, einer protestantischen Bewegung lange vor der Reformation. 1545 werden im Lubéron mehrere tausend Waldenser ermordet. Erst 1598 beendet König Heinrich IV. mit dem Edikt von Nantes die Religionskriege zwischen den Hugenotten und Katholischen Liga. Etwa 100 Jahre später, 1685, widerruft Ludwig XIV. das Edikt, worauf die Hugenotten erneut verfolgt werden und in Massen auswandern.

Gegen Ende des Jahrhunderts entwickelt sich **Marseille** zu einem wichtigen Handelsplatz des Königreichs. Mit Ludwig XIV. erreicht in

Als Zwangsmaßnahme des Königs errichtet wurden die Forts am Hafen von Marseille.

Frankreich der **Absolutismus** einen Höhepunkt, wobei die Städte und regionalen Parlamente viele Rechte einbüßen. 1635 verlegt Ludwig XIV. die französische Kriegsflotte zur Bestrafung der gegen die königliche Vorherrschaft rebellierenden Stadt Marseille nach Toulon. Nach Aufständen 1648–1652 wird Marseille der Zentralgewalt unterworfen. Anfang des 18. Jh.s (1720–1722) wird die Stadt von einer der letzten schweren Pestepidemien in Europa heimgesucht.

Die Provence zur Zeit der Französischen Revolution

Der Ausbruch der Französischen Revolution 1789 bringt auch in die Provence Terror und Blutvergießen; außerhalb der Städte Marseille, Aix und Avignon ist die ländliche Provence konservativ und königstreu gesinnt. Im Jahr 1790 wird Frankreich **in Departements aufgeteilt**, wodurch die Provence in die Gebiete Bouches-du-Rhône, Basses-Alpes und Var zerfällt und als Region von der Landkarte verschwindet. 1792 wird das Lied der »Rheinarmee« von einem Marseiller Freiwilligencorps in Paris bekannt gemacht, 1879 wird es als **Marseillaise** Nationalhymne. In den Machtkämpfen zwischen den revolutionären Parteien bricht 1793 in Marseille, Toulon und Avignon eine Gegenrebellion aus; Toulon, den Heimathafen der französischen Kriegsflotte, übergeben die Royalisten den Engländern. Die Rückeroberung gelingt durch die Taktik eines jungen korsischen Leutnants namens **Napoleon Bonaparte** – der erste große Erfolg seiner militärischen Karriere.

Napoleon und danach

Mit seinen Kriegen macht Napoleon sich keine Freunde: Die britische Flotte blockiert Toulon über Jahre, was die Wirtschaft der Region massiv beeinträchtigt. Seine Niederlage wird freudig aufgenommen. Im Jahr nach seiner Abdankung 1814 kehrt Napoleon aus dem Exil auf Elba zurück und landet am 1. März in Golfe-Juan. Auf einer Route außerhalb der damaligen Provence – heute als »Route Napoléon« bekannt – marschiert er nach Norden und zieht am 20. März in Paris ein. Die Entstehung des französischen Kolonialreichs in Afrika ab 1830 macht **Marseille** erneut zum wichtigen Hafen- und Handelsplatz, insbesondere nach der Eröffnung des Suezkanals 1869.

Napoleon III. unterstützt das benachbarte Königreich Piemont – im Zug des italienischen Risorgimento – in seinem Unabhängigkeitskampf gegen Österreich; nach der Schlacht von Solferino tritt Piemont dafür **Savoyen und Nizza an Frankreich** ab (1860), Menton und Roquebrune ein Jahr später.

Gegenwart

1942	Deutsche Truppen besetzen Südfrankreich.
1944	Landung der Alliierten an der südfranzösischen Küste.
ab 1950	Aufschwung durch Industrialisierung und Tourismus.

Exilanten in Südfrankreich

Das 20. Jh. bringt der Provence einen erneuten Umbruch seiner wirtschaftlichen und sozialen Strukturen. Der Erste Weltkrieg lässt die Provence unberührt. Nach dem Beginn der Naziherrschaft in Deutschland 1933 bringen sich zahlreiche **deutschsprachige Intellektuelle** wie Thomas Mann und Lion Feuchtwanger in Südfrankreich (vorübergehend) in Sicherheit. Als Reaktion auf die Landung der Alliierten am 8. November 1942 in Nordafrika besetzen erst die Italiener und Ende des Jahres deutsche Truppen das bis dato von der Vichy-Regierung kontrollierte Südfrankreich. Am 15. August 1944 landen **alliierte Truppen** zwischen St-Raphaël und Cavalaire und beginnen mit der Befreiung des Landes.

Industrialisierung

Nach dem Zweiten Weltkrieg setzt in den 1950er-Jahren auch in der ländlichen Provence eine **Industrialisierung** ein; in abgelegenen, benachteiligten Gebieten wie der Haute-Provence wandern die Bewohner verstärkt ab. 1956 wird in Marcoule der erste französische **Kernreaktor** in Betrieb genommen. Ab 1965 entsteht in **Fos-sur-Mer** zwi-

schen der Camargue und Marseille ein riesiges Industriegebiet, das
für die Wirtschaft der Region lebenswichtig ist, die Landschaft jedoch irreparabel schädigt. Ab 1972 wird im Hinterland von Antibes
der Technologiepark Sophia Antipolis aufgebaut, ein europäisches
»Silicon Valley«.

Im Algerienkrieg und besonders nach der Unabhängigkeit Algeriens   **Verstärkte**
1962 kommen über 1,5 Mio. Algerienfranzosen, die so genannten   **Einwanderung**
Pieds noirs, zurück nach Frankreich; die Mehrzahl siedelt sich in der
Provence an, vor allem um Marseille und Toulon. Die weiter zuneh-
mende Einwanderung aus Nordafrika trägt zu erheblichen sozialen
Veränderungen und Problemen in der Region bei.

Unter Präsident François Mitterand setzt 1981 eine **Dezentralisie-**   **Stärkung der**
rungspolitik ein, die den politischen Regionen mehr Selbstständig-   **Region**
keit bringen soll. 1982 werden die sechs Départements Bouches-du-
Rhône, Var, Vaucluse, Hautes-Alpes, Alpes Maritimes und Alpes-de-
Haute-Provence zur **Region Provence – Alpes – Côte d'Azur** (PACA)
zusammengefasst. Während die Autobahn bis Marseille schon 1970
eröffnet wird, dauert es noch bis 2001, dass die TGV-Trasse bis Marseille dem Verkehr übergeben werden kann. Mit einer Fahrzeit von
3 – 3.30 Std. ist Marseille jetzt nur noch »einen Steinwurf« von Paris
entfernt, was die Provence als Wirtschaftsstandort ebenso stärkt wie
als Urlaubsdestination. In den ehrgeizigen Wissenschaftsstandorten
wie Sophia Antipolis bei Antibes und Château-Gombert bei Marseille
siedeln sich Tausende Firmen für neue Technologien an. Seit 2007
wird in Cadarache bei Manosque unter internationaler Beteiligung
der Kernfusions-Forschungsreaktor ITER erstellt, mit Baukosten von
5 Mrd. € (u. a. muss für den Transport der gigantischen Bauteile die
106 km lange Strecke vom Hafen in Berre l'Etang nach Cadarache
ausgebaut werden). Im Jahr 2013 wird Marseille europäische Kultur-
hauptstadt sein.

Die 1990er-Jahre sind geprägt von wachsenden Arbeitslosenzahlen   **Rechtsextreme**
und Krisen in Industrie und Landwirtschaft. Auch der hohe Auslän-   **in der Provence**
deranteil lässt das Ressentiment in der Bevölkerung wachsen. 1995
gewinnt der rechtsradikale Front National die Kommunalwahlen in
Orange, Toulon, Vitrolles und Marignane. Nach 2001 verliert die ex-
treme Rechte stark an Rückhalt; der FN behält aber das Amt des
Bürgermeisters in Orange. Auch bei den Regionalwahlen 2004 erhält
die FN als drittstärkste Kraft hinter den Sozialdemokraten und der
bürgerlichen UMP in der Region 21 der Stimmen. Für Schlagzeilen
sorgte FN-Parteichef Le Pen, der die Wahlen in fünf Regionen an-
fechten wollte, darunter in der Region PACA, weil er aus juristischen
Gründen nicht als Spitzenkandidat zugelassen wurde.

Kunst und Kultur

Welche Bedeutung hatte die Anwesenheit der Päpste in Avignon? Warum heißt die Klassik in Südfrankreich Barock, und warum war die französische Riviera für Picasso und andere Künstler so attraktiv? Was war der Grund dafür, dass van Gogh in Arles in einen wahren Schaffensrausch geriet? Ein kleiner Streifzug durch die reiche Kulturlandschaft Provence.

Kunstgeschichte

Vor- und Frühgeschichte

Erste nennenswerte kulturelle Zeugnisse stammen noch aus vor- und frühgeschichtlicher Zeit, so etwa die Funde aus dem Heiligtum von Roquepertuse bei Velaux, aus dem Oppidum von Entremont bei Aix-en-Provence und aus Cavaillon. Die griechischen Phokäer aus Kleinasien bringen um 600 v. Chr. mit der Gründung von Massalia (Marseille) einen ersten Hauch vorklassischer Mittelmeerkultur an die Riviera. Spuren griechischer Siedlungen gibt es u. a. auch in Antibes (griechisch Antipolis) und Nizza (Nikaia).

Erste kulturelle Zeugnisse

Aus der Römerzeit sind zahlreiche Reste erhalten, so die Arena und die Thermen von Cimiez (Stadtteil von Nizza), Granitsäulen in Riez, die griechisch-römische Stadt Glanum bei St-Rémy, Arena und Theater in Arles, Arena und Theater von Fréjus und nicht zuletzt das Siegesmonument von La Turbie, die Triumphbögen in Orange und Cavaillon sowie die Tempelanlage von Vernègues bei Salon.

Römerzeit

Aus der christlichen Antike und der Karolingerzeit stammen bemerkenswerte Rundbauten (Baptisterien) in Fréjus, Aix-en-Provence und Riez. Die Krypta von St-Maximin birgt die Sarkophage der provenzalischen Heiligen Maria-Magdalene, Sidonius, Maximin u. a.; weitere, sehr sehenswerte Sarkophage bewahrt das Musée de l'Arles Antique in Arles auf. Eines der wichtigsten Denkmäler dieser Epoche ist die Basilique St-Victor in Marseille.

Christliche Antike

Romanik und Gotik

Im 12. Jh. erfährt die Architektur in dieser Region einen beachtlichen Aufschwung, der vor allem im Sakralbau einen eigenen provenzalischen Stil der Romanik hervorbringt. Unter zisterziensischer Ägide entstehen Klöster in äußerst schlichten Formen, oft ohne jeden Bauschmuck. Die Glockentürme mit quadratischem Grundriss zeigen lombardischen Einfluss. Die bekanntesten Bauwerke aus dieser Zeit sind die Kathedralen von Aix-en-Provence und Avignon sowie die Abteien **Sénanque, Le Thoronet** und **Silvacane**.

Architektur der Zisterzienser

Die von der Mystik beeinflusste französische Gotik kann als Baustil, anders als im Norden Frankreichs, in der Provence kaum Fuß fassen. Die bedeutsamste Stadt ist Avignon mit der Kirche St-Pierre und dem berühmten **Papstpalast**. Weitere hervorragende Bauten aus dieser Zeit sind die Kirche von **St-Maximin** – auch diese keine wirklich »große« Gotik – und der Kreuzgang von Fréjus.

Avignon als Zentrum

← *Van Goghs Gemälde »Nachtcafé« machte die Place du Forum in Arles berühmt.*

Renaissance

Bedeutende Malerschulen

Die Renaissance hinterließ nur wenige Baudenkmäler, dafür umso mehr Werke der Malerei. Bemerkenswert ist die Schule von Avignon, die sich im Anschluss an das Wirken des aus der Toskana stammenden Simone Martini in Avignon entwickelte und Künstler aus verschiedenen Ländern am Hof der Päpste vereinigte. Die wichtigsten Namen und Werke sind **Enguerrand Quarton** mit der »Krönung der Jungfrau Maria« von 1453 (im Museum in Villeneuve-lès-Avignon) und **Nicolas Froment** mit dem Triptychon »Maria im brennenden Dornbusch« von 1485 in der Kathedrale von Aix-en-Provence.

Inspiriert von der italienischen Renaissance blühte in Nizza eine bemerkenswerte Malerschule, deren Lehrmeister **Ludovico (Louis) Bréa** (um 1440–1523) als »provenzalischer Fra Angelico« gepriesen wird. Werke der Schule von Bréa, geprägt von naiver Lauterkeit und Schlichtheit, sind in zahlreichen Kirchen der südöstlichen Provence zu finden.

Klassik und Klassizismus

Italienischer Einfluss

Parallel zum vorwiegend in Italien und Deutschland entstehenden Barock entwickelt sich in Frankreich die Klassik, die gegenüber der erstgenannten Kunstrichtung eine bewusste und gewollte Abgrenzung verfolgt und im Wesentlichen auch eine größere formale Strenge und Disziplin wahrt. Im Südosten Frankreichs allerdings ist der Einfluss italienischer Kunstauffassung nicht zu übersehen, so dass man hier durchaus von barocker Kunst sprechen kann.

Klassizistischer Figurenschmuck am Pavillon de Vendôme

Die hervorragendsten Zeugnisse dieser Stilrichtung finden sich in der Altstadt von Aix-en-Provence; als Einzelwerk ist der etwas außerhalb des Altstadtkerns gelegene Pavillon de Vendôme hervorzuheben. Auch die guten Keramiken von Moustiers-Ste-Marie gehören dieser Epoche an. Entscheidend vom Barock beeinflusst wurde der Marseiller Maler **Pierre Puget** (1620–1694), zugleich der wohl bedeutendste französische Bildhauer des 17. Jh.s; er schuf neben vielen anderen spannungsreichen Skulpturen die Portalkaryatiden vom zerstörten alten Rathaus (heute an der Mairie d'Honneur) von Toulon.

Der Klassizismus des 18. Jh.s spiegelt sich in den Werken von Parrocel, van Loo und Fragonard wider. **Jean-Honoré Fragonard**, 1732 in Grasse geboren, war ein Hofmaler der Pariser Aristokratie und ist heute vor allem für seine galanten Boudoir- und Schäferszenen berühmt. Im 19. Jh. findet der sich an historischen Vorbildern orientierende **neoromanisch-byzantinische Baustil** weitere Verbreitung; ein Paradebeispiel ist die Kirche Notre-Dame-de-la-Victoire in St-Raphaël, andere die bombastischen Gotteshäuser Notre-Dame-de-la-Garde und Cathédrale de la Major in **Marseille**.

Monumentale Kirchenbauten

Moderne

Ab dem Ende des 19. Jh.s zog die Riviera immer mehr Künstler der neueren und modernen Malerei an. Als Vertreter des Impressionismus, dessen Altmeister und Überwinder der aus Aix-en-Provence stammende **Paul Cézanne** ist, ließen sich hier Moriot in Nizza, Monet in Antibes und Renoir in Cagnes nieder. **Paul Signac**, ein Exponent des Pointillismus, wählte 1892 St-Tropez als Aufenthaltsort und zog u. a. Bonnard und Matisse nach. Die Reaktion in Form des **Fauvismus** wurde hauptsächlich von Dufy und Matisse vertreten, die später in Nizza ansässig wurden. **Vincent van Gogh** verbrachte höchst produktive Monate in Arles und St-Rémy; kein anderer Künstler hat das Bild von Südfrankreich mit seinen ganz besonderen Lichtverhältnissen und den Sonnenblumen so geprägt wie er. Vallauris, Antibes, Cannes und Mougins sind die wichtigsten Stationen **Pablo Picassos**, der in der Côte d'Azur das Land seiner Seele fand. Der Kubist **Fernand Léger** war in Biot schöpferisch tätig, der Surrealist **Marc Chagall** fand in Vence Motive für seine farbintensiven Traumbilder. Auch andere berühmte Künstler lebten und arbeiteten an der Riviera, so Braque in St-Paul-de-Vence, Kandinsky in La Napoule, Cocteau in Menton und van Dongen in

Anziehungskraft des Lichts

! *Baedeker* TIPP

Auf den Spuren der Maler

In einem Land, das so viele Künstler geprägt hat, greifen auch die Besucher gerne zum Pinsel. Malkurse in der Provence sind gefragt, zum Beispiel im Atelier Elaia in Vaison-la-Romaine (www.artgalerie-elaia.com), beim Kunstverein in Cassis (www.peindreacassis.com) oder bei Mitch Waite Painting Holidays in Saint-Jeannet bei Vence (www.maisondesarts.com).

Cannes. Viele Museen, teils auch erhaltene Ateliers der Künstler bewahren in den jeweiligen Orten ihr Andenken.

Zeitgenössische Architektur ▶

Die von **Le Corbusier** 1947–1952 in Marseille erbaute »Unité d'Habitation«, aber auch moderne Sporthafen-, Freizeit- und Wohnanlagen wie Port-Grimaud und Port-Camargue oder die Marina Baie des Anges sind eindrucksvolle, wenn auch nicht rundum positiv zu bewertende Beispiele zeitgenössischer Architektur. Das Gebäude des bedeutenden Kunstzentrums der **Fondation Maeght** in St-Paul-de-Vence ist schon für sich ein Kunstwerk. In jüngster Zeit profilieren sich Nîmes und Nizza als Zentren der gegenwärtigen Architektur.

Villages perchés

»Adlernester«

In der kaum überschaubaren Reihe von malerischen Plätzen an der Küste, von kleineren und größeren Städten mit ihrer unnachahmlichen Atmosphäre sind die zahlreichen »Villages perchés« besonders interessant. Die auch als »Nids d'aigle« – »Adlernest« – bezeichneten Bergsiedlungen, in Gipfel- oder Hanglage, wurden einst zum Schutz vor den vom Meer her drohenden Überfällen von Piraten und Sarazenen an küstennahen, aber schwer zugänglichen Stellen angelegt. Der Platzmangel zwang dabei zum Bau auf möglichst kleiner Grundfläche (»maisons en hauteur«, hochgezogene Häuser; »maisons-tour«, Turmhäuser) sowie in äußerst dichter Scharung und Verschachtelung. Typische Beispiele sind Castellar, Èze, Gorbio, Gourdon, Peillon, Roquebrune, Tourrettes-sur-Loup und Vence.

Èze bei Beaulieu liegt 420 m über der Küste auf einem von einer Burgruine gekrönten Felsen.

Paul Cézanne, Montagne Ste-Victoire, 1898

NEUES LICHT, NEUES SEHEN

Längst haben die Maler unser Bild von diesem Land des Lichts tiefer geprägt, als es millionenteure Werbekampagnen je könnten. »Als ich verstanden hatte, dass ich dieses Licht jeden morgen wieder sehen würde, konnte ich mein Glück nicht fassen … Ich beschloss, Nizza nicht mehr zu verlassen.«

Matisse war nicht der einzige: Picasso, Chagall, van Gogh, Miró, Renoir, Ernst – alle sind sie gekommen und geblieben, die Maler der frühen Moderne im späten 19. und beginnenden 20. Jahrhundert. »Im Midi geraten die Sinne in Begeisterung, wird die Hand flinker, das Auge lebhafter, das Gehirn klarer«, schrieb **van Gogh** in den 1880ern. Die Symphonie der Farben hat sie überwältigt, das reine, tiefe Blau des Meeres, die Pastelltöne der Mauern, die vom Mistral kristallklar gereinigte Luft, in der die Blumen in allen Farben dieser Welt leuchten, hat ihre Werke bunt und unbeschwert gemacht. Der Blick von seinem Atelier auf der Festungsmauer von Antibes auf Meer und Berge hat **Picasso** in einen kreativen Malrausch gestürzt. Die Ergebnisse hängen in seinem zum Museum umgestalteten Atelier. Die Provence hat ihre Künstler in eine ganz eigene Symbiose aufgenommen. Das Land schenkt das Licht, die Farben; die Künstler hinterlassen ihre Werke. Die Museen zwischen Menton und Marseille sind voll von ihnen. »Nizza ist Dekor, zerbrechlich, schön, keine Stadt mit Tiefsinn«, befand **Matisse** in den 1930er-Jahren. Der Traum von der Leichtigkeit des Südens in den Fluten des warmen, mediterranen Lichts zieht immer noch Künstler in das größte Atelier Europas, die Provence.

Vor Jahren waren diese Bergorte wegen der ungünstigen wirtschaftlichen Situation und der schwierigen Verkehrs- und Versorgungslage von ihren Bewohnern teilweise verlassen worden. Heute, wo Geld und moderne Technik ein angenehmes Leben möglich machen, wurden sie als begehrte Zweitwohnsitze und Urlaubsorte wiederbelebt und restauriert, somit vor dem Verfall bewahrt, aber auch ihrer Ursprünglichkeit beraubt.

Provenzalische Sprache

Im Südosten Frankreichs wird verbreitet das Provenzalische gesprochen, das sich erheblich vom klassischen Französisch unterscheidet. Nach dem südfranzösischen Bejahungspartikel wird es auch als »Langue d'Oc« (oc = ja) bzw. als »Okzitanisch« bezeichnet.

Entstehung Wie alle lebenden romanischen Sprachen ist das Provenzalische aus dem Vulgärlatein hervorgegangen, das mit der römischen Kolonisation im Land Einzug gehalten hatte. Auf seiner Basis entwickelte sich in der Provence um die Jahrtausendwende die Sprache der Troubadoure und der höfischen Dichtung, die später im deutschen Sprachraum mit dem Minnesang eine Parallele finden sollte. Wie unser heutiges Schriftdeutsch war dieses »Altprovenzalisch« im Grunde ei-

Die Pflege der Traditionen hat heute ihren festen Platz. Zu vielen Anlässen werden Trachten getragen und fröhliche Feste gefeiert.

ne Kunstsprache. Seit dem 13. Jh. bürgerte sich für das früher »Lenga Romana« genannte Idiom der Begriff »Proensal« ein. In späteren Jahrhunderten wurde das Provenzalische zwar als gesprochene Sprache noch immer verwendet, im schriftlichen und besonders im literarischen Bereich aber vom »klassischen« Französisch abgelöst, das sich aus dem Nordfranzösischen, der so genannten Langue d'Oil, gebildet hatte. Wie überall in den Provinzen wurde die angestammte Regionalsprache von der Zentralgewalt unterdrückt.

Es ist kein Zufall, dass in der Zeit, in der sich die Nationalstaaten zu formieren begannen – in der ersten Hälfte des 19. Jh.s – auch in der Provence eine Rückbesinnung auf die eigene Historie und eine Neubewertung der eigenen Sprache zu verzeichnen sind. Im Jahre 1854 wurde der Bund der **Félibres** gegründet, eine Gruppe von Dichtern, deren bedeutendster Frédéric Mistral war. Eines der Hauptverdienste der provenzalischen Renaissance jener Jahre war die umfassende Bestandsaufnahme des südfranzösischen Sprachguts. Die bewusste Pflege des Okzitanischen und der Stolz der Südfranzosen, diesem Sprachraum anzugehören, ist auch heute wieder in verstärktem Maße zu beobachten.

Dessen ungeachtet ist das Okzitanische als primär erworbene Sprache so gut wie verloren; heute beherrschen nicht einmal 1 % der Bevölkerung der Provenzalen neben dem Französischen Okzitanisch als Muttersprache.

Provenzalische Renaissance

Baedeker TIPP

Lernen Sie ein wenig Provenzalisch

Das Provenzalische und das Nissart, die italienisch beeinflusste Spielart im Osten der Provence, werden heute wiederbelebt. In den 1980er-Jahren sprachen nur noch einige alte Leute in den Gassen der Nizzaer Altstadt ihren angestammten Dialekt. Inzwischen besinnt sich die ganze Region wieder auf ihre Wurzeln. Im Internet gibt es viele provenzalische Netzplätze, zum Beispiel http://prouvenco.presso.free.fr.

Was die provenzalische Sprache im Wesentlichen von der französischen Hochsprache vor allem unterscheidet, ist der Reichtum an Vokalen. Während im klassischen Französisch unbetonte Selbstlaute tendenziell zu »e« verschliffen bzw. völlig eliminiert werden, verfügt das Provenzalische (Okzitanische) noch über die ganze Skala von Vokalen. Wichtigste Kennzeichen sind die Erhaltung des a in offener Silbe (provenzal. pra = französ. pré), der Wandel dieses a zu ié (provenzal. marchié, aus lat. mercatus), die Unterscheidung von vier Auslautvokalen (a, e, i, o; provenzal. a, e; französ. e), die o-Endung der 1. Person beim Verb, die regional vorhandene formale Unterscheidung von Nominativ und Akkusativ und die Ausbildung besonderer Laute. Besonderheiten gibt es natürlich auch in der Lexik (Wortbildung und Wortbedeutung).

Die Aussprache der Ortsnamen weicht in der Provence bisweilen von der hochfranzösischen ab. Insbesondere werden vielfach die Endkonsonanten mitgesprochen (z. B. Fréjus = Freschüs, Aups = Ops).

Sprachliche Besonderheiten

◄ Aussprache von Ortsnamen

Berühmte Persönlichkeiten

Paul Cézanne konnte sich nie von seiner Geburtsstadt Aix lösen, und Auguste Escoffier erfand den Pfirsich Melba in Südfrankreich. Warum ist Prosper Mérimée, dem Textdichter der »Carmen«, der Erhalt vieler alter Bauten zu verdanken, warum bestieg Francesco Petrarca den Mont Ventoux? Kleine Denkmäler für Menschen, deren Namen untrennbar mit der Provence verbunden sind.

Ludocivo (Louis) Bréa (um 1450 – 1522/23)

Ludovico Bréa, geboren in Nizza, war der bedeutendste Maler Ende des 15./Anfang des 16. Jh.s in Nizza und Ligurien, einer Region abseits der zeitgenössischen Strömungen. Vorbilder sind kaum erkennbar, ebenso sein Einfluss auf andere. Er arbeitete vor allem in Genua, Taggia, Ventimiglia, Monaco und Nizza. Lange Zeit blieb er dem altertümlichen Geschmack seiner Auftraggeber – vor allem Orden der Büßermönche – verhaftet; seine Altarbilder bestehen aus mehreren, von geschnitzten Rahmen gefassten Feldern und zeigen nur wenige Figuren in einem strengen Ausdruck der Andacht und Ruhe. Wegen der Schlichtheit seiner Figuren wird er als »provenzalischer Fra Angelico« apostrophiert. Ab 1500 malte er im Stil der Renaissance, nach 1510 machte sich der lombardische Einfluss stärker bemerkbar. Bréa starb zwischen 1522 und 1523 in Nizza; seine Werke sind in Kirchen in Monaco, Nizza, Biot, Antibes und Fréjus zu finden.

Fra Angelico der Provence

Paul Cézanne (1839 – 1906)

Der in Aix-en-Provence geborene Paul Cézanne, Sohn eines wohlhabenden Bankiers, ging nach kurzem Jurastudium ganz zur Malerei über. Zunächst schulte er sich an klassischen Meistern; er verehrte und kopierte Michelangelo, Delacroix, Tintoretto. Sein Schulfreund Emile Zola machte ihn mit den Impressionisten bekannt, von denen ihn vor allem Camille Pissarro beeinflusste. Mit ihm ging er 1873 nach Auvers-sur-Oise und arbeitete mit ihm – das war das Neue dieser Arbeitsweise – unter freiem Himmel, außerhalb des Ateliers. Er ging zu hellen Farben über, mit denen er differenzierte Stimmungen in Licht, Luft und Natur wiedergab. Nachdem er sich 1874 an der ersten Gruppenausstellung der Impressionisten beteiligt und nur Hohn geerntet hatte, zog er sich nach Aix zurück und verbrachte dort 27 Jahre in strenger Abgeschiedenheit. Erst ab 1899 wurde er allmählich bekannt. Er gilt als **Hauptmeister der nachimpressionistischen Kunst**; sein Wort »La réflection modifie la vision« (»Das Denken verändert das Sehen«) weist ihn als »Vater der modernen Malerei« aus. Durch die Rückkehr zur klassischen Ästhetik, zur Form, gab er der modernen gegenständlichen Kunst (Fauvismus, Kubismus) wesentliche Impulse. Cézanne starb 1906 in seiner Geburtsstadt Aix.

Plein-air-Maler

Cézanne gilt als der Mitbegründer der modernen Malerei.

← *Robert Capa fotografierte Pablo Picasso und seine damalige Lebensgefährtin Françoise Gilot 1951 am Strand von Antibes.*

Alphonse Daudet (1840–1897)

Humorist Alphonse Daudet kam in Nîmes zur Welt, verlebte seine Jugend aber in Lyon. 1860 erhielt er die Stelle eines Privatsekretärs beim Herzog von Morny, der ihm als Mäzen Zugang zu literarisch interessierten Kreisen verschaffte und so die Basis für ein auch kommerziell erfolgreiches schriftstellerisches Schaffen vermittelte. Daudet gilt mit sei-

nen großenteils heiter-ironischen Erzählungen als der bedeutendste Humorist seiner Zeit. Unter dem Einfluss der Naturalisten wandte er sich auch gesellschaftskritischen Themen zu, doch machte er sich deren übergreifenden ideologischen Anspruch nicht zu eigen. Durch Frédéric Mistral gewann die Provence eine große Rolle in seinem Schaffen; die Mühle bei Arles, die er zum fiktiven Entstehungsort seiner **»Lettres de mon moulin«** machte (geschrieben wurden die Erzählungen in Paris) und die heute ein Daudet-Museum beherbergt, ist für Franzosen geradezu ein Wallfahrtsort. Zur Dramatisierung einer Erzählung aus den »Lettres«, »L'Arlesienne«, schrieb Georges Bizet die Schauspielmusik. Bekannt ist die von Daudet geschaffene Gestalt des Tartarin von Tarascon, des liebevoll-ironisch gezeichneten Südfranzosen, dem die allgegenwärtige Diskrepanz zwischen Fantasie und Realität manchen Streich spielt. Daudet starb 1897 in Paris.

»Der Provenzale als bauernschlauer, jedoch sympathischer Gernegroß«

Auguste Escoffier (1846–1935)

Kochkünstler Escoffier, der »Schöpfer der modernen Kochkunst« (1846 Villeneuve-Loubet–1935 Monte-Carlo), ging bei seinem Onkel in Nizza in die Lehre, danach in Paris, Luzern und Monte-Carlo, bevor er in England große Karriere machte und zum **»König der Köche und Koch der Könige«** avancierte. Im Jahr 1898 wurde er Küchendirektor des Londoner Carlton und behielt diese Funktion bei, bis er sich 1921 mit 75 Jahren zurückzog. Er wurde mit dem Orden der Ehrenlegion ausgezeichnet, und er kochte sogar einmal für den deutschen Kaiser Wilhelm II. auf einer Kreuzfahrt. Sein umfangreiches Werk ist immer noch Grundlage des professionellen Kochens, insbesondere »Le guide culinaire« (1903), »Livre des menus« (1912), »Ma cuisine« (1934). Er war nicht nur Autor vieler inzwischen klassischer Rezepte (der »Pfirsich Melba« ist wohl das bekannteste), er reformierte und rationalisierte auch die Arbeitsteilung in der Brigade und führte einen Verhaltenskodex ein (der Koch arbeitet sauber und penibel, er raucht und trinkt nicht bei der Arbeit, er schreit nicht). Er modernisierte Zubereitungsverfahren; z. B. ersetzte er die schweren Saucen nach spanischer und deutscher Art durch leichte Reduktionen und Fumets. In seinem Geburtshaus in Villeneuve-Loubet (Baedeker-Tipp S. 348) ist ein Museum für Kochkunst eingerichtet.

Jean-Henri Fabre (1823 – 1915)

Jean-Henri Fabre war ein genialer Naturwissenschaftler und gilt – was außerhalb Frankreichs wenig bekannt ist – als Vater der modernen Verhaltensforschung. Als Sohn eines armen Bauern 1823 in St-Léons (Aveyron) geboren, entdeckte der intelligente Junge sehr früh seine Liebe zur Natur, aber er beschäftigte sich wissbegierig auch mit vielen anderen Dingen. Mit 18 Jahren erhielt er ein Stipendium am Lehrerseminar in Avignon, lehrte anschließend in Carpentras, Ajaccio und Avignon. Er erwarb den Doktorgrad, obwohl er, um seine große Familie durchzubringen, sein mageres Gehalt mit Nachhilfestunden aufbessern musste. Seine erste und größte Entdeckung, das **Beuteverhalten der Grabwespen**, trug ihm die Bewunderung Darwins ein, mit dem er über viele Jahrzehnte in Briefwechsel stand.

Verhaltensforscher

Er war schon über 60, als er mit Hilfe eines Darlehens des bedeutenden englischen Philosophen John Stuart Mill bei Sérignan-du-Comtat ein Anwesen erwerben konnte, den »Harmas« (provenzal. für »Brachland«), wo er seine Forschung fortsetzte. Mit seinem Hauptwerk, den zehnbändigen »Souvenirs entomologiques« (erschienen zwischen 1879 und 1907), wurde er einem größeren Publikum bekannt. Gegenwärtig macht auch die deutsche Übersetzung Furore (»Erinnerungen eines Insektenforschers«, Band 1 Berlin 2009), die Friedrich Koch, ein pensionierter fränkischer Pfarrer, anfertigt. Fabre starb in Sérignan; sein Harmas ist als Museum eingerichtet.

Vincent van Gogh (1853 – 1890)

Vincent van Gogh wurde als Sohn eines Pfarrers in Zundert bei Breda (Niederlande) geboren. Nach einem gescheiterten Theologiestudium begann er um 1880 als Autodidakt zu malen; er stellte die

Schwermütiges Malergenie

Bauern und Grubenarbeiter seiner Heimat in schweren, dunklen Farben dar. 1886 ging er nach Paris zu seinem Bruder Theo, einem erfolgreichen Kunsthändler, und kam mit Künstlern wie Paul Gauguin in Kontakt. Er ging zum Impressionismus, z. T. zum Pointillismus über, die Farben wurden heller und farbiger.

Als er 1888 nach Arles übersiedelte, war er **von der Intensität des Lichtes und der Farben der Provence völlig überwältigt**; er schuf einen eigenen, völlig neuen Stil, mit dem er Landschafts- und Stadtbilder, Stillleben (wie Bäume und Schwertlilien) und Porträts in ausdrucksstarken Farben und seinem charakteristischen groben Pinselstrich malte. Nach mehreren Anfällen geistiger Umnachtung (nach einem Streit mit Gauguin im Dezember 1888 schnitt er sich einen Teil des linken Ohrs ab) kam er 1889 in die psychiatrische Anstalt nach St-Rémy-de-Provence, anschließend nach Auvers-sur-Oise, arbeitete jedoch unter Hochdruck und mit dem Mut des Verzweifelten weiter bis zu seinem Selbstmord im Alter von 37 Jahren.

Zu Lebzeiten wurde van Gogh kaum Anerkennung zuteil; er war auf die finanzielle Hilfe seines Bruders angewiesen. Erst Jahrzehnte nach seinem Tod entdeckte man in ihm den **Überwinder des Impressionismus**; sein Werk inspirierte die Expressionisten.

Henri Matisse (1869 – 1954)

Henri Matisse wurde im nordfranzösischen Le Cateau-Cambresis geboren. Unter dem Einfluss von Gauguin, Cézanne, Monet wandelte sich der anfängliche Impressionist um 1900 zu einem der maßgebenden Überwinder dieser Stilrichtung, seine **Bilder wurden flächenhafter und farbintensiver**. Matisse und die Maler seines Kreises wurden zunächst abschätzig »Fauves« (»Wilde«) genannt. Der

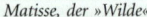

Matisse, der »Wilde«

Fauvismus setzt alles Körperliche und Räumliche in Flächen und Farben um, er verzichtet auf die feine Nuancierung des Impressionismus; seine Bilder beziehen ihre Wirkung aus den Effekten von Farbe und Farbkontrast. Bedeutend sind auch die Buchillustrationen und Zeichnungen von Matisse. Sein letztes großes Freskenwerk ist die Ausgestaltung der Rosenkranzkapelle in Vence (1947 bis 1951). Matisse starb in Nizza-Cimiez.

Darius Milhaud (1892 – 1974)

Der Komponist Darius Milhaud, in Aix-en-Provence geboren und Schüler des renommierten Conservatoire de Paris, gehörte der »Groupe des Six« (»Gruppe der Sechs«, u. a. mit Artur Honegger) an, die sich 1918 formiert hatte, um die zeitgenössische Musik neu zu beleben. Milhaud war ein sehr produktiver Komponist; sein Werk umfasst Opern (»Christophe Colomb«, »Medée« u. a.), Ballettmusik, Sinfonien und Kammermusik. Von 1947 bis 1962 unterrichtete er am Pariser Konservatorium Kompositionslehre.

Crossover-Komponist

Prosper Mérimée (1803 – 1870)

Nach einem Kunst- und Archäologiestudium war Mérimée, in Paris als Sohn einer wohlhabenden Bürgerfamilie geboren, als **Inspektor für die historischen Denkmäler** tätig und bereiste in dieser Funktion Frankreich und die Mittelmeerländer, besonders Spanien. Viele wichtige Baudenkmäler, die einen wesentlichen Teil der Kulturlandschaft Provence ausmachen, verdanken ihm ihre Erhaltung. Seine literarische Produktion ist geprägt durch eine Vorliebe für »romantische«, schauerliche, exotische und ungewöhnliche Stoffe; trotzdem prägte er einen betont sachlichen, »antiromantischen« Stil. Seine formale Meisterschaft fand er in der Novelle, und durch die Opernfassung seiner **Novelle »Carmen«** (1845) von Georges Bizet ist er heute noch berühmt. Im Jahr 1848 wurde er Mitglied der Académie Française, 1853 Senator; trotzdem war er mit Stendhal und anderen Gegnern der Restauration befreundet. Er starb in Cannes.

Erster Konservator

Frédéric Mistral (1830 – 1914)

Frédéric Mistral (der Name ist kein Pseudonym) wurde als Sohn eines Bauern in Maillane nahe St-Rémy geboren. Der Anstoß zu seinem literarischen Schaffen und die Begeisterung für die klangvolle, vokalreiche provenzalische Sprache kam von der frühen Bekanntschaft mit dem zwölf Jahre älteren Joseph Roumanille. 1859 erschien das erste Werk, der Roman »Mirèio« (französisch »Mireille«). Mistral ist der bedeutendste **Erneuerer der provenzalischen Sprache** und Dichtung. Mit Théodore Aubanel und Joseph Roumanille gründete er 1854 die Gruppe der »Félibres«, die sich ganz dieser Erneuerung widmete und deren Wirken und Ziele noch heute in der Provence hoch geachtet sind. 1904 erhielt er den Literatur-Nobelpreis.

Zentrale Figur der »Félibres«

Nostradamus (1503 – 1566)

Sterndeuter Michel de Nostre-Dame wurde in St-Rémy-de-Provence als Sohn einer konvertierten jüdischen Familie geboren. Nach dem Studium der Artes liberales in Avignon und der Medizin an der Universität Montpellier wurde er **Leibarzt Katharinas von Medici und Karls IX**. von Frankreich. Wie viele Humanisten latinisierte er seinen Namen und nannte sich fortan Nostradamus.

Beachtliche Heilerfolge bei mehreren Epidemien, vor allem durch desinfizierende Mittel und Hygienevorschriften, trugen ihm die Missgunst seiner Kollegen ein, und er war gezwungen, sich verborgen zu halten. In diese Zeit fällt der Beginn seiner intensiven Beschäftigung mit astrologischen und kosmologischen Themen.

Aus den Sternkonstellationen zog er Schlüsse, die er in seinen **düsteren, geheimnisvollen Prophezeiungen** niederlegte. Dieses in vierzeiligen, dunklen Versen abgefasste Werk, die »Centuries astrologiques«, erschien 1555 in Lyon. Sie erregten ungeheures Aufsehen (der Vatikan setzte sie auf den Index, da sie auch den Untergang des Papsttums voraussagten) und hatten auch in späteren Jahrhunderte ein intensives Nachleben. Nostradamus starb in Salon-de-Provence, wo er ab 1547 gelebt hatte.

Petrarca bestieg den Mont Ventoux.

Francesco Petrarca (1304 – 1374)

Der in Arezzo geborene italienische Dichter, Philologe und Humanist kam 1311 mit seiner Familie nach Avignon und studierte ab 1317 in Montpellier und ab 1323 in Bologna die Rechte. Nach Frankreich zurückgekehrt, traf er 1327 auf die Frau, die er als »Laura« in seiner Dichtung unsterblich machte, eine für sein ganzes Leben und seine künstlerische Existenz bedeutsame Begegnung. Nach ausgedehnten Reisen durch Frankreich, die Niederlande und Deutschland, wo er in Bibliotheken nach antiken Handschriften forschte, zog er sich 1337 nach Fontaine-de-Vaucluse bei Avignon zurück, ab 1362 lebte er überwiegend in Venedig.

Petrarca war der **Wegbereiter des Humanismus** und der italienischen Renaissance. In seinen lateinischen Schriften belebte er die Antike neu; seine italienischen Gedichte, die geprägt sind durch die Gestaltung der leidenden und reflektierenden Seele und durch ein innerweltliches Ideal der schönen Frau, wurden inhaltlich wie formal für Jahrhunderte zum Vorbild der europäischen Liebesdichtung. Er wird apostrophiert als »erster moderner Mensch«, wofür auch die erste »zweckfreie«, nur dem Erlebnis der Landschaft gewidmete Besteigung eines Bergs steht, sein berühmt gewordener Gang auf den Mont Ventoux am 24. April 1336.

»**Erster moderner Mensch**«

Pablo Picasso (1881 – 1973)

Pablo Ruiz Picasso, der im spanischen Málaga geborene Maler, Bildhauer, Grafiker und Keramiker, gilt als der bedeutendste Künstler der Moderne. Nach ersten Lehrjahren bei seinem Vater studierte er an den Akademien von Barcelona und Madrid (ab 1896), und nach mehreren Parisaufenthalten zog er 1904 nach Frankreich. Seine eigentliche Heimat wurde die Côte d'Azur, an der er sich 1936 endgültig niederließ – »Damals begriff ich, dass diese Landschaft meine Landschaft war« –, nachdem er von Paris aus immer wieder nach Südfrankreich gefahren war. Wesentliche Orte seines Schaffens waren Mougins, Golfe-Juan, Antibes, Vallauris, Cannes und Vauvenargues.

Malergenie

Sein Frühwerk, das in Blaue und Rosa Periode eingeteilt wird, ist durch melancholisch-anmutige Bilder bestimmt. Mit seinem epochemachenden Schlüsselwerk, den »Demoiselles d' Avignon« von 1907, schuf Picasso die **Voraussetzungen zur Entwicklung des Kubismus** (mit Georges Braques, später auch Juan Gris und Fernand Léger).

Nach dem Ersten Weltkrieg kehrte Picasso zur figürlichen Darstellung zurück und näherte sich den Surrealisten an; Figuren von praller Plastizität füllen seine Bilder. Ende der 1920er-Jahre erhielt auch die Beschäftigung mit der Skulptur mehr Gewicht. Illustrationszyklen nach antiken Texten, Werke, die sich mit dem Spanischen Bürgerkrieg, mit dem Grauen des Kriegs allgemein auseinandersetzen – »Guernica«, geschaffen nach dem Bombardement der baskischen Stadt durch die deutsche Legion Condor, bedeutet einen weiteren Höhepunkt –, Stierkampfdarstellungen, Porträts und die Variationen zu »Künstler und Modell« waren nun Hauptthemen.

Nach dem Zweiten Weltkrieg beschäftigte sich Picasso (der übrigens auch für seine fordernden Beziehungen zu mehreren Frauen bekannt wurde) intensiv mit der Keramik und schuf außerdem ein umfangreiches grafisches Werk. So entstand ein Gesamtwerk, das eine **einzigartige Souveränität im Umgang mit der Kunstgeschichte**, mit der eigenen Geschichte und mit den verschiedensten künstlerischen Mitteln und Techniken zeigt. Picasso starb in Mougins; bestattet ist er in Vauvenargues, wo er 1958 drei Monate lebte und arbeitete.

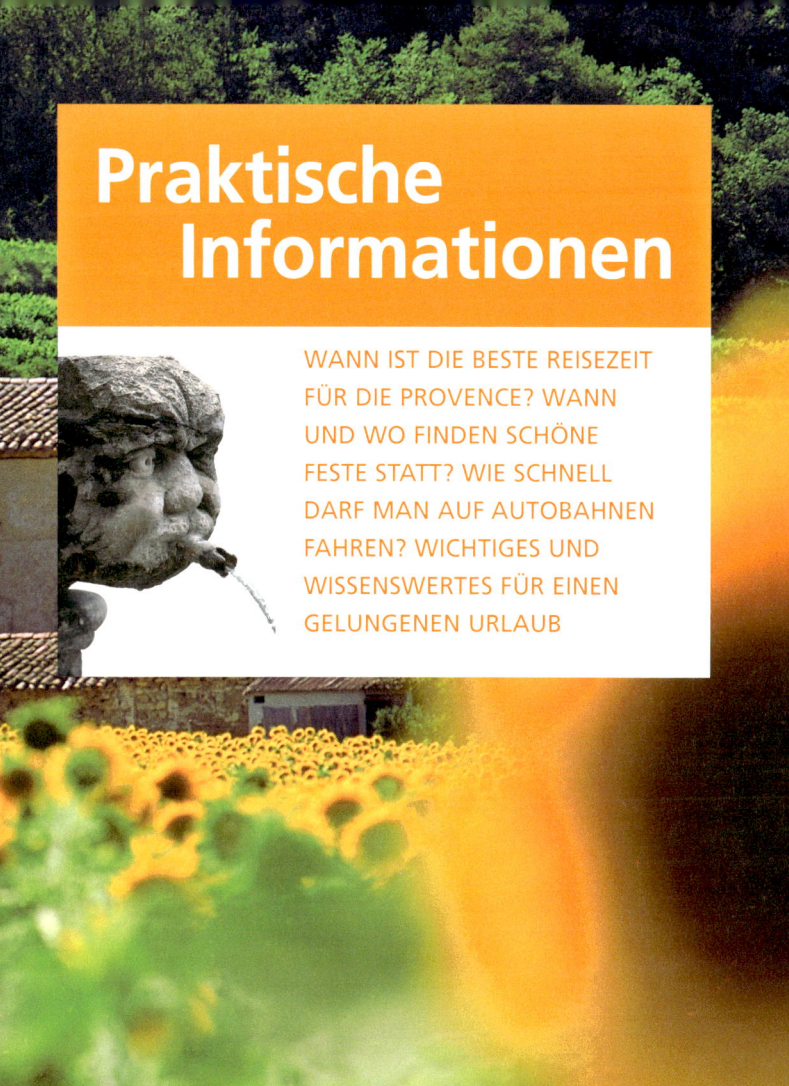

Praktische Informationen

WANN IST DIE BESTE REISEZEIT FÜR DIE PROVENCE? WANN UND WO FINDEN SCHÖNE FESTE STATT? WIE SCHNELL DARF MAN AUF AUTOBAHNEN FAHREN? WICHTIGES UND WISSENSWERTES FÜR EINEN GELUNGENEN URLAUB

Anreise · Reiseplanung

Anreise

Mit dem Auto Für eine rasche Anfahrt aus Deutschland gibt es einige Varianten, die bei Dijon auf die Autoroute du Soleil A 7 (E 15) nach Marseille münden. Für das südöstliche Deutschland und Österreich ist die Fahrt über Italien sinnvoll: über den San Bernardino und Genua an die Côte d'Azur. Aus der Schweiz fährt man entweder über Bern und Genf nach Lyon oder – aus der südöstlichen Schweiz – über Mailand und Genua an die Côte d'Azur. Eine besondere Möglichkeit ist die Fahrt über Genf nach Grenoble, um dann der Route Napoléon zu folgen: über Gap, Sisteron, Digne und Grasse nach Cannes.

Die Benützung der Autobahnen in der Schweiz und Österreich (Vignette) sowie Italien und Frankreich (Mautstationen) ist gebührenpflichtig. In Italien bezahlt man die Gebühr am bequemsten mit einer der gängigen Kreditkarten (die Viacard ist zu umständlich). Aktuelle Info über die Autoroute du Soleil findet man unter www.asf.fr. Weiteres ▸Verkehr.

> ### ℹ Straßenentfernungen
>
> - München – Marseille   1020 km
> - Frankfurt – Marseille   1010 km
> - Frankfurt – Nizza   990 km
> - Zürich – Marseille   730 km
> - Wien – Marseille   1380 km

Mit der Bahn Zwei Fernverbindungen führen in das Gebiet der Provence und der Côte d'Azur: zum einen über Lyon nach Avignon und Marseille, zum anderen über Mailand und Genua nach Nizza. Die eigene TGV-Trasse reicht bis Marseille. Ans TGV-Netz angeschlossen sind u. a. Frankfurt a. M., Stuttgart, Straßburg, Basel und Zürich. Auch für die Anreise mit der Bahn gibt es eine interessante Variante, die Fahrt über den Tenda-Pass: Mailand–Turin–Cuneo–Col de Tende–Ventimiglia/Nizza. Zwischen Marseille und Toulon sowie zwischen Fréjus und Genua führt die Hauptlinie an der Küste entlang. Das Hinterland der provenzalischen Küste ist dagegen kaum durch Bahnlinien erschlossen (▸Verkehr).

DB-Autoreisezüge fahren von April bis Oktober von Hamburg, Berlin und Hildesheim nach Avignon, ganzjährig von Düsseldorf, Hamburg, Hildesheim und Neu-Isenburg nach Narbonne.

Mit dem Flugzeug Die großen internationalen Flughäfen der Provence sind Nizza-Côte d'Azur und Marseille-Provence in Marignane. Mit der Air France (www.airfrance.fr) muss man über Paris fliegen, die Lufthansa (www.lufthansa.com) bietet Direktflüge nach Marseille und Nizza. Auch AUA (von Wien) und SWISS (von Zürich) fliegen nach Nizza. Unter den Billigfliegern haben Germanwings (www.germanwings.de), AirBerlin (www.airberlin.com) und easyJet (www.easyjet.com) Nizza im Flugplan, Germanwings auch Marseille.

INFORMATIONEN ANREISE

EISENBAHNEN

► **SNCF / Rail Europe Deutschland**
Bahnhofsvorplatz 1, 50667 Köln
Tel. 0180 5 00 90 73
www.tgv-europe.de
www.voyages-sncf.com
www.ter-sncf.com

► **SNCF Callcenter**
Tel. 00 33 892 35 35 36 (deutsch,
tägl. außer Fei. 7.00 – 22.00 Uhr)

► **SNCF / Rail Europe Suisse**
Rue de Lausanne 11 – 15, CP 2034
1211 Genève 1
Tel. 0840 844 842 (CHF 0,08/Min)

► **Bahnen in D / A / CH**
Deutsche Bahn Reiseservice
Tel. 0180 5 99 66 33 (14 ct/Min.)
www.bahn.de
DB AutoZug
Tel. 0180 5 996633 »Autozug«
www.dbautozug.de

Österreichische Bundesbahn
www.oebb.at
Schweizerische Bundesbahnen
www.sbb.ch

FLUGHÄFEN

► **Nice – Côte d'Azur**
Tel. 0820 432 333 (aus dem
Ausland: 0033 489 889 828)
www.nice.aeroport.fr
6 km westlich von Nizza. Busse
zur Innenstadt (98 Gare Routière/
Av. Félix Faure; 99 Gare SNCF).
Busverbindungen mit vielen
Städten der Provence und der
Côte d'Azur sowie nach Genua.

► **Marseille – Provence**
Tel. 04 42 14 14 14
www.marseille.aeroport.fr
In Marignane 28 km nordwestlich.
Busverbindung mit dem Haupt-
bahnhof St-Charles, direkte Zug-
verbindungen mit vielen Städten.

Ein- und Ausreisebestimmungen

Zur Einreise nach Frankreich benötigen Bürger der EU und der Schweiz einen Personalausweis oder einen Reisepass. Für Kinder unter 16 Jahren ist ein Kinderausweis oder ein Eintrag im Elternpass erforderlich.   **Personalpapiere**

Mitzuführen sind der nationale Führerschein, der Kraftfahrzeug-schein und die grüne Internationale Versicherungskarte. Kraftfahr-zeuge, die noch kein EU-Kennzeichen tragen, müssen das ovale Na-tionalitätenkennzeichen besitzen.   **Fahrzeugpapiere**

Wer Haustiere mitnehmen möchte, benötigt für sie den Heimtierpass der EU. Das Tier muss eine Tätowierung oder einen Mikrochip tra-gen. Die letzte Tollwutimpfung muss mindestens 30 Tage und maxi-mal 12 Monate alt sein. Achtung: Viele Hotels nehmen keine **Hunde** auf; auch sind Hunde teilweise in Sehenswürdigkeiten (z. B. Gärten) sowie **an den Stränden nicht zugelassen!**   **Haustiere**

Kopien Für den Fall, dass Papiere verlorengehen, sind Fotokopien sehr hilfreich, um (notwendig!) der Polizei den Verlust zu melden und bei den Konsulaten Papiere zu bekommen. Die Kopien sind getrennt von anderen Dokumenten aufzubewahren; es ist auch sinnvoll, einen Satz bei einer Vertrauensperson zu Hause zu deponieren.

Zollbestimmungen **Innerhalb der EU**, zu der auch Frankreich, Deutschland und Österreich gehören, ist der Warenverkehr für private Zwecke weitgehend zollfrei. Zur Abgrenzung zwischen privater und gewerblicher Verwendung gelten folgende Richtmengen: 800 Zigaretten, 400 Zigarillos, 200 Zigarren, 1 kg Rauchtabak; 10 l Spirituosen, 20 l Zwischenerzeugnisse, 90 l Wein (davon maximal 60 l Schaumwein) und 110 l Bier. Für Reisende aus **Nicht-EU-Ländern** (Schweizer Staatsbürger) liegen die Freigrenzen für Personen über 17 Jahre bei 200 Zigaretten oder 100 Zigarillos oder 50 Zigarren oder 250 g Rauchtabak, ferner bei 2 l Wein und 2 l Schaumwein oder 1 l Spirituosen mit mehr als 22 Vol.-% Alkoholgehalt oder 2 l Spirituosen mit weniger als 22 Vol.-% Alkoholgehalt, 500 g Kaffee oder 200 g Kaffeeauszüge, 100 g Tee oder 40 g Tee-Extrakt, 50 g Parfüm oder 0,25 l Eau de Toilette. Zollfrei sind außerdem Waren bis zu einem Wert von 300 €. Bei der Wiedereinreise in die Schweiz abgabenfrei sind für Personen ab 17 Jahre 200 Zigaretten oder 50 Zigarren oder 250 g Rauchtabak, an alkoholischen Getränken 2 l mit bis zu 15 Vol.-% Alkoholgehalt und 1 l mit mehr als 15 Vol.-% Alkoholgehalt, ferner andere Waren; der Gesamtwert darf 300 CHF nicht überschreiten.

Da die Schweiz nicht der EU angehört, müssen beim **Transit** Waren für den privaten Gebrauch angemeldet werden, wenn sie die für die Schweiz geltenden Freimengen überschreiten oder wenn sie über 1000 CHF wert sind. Die dafür in Schweizer Franken zu hinterlegende Kaution wird bei der Wiederausreise erstattet.

Versichert auf Reisen

Krankenversicherung Die Europäische Krankenversichertenkarte (European Health Insurance Card, EHIC) ist gültig für die Versorgung bei Notfällen und chronischen Krankheiten, nicht aber, wenn man sich bewusst im Ausland anstatt in Deutschland behandeln lässt. Die EHIC-Karte ist beim Arzt oder Krankenhaus in Frankreich vorzulegen. Die Leistungen werden nach dem in Frankreich gültigen Recht behandelt. In vielen Fällen sind Zuzahlungen zu leisten. Wird die EHIC nicht akzeptiert, sind die Rechnungen zu bezahlen und zur Erstattung der Krankenkasse vorzulegen. Aus den quittierten Rechnungen müssen die erbrachten Leistungen zu ersehen sein. Privatversicherte reichen zur Kostenerstattung die französischen Unterlagen ein. Da meist ein Teil der Kosten und auch ein notwendiger Rücktransport von den gesetzlichen Krankenkassen nicht übernommen werden, ist der Abschluss einer **Auslandsreisekrankenversicherung** empfehlenswert. Schweizer Staatsbürger müssen ihre Krankheitskosten selbst tragen.

Auskunft

 WICHTIGE ADRESSEN

ATOUT FRANCE (FRANZÖSISCHES TOURISMUSZENTRUM)

▶ **In Deutschland**
Zeppelinallee 37
60325 Frankfurt a. M.
Tel. 09001 57 00 25 (0,49 €/Min.)
www.franceguide.com

▶ **In Österreich**
Lugeck 1/1/7
1010 Wien
Tel. 0900 25 00 15 (0,68 €/Min.)
Fax 01 / 503 28 72

▶ **In der Schweiz**
Rennweg 42, Postfach 3376
8021 Zürich
Tel. 044 217 46 00

REGIONEN

▶ **Provence-Alpes-Côte d'Azur**
Comité Régional de Tourisme
61 La Canebière / CS 100091
13231 Marseille Cedex 01
Tel. 04 91 56 47 00
www.decouverte-paca.fr

▶ **Rhône-Alpes**
Comité Régional du Tourisme
8 Rue Paul Montrochet
69002 Lyon
Tel. 04 26 73 31 59
www.rhonealpes-tourisme.com

▶ **Riviera-Côte d'Azur**
Comité Régional de Tourisme
400 Promenade des Anglais
06203 Nice Cedex 03
Tel. 04 93 37 78 78
www.cotedazur-tourisme.com

DÉPARTEMENTS

▶ **Alpes-de-Haute-Provence**
Agence de Développement
Touristique
Immeuble F. Mitterrand, BP 170
04005 Digne-les-Bains Cedex
Tel. 04 92 31 57 29
Fax 04 92 32 24 94
www.alpes-haute-provence.com

▶ **Bouches-du-Rhône**
Comité Départemental
du Tourisme
13 Rue Roux de Brignoles
13006 Marseille
Tel. 04 91 13 84 13
Fax 04 91 33 01 82
www.visitprovence.com

▶ **Hautes-Alpes**
Comité Départemental
du Tourisme
13 Avenue Maréchal Foch
05000 Gap
Tel. 04 92 53 62 00
Fax 04 92 53 31 60
www.hautes-alpes.net

▶ **Var**
Agence de Développement
Touristique
1 Bd. de Strasbourg, BP 5147
83093 Toulon Cedex
Tel. 04 94 18 59 60
Fax 04 94 18 59 64
www.var.fr, www.visitvar.com

▶ **Vaucluse**
Comité Départemental
du Tourisme
12 Rue Collège de la Croix

BP 50147, 84008 Avignon Cedex 1
Tel. 04 90 80 47 00
Fax 04 90 86 86 08
www.provenceguide.com

KONSULATE

▶ **Deutschland**
Generalkonsulat
(Consulat Général)
338 Avenue du Prado
13295 Marseille Cedex 8
Tel. 04 91 16 75 20
Fax 04 91 16 75 28
www.marseille.diplo.de

Konsulat (Consulat)
Le Minotaure
34 Avenue Henri Matisse
06200 Nice
Tel. 04 93 83 55 25
Fax 04 93 83 05 50

▶ **Österreich**
Generalkonsulat
(Consulat Général)
27 Cours Pierre Puget
13006 Marseille
Tel. 04 91 53 02 08
Fax 04 91 53 71 51

Konsulat (Consulat)
6 Avenue de Verdun
06000 Nice
Tel. 04 93 87 01 31
Fax 04 93 87 59 92

▶ **Schweiz**
Generalkonsulat
(Consulat Général)
7 Rue d'Arcole
13291 Marseille Cedex 6
Tel. 04 96 10 14 10/11
Fax 04 91 57 01 03

Konsulat (Consulat)
Palais de l'Harmonie
21 Rue Berlioz, 06000 Nice
Tel. 06 37 16 21 85

INTERNET

▶ **www.franceguide.com**
Site des französischen Tourismus-
zentrums Atout France (▶S. 59).

▶ **www.diplomatie.gouv.fr/de**
Französisches Außenministerium:
Frankreich im Überblick (in
deutscher Sprache).

▶ **www.frankreich-info.de**
Deutschsprachige Website mit
überaus reichhaltigen Informationen zu ganz Frankreich.

▶ **www.frankreich-links.de**
Linksammlung, meist zu Tourismusbüros und anderen Einrichtungen des Fremdenverkehrs.

▶ **www.linternaute.com**
Ausgezeichnetes umfassendes
Magazin: Aktuelles, Veranstaltun-
gen, Restaurants, Einkaufen …

▶ **www.tripadvisor.de**
Tourismus-Website mit jeder
Menge Informationen. Besonders
wertvoll sind die Erfahrungs-
berichte anderer Reisender.

▶ **www.provence.guideweb.com**
Portal für den Urlaub in der
Provence (auch in Englisch).

▶ **www.provenceweb.fr**
Alles aus der und über die Region,
u. a. aktuelle Veranstaltungen
(auch in Englisch).

▶ **www.riviera-tourisme.com**
Kommerzielles Portal (auch in
Deutsch) mit Hotelsuchne und
vielen Infos über die Côte d'Azur.

▶ **www.concertandco.com**
Populäre Musik aller Art: Kon-
zerttermine, Ticketadressen etc.

Badeurlaub

Ein Urlaub an der Côte d'Azur ist natürlich vor allem ein Bade- **Badestrände**
urlaub, insgesamt über 400 km lang sind ihre Strände. Ein Großteil
davon ist öffentlich und wird ständig überwacht, sowohl hinsichtlich
der Wasserqualität wie auch der Sicherheit der Badegäste (Fahnen in
Grün, Gelb und Rot signalisieren die Sicherheitssituation). Wer Pri-
vatstrände bevorzugt – einige von
ihnen wurden im 19. Jh. zu legendären Institutionen –, hat die Wahl
zwischen etwa 150 Einrichtungen,
die unterschiedlichen Service,
Komfort und Ausstattung bieten.
Im Osten – von Menton bis zum
Fort Carré in Antibes – herrschen
Kiesstrände vor, ab Juan-les-Pins
bestimmen Sandstrände das Bild.
Zwischen den großen Stränden
gibt es entlang der gesamten Küste
immer wieder kleine Buchten. Ba-
den ist im Prinzip das ganze Jahr über möglich. Im Winter hat man
allerdings eine **Wassertemperatur** von frischen 13 bis 15 °C. Im Sommer bewegt sie sich um 25 °C. Die **Wasserqualität** an der französischen Riviera ist sehr gut, an 15 Badeständen weht die blaue Flagge
der Stiftung für Umwelterziehung. Informationen gibt der ADAC-
Sommerservice, Tel. 01805 10 11 12 (Juni – Aug.).

Die schönsten Strände

- St-Tropez: Kilometerlange Sandstrände, seit den Zeiten von »BB« berühmt.
- Calanques: Pittoreske Buchten zwischen zerklüfteten Felsen westlich von Cassis.
- Iles des Porquerolles: Eine Fähre bringt zu den Hyerischen Inseln, an deren weißen Stränden man sich wie im Paradies fühlt.
- Cannes: Treffpunkt der ganzen Welt.

Gepflegt relaxen kann man in den Badeeinrichtungen der großen Hotels.

FKK An allen Stränden ist »oben ohne« verbreitet, FKK (naturisme) ist nur an offiziell zugelassenen Stränden und Buchten abseits des großen Rummels gestattet. Informationen darüber und die beliebten FKK-Zentren (Domaines naturistes) geben Atout France und die Fédération Française du Naturisme (www.ffn-naturisme.com).

Mit Behinderung in der Provence

Die französischen Tourismusbüros versorgen auch Behinderte mit Informationen aller Art. Um auf den Parkplätzen für Behinderte parken zu dürfen, muss man seinen (internationalen) Behinderten-Parkausweis mit sich führen. Über Hotels und Restaurants für Behinderte aller Art informieren die Verbände Association des Paralysés de France (APF) und Tourisme & Handicaps.

Als besonders behindertenfreundlich wurden Strände in Antibes, Cagnes-sur-Mer, Monaco und St-Laurent-du-Var ausgezeichnet.

▶ INFORMATIONEN FÜR BEHINDERTE

▶ **Tourisme & Handicaps**
43 Rue Marx Dormoy
75018 Paris
www.tourisme-handicaps.org

▶ **Association des Paralysés de France (APF)**
17 Boulevard Auguste Blanqui
75013 Paris
Tel. 01 40 78 69 00
www.apf.asso.fr

▶ **BSK Reiseservice**
Altkrautheimer Straße 20
74238 Krautheim
Tel. (0 62 94) 42 81-50
www.bsk-ev.de
Der BSK Reiseservice gibt Informationen, organisiert Reisen und bietet umfassende Hilfen an.

▶ **Mobility International Schweiz**
Froburgstrasse 4, 4600 Olten
Tel. (0 62) 206 88 35
www.mis-ch.ch

▶ **Verband aller Körperbehinderten Österreichs**
Schottenfeldgasse 29, 1070 Wien
Tel. (01) 9 14 55 62

Elektrizität

In Frankreich ist die Netzspannung 220 Volt. Flachstecker (Eurostecker) passen in alle Steckdosen, für Schukostecker braucht man einen Adapter (frz. *adaptateur*).

Essen und Trinken

Die meisten Restaurants bieten zwei bis drei feste Menüs an, die preiswerter sind als eine entsprechende Zusammenstellung à la carte: *plat du jour* (Tagesgericht, meist mit Nachspeise) und *menu du jour* (Tagesgericht mit Vor- und Nachspeise). Mittags isst man deutlich, manchmal sogar um die Hälfte billiger als abends.

Restaurants

Die provenzalische Küche ist eine leichte Küche – viel Gemüse, gutes Olivenöl der Region, viel Fisch und relativ wenig Fleisch – und erlebt seit einigen Jahren eine Renaissance. Sechs Tage soll Gott gebraucht haben, um die Welt zu erschaffen. Als am Samstagabend die Provence fertig war, legte der Schöpfer eine Pause ein. Er wollte nun sein Werk genießen und ging essen. Zu Bruno nach Lorgues, wo es die größte Auswahl an Trüffelgerichten gibt, in ein kleines Marseiller Hafenlokal für eine Bouillabaisse oder in eines der vielen Landgasthäuser, die die traditionellen provenzalischen Gerichte servieren: Ratatouille, Aïoli, Lamm, Tapenade (Olivenmus), Salate, eingelegte kandierte Früchte … Marseille, Nizza und andere Städte vergeben an Restaurants, die die gute heimische Küche pflegen, ein werbekräftiges Label.

> ▶ **Preiskategorien Restaurants**
> Die in den Empfehlungen verwendeten Kategorien beziehen sich auf ein Menü mit drei Gängen zum Festpreis oder à la carte.
>
> **Preiswert**   bis 25 €
> **Erschwinglich** bis 45 €
> **Fein & teuer**   über 45 €

Spezialitäten der Provence

Viel Sonne und eine uralte Tradition in Landwirtschaft und Küche, aus diesem Stoff sind provenzalische Küchenträume gemacht: frisches Gemüse, Obst, Reis und Rind aus der Camargue, zartes Lamm aus Sisteron, Ziegen- und Schafskäse, frischer Fisch aus dem Meer, die typischen Kräuter, Knoblauch, Tomaten, Oliven und mehrere Dutzend Sorten Olivenöl. Entstanden sind die meisten Spezialitäten des sonnenverwöhnten Landstrichs aus der Kost der armen Leute: die **Bouillabaisse** aus Fischabfällen, die die Fischer als unverkäuflich vom Markt nach Hause brachten, die **Pissaladière** und die **Socca** in Nizza als dünne, gebackene Fladen aus billigem Weizen- oder Maismehl, die man mit dem belegte, was gerade preiswert zu bekommen war, oder die **Ratatouille**, ein reichhaltiger Gemüseeintopf.

Küche der Sonne

> ❗ *Baedeker* TIPP
>
> **Cuisine Nissarde**
> Die authentische, italienisch geprägte Küche von Nizza trägt ihr eigenes Qualitätsetikett: »Cuisine Nissarde, le respect de la tradition«. Eine Liste der Lokale in der Région Alpes-Maritimes, die nach traditionellen Rezepten kochen, ist unter www.cotedazur-en-fetes.com zu finden. Viele Lokale präsentieren das geschützte Markenzeichen im Fenster.

! *Baedeker* TIPP

Öko und Bio

Immer mehr Bauern und Köche entdecken die Vorzüge der Produkte aus biologischem Anbau. Viele Höfe sind inzwischen mit dem grün-weißen Öko-Label »AB« zertifiziert. Sie produzieren Wein, Gemüse, Obst, Getreide, Öl und andere Lebensmittel ohne Kunstdünger und ohne problematische Spritzmittel. Ihre Produkte sind gesünder und schmecken auch intensiver als herkömmliche. Viele verkaufen ihre Produkte auf dem eigenen Hof oder servieren Touristen kleine Gerichte aus ihrer Küche (Table d'hôte).

Die heimischen Produkte werden in zahlreichen traditionsreichen **Festen** geehrt. Sie drehen sich um die Erzeugnisse des Ackerbaus und und folgen dem Rhythmus der Arbeiten auf den Feldern. Häufig sind es Wallfahrten, auf denen um Regen oder schönes Wetter gebetet oder Dank gesagt wird: für die Getreideernte, das Einbringen des Lavendels und den Beginn der Weinlese. Und je nach Erntezeit stehen die verschiedenen Erzeugnisse im Mittelpunkt: Melonen in Cavaillon, Trüffel in Richerenches, Kastanien in Collobrières und so fort.

Rezepte Als »Bibel« der provenzalischen Küche gilt »Le Cuisinier Durand« von Charles Durand, erschienen 1830. Durand (1766 – 1854) war Koch der Bischöfe von Alès, Nîmes und Montpellier und machte mit seinem Werk die Küche seiner Heimat weithin bekannt. Eine gute Einführung in die provenzalische Küche ist Gedda/Moine, »Die Küche der Provence« (München 2008).

Suppen Unter den Suppen (*soupes*) nehmen die Fischsuppen eine besondere Stellung ein. Berühmt ist die **Bouillabaisse**, ursprünglich ein einfaches Essen der Fischer, die nach der morgendlichen Rückkehr den Teil ihres Fangs, der sich nicht gut verkaufen ließ, in einem großen Kessel aufsetzten. Sie wird zubereitet aus verschiedenen Fischen, Muscheln und Krustentieren, aromatisiert mit Olivenöl, Knoblauch und diversen Gewürzen, besonders Safran und getrockneter Orangenschale. Meeresfrüchte und Bouillon werden separat serviert, die Brühe wird mit Weißbrotscheiben (in Marseille gibt es dafür das spezielle *marette*) mit Rouille genossen. Aber es gab und gibt so viele Varianten, dass im Jahr 1980 Marseiller Köche eine Charta der »echten« Bouillabaisse ins Leben riefen.

Ähnlich ist die **Bourride**, die neben Meeresfischen auch grüne Bohnen, Karotten und Kartoffeln enthält und mit *Aïoli* (Knoblauchmayonnaise) gereicht wird. *Aigo-Saou* ist eine Suppe aus weißem Fischfleisch

Die typische Bouillabaisse hat das Licht der Welt in Marseille erblickt.

Reich gedeckt ist der Tisch mit den frischen Zutaten der Region: Hier sind es gefüllte Zucchiniblüten.

und Kartoffeln. Unter den anderen Suppen sei die **Soupe au pistou** hervorgehoben, die v. a. aus Bohnen und Tomaten besteht und mit »pistou«, einer Würzmischung aus Knoblauch, Olivenöl, Speck und Basilikum, serviert wird.

Eine typisch provenzalische Zubereitungsart von Fleisch ist, es in kleine Stücke zu schneiden und mit den verschiedensten Zutaten zu schmoren; das Ganze heißt dann **Daube**: vor allem von Rindfleisch, aber auch von Lamm mit Tomaten und Oliven, ähnlich Geflügel. Von Kennern hoch geschätzt werden die **Pieds et paquets**, in Tomaten und Olivenöl geschmorte Lammfüße und Päckchen von Lammkutteln. Renommiert ist die Wurst aus Arles *(saucisson d'Arles)*, deren Originalrezept Schweine- und Eselfleisch vorschreibt.

Fleisch

Die Täler der Rhône und der Durance gehören zu den großen Gemüse- und Obstgärten Frankreichs. Gemüse und Salate *(légumes, salades)* gibt es dementsprechend in großer Vielfalt. In aller Welt bekannt ist die **Salade Niçoise** (Nizza-Salat). Das traditionelle Rezept fordert außer bestem Olivenöl frische rohe Zutaten: Kopfsalat, Tomaten, Paprika und grüne Bohnen, schwarze Oliven, Artischocken

Obst und Gemüse

◀ weiter auf S. 68

Viele Weingüter produzieren gute bis sehr gute Tropfen: neben dem traditionellen Rosé auch vermehrt rote und weiße Weine.

EINE RENAISSANCE: WEIN AUS DER PROVENCE

Vor rund 2600 Jahren brachten die Phokäer den Weinbau aus Kleinasien in die Provence. Damit ist die Region das älteste Anbaugebiet Frankreichs. Noch bis vor einigen Jahren rümpften Weinspezialisten die Nase, wenn man ihnen einen Côtes de Provence vorsetzte. Das hat sich gewaltig geändert. Immer mehr Weingüter, die hier häufig »Domaine« heißen, produzieren gute bis sehr gute Tropfen, zumeist wunderbaren Rosé, aber auch Rot- und Weißwein.

Kaum eine Weinbauregion verarbeitet so viele Traubensorten wie die Provence: Grenache, Mourvèdre, Syrah, Cinsault, Cabernet, Sauvignon, Ugni blanc sind nur einige der mehr oder weniger bekannten Namen. Die Provence ist weintechnisch in zwei Bereiche geteilt, die **Südliche Rhône** zwischen Ardèche und Lubéron und die **Provence** in den Départements Bouches-du-Rhône und Var. Die Südliche Rhône vereint einige berühmte Appellationen mit Rotweinen wie Châteauneuf du Pape (im gleichnamigen Ort bei Avignon), Gigondas und Vacqueyras. Die Weinbautradition reicht dort ins 15. Jh. zurück. Damals ließen sich die in Avignon residierenden Päpste vor den Toren der Stadt die besten Weine anbauen. 2005 wurde der Muscat de Beaumes-de-Venise mit dem Titel eines »Crus« des Rhône-Tals ausgezeichnet. Der Bereich Provence umfasst sechs Anbaugebiete mit kontrollierter Herkunftsbezeichnung (AOP, Appellation d'Origine Protegée; bis 2009 AOC).

Côtes du Rhône
Aus diesem Bereich, genauer dem Département Vaucluse, kommen berühmte Rotweine wie der Châteauneuf-du-Pape und der Gigondas.

Côtes du Ventoux
Im Land (v. a. südlich) des Mont Ventoux ist der Weinbau durch die lange Zugehörigkeit zum päpstlichen Venaissin geprägt. Gefällige, jung zu trinkende Rotweine und Rosés.

Côtes du Lubéron
Im Südosten der Südlichen Rhône, im Naturpark Lubéron, werden zu 80 % körperreiche, ausgewogene Rotweine und feine trockene Rosés produziert.

Coteaux de Pierrevert
Südöstlichster Teil des Bereichs Südliche Rhône, in den Alpes de Haute-

Provence. 1998 eingerichtete AOP für Rot-, Rosé- und Weißwein.

Les Baux-de-Provence

Kleines Anbaugebiet im Westen der Provence mit Rot-, Weiß- und Roséwein guter Qualität. Die aromatischen Weine erhielten 1995 die AOP.

Coteaux d'Aix-en-Provence

Zweitgrößtes Anbaugebiet der Provence, vor allem Rotwein und Rosé. Der größte Teil liegt im Départements Bouches-du-Rhône um Aix.

Palette

Winzige AOP-Appellation (seit 1948) südöstlich bei Aix-en-Provence. Der größte Teil der Produktion kommt von Château Simone, außer Rosé werden interessante Rot- und Weißwein produziert.

Coteaux Varois

Im Westteil des Hoch-Var, nördlich und südlich von Brignoles, wird Rot- und Roséwein sowie etwas Weißwein gekeltert. Hier liegt auch Frankreichs erstes »Biodorf« Correns.

Cassis

Die Stadt östlich von Marseille war einst für süßen Muscat bekannt, heute wird überwiegend (zu teurer) Weißwein gemacht, den man zu Fisch und Meeresfrüchten genießt.

Bandol

In acht Gemeinden um Bandol entsteht aus der Hauptsorte Mourvèdre ein Rotwein mit Kraft, festem Körper und intensiven Aromen und Duft von dunklen Beeren. AOP seit 1941.

Côtes de Provence

Riesiger Bereich in den Départements Var und Bouches-du-Rhône, der bedeutendste Rosélieferant Frankreichs.

Bellet

600 ha kleines Gebiet um Nizza (rot, weiß, rosé). Zwei Drittel der Weine stammen von den Châteaus Bellet und Crémat.

Immer mehr Weingüter bieten **Verkostungen und Führungen** durch ihre Keller und Weinberge an. Manche der z. T. jahrhundertealten Weingüter wurden zu stattlichen Hotels ausgebaut. Angebote gibt es in allen Preis- und Komfortklassen vom einfachen Logis bis zum edlen Relais & Château. Wer mehr über den Weinbau wissen möchte, kann zahlreiche **Weinmuseen** und sogar ein Korkenziehermuseum besichtigen (▶ Lubéron) oder **Weinkurse** besuchen (z. B. www.oenosud. com). Im Lubéron und am Mont Ventoux gibt es geführte Wanderungen und Reittouren durch die Weinberge; Info unter www.randocheval. com und www.alpimondo.com.

und Sardellen. Thunfisch und hartgekochte Eier sind kein Muss, aber guter Standard. **Tomates à la provençale** heißen die mit Olivenöl, viel Knoblauch und Petersilie im Rohr oder auf dem Grill gegarten Tomaten; ähnlich werden auch Auberginen *(aubergines)* und *courgettes* (Zucchini) geschmort. Eine exotischere Spezialität sind **gefüllte Zucchiniblüten** *(fleurs de courge farcies)*. Zwiebeln, Zucchini, Auberginen, Tomaten, Paprikaschoten und Knoblauch, in Olivenöl gedünstet, ergeben die **Ratatouille**. Artischocken, Fenchel und Mangold, auch überbacken oder frittiert, sind sehr beliebt. Für die **Bagna cauda** wird rohes Gemüse in ein heißes Gemisch aus Olivenöl, zerstoßenen Sardellen, Knoblauch und in Milch aufgeweichtem Brot getaucht. Im Tricastin, im Norden der Provence, werden **Trüffeln** geerntet; Zentren ihrer Vermarktung sind Richerenches, Valréas und Carpentras.

Eine Käsesorte von vielen: Banon aus Ziegenmilch

Meeresfrüchte Fische und Krustentiere *(poissons, crustacés)* spielen in der Mittelmeerküche die große Rolle. Geschätzte Fischgerichte sind außer den schon genannten Suppen die **Brandade**, ein aus Stockfisch oder Kabeljau, Olivenöl und Zitrone bereitetes Gericht, sowie Barbe, Seezunge, Brassen und andere Seefische vom Grill. Auch Tintenfisch bzw. Kalmare *(calmar, seiche)* in verschiedenen Zubereitungsarten sowie Gerichte aus Muscheln *(moules, coquilles)*, Austern *(huîtres)*, Langusten *(langoustes)*, Garnelen *(crevettes)* oder Taschenkrebsen *(tourteaux)* sollte man versuchen. **Seeigel** *(oursins)* werden vielfach auch am Straßenrand feilgeboten; das rohe Seeigelfleisch ist ein herrlicher, luxuriöser Imbiss.

Teigwaren Häufige Beilage – besonders etwa zu Schmorfleisch wie der Daube – sind Nudeln *(pâtes)*, im Gegensatz zur italienischen Pasta als Eiernudeln. Neben den verschiedenen Varianten der Pizza und dem **Pan bagnat**, einem mit Tomaten, Artischocken und Anchovis gefüllten, in Öl gebackenen Brot, ist die **Pissaladière**, eine pikante Torte mit Zwiebeln, Oliven und Sardellenfilets, sehr beliebt. Besonders in Nizza und Menton mit ihrer italienischen Vergangenheit, aber auch sonst ist der Einfluss Italiens erkennbar an dem großen Angebot an Pasta wie Ravioli, Tortellini, Cannelloni, Lasagne und Gnocchi.

Käse Die zahlreichen provenzalischen Käsesorten *(fromage)* werden meist aus Schaf- oder Ziegenmilch hergestellt. Sie sind bekannt unter Namen wie Annot, Banon (im Winter aus Schaf-, im Frühjahr aus Ziegenmilch), Bossons (auch in Olivenöl mit Gewürzen eingelegt, Bossons macérés), Brousses, Cachat, Claqueret (eine Art Weißkäse, der mit gehackten Zwiebeln serviert wird), Picodon, Poivre d'Ane (mit Kräutern der Provence), Sospel.

Reichhaltig ist das Angebot an Obst aller Art aus den großen Plantagen an Rhône und Durance und der Küstenebenen, wo auch Orangen und Zitronen gedeihen. Bekannt sind die Feigen von Solliès. **Desserts**

Gebäck und Süßigkeiten gibt es in großer Zahl. Sehr beliebt ist der weiche **weiße Nougat von Montelimar**, ähnlich dem »türkischen Honig« und bestehend aus Honig, Zucker, Eiweiß, Mandeln, Pistazien und Vanille. Einige Sorten werden mit Schokolade oder Likör aromatisiert oder mit kandierten Früchten verfeinert. Berühmt ist v. a. der Nougat der Firmen Escobar und Soubeyran in Montélimar. **Gebäck und Süßigkeiten**

Feiertage, Feste und Events

Feiertage · Jours feriés

1. Januar Neujahr (Jour de l'An)
Ostermontag (Lundi de Pâques)
1. Mai Tag der Arbeit (Fête du Travail)
8. Mai Kriegsende (Victoire) 1945
Christi Himmelfahrt (Ascension)
14. Juli Nationalfeiertag (Fête Nationale): Sturm der Bastille 1789
15. August Mariä Himmelfahrt (Assomption)
1. November Allerheiligen (Toussaint)
11. November Tag des Waffenstillstands 1918 (Armistice 1918)
25. Dezember Weihnachten (Noël)

26./27. Januar Fest der hl. Dévote, der Schutzpatronin des Fürstentums (Festivités de la Sainte Dévote)
Fronleichnam (Fête-Dieu)
18./19. November Nationalfeiertag (Fête Nationale)
8. Dezember Fest Mariä Empfängnis (Immaculée Conception), mit Prozession. ◀ Zusätzliche Feiertage in Monaco

VERANSTALTUNGSKALENDER

JANUAR

▶ **Départements Var und Vaucluse**
Trüffelfeste finden in St-Paul-Trois-Châteaux und anderen Orten statt. In Richerenches am

3. Sonntag »Trüffelmesse« (Gottesdienst). In den Restaurants stehen Trüffelmenüs auf der Karte. Außerdem Trüffelmärkte in vielen Orten in Var und Vaucluse.
▶Baedeker-Special S. 182

Menton: Zitronen in Hülle und Fülle

► Monaco
Internationales Zirkusfestival (zweite Monatshälfte).

FEBRUAR
► Brignoles
So. um den 17. Jan. Tripettes de Saint Marcel.

► Carpentras
Salon de la truffe et du vin (Trüffel- und Weinmesse), am 1. Sonntag.

► Martigues
Anfang des Monats Kampf um die nationale Meisterschaft im Pétanque, dem provenzalischen Boule-Spiel (►Baedeker-Special S. 349)

► Menton
Fête du Citron: 130 t Orangen und Zitronen verwandeln in der zweiten Febr.-Hälfte die Stadt in ein Dorado der Zitrusfrüchte. ►Baedeker-Special S. 263

► Nizza
Carnaval (2. Monatshälfte): Der Umzug mit fantastischen, riesigen Figuren findet am Faschingsdiens-

tag statt. Der »echte«, spontane Karneval der Einheimischen spielt sich im Hafenviertel ab.

► Côte d'Azur
In Bormes-les Mimosas (!), St-Raphaël, Mandelieu-la-Napoule und anderen Orten feiern gegen Ende des Monats prächtige Umzüge die Blüte der Mimosen (►Baedeker-Tipp S. 217).

► Fos-sur-Mer
Seeigelfest: Den frischen Fang gibt's an langen Tafeln im Hafen. (►Baedeker-Tipp S. 186).

MÄRZ/APRIL
► Arles
Féria de Pâques (Osterferia) mit dem ersten Stierkampf der Saison. Ein riesiges, fast einwöchiges Volksfest (►Baedeker-Tipp S. 138).

APRIL/MAI
► Lubéron
»Lubéron Jazz« in Apt, St-Saturnin, Gargas, Bonnieux, Roussillon, Ménerbes und Cavaillon (http://luberonjazz.free.fr).

MAI
► Arles
Am 1. Mai Fête des Gardians, das Fest der berittenen Hirten mit schönen »Arlésiennes« in Tracht.

► Cannes
Das Festival International du Film (2. Monatshälfte) lockt Stars und Sternchen an die Croisette. Wichtigstes Filmfestival der Welt.

► Les Saintes-Maries-de-la-Mer
Am 24./25. Mai Zigeunerwallfahrt mit Prozession der schwarzen Sara und einer Prozession mit den Figuren der zwei Marien ins Meer.

► **Monaco**
Grand Prix de Monaco: Formel-1-Boliden heulen Mitte/Ende Mai durch die engen Kurven.

► **Vaucluse**
Fête de la Vigne et du Vin: Am Samstag nach Himmelfahrt öffnen die Winzer ihre Weinkeller (www.fetedelavigneetduvin.com).

JUNI

► **St-Rémy-de-Provence**
Fête de la Transhumance: Der Zug der Schafherden in die Alpilles am Pfingstmontag ist beeindruckend.

► **Martigues**
Fête de la Mer et de la Saint-Pierre: Großes Fischerfest am letzten Juni-Samstag, u. a. mit 200 Booten auf dem Canal Galiffet.

► **Tarascon**
La Fête de la Tarasque: 4-tägiges Fest, beginnend an Himmelfahrt, um die Gründungslegende der Stadt. Der Drachen Tarasque wird dabei durch die Straßen geführt.

► **Valréas**
Nuit de Petit St-Jean: Grandioses Historienspektakel. Seit 1504 wird am 23. Juni der »Kleine hl. Jakob« für ein Jahr inthronisiert.

JULI

► **Juan-les-Pins**
Jazz à Juan: Renommiertes Jazzfestival mit den großen Stars der internationalen Szene. Konzerte teils unter freiem Himmel.

► **Orange**
Mitte Juli bis Anf. August sind im Römischen Theater Opern und große Werke der klassischen Musik zu erleben.

► **Roquebrune-Cap-Martin**
Abends Musik-, Theater- und Tanzaufführungen auf dem Platz vor dem Schloss.

► **Avignon**
Größtes Theater- und Tanzfestival in Frankreich, ergänzt durch das Festival Off (fast 1000 Events aller Art), das Festival Provençal und das Jazzfestival Ende Juli.

Opern vor großer antiker Kulisse in Orange

► **Arles**
Anfang Juli Fêtes d'Arles (Trachten und Traditionen). Rencontres Internationales de la Photographie mit Ausstellungen (bis Mitte Sept.) in der ganzen Stadt.

► **La Roque d'Anthéron**
Mit hochklassigen Musikern besetztes internationales Klavierfestival an einigen wunderbaren, ungewöhnlichen Plätzen (►Baedeker-Tipp S. 312).

AUGUST

► **Sisteron**
Nuits de la Citadelle (Musik, Ballett, Theater).

▶ **Isle-sur-la-Sorgue**
Marché flottant am 1. Sonntag :
Ein heiteres, buntes Bild bieten die
mit allerlei Produkten des Landes
beladenen flachen Kähne
(www.oti-delasorgue.fr).

▶ **Grasse**
Anfang des Monats Fête de Jasmin
mit blumengeschmückten Wagen
und bunten Kostümen.

▶ **Menton**
Festival de Musique: Klassische
Musik v. a. auf dem schönen Platz
vor der Kirche St-Michel bei
romantischer Beleuchtung.

▶ **Seyne-les-Alpes**
Concours Mulassier: Wettbewerb
der Maultiertreiber am 2. Samstag,
mit großem Stadtfest.

SEPTEMBER

▶ **Monaco**
Monaco Yacht Show im Port
Hercule: 500 Aussteller werben
gegen Ende des Monats um zah-
lungskräftige Käufer für ihre
luxuriösen Schiffe.

▶ **Arles**
Premices du riz: Beim Fest der
Reiserente mit großem Korso putzt
sich Arles mit traditionellen
Trachten auf (um den 20. Sept.).

▶ **Avignon**
Baptème des Côtes du Rhône
Primeurs: Am 3. Donnerstag treffen sich die Winzerbruderschaften
der Côtes du Rhône (und das
Volk) in prachtvollem Rahmen
zur Feier des neuen Weins.

OKTOBER

▶ **Collobrières**
Fêtes de la Châtaigne: Bei den Ma-
ronenfesten an drei Sonntagen
kann man Esskastanien in allen
Zubereitungsarten probieren.

▶ **Marseille**
Bei der Fiesta des Suds in der
2. Okt.-Hälfte wird Weltmusik auf
mehreren Bühnen in einer alten
Lagerhalle im Hafen geboten

▶ **Pays de Fayence (Var)**
Musique en Pays de Fayence:
Kammerkonzerte in den romani-
schen Kirchen des Hinterlands der
Côte d'Azur.

▶ **Vaucluse**
Fête de l'Olivier et des Moulins à
Huile, um den 20. Okt., an
wechselnden Orten wie Gordes,
Beaumes-de-Venise oder Caromb.

NOVEMBER

▶ **Arles**
Salon des Santonniers: Große
Verkaufsmesse für die berühmten
provenzalischen Krippenfiguren
(*santons*), u. a. im Kreuzgang von
St-Trophime.

▶ **Monaco**
Am Nationalfeiertag am 19. wird
der Fürst mit vielen Fähnchen,
Illumination des Altstadtfelsens
und einem Feuerwerk gefeiert.

▶ **Vaison-la-Romaine / Aups**
Wein- und Trüffelmärkte.

DEZEMBER

In den Familien werden Krippen
mit den *santons* aufgestellt, bunt
bemalte Figuren aus Ton, viele
im provenzalischen Kostüm.
Höhepunkt ist die Mitternachtsmesse am an Weihnachtsabend,
bei der z. T. noch ein richtiges
Lammopfer dargebracht wird.

Geld

In Frankreich ist ebenso wie in Deutschland und Österreich der Euro   **Euro**
das Zahlungsmittel. Für die nicht an das Euro-System angeschlossene
Schweiz gilt annähernd: 1 CHF = 0,70 €, 1 € = 1,40 CHF. Beachten:
Da das französische Wort »cent« auch »hundert« bedeutet, benützt
man für den Euro-Cent meist das alte »centime«.

An den französischen **Geldauto-**
maten *(bancomat, point d'argent)*
kann man mit Kredit- und Bankkarten – in Kombination mit der
Geheimnummer – rund um die
Uhr Geld abheben. Die wichtigen
Kreditkarten, jedoch nicht die
heimischen Bankkarten werden
von Banken, Hotels, Restaurants,
Autovermietern und Einzelhan-
delsgeschäften akzeptiert. Bei Verlust sofort die Karte sperren lassen!

 Karte verloren?

■ **24-Stunden-Hotlines** bei Kartenverlust
Alle Karten (auch Handys und Kranken-
versicherungskarten): 00 49 / 116 116
Bankkarte Tel. 00 49 / 1805 02 10 21
American Express Tel. 0049 / 69 / 97 97 10 00
Visa (ohne Ländervorwahl) 0800 90 1179
MasterCard (o. Ldvw.) Tel. 0800 90 1387
Bitte Bankleitzahl, Kontonummer, Karten-
nummer und Gültigkeitsende bereithalten.

Gesundheit

In den »Pages Jaunes« (Gelbe Seiten) des örtlichen Telefonbuchs sind   **Ärzte**
Ärzte unter »Médicins«, Zahnärzte unter »Dentistes« verzeichnet.
Ärzte mit Englisch- oder Deutschkenntnissen sind ggf. über die Tourismusbüros, die Hotelrezeptionen und die Polizei zu finden. Der Bereitschaftsdienst der Ärzte wird in der Lokalpresse veröffentlicht.

Ein grünes Kreuz kennzeichnet die Apotheken *(pharmacie)*. Welche   **Apotheken**
Apotheke nachts und am Wochenende Bereitschaftsdienst hat, wird
an den Türen der Apotheken und in der Lokalpresse angezeigt. Öffnungszeiten: 9.00 – 12.00, 14.00 – 18.30 Uhr.

▶Anreise   **Versicherungen**

Mit Kindern unterwegs

An der Côte d'Azur und in der Provence lassen sich viele Aktivitäten
auch gut mit Kindern jeden Alters absolvieren. Im Folgenden einige
Vorschläge, die beim Nachwuchs gut ankommen.
Der **Meerespark Marineland** bei Antibes enthüllt alle Wunder des
Meeres: Es gibt ein Bassin mit Orcas, eine Delphin- und Seelöwen-

show, ein Tunnelaquarium mit Haien, tropische Riffe und ein Museum. Marineland liegt an der N 7 nördlich von Antibes und ist ganzjährig geöffnet (www.marineland.fr). Auch das **Ozeanografische Museum** in Monaco ist für Kinder ein Erlebnis. Eine »Hai-Lagune« lädt dazu ein, den Lebensraum der Haie und das Ökosystem einer tropischen Lagune kennenzulernen. Die Angebote (nur Frz.) sind unter www.oceano.mc, »Pédagogie« zu finden.

In Mandelieu-La Napoule gibt es einen Meeres-Kindergarten . Ein Schiffsjungen- oder ein **Matrosenkurs** lädt dazu ein, die Wasserwelt zu entdecken. schon für Kinder ab 6 Jahren werden **Schnorchel-Tauchgänge** angeboten (Office de Tourisme Mandelieu-La Napoule, Tel. 04 92 07 70, www. ot-mandelieu.fr).

Für Faszination bei den Kleinen wird auch der Besuch des **Ockerlehrpfads** bei Roussillon sorgen, so intensiv gelbe und rote Felsen in immer neuen Formen haben sie bestimmt noch nie gesehen (▶ Gordes). Eine Alternative sind die Ockerfelsen bei Rustrel im ▶ Lubéron. Wichtig: Kleidung und Schuhe danach wechseln!

In der Camargue verspricht besonders der **Parc Ornithologique du Port-de-Gau** Kurzweil. Man kann die Vögel, in Freiheit und in Volieren beobachten. An den Ge-

Bizarre Ockerfelsen leuchten bei Roussillon in Varianten von Dunkelbraun bis Hellgelb.

wässern der Camargue sollte man jedoch vor Tieren gewappnet sein, die überhaupt nicht auf Gegenliebe stoßen: Mücken.

Ob **Eseltrekking** in der Vaucluse oder eine Familienwanderung auf dem Eselspfad durch verschiedene Alpendörfer, die zuweilen recht eigenwilligen Tiere tragen nicht nur Ihr Gepäck, sondern werden als Wanderbegleitung bei Ihren Kindern für Begeisterung sorgen.

 ESELTREKKING

▶ **Fédération Nationale de Anes et Randonnées (FNAR)**
Tel. 06 33 97 91 54
www.ane-et-rando.com

▶ **Itinerance Villeplane**
06470 Guillaumes
Tel. 04 93 05 56 01
www.itinerance.net

Knigge

In Frankreich legt man Wert auf gute Umgangsformen. Höflichkeit, stilvolles Auftreten und rhetorische Feinheiten sind Standards des Verhaltens. Man grüßt nicht einfach mit »Bonjour«, sondern mit »Bonjour Madame / Monsieur«. Auch bei Bitte oder Dank sollte man die Anrede nicht vergessen: »S'il vous plaît / Merci, Madame / Monsieur«. Muss man sich einen Weg bahnen oder rempelt man jemanden an, entschuldigt man sich mit einem »Pardon« oder »Excusez-moi«. Männer begrüßen sich mit Handschlag, Frauen mit (einer unterschiedlichen Zahl) von angedeuteten Küsschen links und rechts. Anders sind auch die Sitten im **Restaurant**. Während mittags legere Kleidung ohne weiteres toleriert wird, ist sie abends völlig out. Zum stilvollen Abendessen, das aus mehreren Gängen besteht und Stunden dauern kann, gehört, dass der

Tisch reserviert wird und niemand den Genuss durch die Suche nach einem freien Platz stört. Eine freie Platzwahl ist in Frankreich nur in einfachsten Lokalen üblich; sonst wartet man am Eingang, bis die Bedienung einen Platz zuweist. Die Speisekarte wird gebracht und beim Aperitif die Bestellung aufgenommen. Brot und Wasser (Leitungswasser im Krug) werden kostenlos serviert. Ein großer Fauxpas wäre der Ruf nach dem »Garçon«, der Kellner stellt seine Ohren auf Durchzug und lässt Sie am langen Arm verhungern. Die richtige Anrede lautet »Monsieur« oder »Madame«, und wer zahlen möchte, verlangt »L'addition, s'il vous plaît«. In Restaurants gilt, wie für alle öffentlichen Gebäude – d. h. Museen, Kinos, Verkehrsmittel, Cafés, Hotels und überdachte Plätze – ein **absolutes Rauchverbot**. Nicht nur nach einem ausgiebigen Essen in einem Restaurant, bereits

Essen gehen in Frankreich: Mittags leger, abends stilvoll.

für eine Tasse Kaffee ist **Trinkgeld** üblich (etwa 5 bis 10 % des Rechnungsbetrags), das man auf das leere Tellerchen oder in die Rechnungsmappe legt. Wer mit Bank- oder Kreditkarte zahlt, sollte den entsprechenden Betrag in bar zurücklassen. Auch Taxifahrer (0,50 bis 1 €), Fremdenführer (1 – 2 €), Toilettenfrauen und der Zimmerservice freuen sich über ein Trinkgeld. An **religiösen Stätten** ist Zurückhaltung geboten. Ärmellose T-Shirts, Shorts oder Miniröcke sind ebenso unerwünscht wie lautes Verhalten. Die »Grande Nation« ist stolz auf ihr Land, ihre Kultur und Geschichte; so sind sich die Franzosen auch der Schönheit und Klarheit ihrer **Sprache** sehr bewusst, haben es aber im Allgemeinen mit anderen Sprachen nicht so. Am besten eignen Sie sich vor der Reise die wichtigsten Redewendungen für Begrüßung, Zimmerreservierung und Bestellung im Restaurant an – man wird es zu schätzen wissen.

Literaturempfehlungen

Landeskunde **Vanderbeke, Birgit:** Gebrauchsanweisung für Südfrankreich. Piper, München 2002. Vanderbeke, selbst Wahlprovenzalin, beschreibt einige noch unbekannte Facetten der Südfranzosen.

Pouillon, Fernand: Singende Steine. München 1999 (▶Tipp S. 221)

Bildatlas **Dumont Bildatlas 115: Provence** (MairDumont, Ostfildern 2010). Stimmungsvolles Porträt der Provence mit ihren Highlights.

Theater **Beckett, Samuel:** Warten auf Godot. Suhrkamp, Frankfurt a. M. 1990 In Roussillon, wohin der Schriftsteller 1942 vor den Nationalsozialisten floh, entstand das berühmte absurde Stück. In der deutschen Übersetzung wurde die Vaucluse zum Breisgau und Roussillon zu Dürkweiler.

Belletristik **Mann, Erika und Klaus:** Das Buch von der Riviera. Rowohlt, Reinbek 2002. 1931 bereisten Klaus und Erika Mann die Côte d'Azur von Marseille bis Monte Carlo. Auch Sanary-sur-Mer, wohin später viele Deutsche vor den Nationalsozialisten flohen, unter ihnen auch Thomas Mann, war Etappe auf ihrer Reiseroute.

Mayle, Peter: Mein Jahr in der Provence / Toujours Provence. Droemer Knaur, München 2000. Der englische Autor machte die Provence berühmt. Er beschreibt liebe- und humorvoll sein erstes Jahr im Lubéron: die kleinen Missverständnisse, die Liebe der Provenzalen zu einem üppigen Mahl und den Wechsel der Jahreszeiten. Mit der »Fortsetzung« konnte er an seinen Erstlingserfolg anknüpfen.

Pagnol, Marcel: Marcel – Eine Kindheit in der Provence. Piper, München 1999. Pagnols Jugenderinnerungen führen in die Zeit um 1900. Der Autor, damals ein Junge von elf Jahren, verlebt seinen Sommerurlaub mit der Familie im Hinterland von Marseille und erfährt – im zweiten Teil des Buchs – seine erste Liebe. Verfilmt wurden die Kindheitserinnerungen des französischen Schriftstellers 1989 in zwei Teilen: »Der Ruhm meines Vaters« und »Das Schloss meiner Mutter«.

Süskind, Patrick: Das Parfüm. Die Geschichte eines Mörders. Diogenes, Zürich 2000

Mit der schaurigen, grotesken Kriminalgeschichte über einen besessenen Parfumeur im Frankreich des 18. Jh.s erzielte Süskind einen Welterfolg. Jean-Baptiste Grenouille ist mit einem absoluten Geruchssinn ausgestattet, selbst jedoch geruchlos. In Grasse tötet er 25 schöne junge Frauen, um ihren Duft zu konservieren; später wird er »aus Liebe« verschlungen.

ℹ Die Provence im Film

- »Der Ruhm meines Vaters«, »Das Schloss meiner Mutter«: Marcel Pagnols heitere Jugenderinnerungen.
- »Der Graf von Monte Christo«: Gérard Dépardieu rächt sich als falscher Adliger an seinen Feinden.
- »Und immer lockt das Weib«: Der Skandalfilm mit Brigitte Bardot als sinnlich-aufreizende 18-Jährige machte St-Tropez berühmt.
- »Über den Dächern von Nizza«: Cary Grant muss Grace Kelly seine Unschuld beweisen.

Medien

Radio

Es gibt unzählige lokale Radiosender, die auf **UKW** internationale Hits senden. Freunde klassischer Musik können zwischen **France Musique** und **France Culture** wählen. **Radio France** bringt im Programm von France Inter rund um die Uhr Nachrichten aus aller Welt.

Fernsehen

Empfangen kann man Programme des staatlichen Fernsehsenders **Antenne 2** sowie die Sender **TF 1** und **FR 3**. Regionale Fernsehanstaltengibt es in Frankreich nicht, dafür jede Menge Privatsender. Über Satellit ist wie überall die ganze Welt im TV präsent.

Zeitungen

Neben dem **Var-Matin** ist der **Nice-Matin** (www.nicematin.fr) mit über 250 000 Exemplaren Auflage eine der meistgelesenen regionalen Zeitungen und die zehntgrößte französische Tageszeitung. Die deutschsprachige **Riviera-Côte d'Azur Zeitung** (www.rczeitung.com) erscheint monatlich und gibt Veranstaltungshinweise sowie Informationen zu Sehenswürdigkeiten, Wirtschaft und Kultur.

Museen

Beachten: Die staatlichen Museen (Musée National …) sind meist dienstags und an Feiertagen geschlossen, die städtischen montags. Letzter Einlass ist meist 0.30 – 0.45 Std. vor Schließung.
Der **French Riviera Pass** umfasst außer anderen Vorteilen den Eintritt in ca. 20 Museen und anderen Einrichtungen in Nice, Antibes-Juan-Les-Pins, Biot, Cagnes-sur-mer, Beaulieu, Saint-Jean-Cap-Ferrat, Eze und Monaco, Geltungsdauer 1, 2 oder 3 Tage. Zu haben in den Tourismusbüros und unter www.frenchrivierapass.com.

Notrufe

Polizei, Notarzt und Feuerwehr können von öffentlichen Telefonen ohne Télécarte gerufen werden.

▶ **Polizei**
Police de secours Tel. 17

▶ **Krankenwagen / Notarzt**
SAMU Tel. 15 (auch in Englisch)

▶ **Feuerwehr**
Sapeurs pompiers Tel. 18

▶ **ADAC-Notrufzentrale Lyon**
Tel. 0825 800 822

▶ **Pannenhilfe**
AIT Assistance
Tel. 0800 08 92 22 (0 – 24 Uhr)
Deutschsprachig, zuständig für alle Straßen außer Autobahnen.

▶ **ACE-Notruf**
Tel. 00 49 / 18 02 34 35 36

(0 – 24 Uhr)
Fahrzeug- und Kranken-rückholdienst

▶ **ADAC-Notruf**
Tel. 00 49 / 89 / 76 76 76
Ärztliche Beratung, Rückholdienst
Tel. 00 49 / 89 / 22 22 22
(0 – 24 Uhr)
Beratung bei Pannen, Unfällen, Verlust von Dokumenten etc.

▶ **Deutsche Rettungsflugwacht**
Tel. 00 49 / 7 11 / 70 10 70

▶ **DRK-Flugdienst Bonn**
Tel. 00 49 / 2 28 / 23 00 23

▶ **ÖAMTC Wien**
Tel. 00 43 1 251 20 00

▶ **Schweizerische Rettungsflugwacht**
Tel. 00 41 333 333 333

Post · Telekommunikation

Postämter Die Postämter erkennt man am gelben Schild »La Poste« Manchmal weisen noch alte PTT-Schilder (Poste, Télégraphe, Téléphone) den Weg. Außer Briefe, Pakete und Telegramme aufgeben kann man dort telefonieren, häufig auch faxen und ins Internet gehen. Zu bestimmten Zeiten muss man Schlange stehen, da auch Bankgeschäfte hier erledigt werden. In größeren Städten haben die Postämter Mo. – Fr. durchgehend von 8.30 bis 18.00/19.00 Uhr geöffnet (sonst von 9.00 bis 12.00 und von 14.00 bis 17.00/18.00 Uhr), am Samstag bis 12.00 Uhr. An alle Postämter lassen sich postlagernde Briefe und Päckchen schicken. Neben dem Postamt muss auch der Vermerk »Poste Restante« auf der Adresse stehen. Nicht abgeholte Sendungen werden nach 15 Tagen zum Absender zurückgeschickt.

Briefmarken (timbre) erhält man einzeln oder in Heftchen (carnets) **Porto**
zu zehn Stück in Postämtern, Tabakläden (tabac) und manchen Bars.
Postkarten und Briefe (bis 20 g) nach Deutschland, Österreich und
in die Schweiz sind mit 0,70 € (prioritaire) zu frankieren.

Die Briefkästen in Frankreich sind gelb und haben in der Regel zwei **Briefkästen**
Einwurfschlitze: einen für das Département, in dem man sich befindet, den anderen für den Rest der Welt (Autres destinations).

Die Telefonzellen sind nur mit Telefonkarten (Télécarte mit Chip, **Telefonzellen**
Ticket Téléphone mit Code zum Freirubbeln) zu benützen, die bei
der Post, in Orange-Filialen, Tabakläden, SNCF- und Metrostationen
erhältlich sind. In Cafés, Bistros und Postämtern kann man mit
Münzen telefonieren. In vielen Telefonzellen kann man sich anrufen
lassen, die Nummer ist auf der Zelle groß vermerkt.

Normaltarife (Tarif rouge) gelten für alle Gespräche (lokal/national/ **Telefontarife**
international) Mo.– Fr. von 8.00 Uhr bis 19.00 Uhr, sonst der re-
duzierte Tarif bleu. Ortsgespräche sind dann ca. 45 % billiger, Fern-
gespräche in Frankreich ca. 30 % und ins Ausland fast 50 %.

Das französische Mobiltelefonnetz wird von drei Betreibern versorgt: **Mobiltelefon**
Bouygues, Orange und SFR. Informieren Sie sich bei Ihrem Provider
über die (recht hohen) Roaming-Kosten. Billigere Prepaid-Karten –
mit einer französischen Telefonnummer – bekommt man in Supermärkten, Tabakläden, FNAC-Filialen und bei der Post.

In vielen Postämtern kann man ins Internet gehen (Cyberposte). **Internetzugang**
Man kauft dafür am Schalter eine Chipcard mit unterschiedlichem
Guthaben. Komfortabler, aber teurer ist es in einem der vielen Inter-
netcafés; manche rechnen nach Minuten ab, was günstiger sein kann.
Wer seinen eigenen Computer nützen will, sollte sich vor der Reise
ein internationales Adapterset besorgen. Viele Hotels bieten einen
kostenlosten WLAN-Zugang (»WiFi«).

LÄNDERVORWAHLEN

▶ Nach Frankreich
00 33
Die führende Null der zehnstelli-
gen Teilnehmernummer entfällt.

▶ Von Frankreich
nach Deutschland   00 49
nach Österreich   00 43
in die Schweiz   00 41
Die führende Null der Orts-
vorwahl entfällt.

▶ Nach Monaco
00 377
Von Monaco ins Ausland (auch
nach Frankreich – das kann die
andere Straßenseite sein!) sind
die üblichen Ländernummern
zu wählen.

TELEFONAUSKUNFT
national 12
international 3212

Preise und Vergünstigungen

In den **Bistros und Cafés** sind die Preise am Tresen niedriger als am Tisch oder auf der Terrasse. Auch kostet es nachts mehr als tagsüber. Wer beim **Tanken** sparen will, findet die günstigsten Tankstellen bei großen Supermärkten wie Leclerc, Casino, Cactus oder Carrefour.

▶ WAS KOSTET WIE VIEL?

Flasche Wein im Restaurant
ab 13 €

3-Gänge-Menü
ab 18 €

1 Tasse Café au lait
3,00 – 3,50 €

1 Glas Bier
ab 2,00 €

Doppelzimmer ohne Frühstück
ab 40 €

1 Liter Superbenzin
1,30 – 1,40 €

Kinder bis sieben Jahre erhalten in Museen oder anderen Attraktionen meist einen Preisnachlass von 50 %; Kleinkinder gehen meist kostenlos. Häufig werden auch vergünstigte Karten für **Familien und Senioren** angeboten.

Studenten erhalten gegen Vorlage des internationalen Studentenausweises in Museen und im Kino verbilligte Eintrittskarten.

Reisezeit

Die schönste Reisezeit für die Provence und die Côte d'Azur sind Frühjahr und Herbst.

An der Küste ist es oft schon ab Ende Januar recht mild, zur Zeit der **Mimosenblüte**, die die Gegend um Tanneron in eine gelbe Blütenpracht verwandelt. Nicht zufällig wurde die französische Riviera schon zu Beginn des 19. Jahrhunderts von den Briten als Winteraufenthaltsort entdeckt. Die Wassertemperaturen sind schon früh im Jahr und bis in den Herbst hinein angenehm. Allerdings sind noch im März/April ergiebige Regenfälle häufig. Für das höhergelegene bergige Hinterland sind erst das späte Frühjahr und der Frühsommer

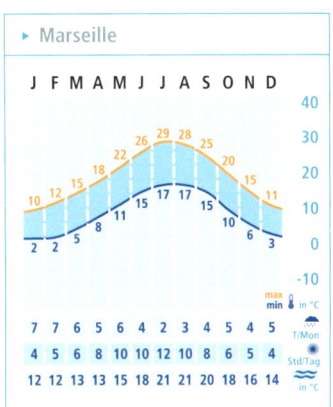

Ein Fest für Augen und Nase ist die Lavendelblüte im Hochsommer.

angenehm, vorher sind die Durchschnittstemperaturen recht niedrig. Bei einem Aufenthalt an der Küste in Juli und August – also während der Hauptreisezeit – sollte man das Hotel rechtzeitig buchen und sich auf überfüllte Strände einstellen. Der Sommer ist aber auch Festivalzeit, und Tagestemperaturen um 30 °C sind gewiss. Ein Fest für Augen und Nase ist die **Lavendelblüte** im Juli. In dieser Zeit können außerdem die sonst nur schwer zugänglichen Gorges und Cluses der Haute-Provence besucht werden.

Westlich von Marseille und in der Camargue sollte man sich im Hochsommer und im Herbst auf Stechmücken einstellen und sich mit Mückenschutzmittel präparieren. Bekannte und gut ausgestattete **Wintersportorte** findet man in den alpinen Lagen der Haute-Provence und in den Alpes-Maritimes.

Die küstennahen Gegenden und die **Côte d'Azur** sind klimatisch außerordentlich begünstigt. Zwar unterscheiden sich die jährlichen Nieder-

▸ **Marseille**

	J	F	M	A	M	J	J	A	S	O	N	D	
					26	29	28	25					40
				22					20				30
		18								15			20
	12	15		15	17	17	15				11		10
10			11						10				
		8								6			
2	5										3		0
													-10

max / min · in °C

7	7	6	5	6	4	2	3	4	5	4	5	T/Mon
4	5	6	8	10	10	12	10	8	6	5	4	Std/Tag
12	13	13	13	15	18	21	21	20	18	16	14	in °C

schlagsmengen mit 550 bis 820 mm nur unwesentlich von den nördlicheren Regionen, dafür beträgt die jährliche Sonnenscheindauer etwa 3000 Stunden. Besonders im Osten halten die wie ein Amphitheater ansteigenden Berge, deren Hänge während des ganzen Tages der Sonneneinstrahlung ausgesetzt sind, kühle Nordwinde ab.

Im Winter werden Durchschnittstemperaturen von 6 – 12 °C erreicht, was ungefähr den Verhältnissen südlich von Rom entspricht.

In nördlich gelegenen Vorgebirgs- und **Bergregionen** setzt sich der kontinentale Einfluss gegenüber der ausgleichenden Wirkung des Meeres stärker durch. Die Niederschläge fallen im ganzen Jahr ohne deutlichere Frühjahrs- und Herbstmaxima. In den hochalpinen Lagen gibt es exzellente Bedingungen für den Wintersport.

Im Westen der Provence macht sich der berühmt-berüchtigte **Mistral** oft bemerkbar. Er braust mit unglaublicher Gewalt das Rhônetal hinunter und über die Provence hinweg und sorgt für kristallklare Luft. Er tritt auf, wenn über dem Golfe du Lion Tiefdruck herrscht und aus den Alpen und dem Zentralmassiv kalte Luft angesaugt wird. Nach einer Mistral-Periode, die drei bis zwölf Tage andauern kann, folgt eine Reihe windstiller, schöner Tage.

Shopping

Parfüms aus Grasse (▶ Baedeker-Special S. 206) und die als **Herbes de Provence** bekannten aromatischen Kräutermischungen werden überall angeboten. Bekannt sind auch die **Calissons**, ein Mandelkonfekt aus Aix-en-Provence (▶ Baedeker-Tipp S. 126).

Als Mitbringsel empfehlen sich auch kandierte Früchte und Blüten, nach altem Rezept hausgemachte Liköre und Konfitüren oder frisch gepresstes **Olivenöl** aus noch traditionell betriebenen Ölmühlen.

Gebrauchsgegenstände und Kunsthandwerk aus Olivenholz sind in großer Vielfalt und unterschiedlichen Stilen zu haben, desgleichen **Keramik** (u. a. aus dem bekannten Töpferort Vallauris) und handbemalte Kacheln. Ein nicht minder origineller Souvenir sind die **Santons**, provenzalische Krippenfiguren aus Ton. Natürlich werden viele dieser Dinge von einer speziell auf die Touristen ausgerichteten Industrie produziert.

Die typischen, fröhlich-rustikalen **Baumwollstoffe** der Provence, die besonders in der Frauentracht verwendet werden, sind mit kleinen floralen Mustern auf einfarbigem Grund bedruckt.

Beliebtes Mitbringsel: schöne Stoffe in provenzalischer Farbenpracht

Schöne Andenken an den Urlaub in der Provence wären auch ein Landschaftskupferstich aus Le Castellet, ein Teppich aus Cogolin oder eine Bruyère-Pfeife aus Cogolin.

Die bekannten Badeorte der Côte d'Azur und Monaco locken mit ihren einschlägigen Luxusgeschäften, die alles führen, was gut und/ oder teuer ist, von der Haute Couture über Juwelen und Parfüm bis zur Edelkarosse. In den Malerorten der Côte d'Azur wie St-Paul-de-Vence gibt es auch heute viele Kunstgalerien.

Einen breiten Raum nimmt der Antiquitätenhandel ein; zahlreiche anspruchsvolle Geschäfte befinden sich nördlich des Hafens von Nizza. Besonders reizvoll sind die Märkte und engen Gassen der alten Stadtteile mit ihrem üppigen Angebot an Kulinarischem und Trödel (»brocante«).

Sprache

Auch wenn an den höheren Schulen in Frankreich Deutsch gelehrt wird, kann man sich nur sehr selten auf Deutsch verständlich machen; viel eher wird Englisch gesprochen, aber auch darauf sollte man sich nicht verlassen. Wer nicht einigermaßen gut Französisch spricht, sollte daher ein Wörterbuch und einen Sprachführer mitnehmen. Im Folgenden ein Grundstock an Hilfreichem.

SPRACHFÜHRER FRANZÖSISCH

Das Wichtigste

Ja / Nein	Oui / Non
Vielleicht	Peut-être
Bitte	S'il vous plaît
Danke	Merci
Gern geschehen	De rien
Entschuldigen Sie/Verzeihung	Excusez-moi/Pardon
Wie bitte?	Comment ?
Ich verstehe (Sie / dich) nicht.	Je ne comprends pas.
Ich spreche nur wenig Französisch.	Je parle un tout petit peu français.
Können Sie mir bitte helfen?	Vous pouvez m'aider, s. v. p. ?
Sprechen Sie Deutsch / Englisch?	Vous parlez allemand / anglais?
Ich hätte/würde gerne …	J'aimerais …
Das gefällt mir nicht.	Ca ne me plaît pas.
Haben Sie …?	Vous avez … ?
Wieviel kostet dies/es?	Ça coûte combien ?
Wieviel Uhr ist es?	Quelle heure est-il ?
Wo gibt es …?	Où y a-t-il …?

Grüßen

Guten Morgen / Tag!	Bonjour!
Guten Abend!	Bonsoir!
Hallo / Grüß dich!	Salut!
Wie heißen Sie?	Comment vous appelez-vous?
Wie heißt du?	Comment t'appelles tu?
Wie geht es Ihnen / dir?	Comment allez-vous / vas-tu?
Auf Wiedersehen!	Au revoir!
Tschüs!	Salut!

Unterwegs

links / rechts	à gauche / à droite
geradeaus	tout droit
nah / weit	près / loin
Vezeihung, wo ist …?	Pardon, où se trouve …, s. v. p.?
Wie weit ist das?	C'est à combien de kilomètres d'ici?
Was ist der kürzeste Weg nach … ?	Quel est le chemin le plus court pour aller à … ?

Tankstelle

Wo ist die nächste Tankstelle?	Où est la station-service la plus proche?
Ich möchte… Liter …	Je voudrais … litres …
… Super.	… du super.
… Diesel.	… du diesel.
Volltanken bitte.	(Faites) Le plein, s. v. p.

Unfall

Hilfe!	Au secours!
Achtung!	Attention!
Rufen Sie bitte schnell …	Appelez vite…
… einen Krankenwagen.	… une ambulance.
… die Polizei.	… la police.
… die Feuerwehr.	… les pompiers.

Essen / Unterhaltung

Wo gibt es hier …	Pourriez-vous m'indiquer …
… ein gutes Restaurant?	… un bon restaurant?
Reservieren Sie uns bitte für heute Abend einen Tisch für 4 Personen.	Je voudrais réserver pour ce soir une table pour quatre personnes.
Wo sind bitte die Toiletten?	Où sont les toilettes, s. v. p.?
Auf ihr Wohl!	A votre santé / A la vôtre!
Bezahlen, bitte.	L'addition, s. v. p.
Das Essen war ausgezeichnet.	Le repas était excellent.

Von einer solchen Brücke ließ sich Van Gogh 1888 zu seinem Bild »Pont de Langlois« inspirieren.

Übernachtung

Können Sie mir bitte … empfehlen?.....	Pourriez vous me recommander … , s. v. p.
… ein gutes Hotel?	… un bon hotel?
… eine Pension	… une pension de famille?
Haben Sie noch …?	Est-ce que vous avez encore … ?
… ein Einzelzimmer	… une chambre pour une personne
… ein Zweibettzimmer	… une chambre pour deux personnes
… mit Bad	… avec salle de bains
… für eine Nacht	… pour une nuit
… für eine Woche	… pour une semaine
Was kostet ein Zimmer mit…	Quel est le prix de la chambre, …
… Frühstück?	… petit déjeuner compris?
… Halbpension?	… en demi-pension?

Arzt

Können Sie mir einen guten Arzt empfehlen?	Pourriez-vous me recommander un bon médecin, s. v. p. ?
Ich habe hier Schmerzen.	J'ai mal ici.

Post

Was kostet …	Quel est le tarif pour affranchir …
… ein Brief?	… une lettre ?
… eine Postkarte?	… une carte postale ?
… nach Deutschland?	… pour l'Allemagne ?

Zahlen

0	zéro		19	dix-neuf
1	un, une		20	vingt
2	deux		21	vingt et un/une
3	trois		22	vingt-deux
4	quatre		23	vingt-trois
5	cinq		30	trente
6	six		40	quarante
7	sept		50	cinquante
8	huit		60	soixante
9	neuf		70	soixante-dix
10	dix		80	quatre-vingt
11	onze		90	quatre-vingt-dix
12	douze		100	cent
13	treize		200	deux cents
14	quatorze		1000	mille
15	quinze		2000	deux mille
16	seize		10 000	dix mille
17	dix-sept		1/2	un demi
18	dix-huit		1/4	un quart

Carte / Speisekarte

café noir	schwarzer Kaffee
café au lait	Kaffee mit Milch
décaféiné	koffeinfreier Kaffee

Petit déjeuner / Frühstück

thé au lait / au citron	Tee mit Milch / Zitrone
chocolat	Schokolade
jus de fruit	Fruchtsaft
œuf mollet	weiches Ei
œufs brouillés	Rührei
pain / petits pains / toasts	Brot / Brötchen / Toast

Die provenzalischen Märkte quellen über von den frischen Produkten der Region.

croissant	Hörnchen
beurre	Butter
fromage	Käse
charcuterie	Wurst, Aufschnitt
jambon	Schinken
miel	Honig
confiture	Marmelade
yaourt	Joghurt

Soupes et Hors-d'œuvres / Suppen und Vorspeisen

bouillabaisse	provenzalische Fischsuppe
charcuterie	Wurst/Schinken vom Schwein
consommé (de poulet)	Klare (Hühner-)Suppe
pâté de foie	Leberpastete
salade niçoise	Grüner Salat mit Tomaten, grünen Bohnen, Thunfisch, Oliven
saumon fumé	Räucherlachs
soupe à l'oignon	Zwiebelsuppe
soupe de poisson	Fischsuppe

Viandes / Fleisch

agneau / gigot d'agneau	Lamm / Lammkeule
bifteck	Steak
bœuf	Rindfleisch
daube	Ragout, meist aus Rindfleisch
escalope de veau	Kalbsschnitzel
foie	Leber
grillades	Grillplatte
mouton	Hammelfleisch
porc	Schweinefleisch
rôti	Braten

Volailles et gibier / Geflügel und Wild

canard à l'orange	Ente mit Orange
coq au vin	Hahn mit Rotwein
lapin chasseur	Kaninchen nach Jägerart
poulet rôti	Brathähnchen

Poissons et crustacés / Fisch und Meeresfrüchte

calmar frit	frittierter Tintenfisch
petite friture	kleine gebackene Fische
sandre	Zander
sole au gratin	überbackene Seezunge
truite meunière	Forelle Müllerin
coquilles Saint-Jacques	Jakobsmuscheln
crevettes	Garnelen, Krabben
homard	Hummer
huîtres	Austern
moules	Miesmuscheln
plateau de fruits de mer	gemischte Meeresfrüchte

Légumes, pâtes, riz / Gemüse, Teigwaren, Reis

artichauts	Artischocken
épinards	Spinat
haricots (verts)	(grüne) Bohnen
nouilles	Nudeln
oignons	Zwiebeln
petits pois	Erbsen
poivrons	Paprikaschoten
pommes de terre	Kartoffeln
pommes dauphines	Kartoffelkroketten
riz au curry	Curryreis
tomates	Tomaten

Desserts et fromages / Nachspeisen und Käse

crème brûlée	Karamelisierter Sahnepudding
fromage blanc	feiner Quark
gâteau	Kuchen
tarte aux pommes	Apfelkuchen

Fruits / Obst

cerises	Kirschen
fraises	Erdbeeren
framboises	Himbeeren
pêches	Pfirsiche
poires	Birnen
pommes	Äpfel
raisins	Trauben

Calissons, eine Spezialität von Aix

Liste de Consommations / Getränkekarte

vin	Wein
un (verre de vin) rouge	ein Glas Rotwein
un quart de vin blanc	ein Viertel Weißwein
bière	Bier
bière pression	Bier vom Fass
... blonde	... helles
... brunes	... dunkles
bière bouteille	Flaschenbier
bière sans alcool	alkoholfreies Bier
eau minérale	Mineralwasser
lait	Milch
limonade	Limonade

Kleines Spezialitätenlexikon

Beignets de fleurs d'acacia	Pfannkuchen mit Akazienblüten
Berlingots de Carpentras	Pfefferminzbonbons aus Carpentras
Bouillabaisse	Fischsuppe aus Marseille
Brandade	Stockfischpüree
Caladons de Nîmes	Teegebäck aus Honig, Mandeln, Mehl, Orangen und Vanille (Nîmes)
Calissons d'Aix	herbes Konfekt aus Mandeln (Aix-en-Provence)
Chichi fregi	Knuspriges Gebäck aus süßem Brandteig (Marseille u. a.)
Estocaficada	Geräucherter, mit Gemüse gekochter Stockfisch
Fruits confits	Kandierte Früchte

Gardiano	Schafsragout mit Kartoffeln (Camargue)
Génépi des Alpes	Kräuterschnaps aus der Schwarzen oder Echten Edelraute (Südalpen)
Panisses	Frittierte oder überbackene Pfannkuchen aus Kichererbsenmehl
Papalinos d'Avignon	kleine Schokoladenkugeln, die mit einer mit Origan du Ventoux (Kräuterlikör aus Heidegräsern) verfeinerten, rosafarbenen Zuckerglasur überzogen sind
Pissaladière	Zwiebelkuchen mit Sardellen und Oliven
Ratatouille	Provenzalischer Gemüseeintopf
Rouille	Mayonnaise mit Knoblauch und Chili (zu Fisch serviert)
Soupe au pistou	Gemüsesuppe, mit Basilikumpaste gewürzt
Tapenade	Mus aus Oliven, Kapern und Anchovis
Tartarinades de Tarascon	Schokoladenkuppeln, gefüllt mit in Eau de vie getränkten Rosinen und anderen Früchten sowie Mandeln und Nüssen (Tarascon)
Tourte Bléa	flacher süßer Kuchen mit Mangold, Rosinen und Pinienkernen

In der Provence wird hochwertiges Olivenöl gewonnen.

Übernachten

Hotels

Die Hotelpreise variieren innerhalb jeder Kategorie je nach Jahreszeit erheblich. Die in den Empfehlungen genannten Preiskategorien beziehen sich auf die Hauptsaison. Einzelzimmer sind nur selten verfügbar; die Benützung eines Doppelzimmers durch eine Person kostet nur manchmal etwas weniger. In den meisten Häusern wird zu einem Aufpreis von etwa 30 % ein drittes Bett zur Verfügung gestellt. Verbreitet sind Zimmer mit dem **grand lit**, dem typischen Doppelbett; will man getrennte Betten, verlange man **deux lits** oder **des lits séparés**. Hôtels de Tourisme« sind offiziell in Kategorien eingeteilt, mit einem bis zu vier Sternen (oberste Kategorie), Letztere ggf. mit dem Zusatz L für Luxushotels. Für Juli und August sollte man unbedingt mindestens ein halbes Jahr vorher buchen; vor allem an der Küste kann es sehr schwierig werden, spontan ein Zimmer zu ergattern. Auch die großen Festivals, z. B. in Avignon und Orange, sorgen für ausgebuchte Hotels.

Kategorien und Preise

> ► **Preiskategorien Hotels**
> Die in den Hotelempfehlungen verwendeten Kategorien beziehen sich auf eine Übernachtung für zwei Personen in einem Zimmer mit Bad, ohne Frühstück.
>
> | | |
> |---|---|
> | **Günstig** | bis 80 € |
> | **Komfortabel** | bis 150 € |
> | **Luxus** | über 150 € |

Eine große Zahl von Hotels bilden die Gruppe der »Logis de France«. Es sind meist kleinere und mittlere, familiengeführt Hotels, die persönliche Atmosphäre und gute regionale Küche zu mäßigen bis gehobenen Preisen bieten. Sie sind an einem hellgrünen Schild (oder braunen für ein »Logis d'Exception«) mit »Logis« und stilisiertem Kamin zu erkennen. Eine Reihe von Häusern stellt sich besonders auf Familien, Wanderer, Radwanderer, Angler, Wintersportler, Weinfreunde etc. ein; sehr interessant sind die »Logis de Caractère« in historischen Häusern. Das Verzeichnis erscheint jährlich und ist in den Buchhandlungen sowie bei Logis de France erhältlich.

Logis de France

Manche Hotels, vor allem außerhalb der Orte an der Straße, führen die Bezeichnung »Relais« (einst die Poststation). Meist sind das individuell gestaltete Häuser für gehobene Ansprüche, so die »Relais & Châteaux« und die »Relais du Silence«. Sehr individuelle Häuser sind im »Hotels und Landgasthöfe mit Charme in Frankreich« verzeichnet (Editions Rivages, www.guidesdecharme.com). Besonders reizvoll, aber nicht billig ist die Übernachtung in Schlössern und noblen Residenzen, die liebevoll restauriert und zu stilvollen Unterkünften mit erlesenen Restaurants hergerichtet wurden.

Etwas Besonderes …

Die besonders preiswerten **Relais Routiers** an den Hauptstraßen werden hauptsächlich von Fernfahrern frequentiert und sind meist einfach, aber gut. Der Guide des Relais Routiers ist in französischen Buchhandlungen zu erwerben (www.relais-routiers.com).

Privatzimmer · Bed & Breakfast

Ein Aufenthalt bei Privatvermietern bietet ein besonders persönliches Frankreich-Erlebnis, meist ist er auch deutlich preiswerter als ein vergleichbares Hotel. Die französischen Begriffe dafür sind **chambres d'hôte** (Zimmer mit Frühstück) und **table d'hôtes** (mit Abendessen). Man beachte die grünen Schilder, die an den Durchgangsstraßen auf abseits gelegene Häuser aufmerksam machen. Zimmer **(Meublés)** und Appartements bei Privatvermietern sind in vielen Orten zu finden (meist für mindestens eine Woche vermietet). Verzeichnisse sind bei Gîtes de France und den örtlichen Tourismusbüros zu haben. Rund 700 Häuser stellt der Führer Bed & Breakfast Frankreich aus dem Verlag Busche (Dortmund) vor.

Jugendherbergen

FUAJ Die französische Organisation Fédération Unie des Auberges de Jeunesse (FUAJ) ist Mitglied des Internationalen Jugendherbergsverbands. Für die Übernachtung benötigt man einen internationalen Jugendherbergsausweis, der u. a. beim Deutschen Jugendherbergswerk

INFORMATIONEN ÜBERNACHTEN

HOTELS

▶ **Logis de France**
83 Avenue d'Italie, 75013 Paris
Tel. 01 45 84 83 84
Fax 01 44 24 04 59
www.logishotels.com

▶ **Relais & Châteaux**
in Deutschland / Österreich /
Schweiz: Tel. 00800 2000 0002
in Frankreich:
Tel. 0825 82 51 80
www.relaischateaux.com

▶ **Châteaux & Hôtels de France**
84 Avenue Victor Cresson
92441 Issy-les-Moulineaux
Tel. 01 72 72 92 02
www.chateauxhotels.com

PRIVATZIMMER UND FERIENWOHNUNGEN

▶ **Gîtes de France**
59 Rue Saint-Lazare
75439 Paris Cedex 09
Fax 01 42 81 28 53
www.gites-de-france.com

▶ **Clévacances**
BP 52166
31022 Toulouse Cedex 2
Fax 05 61 13 55 94
www.clevacances.com

JUGENDHERBERGEN

▶ **Fédération Unie des Auberges de Jeunesse (FUAJ)**
27 Rue Pajol, 75018 Paris
Fax 01 44 89 87 49, www.fuaj.org

▶ **Ligue Française pour les Auberges de Jeunesse (LFAJ)**
67 Rue Vergniaud
75013 Paris
Fax 01 44 16 78 80
www.auberges-de-jeunesse.com

▶ **Deutsches Jugendherbergswerk**
Bismarckstr. 8, 32756 Detmold
Tel. (0 52 31) 74 01-0
Fax (0 52 31) 74 01- 49
www.djh.de

erhältlich ist. Vor allem im Juli und August ist eine frühzeitige Anmeldung ratsam. Ein Verzeichnis mit Adressen kann man beim Deutschen Jugendherbergswerk anfordern.

Urlaub aktiv

Großer Beliebtheit erfreut sich, bei den Zuschauern ebenso wie bei den Aktiven, die provenzalische Version des Boulespiels (▶Baedeker-Special S. 349). Ein rheumageplagter Boulespieler änderte die Regeln der **boule à la longue** so, dass der Spieler mit beiden Füßen wie festgenagelt (pieds tanqués) stehen muss, wenn er die Kugel wirft. Es wird zuerst eine kleine Kugel (cochonet, »Schweinchen«) geworfen, der die großen Metallkugeln möglichst nahe kommen sollen; die Kugeln des Gegners dürfen weggeschossen werden (rouler, pointer). Wenn die Kugeln in fast gleicher Entfernung vom **cochonet** liegen, wird peinlich genau gemessen, wer gewonnen hat.

Pétanque

 BOOTSURLAUB

CÔTE D'AZUR
▶ **Segelreviere, -clubs, -schulen**
www.ffvoile.org

▶ **Charter Motor-/Segelboote**
Info bei Atout France sowie bei den regionalen und lokalen Tourismusbüros.

CAMARGUE
▶ **Crown Blue Line**
Marktplatz 4
61118 Bad Vilbel
Tel. (0 61 01) 5 57 91 11
www.crownblueline.com

▶ **Locaboat Holidays**
Postfach 867, D-79008 Freiburg
Tel. (07 61) 2 07 37 37

▶ **Nicols Yacht**
Auenheimer Str. 26 a
77694 Kehl
Tel. (0 78 51) 8 85 19 80
www.hausboot-nicols.de

WETTERDIENST
Météo France
Tel. 08 92 68 02 XX
(XX = Nr. des Départements,
▶S. 26), www.meteofrance.com

Ein rasantes Vergnügen für Könner, besonders auf dem Meer: Hobie-Cats

Sportboote An der Côte d'Azur gibt es über 30 bestens ausgestattete Jachthäfen. Segel- und Motorboote mit oder ohne Skipper können in vielen Orten gemietet werden. Spektakulär ist eine Fahrt entlang der Calanques östlich von Marseille, in engen Fjorden ragen die Felswände bis zu 300 m hoch über das Meer. Verschiedene Firmen offerieren Schiffsausflüge von Arles aus durch die Camargue.
Einmal selbst ein Hausboot steuern? Die besten Zeiten für eine ruhige Tour sind spätes Frühjahr und Herbst, außerhalb der Sommerhitze. Ein Bootsführerschein ist meist nicht erforderlich. Angeboten werden Hausboote im Bereich der Camargue mit Saint-Gilles/Bellegarde als nördlichstem Punkt; über den Canal du Rhone à Sète und den Canal de la Robine kann man den Canal du Midi ansteuern.

Stierkampf Der Stierkampf hat in der Camargue Tradition und lockt tausende Zuschauer in die Arenen. Bei der **Course camarguaise** wird der Stier – im Gegensatz zur spanischen Corrida, die mit der **mise à mort** endet – wieder in die Freiheit entlassen. In der antiken Arena von ▶Arles eröffnet die Osterféria die Saison.

Sport & Fun

Umfassende Informationen für alle genannten Betätigungsfelder geben die Tourismusbüros der Départements und der einzelnen Orte.
Informationen

In den französischen Alpen und ihrem Vorland bieten sich beste Möglichkeiten für alle Flugsportarten. Bekannte Segelflugzentren sind Gap, Fayence/Tourettes, Sisteron und Château-Arnoux, für Drachenflieger und Paraglider gibt es unzählige Startplätze. In allen Flugsportarten kann man an Kursen teilnehmen.
Flugsport

Golfplätze, die dem »Club France Golf International« angeschlossen sind, heißen Gastspieler willkommen. Interessant sind auch Pässe unterschiedlicher Gültigkeitsdauer, die es erlauben, auf den Plätzen einer ganzen Region zu spielen: Golf Pass Provence (www.golfpass-provence.com) und Golf Pass Riviera (www.guideriviera.fr). Atout France (▶Auskunft) gibt weitere Informationen.
Golf

Hervorragend klettern kann man nicht nur in den Südalpen, sondern auch in den Dentelles de Montmirail, den Alpilles, den Calanques, in der Chaîne de la Sainte-Baume, der Montagne de Sainte-Victoire und im Esterel-Massiv. Infos über Kletterreviere, -schulen etc. bei den lokalen und departementalen Tourismusbüros.
Klettern

Die Provence lässt sich mit dem Rad besonders intensiv »erfahren«, auch ist der Verkehr auf den kleineren Landstraßen meist sehr spärlich. Allerdings sind Radtouren hier recht anstrengend; die hügelige bis gebirgige Topografie, die schon im zeitigen Frühjahr intensive Sonne und der (besonders im Rhônetal) häufig starke Wind sind zu berücksichtigen. Hoch frequentiert sind die Küstenstraßen.
Im Département **Var** wurde die alte Bahnstrecke entlang der Küste zu einem Radweg umfunktioniert, der Toulon und St-Raphaël verbindet (102 km; Info: www.var.fr). Auch im Département **Bouches du Rhône** findet man entlang der Küste Radwege. Eine Fahrt durch die topfebene, im Sommer allerdings mörderische Camargue ist bei den ▶ Routen beschrieben. Für MTB-Fahrer wurden hier bisher einige Routen angelegt: Puits d'Auzon
Radfahren

Stierkampf in Arles

Man kann es auch etwas gemütlicher angehen lassen als diese Herren.

im Norden der Montaigne Ste-Victoire, Fontblanche östlich von Marseille, Roques-Hautes am Fuß der Montagne Ste-Victoire. Die **Vaucluse** wird bei Radfahrern immer beliebter. Der Mont Ventoux, berüchtigte Etappe der Tour de France, ist nur etwas für Hartgesottene; daneben gibt es eine ganze Reihe von ruhigeren Strecken, z. B. im Lubéron. Die Rundfahrt um den Lubéron zwischen Cavaillon und Forcalquier (über Apt, Manosque und Lourmarin, 235 km) führt durch eine wunderbare Landschaft (Broschüren »Radweg Pays de Forcalquier« und »Der Lubéron mit dem Fahrrad« mit Infos zu Übernachtung, Fahrradverleih etc. beim Tourismusbüro Forcalquier und unter http://de.veloloisirluberon.com).

Anspruchsvolle MTB- und Rennradfahrer finden in den Südalpen ihr Revier. Die **Alpes de Haute-Provence** verfügen über ein 450 km langes markiertes Netz für Mountainbiker; die wichtigsten Plätze sind La Foux d'Allos, das Tal der Ubaye und Grand Puy. In den **Hautes Alpes** wurden für Rennradler 17 Routen auf wenig befahrenen Nebenstraßen eingerichtet. Im Embrunais, im Champsaur und im Buëch gibt es außer einem riesigen MTB-Netz zwei Downhill-Pisten mit 1800 bzw. 1000 m Höhenunterschied: La Mayt (Vars) – Embrun, 32 km (längste Downhill-Strecke Europas); Les Orres – Embrun, 29 km.

! **Baedeker TIPP**

Auf höchstem Niveau

Um den 20. Juli sind die berühmten Alpenpässe der Tour de France an bestimmten Tagen von 9.00 bis 12.00 Uhr für Radfahrer reserviert. Die Termine und die jeweils gesperrten Pässe erfährt man beim Comité Départemental de Tourisme des Hautes-Alpes (►Auskunft) und unter www.hautes-alpes.net (»Les Cols Réservés«).

In der ganzen Provence, von der Camargue mit ihren weißen Pferden bis zu den Bergen des Queyras und den Alpes Maritimes, werden viele reizvolle Reittouren verschiedener Länge und unterschiedlicher Anforderungen angeboten, so etwa in den Alpilles, am Mont-St-Victoire, im Lubéron und im Bereich des Verdon. Die Tourismusbüros der Départements haben umfassendes Informationsmaterial. Einige Anbieter werden auf S. 98 genannt. Touren mit Esel ▶S. 74. **Reiten**

Die Region Provence-Alpes-Côte d'Azur mit ihrer 800 km langen, abwechslungsreichen Küste – schroffe Klippen, tief eingeschnittene Fjorde, Sand- oder Kiesstrände – sowie zahlreichen Flüssen, Seen und Bergbächen ist ein echtes Paradies für Wassersportler. **Wassersport**

Zu den international bekannten Plätzen für Windsurfer zählen Six Fours, Cap Nègre und Plage de Carro. Bei Mistral brettern Freaks auch über den breiten Unterlauf der Rhône, z. B. bei Marcoule. Les Saintes-Maries-de-la-Mer und Port-Saint-Louis-du-Rhône in der Camargue sind auch reizvoll für Funboarder. ◀ Windsurfen

Die felsigeren Küstenabschnitte, z. B. entlang der Corniche de l'Esterel und der Corniche des Maures, bieten viele reizvolle Buchten und gute Tauchgründe. Auch beim Schnorcheln kann man schöne Entdeckungen machen. An die hundert Tauchclubs und -zentren gibt es an der Küste der Region, bei denen man Ausbildungskurse und Ausflüge buchen kann. Unter www.divazur.com, www.ffessmcotedazur.com und www.ffessm-provence.net findet man Adressen und weitere Info. Der Küstenbereich von Monaco ist Unterwasserreservat. ◀ Tauchen

Die großen Wildwasserreviere der Provence sind der Verdon und die Ubaye, die um die 100 km befahrbare Strecken aller Schwierigkeitsgrade bieten; dazu kommen kleinere Flüsse wie Var, Vésubie und Tinée. Nordwestlich außerhalb der Provence sind die Schluchten der Ardèche attraktiv. In der Nordprovence, in den Hautes-Alpes, kann man zwischen L'Argentière la Bessée und Embrun, bevor die Durance im Lac de Serre-Ponçon aufgestaut wird, auf 40 km Kajak und Kanu fahren. Diverse Veranstalter haben Kajak, Rafting, Hydrospeed etc. im Angebot. Info bei den Tourismusbüros der Départements. ◀ Wildwasser

▶S. 101 **Wandern**

Die Provence hat nicht nur im Sommer mit viel Sonne und schönen Stränden etwas zu bieten, sondern auch hervorragende Bedingungen für den Wintersport. Nur 50 bis 100 km, d. h. 1 – 2 Autostunden von Nizza entfernt sind die Alpes Maritimes der Trumpf der Region: die Kombination von außergewöhnlich guten Schneebedingungen und südlich warmer Sonne. Zu nennen sind v. a. Barcelonnette mit Pra-Loup, La Sauze und La Foux d'Allos sowie Auron, Valberg und Isola 2000. Wegen der Höhenlage (1400 – 2450 m) heißt es bis in den März hinein »Ski und Rodel gut«. Die ca. 1200 km Pisten aller Schwierigkeitsgrade, ergänzt durch viele hundert Kilometer Loipen, sind mit Ski- und Sesselliften sowie Seilbahnen bestens erschlossen. **Wintersport**

▶ INFORMATIONEN AKTIVURLAUB

FLUGSPORT

▶ **Fédération Nationale
Aéronautique**
155 Av. Wagram, 75017 Paris
Fax 01 44 29 92 01
www.ff-aero.fr

▶ **Fédération Française
de Vol Libre**
4 Rue de Suisse, 06000 Nice
Fax 04 97 03 82 83
www.ffvl.fr

GOLF

▶ **Fédération Française de Golf**
68 Rue Anatole France
92309 Levallois-Perret Cedex
Fax 01 41 49 77 01
www.ffgolf.org

REITEN

▶ **Cheval en Provence**
Les Granges
04230 Le Rocher d'Ongles
Tel. 06 15 22 49 87
www.chevalenprovence.com

▶ **CDT Equestre des
Alpes de Haute-Provence**
B.P. 136, 04004 Digne-les-Bains
Tel. 04 92 31 89 19, www.cdte04.fr
www.alpes-haute-provence.com

▶ **La Provence à Cheval**
5 Chemin des Écureuils

13950 Cadolive
Tel./Fax 04 42 04 66 76
http://provence.cheval.pagesperso-
orange.fr

WASSERSPORT

▶ **Internetportal Tauchen**
www.divazur.com
Umfassender Überblick über Re-
viere, Clubs und Schulen, mit den
notwendigen Kontaktdaten.

▶ **Club de Plongée de Monaco**
Tel. (00377) 99 99 99 60
www.cesmm.com

▶ **Fédération Française de Voile**
17 Rue Bocquillon, 75015 Paris
Fax 01 40 60 37 37
www.ffvoile.org

▶ **Fédération Française
de Canoë-Kayak**
87 Quai de la Marne
94340 Joinville-Le Pont
Fax 01 48 86 13 25; www.ffck.org

▶ **Fédération Française de Surf**
Plage Nord, BP 28
40150 Hossegor
Fax 05 58 43 60 57
www.surfingfrance.com

▶ **AN Rafting Ubaye**
Le Pont du Martinet
04340 Meolans-Revel
www.an-rafting.com

KOCHKURSE

▶ **Lenôtre**
63 Rue d'Antibes, 06400 Cannes
Tel. 04 97 06 67 62, www.lenotre.fr
In der Schule des legendären
Kochs und Konditors können
Erwachsene und Kinder ab 7 Jahre
ihr Talent ausbauen.

Verkehr

Mit dem Auto

Frankreich verfügt über ein ausgezeichnetes Straßennetz mit Auto-   **Straßennetz**
bahnen (Autoroutes), Schnellstraßen (Routes Nationales, Abk. RN
oder N) und Landstraßen (Routes Départementales, Abk. RD oder
D). Die **Autobahnen** sind – abgesehen von Zubringern und Verbindungen in der Umgebung größerer Städte – gebührenpflichtig (*péa-
ge*). Die Gebühren können am »CB«-Schalter mit Kreditkarte, jedoch
nicht mit einer Maestro-Bankkarte bezahlt werden. Die Mautgebühr
pro 100 km beträgt etwa 7 – 8 €, ein Gebührenrechner ist im Internet
unter www.autoroutes.fr zu finden.

Die Grenze für den Alkoholgehalt im Blut ist **0,5 Promille**. Zulässige   **Verkehrsvor-**
Höchstgeschwindigkeiten für Kfz: innerorts 50 km/h, National- und   **schriften**
Landstraßen 90 km/h (bei Nässe 80 km/h), Autobahnen 130 km/h
(bei Nässe 110 km/h), autobahnähnliche Schnellstraßen 110 km/h
(bei Nässe 100 km/h). Damit sich die Autofahrer an das Tempolimit
in Ortschaften halten, sind an Ortseinfahrten häufig Bodenschwellen
in die Straße eingelassen. Tempoüberschreitungen sind teuer – zwischen 90 und 1500 € – und Geld-
bußen sofort zu bezahlen, sonst
kann das Fahrzeug beschlagnahmt
werden. Wer bei Rot über die
Kreuzung saust, wird nicht nur zur
Kasse gebeten, er erhält auch
Punkte in Flensburg! Sicherheits-
gurte sind obligatorisch, auch für
Beifahrer; Kinder unter 10 Jahren
müssen hinten sitzen und gesichert
sein. Motorradfahrer müssen einen
Sturzhelm tragen und tagsüber mit
Abblendlicht fahren. Telefonieren
ist nur mit Freisprecheinrichtung
erlaubt. Eine Warnweste und eine
Warndreick müssen griffbereit mitgeführt werden.
Die Großparkplätze in den Städten
sind meist gut ausgeschildert. In
der **Zone bleue** darf mit Parkschei-
be max. 60 Min. geparkt werden.
Oft wechselt die zum Parken frei-
gegebene Straßenseite halbmonat-
lich (stationnement alterné). Gelbe
Linien am Fahrbahnrand bedeuten
Parkverbot.

*Die Corniche d'Or windet sich an der Küste
des Esterel-Massivs entlang.*

▶ INFORMATIONEN VERKEHR

AUTOMOBILCLUBS

▶ **ADAC**
Infoservice Tel. 01805 10 11 12
www.adac.de

▶ **AvD**
Zentrale Tel. (0 69) 66 06 – 0
www.avd.de

▶ **Automobile Club de France**
6 – 8 Place de la Concorde
75008 Paris
www.automobileclubdefrance.fr

MIETWAGEN

▶ **Avis**
www.avis.de, Tel. 01802 17702

▶ **Europcar**
www.europcar.de, Tel. 01805 8000

▶ **Hertz**
www.hertz.de, Tel. 01805 33 35 35

▶ **Sixt**
www.sixt.de, Tel. 01805 23 22 22

BUSUNTERNEHMEN

▶ **Rapides Côte d'Azur (RCA)**
Westteil: CFTI Cannes, Tel. 0820
48 11 11
Ostteil: Gare Routière Nizza, Tel.
04 93 85 64 44, www.rca.tm.fr

▶ **SODETRAV**
Tel. 0825 000 650, www.sodetrav.fr

▶ **TransVaucluse**
Gare Routière d'Avignon
Tel. 04 90 82 07 35
www.vaucluse.fr (»Transports«)

Tanken   Auf dem Land ist damit zu rechnen, dass die Tankstellen nachts, am Wochenende und an Feiertagen geschlossen sind. Am billigsten tankt man bei den großen Supermärkten. Mit Kreditkarten kann man an den automatischen Zapfsäulen von Supermärkten tanken. Achtung: Tankautomaten akzeptieren häufig nur Kreditkarten mit Mikrochip; die in Deutschland ausgestellten Kreditkarten verfügen über einen Magnetstreifen, der nicht gelesen werden kann. Außer Diesel (diesel, gazole, gasoil), Super plus (98 Oktan, SP 98) und Super (95 Oktan, SP 95) gibt es Superbenzin mit 10 % Bio-Ethanol (SP95 E10), das nicht für jeden Motor geeignet ist (Herstellerangaben beachten!).

Straßenhilfsdienst   Um die Pannenhilfe (**dépanneur-remorqueur**) und ggf. die Polizei zu rufen, auf Autobahnen und Schnellstraßen nur die orangefarbenen Notrufsäulen benützen, nicht das Mobiltelefon. Auf Landstraßen und in Orten ruft man die Polizei an (▶Notrufe). Die Preise für Hilfeleistung durch konzessionierte Unternehmen sind festgelegt.

Mietwagen   In allen größeren Städten findet man internationale Autovermietungen sowie regionale Anbieter. Um ein Auto mieten zu können, muss man mindestens 21 Jahre alt sein, eine der gängigen Kreditkarten sowie einen mindestens 1 Jahr alten Führerschein besitzen. Die Mietpreise sind in Frankreich wesentlich höher als zu Hause; es empfiehlt sich daher, schon vor der Abreise zu buchen.

Mit dem Bus

In der Region Provence – Côte d'Azur besteht ein gut ausgebautes Busnetz. Darüber hinaus führen Busunternehmen Rundfahrten und Ausflüge durch, etwa von Avignon zum Pont du Gard, über den Mont Ventoux oder durch die Camargue. Informationen über Strecken und Abfahrtszeiten geben die örtlichen Tourismusbüros.

Die »Rapides Côte d'Azur« fahren zwischen Cannes, Grasse, Nizza, Nizza-Flughafen und Menton. Tickets erhält man an den Busbahnhöfen, am Flughafen, am SNCF-Bahnhof Cannes und im Tourismusbüro Antibes. Die SODETRAV verbindet Toulon mit St-Tropez und St-Raphael. Unter dem Namen TransVaucluse betreiben mehrere Unternehmen ein dichtes Liniennetz im ganzen Département.

Mit der Bahn

Die wichtigste Bahnstrecke verbindet das Rhônetal (Avignon, Arles) mit Marseille, Toulon, Nizza, Monaco und Ventimiglia (Italien). Sie wird von zahlreichen Fern- und Schnellzügen befahren. Von Paris über Lyon, Avignon und Aix (mit Abzweigung nach Nîmes) nach Marseille und weiter nach Nizza fährt auch der bis zu 300 km/h schnelle Train à Grande Vitesse (TGV). *Streckennetz*

Daneben sind die Strecken Avignon – Salon – Fos-sur-Mer – Marseille und Nizza – Tende – Turin von Bedeutung, ebenso die Stichbahn Marseille – Hyères. Die Haute Provence, das bergige Hinterland, wird durch die Linie Marseille – Aix-en-Provence – Sisteron – Gap (mit Zweigstrecke nach Digne) erschlossen. Zwischen Nizza und Digne verkehrt der »Pinienzapfenzug« (►Baedeker-Tipp S. 264).

Fahrkarten müssen vor dem Einsteigen gestempelt werden, man achte auf die gelben Kästen am Bahnsteig mit der Aufschrift »Compostage de billets«. Hat man das Abstempeln vergessen, wendet man sich umgehend an den Schaffner. In den meisten Regional- und Fernzügen, auch im TGV, können **Fahrräder** kostenlos mitgenommen werden. In Zügen mit einem Fahrradsymbol müssen Fahrräder selbst ein- und ausgeladen werden. Informationen auf der Website des ADFC, bei der SNCF (www.velo.sncf.com) sowie der DB (Bahn & Bike); gute Infos geben auch http://troisv.amis-nature.org und http://fubicy.org (Letztere auch auf Englisch). *Wissenswertes*

Wandern

Ob auf den alten Zöllnerwegen (Chemins des douaniers) entlang der Küste, durch die Calanques, durch die verschiedenen Regional- und Nationalparks, die Alpilles, den Lubéron oder den Esterel, die Möglichkeiten zum Wandern sind über aus attraktiv und zahlreich. Ein beliebtes Revier für Bergfreunde sind die Alpes Maritimes mit ca. 4000 km Wanderwegen und dem größten Teil des Nationalparks Mercantour, der nur zu Fuß zugänglich ist und eine einmalige Flora und Fauna besitzt. Die regionalen und lokalen Tourismusbüros (▶ Auskunft) halten detailliertes Informationsmaterial bereit (Wandervorschläge, Karten etc.).

Wanderführer Die Fédération Française de la Randonnée Pédestre kümmert sich um Ausbau und Pflege des Wegnetzes. Sie gibt drei Reihen von Wanderführern (»TopoGuides«) heraus: »Grande Randonnée« (GRs mit Anreise-, Übernachtungs- und Einkaufsmöglichkeiten), »Promenade & Randonnée« für kurze Touren und »A Pied en Famille« (Wandern mit der Familie). Ihre Website (auf Frz.) enthält viele wertvolle allgemeine und spezielle Tipps und Wandervorschläge. Auf der Website www.gr-infos.com (auch in Dt.) sind die Fernwanderwege im Überblick mit Karte und Übernachtungsmöglichkeiten skizziert.

Fernwanderwege Einige Fernwanderwege (»Sentiers de Grande Randonnée«; Abkürzung: GR + Nummer) sollen ausführlicher beschrieben werden. Sie sind mit einer weiß-roten Markierung gekennzeichnet und z. T. auch GR 9 ▶ in Straßenkarten verzeichnet.

Ein »berauschendes« Erlebnis: Wanderung durch Lavendelfelder

▶ INFORMATIONEN WANDERN

▶ **Féderation Française de la Randonnée Pédestre (FFRP)**
www.ffrandonnee.fr
Die Wanderführer der FFRP (in Französisch) sind in Buchhandlungen (außerhalb Frankreichs auf Bestellung) und über das Internet erhältlich.

Der GR 9 erreicht – aus Richtung Grenoble kommend – bei Dieulefit das Gebiet dieses Führers. Über Nyons verläuft er zunächst durch die Baronnies nach Brantes, führt am Nordhang des Mont Ventoux entlang und bringt dann zu den Gorges de la Nesque. Nach Apt und Buoux erklimmt er die Montagne du Lubéron (Mourre Nègre), überquert bei Pont-de-Mirabeau die Durance und erreicht Vauvenargues an der Montagne Ste-Victoire. Nach Besteigung des Croix de Provence führt er am Kamm entlang nach Osten, wendet sich südlich und erreicht über Trets das Massif de la Ste-Baume (St-Pilon). Nun immer in östlicher Richtung führt er über Signes, die Barre de Cuers und Rocbaron in das Massif des Maures; er berührt La Garde-Freinet, bevor er bei Port-Grimaud das Meer erreicht.

Der GR 4 führt zunächst auf verschiedenen Varianten durch das Gebiet der Ardèche-Schluchten, überschreitet bei Pont-St-Esprit die Rhône und erreicht über Vaison-la-Romaine und Malaucène den Mont Ventoux; ein Stück des Wegs ist dort mit dem GR 9 identisch. Dann führt er über Sault, Simiane-la-Rotonde und den Canyon d'Oppedette zum Ostteil des Lubéron und nach Manosque. Bei Greoux-les-Bains erreicht er den Verdon, folgt der Colostre bis Moustiers und bringt dann zu den Gorges du Verdon, deren Lauf er bis Castellane folgt. In einem großen Bogen berührt er Entrevaux am Oberen Var, wendet sich südwestlich in das Gebiet der Seealpen, überschreitet die Montagne du Cheiron nach Gréolières und gelangt über die Plaine des Rochers nach Grasse. ◀ GR 4

Der GR 5 führt von Nizza über den Mont Chauve bei Aspremont zu den Gorges de la Vésubie. Von dort steigt er nach Utelle auf, überschreitet den Mont Tournairet und erreicht über St-Sauveur-sur-Tinée das Gebiet des Mont Mounier. Im Weiteren führt er dann nach Norden in den Parc Régional du Queyras und nach Briançon. ◀ GR 5

Diese Folge von Fernwanderwegen erschließt das unmittelbare Hinterland der Mittelmeerküste von Marseille bis Cap-Martin/Menton. ◀ GR 98 / 90 / 51

Zeit

In Frankreich gilt wie in Deutschland, Österreich und der Schweiz die Mitteleuropäische Zeit (MEZ) bzw. die Sommerzeit (MEZ + 1 Std., mit denselben Anfangs- und Endterminen).

Touren

AN DER KÜSTE
ENTLANG ODER
LIEBER INS HINTERLAND? HÜBSCHE BERGDÖRFER
ERLEBEN ODER SICH MEERESLUFT UM DIE NASE
WEHEN LASSEN? WIR VERRATEN IHNEN, WO DIE
PROVENCE AM SCHÖNSTEN IST.

TOUREN DURCH DIE PROVENCE

So vielfältig wie sich die Szenerien der Provence und der Côte d'Azur zeigen, so unterschiedlich gestalten sich unsere Tourenvorschläge. Interessieren Sie sich für an Geschichte und Kultur reiche Städte? Oder suchen Sie eher das besondere Landschaftserlebnis? Sie haben die Wahl!

TOUR 1 **Straße der Maler**
Ende des 19. Jh.s. verlagerte sich die Malerei vom Atelier in die freie Natur. Viele Künstler – van Gogh und Cézanne sind nur die berühmtesten – ließen sich von dem besonderen Licht Südfrankreichs inspirieren. Die mehrtägige Rundreise führt auf den Spuren der Maler durch die südwestliche Provence. ▸ **Seite 110**

TOUR 2 **Durch das Land der Düfte**
Auf dieser Route kann man die kontrastreiche Landschaft der Côte d'Azur und ihres Hinterlands mit berühmten Bergorten erleben. ▸ **Seite 112**

TOUR 3 **Straße der Olivenbäume**
Weite Teile der Provence sind mit Ölbäumen übersät, da und dort sind noch die alten Ölmühlen mit ihren mächtigen Mahlsteinen erhalten. Rund um Les Baux-de-Provence verbinden zwei »Straßen der Olivenbäume« (»Route des Oliviers«) mehrere Ölmühlen und Olivenbauernhöfe. ▸ **Seite 113**

TOUR 4 **Durch die Camargue**
Eine Landschaft ganz besonderer Art ist die Camargue, das topfebene Mündungsdelta der Rhône mit seinen Salzsümpfen, Lagunen und Sandstränden. Auch mit den Fahrrad ist die Tour leicht zu absolvieren, da sie keine Steigungen aufweist. ▸ **Seite 116**

Camargue
Melancholische Landschaft
mit berühmten Pferden

Calissons
Köstliches Mandelkonfekt
aus Aix-en-Provence

Avignon
*Palast der Päpste und
die berühmteste Brücke Frankreichs*

Lavendel
*Wichtiger Grundstoff
für die Parfümindustrie,
nicht nur in Grasse.*

Durance

Verdon

Var

Durance

* Avignon
* * Les Baux
* St-Rémy   Maussane-les-Alpilles
Fontvieille   Orgon
TOUR 4   Arles   Eyguieres
ron   TOUR 3   Aix-en-Provence
nes
Le Paradis   Martigues
Saintes-   Salin-
Maries   de-Giraud   TOUR 1
* * Marseille   Toulon

* Gorges du Loup
TOUR 2   * Vence
* Grasse   Cagnes-
sur-Mer
Mougins   * Antibes

* * Le Thoronet
Le Muy
* * St-Maximin-
la-Ste-Baume   Ste-Maxime
* St-Tropez

©Baedeker

Argens

Marseille
*te Hafenstadt am Mittelmeer,
hmelztiegel der Kulturen*

Côte d'Azur
*Entspannen
am Meer*

Unterwegs in der Provence

Côte d'Azur und Provence: Unterschiedlicher können zwei Regionen nicht sein. Die an landschaftlichen Schönheiten und bedeutenden Kulturdenkmälern reiche Provence umfasst das Gebiet zwischen der unteren Rhône und dem Var bei Nizza sowie die dahinter ansteigenden Seealpen. Die französische Ferienlandschaft par excellence ist die Mittelmeerküste zwischen Marseille und der italienischen Grenze bei Menton sowie ihr unmittelbares Hinterland.

Côte d'Azur Wer zur Hochsaison an die Côte d'Azur fährt, muss sich darauf einstellen, dass er sich die Strände mit vielen anderen Urlaubern teilen muss. Womit wir auch schon beim Thema sind: Die französische Mittelmeerküste ist in erster Linie ein Reiseziel für Sonnenanbeter. Und dies, obwohl die Strände zwischen Menton und Cannes oft sehr schmal sind und unterhalb der Durchgangsstraße liegen; meist sind es Kiesstrände, was aber viele dem Sand vorziehen. Erst westlich von Fréjus / St-Raphaël werden die Strände breiter und sandig. Die schönsten Sandstrände finden sich bei St-Tropez und bei Hyères auf der weit ins Meer vorspringenden Halbinsel Giens. Traumhafte Buchten findet man auf der unter Naturschutz stehenden Insel Porquerolles. Abends spielt die Côte d'Azur ihren zweiten Trumpf aus: das Nachtleben, das insbesondere in Monaco, Nizza, Cannes und St-Tropez seinem Ruf gerecht wird und nicht nur den Schönen und Reichen vorbehalten ist. Der Eintrittsobolus der Clubs und Bars ist jedoch entsprechend hoch.

> ! *Baedeker* TIPP
>
> **Weiße Klippen und türkisblaues Meer**
>
> Westlich von Cassis erstreckt sich eine höchst pittoreske Küste: blendend weiße, zerklüftete Kalkklippen, in die tiefe, schmale Buchten eingeschnitten sind – die »Calanques« bieten ein traumhaftes Bild. Ein 23 km langer Weg führt an türkisblauen Badebuchten vorbei; von Marseille und Cassis fahren Ausflugsboote, in Cassis kann man eines chartern (mit Skipper). Wegen der ökologischen Belastung ist der Zugang zu den Calanques streng reglementiert (s. S. 253).

Provence Die »klassische« Provence befriedigt andere Bedürfnisse, auch wenn es in der Camargue und südlich von Marseille lange Sandstrände gibt. In diesem Teil Südfrankreichs reist man, um eine zauberhafte Landschaft zu genießen und atmosphäre- und traditionsreiche Orte zu erleben, seien es alte Städte mit lebhafter Kulturszene oder verträumte Dörfer. Insbesondere Avignon ist im Juli, zur Zeit der Festivals, ein echter »Hotspot«. Keine unbedeutende Rolle dürften auch die hervorragende Küche und die exzellenten Weine der Provence spielen. Große Anziehungskraft übt die Region auf Liebhaber antiker Altertümer aus, denn in Südfrankreich sind die Relikte der Römerzeit so zahlreich und gut erhalten wie an wenigen anderen Orten in Europa. Das gilt besonders für Orange (Theater, Triumphbogen), Ar-

Auf einen Felsen der Alpilles gebaut: Les Baux ist eines der beliebtesten Ausflugsziele.

les (Amphitheater), Vaison-le-Romaine, die Ausgrabungen der griechisch-römischen Stadt Glanum bei St-Rémy, Nîmes (Amphitheater, Tempel) und nicht zuletzt den großartigen Pont du Gard. Auch das Mittelalter hat zahlreiche eindrucksvolle Zeugnisse hinterlassen, allen voran den mächtigen Papstpalast in Avignon. Die Kathedralen in St-Gilles und Arles sind ebenso sehenswert wie die berühmten Zisterzienserklöster Senanque, Silvacane und Le Thoronet oder die Abtei Montmajour, beeindruckend auch die vollständig erhaltenen Festungsmauern von Aigues-Mortes. Neben den zahlreichen kulturellen Highlights bietet die Provence ein großes, wunderbares Betätigungsfeld für Naturliebhaber, Wanderer und Radfahrer.

Einige der Einträge im Abschnitt »Reiseziele von A bis Z« sind schon als Rundfahrten angelegt. Eine ca. 120 km lange Tour führt durch die Gorges du Verdon. Die Landschaft des Lubéron kann man mit dem Auto ebenso gut entdecken wie mit dem Fahrrad. Der Mont Ventoux mit seinen 1909 m Höhe will in vielen Kurven und kräftigen Steigungen erklommen werden (bedenken: Auf dem Gipfel kann es im Sommer 10 – 20 °C kälter sein als an seinem Fuß).

Tour 1 Straße der Maler

Länge der Tour: ca. 500 km   **Dauer:** 5 Tage

Van Gogh rief von Arles aus die Künstler nach Süden: »Die ganze Zukunft der neuen Kunst liegt im Süden Frankreichs.« Gauguin folgte seinem Ruf, später kamen Signac, Matisse, Braque und Derain, die sich in St-Tropez oder Cassis niederließen.

Ausgangspunkt der Rundfahrt ist ❶ ✶ ✶ **Marseille**. Für viele Künstler war die Stadt Inspiration ihres Schaffens: der Alte Hafen, die Ausblicke aufs Meer und die pittoresken Viertel wie das Panier. Werke französischer Künstler des 19. und 20. Jh.s sind in diversen Museen zu sehen: Musée Cantini, Musée des Beaux-Arts und Musée Grobet-Labadie. In ❷ **Martigues** am Etang de Berre lebte Félix Ziem, der mit seinen atmosphärisch dichten Darstellungen des Fischerdorfs den Impressionisten vorgriff. Ein Museum in einer alten Zollkaserne dokumentiert sein Werk.

Maler der Sonnenblumen

❸ ✶ ✶ **Arles** wurde für Vincent van Gogh zum Schicksalsort. Der Maler fand hier ein Licht, das seine Bildsprache tiefgreifend veränderte. Paul Gauguin folgte seinem Wunsch, in Arles eine Künstlerkolonie zu gründen. Beide stellten ihre Staffeleien an vielen Punkten der Stadt und ihrer Umgebung auf; berühmt sind u. a. die »Brücke von Arles« und das »Nachtcafé« (1888). Leider ist in Arles kein Werk van Goghs zu sehen; in der Fondation Van Gogh haben zeitgenössische Künstler ihre Hommage hinterlassen. Von Arles ging van Gogh

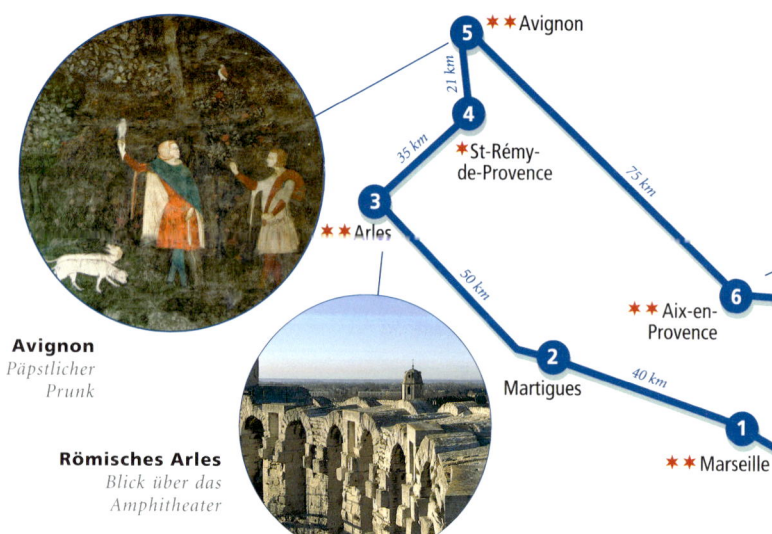

Avignon
Päpstlicher Prunk

Römisches Arles
Blick über das Amphitheater

❺ ✶ ✶ Avignon

21 km

❹ St-Rémy-de-Provence

35 km

75 km

❸ ✶ ✶ Arles

50 km

❻

✶ ✶ Aix-en-Provence

❷ Martigues

40 km

❶

✶ ✶ Marseille

(nicht ganz freiwillig) in die Heilanstalt St-Paul de Mausole in ❹ ✶ **St-Rémy-de-Provence**, wo 143 Gemälde und einige Zeichnungen entstanden. Diese Zeit gilt als die wichtigste seines Schaffens. Ein Rundgang führt zu den Motiven des genialen Künstlers.

Die Malerei in der Papststadt ❺ ✶ ✶ **Avignon** ist geprägt durch Pierre Grivolas, der 1878–1906 als Direktor der Ecole des Beaux-Arts seine Schüler zur Landschaftsmalerei unter freiem Himmel anhielt. Das Musée Calvet und das Musée Angladon zeigen Werke dieser neuen Künstlergeneration, aber auch von van Gogh, Cézanne und Picasso. ❻ ✶ ✶ **Aix-en-Provence** ist untrennbar mit dem Schaffen von Paul Cézanne verbunden. Die Montagne Ste-Victoire war eines der Lieblingsmotive des Malers. Das Musée Granet besitzt zehn Gemälde des großen Sohnes der Stadt, sein als Museum zugängliches Atelier scheint noch heute auf den Künstler zu warten.

Jenseits des Akademismus

Es bleiben die Küstenorte St-Tropez und Toulon. Das Haus von Paul Signac in ❼ ✶ **St-Tropez** wurde zum Treffpunkt für Henri Matisse, Francis Picabia und andere. Welche bedeutende Rolle die Stadt für die Malerei Ende des 19., Anfang des 20. Jh.s gespielt hat, wird im Musée de l'Annonciade mit seiner hervorragenden Sammlung neoimpressionistischer und fauvistischer Kunst deutlich. Zentrale Persönlichkeit der Landschaftsmalerei in ❽ **Toulon** war Vincent Courdouan, ein Freund Frédéric Mistrals. Hier entstanden ab den 1850er Jahren Werke (u. a. Guigou, Aiguier), die dem frühen Impressionismus zugerechnet werden können. Im Musée d'Art de Toulon sind viele Arbeiten dieser Wegbereiter zu sehen.

Stadt der Fischer und Seeleute

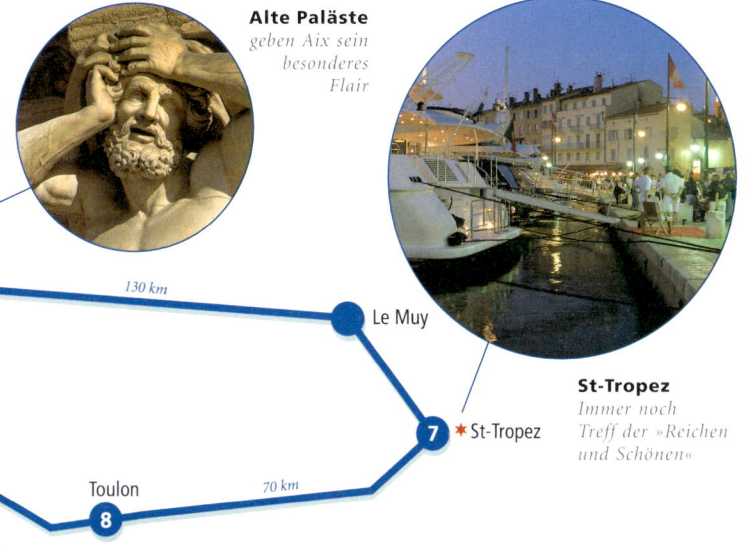

Alte Paläste
geben Aix sein besonderes Flair

130 km

Le Muy

❼ ✶ St-Tropez

St-Tropez
Immer noch Treff der »Reichen und Schönen«

Toulon

70 km

❽

Tour 2 Durch das Land der Düfte

Start: H 17

Länge der Tour: ca. 95 km   **Dauer:** 1–2 Tage

Auf einer Rundfahrt zwischen Grasse und Antibes kann man die kontrastreiche Landschaft der Côte d'Azur und ihres Hinterlands mit berühmten alten Bergorten erleben.

Immer der Nase nach!
❶ ✴ **Grasse**, Kapitale der Parfüms, ist Ausgangspunkt. Rund um die mittelalterliche Stadt gedeihen Rosen, Veilchen, Orangen, Jasmin und Lavendel. Drei Produzenten, dazu ein Museum, gewähren Einblick in das Metier. 6 km nordöstlich führt die D 3 nach ❷ ✴ **Gourdon**. Der berühmte Landschaftsarchitekt Le Nôtre hat die Terrassen des Schlosses angelegt. Die Fahrt durch die ✴ **Gorges du Loup** zwischen fast 400 m hohen Felswänden gehört zu den besonders beeindruckenden Momenten der Tour. ❸ **Tourrettes-sur-Loup**, ebenfalls ein mittelalterliches Städtchen, gilt als Hauptstadt der Veilchen, die an die Parfümfabriken um Grasse geliefert werden.

Künstlerorte
Weiter geht es nach ❹ ✴ **Vence**. Henri Matisse und Marc Chagall haben hier großartige Zeugnisse hinterlassen. Besonders die von Matisse gestaltete Rosenkranzkapelle ist sehenswert. Für Kunstliebhaber bietet die Fondation Maeght bei ❺ ✴✴ **St-Paul-de-Vence** eine überzeugende Symbiose von Kunst, Architektur und Natur. Von hier ist es nicht weit bis ❻ **Cagnes** (mit dem malerisch auf einem Bergkegel gelegenen alten Haut-de-Cagnes) und schließlich ❼ ✴ **Antibes** mit dem Musée Picasso im alten Schloss der Grimaldi, beeindruckenden Festungsmauern und der erlebenswerten Markthalle am Cours Massena. Über Mougins, einst ein befestigtes Bergdorf, mit dem berühmten Restaurant Colombe d'Or kehrt man nach Grasse zurück.

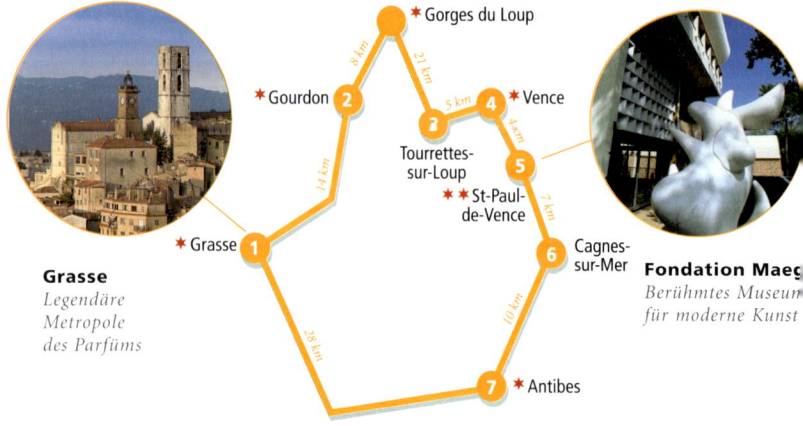

✴ Gorges du Loup

✴ Gourdon ❷   8 km   21 km   5 km ❹ ✴ Vence

❸ Tourrettes-sur-Loup   14 km   4 km

✴✴ St-Paul-de-Vence   ❺

7 km

Cagnes-sur-Mer ❻

✴ Grasse ❶   28 km   10 km

Grasse
Legendäre Metropole des Parfüms

❼ ✴ Antibes

Fondation Maeg
Berühmtes Museum für moderne Kunst

Tour 3 Straße der Ölbäume

Länge der Tour: 45 km / 75 km   **Dauer:** je 1/2 – 1 Tag

Im Département Bouches du Rhône werden etwa 1 Mio. Olivenbäume gezählt, die ein Drittel der französischen Olivenernte liefern. In vielen Orten stehen noch die alten Ölmühlen, in denen mächtige Mahlsteine die schwarzen Früchte zu einem Brei verarbeiten, aus dem das Öl gewonnen wird. Rund um Les Baux-de-Provence liegen entlang zweier (nicht beschilderter) »Routes des Oliviers« einige interessante Ölmühlen und Olivenbauernhöfe.

Die westliche Route beginnt in ❶ ✷ **St-Rémy-de-Provence**. Das schon im 2. Jh. v. Chr. von griechischen Siedlern gegründete Städtchen beeindruckt mit seinen antiken Resten, van Gogh lebte hier ein Jahr in der Anstalt St-Paul-de-Mausole. Die Fahrt auf der Spur der Oliven führt auf der alten Route d'Arles (D 32) westlich nach ❷ **St-Étienne-du-Grès**, dann auf der D 33 südlich durch Weinberge und Olivenhaine nach ❸ **Fontvieille**. Von hier kam der Kalkstein, aus dem die Römer unter anderem das Amphitheater von Nîmes und Arles erstellt haben, der Ort wurde auf einem Kalkfelsen erbaut. Südlich des Orts stehen noch einige alte Windmühlen, deren Flügel einst von den – angeblich – 32 Winden der Provence angetrieben wurden. Zu ihnen gehört auch die **Moulin de Daudet**, die in Frankreich so etwas wie einen Kultstatus hat.

Weiter südlich zweigt die Route auf die Straße D 78 a nach Paradou ab; nahe der Kreuzung stehen die Ruinen eines römischen Aquädukts und einer römischen Mühle, die perfekte Kulisse in einer Landschaft mit alten Olivenbäumen und Wiesen, die im Frühjahr bunt blühen.

Aus dem von weitläufigen Olivenhainen umgebenen Dorf ❹ **Le Paradou** stammte der provenzalische »Bauerndichter« Charloun Rieu. Das Heimatmuseum »Die kleine Provence von Paradou« zeigt eine Landschaft mit rund 400 Santons, den traditionellen geschnitzten oder aus Ton modellierten Heiligenfiguren.

Westroute

Bisher verlief die Route am Fuß der **Alpilles**, der »Kleinen Alpen«, vor deren Kulisse Tausende von Olivenbäumen wurzeln. Von Paradou führt der Weg nun nördlich nach ❺ ✷✷ **Les Baux-de-Provence** und weiter auf die D 27 a. In den Steinbrüchen im »Höllental« (Val d'Enfer) bei Les Baux drehte Jean Cocteau 1963 seinen letzten Film, »Das Testament des Orpheus«. Dann geht es links über die D 5 zurück nach ❶ ✷ **St-Rémy**. Den Ausflug können Sie mit einer Weinprobe im Château Romanin südöstlich von St-Rémy beschließen; ein begeistertes Winzerpaar produziert hier nach biodynamischen Prinzipien feine Weine (Tel. 04 90 92 45 87, www.romanin.fr).

Durch die Alpilles

Ostroute

Die Ostroute beginnt in **❶ Maussane-les-Alpilles**. Hier ist die kleine, aber sehr rührige und qualitätsbewusste Firma Jean Martin ansässig, die die landwirtschaftlichen Produkte der Region zu Tapenade, Anchoïade, Ratatouille, Auberginenpaste und vielen anderen Leckereien verarbeitet (Laden: 8 Rue Charloun Rieu, geöffnet Mo. – Sa. 9.00 bis 12.00, 14.00 – 18.00 Uhr, Tel. 04 90 54 34 63, www.jeanmartin.fr). Auf der Domaine de Malaga nahe Mourès züchtet Marie-Pierre Callet die berühmten Stiere und die weißen Pferde für den Stierkampf (Tel. 04 90 47 50 54, www.domainedemalaga.com; Ferienwohnung).

Olivenhaine und Landhäuser

Eingebettet in weitläufige Olivenhaine schmiegen sich zwischen Maussane-les-Alpilles und **❷ Eygalières** an der D 78 und der D 24 zahlreiche alte Landhäuser an die mächtigen Felsen der Chaîne des Alpilles. Wer aussteigt und genau hinsieht, wird am Straßenrand und in den Feldern die jahrhundertealten, »gaudres« genannten Kanäle entdecken, die bis heute aus den nahen Bergen das Wasser für die Orte und die Olivenbäume liefern. Wenige hundert Meter nachdem man von der D 78 auf die D 24 eingebogen ist, kann man eine fast verfallene Brücke zwischen den Olivenbäumen sehen.

Die Straße von Eygalières nach **❸ Orgon** (D 24 b) ist nach dem Résistancehelden Jean Moulin benannt, der hier 1942 mit dem Fallschirm absprang. Weiter geht es über die D 7n (früher N 7), Frankreichs berühmte, in vielen Schlagern besungene Ferienstraße (»La Nationale Sept«), nach **❹ Sénas**. Das Städtchen wurde schon im 11.

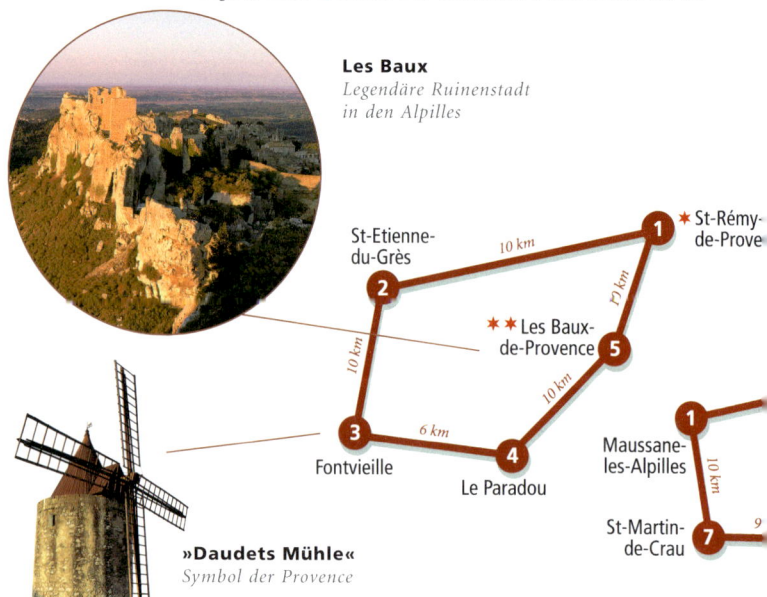

Les Baux
Legendäre Ruinenstadt in den Alpilles

St-Etienne-du-Grès

10 km

❷

❶ ✶ St-Rémy-de-Prove

12 km

✶ ✶ Les Baux-de-Provence

❺

10 km

10 km

❸ 6 km **❹**

Fontvieille Le Paradou

Maussane-les-Alpilles

❶

10 km

St-Martin-de-Crau

❼ 9

»Daudets Mühle«
Symbol der Provence

Jh. urkundlich erwähnt und ist damit einer der ältesten dokumentierten Orte der Gegend.

Von hier schlängeln sich Sträßchen D 72 und D 17 über ❺**Eyguières** nach ❻**Mouriès** in Frankreichs führende Olivenanbaugemeinde mit über 100 000 Olivenbäumen. U. a. bietet die seit 1744 bestehende Moulin Saint-Michel Führungen an (www.moulinsaintmichel.com, Tel. 04 90 47 50 40). Man kann hier Oliven und Öl probieren und im Hofladen (Cours Paul Revoil) erstehen. Verstreut in die hü-

> ## ! *Baedeker* TIPP
>
> ### Die Oliven von Nyons
>
> Am Nordwestrand der Provence macht ein besonders mildes Klima Nyons zu einem Zentrum des Olivenanbaus. Seit 1994 sind die Früchte und ihr Öl unter der AOC Nyons geschützt. Ölmühlen laden zur Verkostung ein. In Nyons gibt es ein Olivenmuseum und einen eineinhalb Stunden langen Wanderweg durch Olivenhaine, auf einer Route de l'Olivier kann man die schöne Landschaft und ihre Orte erkunden (www.nyons.com, www.nyons-aoc.com).

gelige Landschaft sind in der Umgebung viele alte Bauernhöfe zu sehen, die provenzalischen »mas«. Einige wurden zu schönen Hotels umfunktioniert wie das Vallon de Gayet (Route de Servannes, Tel. 04 90 47 50 63). Über einen Abstecher nach Süden (von Mouriès D 24 oder von Maussane D 27, jeweils knapp 10 km) erreichen Sie ❼**St-Martin-de-Crau**. Dort erfahren Sie im Écomusée de la Crau (So. geschl.) alles über Natur und Kultur der Crau, der steinigen Ebene zwischen Grand Rhone und Étang de Berre.

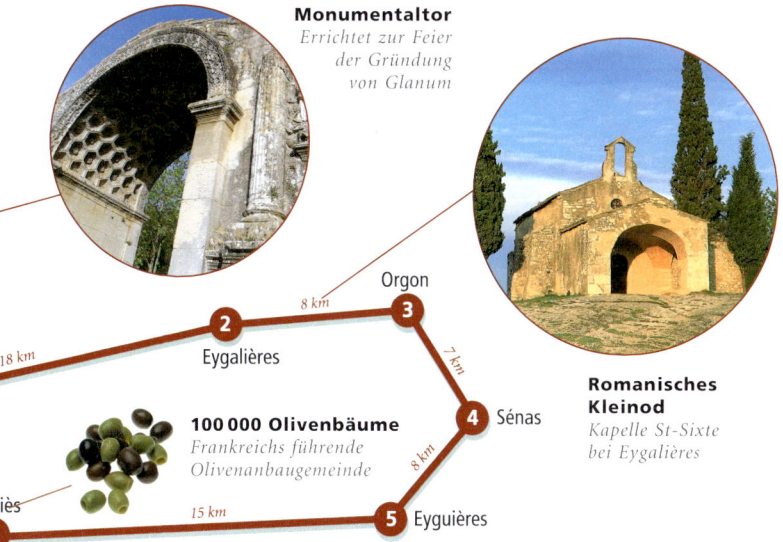

Monumentaltor
Errichtet zur Feier der Gründung von Glanum

Orgon

18 km
8 km
2
3

Eygalières

7 km

100 000 Olivenbäume
Frankreichs führende Olivenanbaugemeinde

4 Sénas

8 km

Romanisches Kleinod
Kapelle St-Sixte bei Eygalières

riès

15 km

5 Eyguières

Tour 4 Durch die Camargue

Start: J 2

Länge der Tour: ca. 170 km   **Dauer:** 1 – 2 Tage

Ein Besuch im Mündungsdelta der Rhone gehört zu den großen Attraktionen der Region, bei »normalen Touristen« ebenso wie bei Naturfreunden – man ist also nicht allein. Sehr beliebt sind Radtouren, Fahrräder können gemietet werden. Wer mit dem Auto unterwegs ist, sollte kleine Wanderungen einschieben. Das Fernglas nicht vergessen, im Sommer auch ein Mückenschutzmittel.

Von Arles nach Stes-Maries

Der beste Ausgangspunkt für die Fahrt ist ❶ ✶ ✶ **Arles**. Auf der D 570 in südwestlicher Richtung durchquert man Sonnenblumen-, Reis- und Rebenfelder, dann nehmen Halophyten (an den Salzgehalt des Bodens angepasste Pflanzen) immer mehr zu. Vor Albaron liegt links der Mas du Pont de Rousty mit dem Musee de la Camargue. Bei ❷ **Albaron** (Turm, Rest einer Festung des 13. Jh.s; Pumpstation für die Bewässerung) zweigt von der D 570 die D 37 zum Etang de Vaccarès ab (siehe ❻). Die D 570 führt weiter nach Stes-Maries-de-la-Mer. Bei **Pioch Badet** ist das Musée des Roulottes (Musée Tsigane) interessant, das die Geschichte der Sinti und Roma illustriert. Wenig später kommt man zur ❸ **Maison du Parc**, dem Informationszentrum des Parc Naturel Régional de Camargue. Es bietet auch Informationen zu Flora und Fauna des Etang de Ginès und seinem Vogelschutzgebiet. Der folgende ❹ **Parc Ornithologique du Pont de Gau** (Vogelschutzpark) erstreckt sich über 12 ha Sumpf und bietet Möglichkeiten zur Beobachtung. Von ❺ **Stes-Maries-de-la-Mer** kann man einen Spaziergang auf der Digue à la Mer unternehmen, bevor man nach Albaron zurückfährt (zunächst auf der weiter östlich verlaufenden D 85 a durch die Reisfelder am Etang d'Impérial). Alternative: Ein nur zu Fuß passierbarer Weg führt vom Mas de Cacharel dicht am Etang de Vaccarès entlang nach Méjanes.

Der größte Strandsee der Camargue

Hinter ❻ **Méjanes** – hier kann man mit dem Touristenbähnchen der Domaine Ricard eine Rundfahrt unternehmen – führt die Straße an dem von einem Schilfgürtel umgebenen Etang de Vaccarès entlang. Dieser Strandsee ist mit rund 6000 ha – je nach Wasserstand unterschiedlich – der bei weitem größte der Camargue, durchschnittlich ist er nur 50 cm tief. Bei ❼ **Villeneuve** zweigt rechts die D 36 b ab, eine landschaftlich sehr reizvolle Strecke entlang des Ostufers. Der See geht hier nach Süden hin in eine Vielzahl flacher, von Sandbänken durchsetzter Lagunen über. In ❽ **La Capellière** informiert das Umweltministerium über den Nationalpark der Camargue; angeschlossen sind Lehrpfade und Beobachtungsstationen.

Auf dem Deich nach Stes-Maries

Bei ❾ **Le Paradis** zweigt ein Sträßchen rechts zum ❿ **Phare La Gacholle** (Leuchtturm) ab. Ein südlicher Abstecher führt zum Etang de

Galabert, wo man mit etwas Glück Tausende Flamingos sehen kann. Vom Leuchtturm führt ein Weg (zu Fuß oder mit dem Rad) über die Digue à la Mer (Deich) nach ❺ **Le Stes-Maries-de-la-Mer**.

Von Le Paradis weiter zu den Salzgärten von ⓫ ★ **Salin-de-Giraud**. Durch stufenweises Verdunsten wird hier aus Meerwasser Salz gewonnen. Südlich des Orts sind mächtige weiße Salzhalden aufgeschüttet. Von einem Hügel hat man einen guten Blick auf die Berge von Salz und die großen Verdunstungsbecken, deren Wasser durch Algen in vielen Abstufungen von Braun, Rot und Violett gefärbt ist.

Salzgärten von Salin-de-Giraud

Zwischen dem eingedeichten Grand Rhône und den Salinen führt die Straße weiter nach Süden. Wo sie vom Grand Rhône abbiegt, steht der Gutshof ⓬ **Domaine de la Palissade**, eine Naturschutzstation des Conservatoire du Littoral, von der auch Ausritte ausgehen. Die Straße endet bei der ⓭ **Plage de Piémanson**, einem langen feinsandigen Strand ohne Infrastruktur, inzwischen aufgrund der Tausende Camper zu meiden. Zurück nach Arles auf der D 36, die kurz vor Arles in die D 570 mündet; man kann auch bei Salin-de-Giraud mit der Fähre über den Grand Rhône zur D 35 wechseln.

Plage de Piémanson

Reiseziele von A bis Z

ZAUBERHAFTE LANDSCHAFTEN
ZWISCHEN RHÔNE, ALPEN UND
MITTELMEER, MALERISCHE DÖRFER
UND WÜRDIGE STÄDTE, QUIRLIGE
STRÄNDE AN DER CÔTE D'AZUR –
ENTDECKEN SIE DEN REICHTUM DER
REGION IM SÜDOSTEN FRANKREICHS.

✳ Aigues-Mortes

Außerhalb

Région: Languedoc-Roussillon	**Département:** Gard
Höhe: Meereshöhe	**Einwohnerzahl:** 7600

Am von Lagunen durchsetzten Westrand der ► Camargue findet man ein eindrucksvolles Stück Mittelalter: das Festungsstädtchen Aigues-Mortes. Zwei Kanäle, der Chenal Maritime und der Canal du Rhône à Sète, verbinden es mit dem 6 km entfernten Meer.

Noch heute ist Aigues-Mortes von massiven, turmbewehrten Mauern umgeben.

Ihren Namen verdankt die »Stadt der toten Wasser« (lat. Aquae Mortuae) den Sümpfen und flachen Lagunen der Umgebung. König Ludwig IX. der Heilige kaufte um 1240 den Platz und begründete hier den einzigen Hafen des Königreichs am Mittelmeer. Dank ihrer Privilegien entwickelte sich die Stadt schnell; neben dem Fischfang und der Salzgewinnung florierte der Handel. Während des aufwendigen Baus der Stadtmauer von 1266 bis zum Ende des Jahrhunderts zählte Aigues-Mortes an die 15 000 Einwohner. Der Niedergang setzte bereits Mitte des 14. Jh.s ein, da die Fahrrinnen versandeten; doch blieb Aigues-Mortes noch bis gegen Ende des 15. Jh.s, als Marseille zur »königlichen Stadt« erhoben wurde, ein wichtiger Handelsplatz. Im Hundertjährigen Krieg eroberten im Jahre 1418 die mit England verbündeten Burgunder die Stadt und setzten sich hier fest. Daraufhin belagerten die Armagnaken Aigues-Mortes und machten die Burgunder nieder. Ihre Leichen wurden in den Südwestturm der Stadtmauer geworfen (»Burgunderturm«).

Sehenswertes in Aigues-Mortes

✳✳
Stadtanlage

In über 30 Jahren Bauzeit wurden die massigen Mauern errichtet, deren Viereck heute noch die Stadt vollständig umgibt. Der Mauerring besitzt 15 Türme und ist von zehn teils turmbewehrten Toren

▶ AIGUES-MORTES ERLEBEN

AUSKUNFT

Office de Tourisme
Place St-Louis, 30220 Aigues-Mortes
Tel. 04 66 53 73 00
www.ot-aiguesmortes.fr

FESTE

Um den 20. Aug.: Fête St-Louis
(Mittelalterfest). 10 Tage im Okt.: Fête
Locale (Spektakel mit Stieren und
Pferden: Abrivados, Courses de Tau-
reau, Vachettes, Bandidos).

ESSEN

▶ Erschwinglich
La Camargue
19 Rue de la République
Tel. 04 66 53 86 88
Ältestes Restaurant der Stadt in einem
denkmalgeschützten Haus aus dem
18. Jahrhundert. Im Patio kann man
den Köchen beim Grillen zusehen.

Auf der Karte finden sich Spezialitäten
der Region wie die Gardianne de
taureau (Ragout vom Stier).

ÜBERNACHTEN

▶ Komfortabel
Les Arcades
23 Blvd. Gambetta, Tel. 04 66 53 81
13, www.les-arcades.fr
Zauberhaftes provenzalisches Haus
aus dem 16. Jh. mit Stil. Alle Zimmer
haben Klimaanlage, Dachterrasse mit
Swimmingpool. Mit Restaurant.

▶ Günstig / Komfortabel
Hôtel Victoria
10 Place Anatole France
Tel. 04 66 80 09 75
www.levictoria-aigues-mortes.com
Mittelalterliches Haus, edel restauriert, bei der Tour Constance. Mit
fünf Gastzimmern und Restaurant.

durchbrochen. Die Besichtigung des Mauervierecks beginnt man am besten bei der Porte de la Gardette wenige Schritte östlich der Tour de Constance. Innerhalb der Mauer verläuft eine Straße, die es den Verteidigern gestattete, rasch an jede Stelle zu gelangen. Empfehlenswert ist es auch, dem Mauerring außen zu folgen. Besonders beeindruckend durch geradezu zyklopenhafte Ausmaße – fast einen halben Kilometer lang – und Proportionen ist die Südwestfront, an der früher die Kais lagen und die daher die meisten Tore aufweist. Die Mitte der Stadt bildet die schattige Place St-Louis mit dem Tourismusbüro und der schlichten gotischen Kirche Notre-Dame-des-Sablons (13. Jh., moderne Fenster von C. Viallat); einen Blick wert sind auch die Chapelle des Penitents Blancs (17. Jh.) und die Chapelle des Penitents Gris mit prachtvollem Schnitzaltar von 1687.

Der mächtigste Turm der Stadtmauer, die Tour de Constance (der Name geht angeblich auf eine Tochter König Ludwigs VI. zurück; auch als »Turm der Standhaftigkeit« gedeutet), steht vor dem Nordeck der Mauer, von dem er durch einen Wassergraben getrennt ist. Mit 54 m Höhe und 6 m dicken Mauern, bei 22 m Durchmesser, ist er ein Musterbeispiel einer mittelalterlichen Verteidigungsanlage. Seit

Tour de Constance

alter Zeit diente er als Staatsgefängnis: Anfang des 14. Jh.s für Mitglieder des Templerordens, die von König Philipp IV. unter dem Vorwand der Ketzerei und Unsittlichkeit gefangengesetzt worden waren, nach der Aufhebung des Edikts von Nantes 1685 für Hugenotten, später für Protestantinnen, die 1768 auf Veranlassung des Gouverneurs freigelassen wurden und zu denen die in Frankreich bekannte Marie Durand gehörte, die 38 Jahre in diesem Verlies verbrachte. Zum letzten Mal wurde er 1815 für die Offiziere Napoleons benützt, als die Royalisten die Macht in Aigues-Mortes übernahmen. Das von einer typisch provenzalischen eisernen »Barbarotte« bekrönte Türmchen diente über Jahrhunderte als Leuchtturm. Von hier bietet sich ein schöner Blick auf die Stadt und das Umland, zu den Cevennen im Norden, den Betonpyramiden von La Grande-Motte im Westen, über die Salinen und die Camargue im Osten.

Tour Carbonnière Die Tour Carbonnière aus dem 14. Jh. (ca. 3 km nordöstlich, D 58) bewachte den Zugang von der Landseite her. Die Straße führte durch den Turm, die Tore waren mit Fallgittern und durch innenliegende Wurfschächte gesichert. Das runde Türmchen, das die kantige Silhouette des bossierten Mauerwerks durchbricht, stammt vermutlich aus dem 16. Jh., als der Turm in protestantischer Hand war.

★ ★ Aix-en-Provence

H 8

Département: Bouches-du-Rhône   **Höhe:** 177 m
Einwohnerzahl: 143 400

Aix, knapp 30 km nördlich von Marseille gelegen, zählt zu den beliebtesten Städten in Frankreich. Viele Paläste, vor allem aus dem 17. und 18. Jh., zeugen von der glanzvollen Vergangenheit der einstigen Hauptstadt der Provence, die mit ihrer Universität und dem berühmten Festival auch heute ein kulturelles Zentrum darstellt.

Paul Cézanne (1839–1906), ein Sohn der Stadt, fühlte sich in dem freundlichen, heiteren Aix so wohl, dass er hier einen Großteil seines Lebens verbrachte. Rund 25 000 Studenten studieren heute an der renommiertesten Universität Südfrankreichs. Wer an Aix denkt, denkt vor allem an den Cours Mirabeau, den von Platanen gesäumten Hauptboulevard mit seinen Adelspalästen, den Cafés, kleinen Restaurants und hübschen Läden. Auch die vielen alten Brunnen, auf die man allenthalben trifft, tragen zum Charme der Stadt bei.

Aus der Geschichte Aix-en-Provence wurde kurz nach der Zerstörung der nördlich bei Entremont (► S. 129) gelegenen keltischen Siedlung (121 v. Chr.) von Caius Sextius als erste römische Siedlung in Gallien angelegt und »Aquae Sextiae Saluviorum« genannt. Schon 20 Jahre später besiegte

► AIX-EN-PROVENCE ERLEBEN

AUSKUNFT

Office de Tourisme
2 Place du Général de Gaulle
13100 Aix-en-Provence
Tel. 04 42 16 11 61, Fax 04 42 16 11 62
www.aixenprovencetourism.com
Der »Aix City Pass« umfasst Vergünstigungen für wichtige Museen.

FESTE UND EVENTS

Juli: Festival International d'Art Lyrique (Oper, Konzerte). Info u. Karten:
Tel. 04 34 08 02 17, Fax 04 42 63 13 74, www.festival-aix.com
Juni/Juli: Nuit d'Été (Konzerte).
Sept: Weihe der Calissons, Fête Mistralienne. Mitte Dez.: Bravade Calendale. Aktuelle Veranstaltungstermine im kostenlosen »Mois à Aix«.

MÄRKTE

Place de l'Hôtel de Ville: Blumenmarkt, tägl.; Place de Verdun/Prêcheurs und Cours Mirabeau: Grand Marché, Di., Do., Sa. vormittags.

ESSEN

► Erschwinglich

① *Le Basilic Gourmand*
6 Rue du Griffon, Tel. 04 42 96 08 58
Charmantes, gemütliches provenzalisches Lokal mit regionaler Küche ohne Firlefanz.

► Preiswert / Erschwinglich

② *Les Deux Garçons*
53 bis Cours Mirabeau
Tel. 04 42 26 00 51
Das berühmteste Café am Cours Mirabeau, 1792 gegründet, war Treffpunkt von Künstlern wie Paul Cézanne und Émile Zola. Der Empire-Saal steht unter Denkmalschutz.

Laurane et sa Maison: Liebevoll mit Erinnerungsstücken gestalteter Patio

► Erschwinglich

③ *Laurane et sa Maison*
16 Rue Victor Leydet
Tel./Fax 04 42 93 02 03
Mittags in einem hübschen, verspielten Innenhof oder abends drinnen genießt man eine unkomplizierte, aber sehr schmackhafte Küche.

ÜBERNACHTEN

► Luxus

① *Hotel Cézanne*
40 Avenue Victor Hugo
Tel. 04 42 91 11 11, Fax 04 42 91 11 10
http://cezanne.hotelaix.com
Ein »Boutique-Hotel« mit individuell gestalteten, aber nicht zu avantgardistischen luxuriösen Zimmern. Persönliche, freundliche Atmosphäre, ruhig und nahe der Altstadt gelegen. Ohne Restaurant.

② *Mas d'Entremont*
Célony, 315 Route d'Avignon (N 7)
Tel. 04 42 17 42 42
www.masdentremont.com
Stilvoller ehemaliger Bauernhof 3 km nordwestlich von Aix, mit Park und Pool. Rustikal-antikes Ambiente, die Bungalows sind moderner. Restaurant mit klassischer Küche.

Am Cours Mirabeau

► **Günstig / Komfortabel**

④ *Du Globe*
74 Cours Sextius, Tel. 04 42 26 03 58
www.hotelduglobe.com
Solides Quartier nahe dem Thermalbad, mit Panorama-Dachterrasse und
privatem Parkplatz.

► **Komfortabel**

③ *Des Augustins*
3 Rue de la Masse
Tel. 04 42 27 28 59, Fax 04 42 26 74 87
www.hotel-augustins.com
Schönes Hotel in einem ehemaligen
Kloster in einer ruhigen Seitenstraße,
luxuriöse Gastzimmer.

⑤ *Les Quatre Dauphins*
54 Rue Roux-Alphéran
Tel. 04 42 38 16 39, Fax 04 42 38 60 19
Kleine, aber sehr hübsch eingerichtete
Zimmer in einem charmanten Haus
des 18. Jh.s, an der Place des Quatre
Dauphins, daher nicht ganz ruhig.

der römische Befehlshaber Marius in der Nähe der Siedlung die auf
dem Marsch nach Italien befindlichen Teutonen. Die damals schon
bekannten Heilquellen – deshalb »Aquae«, heute »Aix« – und die
verkehrsgünstige Lage an der Via Aurelia trugen zur raschen Entwicklung der Stadt bei. Nach gravierenden Rückschlägen, bedingt
durch die Völkerwanderung und durch Einfälle der Sarazenen, wurde Aix die Hauptstadt der Grafschaft Provence und damit vor allem
in der Zeit des gebildeten und kunstliebenden »Guten Königs« René
von Anjou (1409 – 1480) zum Mittelpunkt provenzalischer Dichtung.
Im Jahr 1409 wurde die Universität gegründet. Während der Religionskriege wurde Aix schwer in Mitleidenschaft gezogen.

Sehenswertes in Aix-en-Provence

Cours Mirabeau

Der breite Cours Mirabeau, 1651 angelegt, grenzt die Altstadt gegen
die neueren Stadtteile im Süden ab. Auf dieser von Platanen beschat-
teten stimmungsvollen Promenade stehen drei schöne Brunnen, deren mittlerer, die Fontaine Chaude, mit Thermalwasser gespeist wird.
Auf der Place du Général-de-Gaulle, die den Straßenzug im Westen
abschließt, dominiert die große Fontaine de la Rotonde. Stadtpalais
aus dem 16. – 18. Jh., die sich teils an italienischen Palazzi, teils an
Pariser Vorbildern orientieren, prägen den Cours. Einige bemerkenswerte »Hôtels«: Hôtel des Villiers (Nr. 2; 1710), Hôtel d'Isouard de
Vauvenargues (Nr. 10; 1710), Hôtel d'Arbod Jouques (Nr. 19; frühes
18. Jh.), Hôtel de Forbin (Nr. 20; 1656), Hôtel de Maurel de Pontè-
ves (Nr. 38; 1647 – 1650; heute Rektorat der Universität). Am östlichen Ende des Cours Mirabeau finden sich die Fontaine du Roi
René, ein Werk von David d'Angers (19. Jh.), sowie die Chapelle des

Oblats, ein von einem Puget-Schüler entworfener und um 1700 erneuerter Teil des Karmeliterklosters. Nördlich des Cours Mirabeau erstreckt sich die **Altstadt**, die bis zum Hôtel de Ville (Rathaus) großenteils als Fußgängerzone gestaltet ist.

In der Rue Espariat steht das Musée d'Histoire Naturelle (Naturkundliches Museum, www.museum-aix-en-provence.org), das für die im Bassin von Aix gefundenen **Dinosaurier-Eier** berühmt ist. Das Museum ist im Hôtel Boyer d'Eguilles untergebracht, einem Stadtpalais von 1685. Geöffnet tägl. 10.00 – 12.00, 13.00 – 17.00 Uhr. In der Kirche Ste-Marie-Madeleine (1691 – 1703 erneuert, Fassade 1855) ist das Mittelstück eines Triptychons von 1444 (Mariä Verkündigung) aus der Malerschule von Avignon zu beachten.

Musée d'Histoire Naturelle

🕐

Ste-Marie-Madeleine

Die Place de l'Hôtel de Ville, der Mittelpunkt der Altstadt, schmückt ein Brunnen von 1755. An der Südseite steht die ehemalige **Halle aux Grains** (Kornspeicher) mit ihrem prächtigen Giebel, 1759 – 1761 erbaut und mit Skulpturen von J.-P. Chastel geschmückt. Heute beherbergt sie die Post. An der Westseite des Platzes das **Hôtel de Ville** (Rathaus), nach barockem italienischem Vorbild in den Jahren 1652 – 1668 um einen Hof angelegt und in der Französischen Revolution schwer beschädigt. Ebenfalls aus dem 17. Jh. stammen das schmiedeeiserne Balkongitter und das schöne Tor.

Place de l'Hôtel de Ville

»Blaue Stunde« an der etwas versteckt gelegenen, noblen Place d'Albertas

Rechts der Rathausfassade steht die **Tour de l'Horloge** (Uhrturm), ein 1510 auf römischen Fundamenten erbautes Stadttor. Die astronomische Uhr unterhalb der Balustrade wurde 1661 eingesetzt.

Nördlich der Place de l'Hôtel de Ville ist in dem aus dem 17. Jh. stammenden Hôtel Estienne de St-Jean (Nr. 17) das **Musée du Vieil Aix** (Stadtgeschichtliches Museum) untergebracht (Öffnungszeiten: Di. bis So., April – Okt. 10.00 bis 12.00, 14.30 – 18.00 Uhr, sonst 10.00 – 12.00, 14.00 – 17.00 Uhr).

An der Rue Gaston-de-Saporta sind außer dem Laden der »Calissons du Roy René« (Nr. 13, ▶Baedeker Tipp) das **Hôtel de Châteaurenard (Nr. 19, prachtvoll ausgemaltes Treppenhaus von 1654, zugänglich zu den Bürozeiten) und das Hôtel de Maynier d'Oppède** bemerkenswert (Nr. 23, Sprachinstitut; im Hof klassische Konzerte).

★
Kathédrale St-Sauveur

Die Erlöserkathedrale im Norden der Altstadt (Rue J. De-la-Roque) steht am Platz eines römischen Vorgängerbaus. Sie wurde in mehreren Phasen vom 12. bis zum 17. Jh. errichtet, sämtliche Baustile von der Frühromanik bis zur Renaissance sind vertreten. Außer zu den Gottesdiensten ist sie nur in Führungen sowie Sa. 9.00 – 12.00, So. 14.00 – 18.00 Uhr zugänglich. Das spätgotische Portal (15./16. Jh.) besitzt schöne geschnitzte Nussbaumtüren (1508 – 1510). Sie sind normalerweise hinter schützenden Läden verborgen. Der untere Teil der Türflügel zeigt bereits Elemente der beginnenden Renaissance.

Inneres ▶

Der überwiegend gotische Innenraum birgt eine reiche Ausstattung: Hierzu zählen ein frühchristliches Baptisterium aus dem 6. Jh. (1577 erneuert; Taufbecken aus dem 4. Jh.) und das grandiose **Triptychon »Maria im brennenden Dornbusch«** von Nicolas Froment (1435 – 1484); auf dem linken Flügel ist der »Gute König« René abgebildet. Die Chapelle de St-Mitre (Kapelle des hl. Mitrus) hinter dem Hochaltar ist dem Stadtpatron geweiht, dessen Grabmal sich in der ersten Kapelle rechts befindet.

An der Südseite schließt sich an die Kirche ein kleiner romanischer Kreuzgang an, dessen schlanke Doppelsäulen mit unterschiedlich gestalteten Kapitellen geschmückt sind.

★
Musée des Tapisseries

Das Musée des Tapisseries (Gobelin-Museum) ist im Ancien Evêché (Bischofspalais, 1648) untergebracht, der westlich an die Kathedrale anschließt (Place des Martyrs de la Résistance). Es zeigt Bildteppiche aus der Manufaktur von Beauvais (Picardie), die im 17. und 18. Jh. entstanden und u. a. Szenen aus dem Roman »Don Quixote de la Mancha« von Miguel de Cervantes darstellen. Im Innenhof des Mu-

seums finden im Sommer Konzerte statt. Geöffnet 15. April–15. Okt. ⊕
10.00 – 18.00, sonst 13.30 – 17.00 Uhr, Di. und Jan. geschlossen.

Ein wenig Erholung in wunderschönem Rahmen gefällig? Das neu ✶
gestaltete Thermalbad erstand im 18. Jh. auf den Unterbauten der **Thermes Sextius**
römischen Thermen des Sextius (2. Jh. n. Chr.). 55 Cours Sextius,
tägl. geöffnet, Tel. 04 42 23 81 82, www.thermes-sextius.com.

Außerhalb der damaligen Stadtmauern (Rue Célony) wurde 1664 bis **Pavillon de**
1667 für den Duc de Vendôme dieser Pavillon in einem kleinen Park **Vendôme**
erbaut. Bemerkenswert ist der Skulpturenschmuck. Innen sind Möbel und Gemälde aus dem 17./18. Jh. zu sehen. Öffnungszeiten: Mi. ⊕
bis Mo. 15. April – 15. Okt. 10.00 – 18.00, sonst 13.30 – 17.00 Uhr.

Das Atelier des berühmten Meisters des Impressionismus Paul Cé- **Atelier**
zanne, der in Aix geboren wurde und auch hier starb, ist nördlich **Paul Cézanne**
außerhalb der Altstadt zu finden (Av. Paul Cézanne, zu erreichen
über Av. Pasteur; www.atelier-cezanne.com). Man könnte meinen,
Cézanne sei nur einen Moment ab-
wesend, der zugewachsene Garten
hat mystisch-malerische Qualitä-
ten. Geöffnet Juli, Aug. tägl. 10.00
bis 18.00, April –Juni, Sept. 10.00
bis 12.00, 14.00 – 18.00, sonst bis
17.00 Uhr, Dez. – Febr. So. geschl.;
Bus 1 vom Platz La Rotonde.

Auf Initiative von Michel Mazarin,
Erzbischof von Aix und Bruder des
berühmten Kardinals und Politi-
kers, wurde 1646 – 1653 das nach
ihm benannte **Quartier Mazarin**
mit dem Cours Mirabeau angelegt,
wobei für den Cours ein Teil der
Stadtmauer abgebrochen wurde.
Das Quartier ist mit seiner recht-
winkligen Anlage charakteristisch

für die Stadtplanung des 17. Jahrhunderts. Begrenzt wird es vom

Muskelspiele: Atlant am Pavillon de Vendôme

Boulevard du Roi René (südlich) und dem teilweise der alten Stadtmauer folgenden Boulevard Carnot. Den Mittelpunkt bildet die Place
des Quatre Dauphins mit dem gleichnamigen, von vier Delphin-
skulpturen geschmückten Brunnen (1667).

Das Musée Granet (Musée des Beaux-Arts et d'Archéologie) an der ✶
Place St-Jean-de-Malte gehört zu den bedeutendsten Museen der **Musée Granet**
Provence. Untergebracht ist es in dem 1671 errichteten Komturei-
gebäude des Malteserordens (Palais de Malte). Die Bestände stam-

Aix-en-Provence Orientierung

Übernachten
① Hotel Cézanne
② Mas d'Entremont
③ Des Augustins
④ Du Globe
⑤ Les Quatre Dauphins

Essen
① Le Basilic Gourmand
② Les Deux Garçons
③ Laurane et sa Maison

men zu einem großen Teil aus dem Besitz des Sammlers und Malers François-Marius Granet (1775–1849). Sie umfassen kelto-ligurische Skulpturen aus dem Oppidum von Entremont (▶S. 129), griechische Reliefs, römische Fragmente, einen frühchristlichen Sarkophag, mittelalterliche Plastiken sowie Gemälde: französische Meister vom 16. bis 20. Jh. (auch zehn Werke von Cézanne) und Werke von flämischen, italienischen und holländischen Künstlern. Öffnungszeiten: Di.–So. Juni–Sept. 11.00–19.00, Okt.–Mai 12.00–18.00 Uhr. Östlich des Palais stößt die Kirche **St-Jean-de-Malte** an, einst Teil der Malteserkomturei. Dieser erste gotische Bau der Stadt entstand im späten 13. Jahrhundert.

Bibliothèque Méjanes
Die wertvolle Sammlung der Bibliothèque Méjanes (350 000 Bände aus dem 18. Jh., Handschriften, Inkunabeln) ist Teil der Cité du Livre in einer ehemaligen Streichholzfabrik im Südwesten der Stadt

(8 – 10 Rue des Allumettes, www. citedulivre-aix.com). Den Grundstock zu der Sammlung legte der Marquis de Méjanes (1729 – 1786), ein aus Arles gebürtiger Gelehrter, der 80 000 Bände der Stadt vermachte. Außerdem befinden sich hier die **Fondation Saint-John Perse**, die dem Literatur-Nobelpreisträger von 1960 gewidmet ist, und der Nachlass von **Albert Camus**.

Im westlichen Vorort Jas de Bouffan (Av. Marcel Pagnol, Bus 4 und 6) fällt ein eigenwilliges, schwarzweißes Gebäude auf, die Fondation Vasarely. In dem 87 m langen, von Victor Vasarély – Hauptvertreter der konstruktivistischen Malerei und des Op Art – entworfenen Gebäude sind 42 Monumentalwerke (»integrations murales«) und 800 Studien des ungarisch-französischen Malers (1908 – 1997) zu sehen. Öffnungszeiten: Di. bis So. 10.00 – 13.00, 14.00 – 18.00 Uhr (www.fondationvasarely.com).

★
Fondation Vasarely

Die Ausgrabungsstätte des kelto-ligurischen Siedlungsplatzes Oppidum d'Entremont liegt etwa 3 km nördlich von Aix (Zufahrt auf der D 14). Von der strategisch hervorragend gelegenen Siedlung mit Ober- und Unterstadt sind rund 4 ha freigelegt, wobei Pfeilerbruchstücke die Anlage von Bauwerken und Siedlungsteilen kennzeichnen. Ein Mosaikfußboden und Reste, die auf Beinhäuser schließen lassen, zeugen von einem auf der Höhe liegenden Heiligtum, das 123 v. Chr. zerstört wurde. Öffnungszeiten: Mi. – Mo. April – Okt. 9.00 – 12.00, 14.00 – 18.00, Jan. bis März, Nov./Dez. bis 17.00 Uhr.

Oppidum d'Entremont

Umgebung von Aix-en-Provence

Etwa 12 km östlich von Aix liegt Vauvenargues. Sein Renaissanceschloss (Foto S. 130), in dem Luc de Clapiers, Marquis de Vauvenargues, seine berühmten Maximen niederschrieb (18. Jh.), wurde 1958 von Pablo Picasso erworben. Hier fanden der berühmte Maler und seine zweite Frau, Jacqueline Roque, die letzte Ruhestätte. Es ist noch im Besitz der Familie. Führungen 30. Juni – 2. Okt., Anmeldung unter Tel. 04 42 38 11 91 oder www.chateau-vauvenargues.com sowie in FNAC-Filialen (www.fnacspectacles.com).

Vauvenargues

Südlich von Vauvenargues erhebt sich der Bergrücken der **Montange Ste-Victoire**, berühmtes Motiv von Paul Cézanne. Von dem westlich gelegenen Weiler Les Cabassols führt ein Weg (Teil des Wanderwegs GR 9) zur Croix de la Provence (945 m). Der Aufstieg (etwa 2.00 Std., 5 km) führt zum großen Teil über Schotter und felsiges Gelän-

★★
Croix de la Provence

de; bergtaugliche Schuhe und einige Kondition sind nötig. Doch der grandiose Rundblick (bei klarer Luft) von der Camargue im Westen über das Massif des Maures bis zu den Alpen im Osten ist die Mühe wert. Beeindruckend auch die Blütenpracht zwischen den Steinen.

✱ Ventabren

Ventabren, ein von einer Burgruine überragtes »Village perché«, liegt 15 km westlich von Aix hoch über dem Tal des Arc. Wenige andere Orte machen die Bedeutung der Bezeichnung »perché« so deutlich: »wie ein Vogel auf erhöhtem Punkt balancierend«. Von der Burgruine hat man eine prachtvolle Aussicht, die ein 180°-Panorama von der idyllischen Tallandschaft im Norden über den Etang de Berre bis Martigues an dessen Südufer umfasst.

✱ Aqueduc de Roquefavour

Durch ein reizvolles Seitental des Arc erreicht man den 4 km südlich von Ventabren gelegenen Aqueduc de Roquefavour, dem imposanten Talübergang des Canal de Marseille. Der Aquädukt von 83 m Höhe und 375 m Länge wurde 1842–1847 nach dem Vorbild des Pont du Gard erbaut, erreicht aber, obwohl deutlich größer, durch seine gleichmäßige Überperfektion nicht dessen mächtige Wirkung. Das oberste Stockwerk des Aquädukts ist über die D 64 zu erreichen; kurz bevor man (von Ventabren kommend) die D 65 erreicht, links Richtung Petit Rigoués, dann rechts zum Wärterhaus.

Les Milles

In der Ziegelei dieses kleinen Orts südwestlich von Aix (D 9, 8 km) waren ab Herbst 1939 bis Mitte 1940 bis zu 3000 Deutsche interniert, darunter Geistesgrößen wie Lion Feuchtwanger, Max Ernst und Alfred Kantorowicz. Dem Lagerkommandanten war es zu verdanken, dass ein großer Teil flüchten konnte. Die anderen kamen in deutsche Konzentrationslager, genauso wie die von der Vichy-Regierung ausgelieferten 2000 Juden, für die Les Milles zum Durchgangslager wurde. Im Speisesaal der Wachmannschaften ist ein Bilderzyklus erhalten, den deutsche Künstler anfertigten. Bis zur für 2011 geplanten Eröffnung der Ziegelei dient ein Viehwaggon am Bahnhof als Gedenkstätte. Öffnungszeiten: Mo.–Fr. 9.00 bis 12.00, 12.45–17.00 Uhr, www.campdesmilles.org.

Abgeschiedene Wirkungsstätte Picassos: Schloss Vauvenargues

Antibes · Juan-les-Pins

H 18

Département: Alpes-Maritimes   **Höhe:** 0 – 163 m
Einwohnerzahl: 75 800

Mit seinen Bade- und Villenvororten Juan-les-Pins und Cap d'Antibes ist Antibes – am westlichen Ende der weitgeschwungenen Baie des Anges gelegen – einer der »Hotspots« an der Côte d'Azur. Bekannt und beliebt ist es seit Anfang des 20. Jahrhunderts für die Sandstrände und das intensive Nachtleben.

Das antike Antipolis – der Name bedeutet »die Stadt gegenüber von Nikaia Polis (d. h. Nizza)« – wurde von Massalia (Marseille) aus im 5. Jh. v. Chr. gegründet. 1388 kam das benachbarte Nizza an Savoyen, weshalb Antibes zur Grenzfeste ausgebaut wurde. 1550 – 1578 entstand das Fort Carré nördlich des Hafens, das wie die Stadtbefestigung im 17. Jh. durch den Festungsbaumeister Ludwigs XIV. Vauban erweitert wurde. Ein bedeutender Wirtschaftszweig ist die Blumenzucht mit etwa 3 km² Treibhäusern. Im Hinterland liegt der 1972 gegründete Technologiepark Sophia Antipolis mit modernen Forschungs- und Fertigungseinrichtungen.

Antibes gestern und heute

Sehenswertes in Antibes

Zentrum der lebhaften Altstadt südlich des Vieux Port ist dieser hübsche, typisch provenzalische Platz. Hier zeigt das **Musée Peynet** Zeichnungen des »Malers der Verliebten« (Mo. geschl.). Weiter östlich der Cours Massena mit der Markthalle (19. Jh.) und am Meer das **Schloss der Grimaldi** (13./16. Jh.), in dem Picasso 1946 für einige Monate arbeitete. Das Musée Picasso zeigt hier entstandene Arbeiten, außerdem Werke bedeutender Zeitgenossen wie Ernst, Miró, Calder, Léger, Modigliani, Saura und Alechinsky (geöffnet Di. – So. Mitte Juni – Mitte Sept. 10.00 – 18.00, sonst 10.00 – 12.00, 14.00 – 18.00 Uhr). Schöne Terrasse zum Meer hin.

Place Nationale

★
◄ Musée Picasso

Die Kirche Immaculée Conception nördlich des Schlosses. im Mittelalter Bischofskirche, besitzt ein Eichenholzportal von 1710, ein Polyptychon von Ludovico Brea (1515) sowie eine Christusfigur von 1447. Das Langhaus entstand im 17. Jh. neu, so dass vom romanischen Bau des 12. Jh.s nicht mehr viel zu sehen ist. In der Tour Gilli südlich der Markthalle ist ein Volkskundemuseum untergebracht.

Cathédrale

◄ Tour Gilli

Die Küstenpromenade verläuft weiter nach Süden zur Bastion St-André, einem Teil der Vauban'schen Befestigung. Hier illustriert das Archäologische Museum v. a. die griechische und gallorömische Geschichte der Stadt. Geöffnet Di. – So. Mitte Juni – Mitte Sept. 10.00 – 12.00, 14.00 – 18.00, sonst 10.00 – 13.00, 14.00 – 17.00 Uhr.

Musée d'Archéologie

🕐

▶ ANTIBES ERLEBEN

AUSKUNFT

Office de Tourisme
11 Place de Gaulle, 06600 Antibes
Tel. 04 97 23 11 11, Fax 04 97 23 11 12
www.antibesjuanlespins.com

EVENTS

Juli: Jazzfestival »Jazz á Juan«. Karten bei den Offices du Tourisme Antibes und Juan-les-Pins.

MÄRKTE

Cours Masséna: tägl. 6.00 – 13.00 Uhr provenzalischer Markt. Place Audiberti: Do. und Sa. Trödelmarkt.

ESSEN

▶ Fein & teuer

Juana
Juan-les-Pins, 25 Av. Georges Gallice
Tel. 04 93 61 08 70
www.hotel-juana.com
Sehr schickes Hotel von 1931. Stilvoll provenzalisch speist man im Restaurant »La Terrasse Club« mit Blick auf die Bucht von Cannes.

▶ Erschwinglich / Fein & teuer

Les Vieux Murs
Antibes, Avenue Amiral de Grasse
Tel. 04 93 34 06 73
Provenzalisch-marine Küche voller Erfindungsgeist und Intuition, authentisch und klar. Probieren Sie die hausgemachte Entenleberpastete oder den Hummersalat.

▶ Preiswert

La Bamba
Juan-les-Pins, 18 Av. Dr Dautheville
Tel. 04 93 61 32 64
Ungezwungen, laut und voll, viel und preiswert: Wagenradgroße Pizzas, Fleisch oder Fisch vom Holzkohlengrill balancieren die Ober mit Grandeur durch die engen Gänge.

ÜBERNACHTEN

▶ Luxus

Hôtel du Cap – Eden Roc
Antibes, Blvd. Kennedy
Tel. 04 93 61 39 01
www.hotel-du-cap-eden-roc.com
Luxus satt: Palasthotel in großem altem Park über dem Meer, Edelherberge für Staatspräsidenten und Filmstars. Die Pools dürfen (gegen Eintritt) auch Nicht-Gäste nutzen.

▶ Komfortabel / Luxus

Le Mas Djoliba
Juan-les-Pins, 29 Av. de Provence
Tel. 04 93 34 02 48, Fax 04 93 34 05 81
www.hotel-djoliba.com
Ruhig gelegene kleine Villa aus den 1920er-Jahren mit Garten und Pool, sehr gediegenes Ambiente.

▶ Komfortabel

Le Miramar
Cap d'Antibes, 67 Chemin de la Plage
Tel. 04 93 61 52 58, Fax 04 93 61 60 01
www.lecapdantibes.com/miramar
Hübsches Domizil im provenzalischen Stil, erhöht auf der Halbinsel gelegen, mit klimatisierten Zimmern zum Meer oder zum Garten. Zum Strand sind es nur wenige Schritte.

Lecker, lecker: Markthalle in Antibes

Geruhsames Strandleben in Antibes, mit Blick auf die Altstadt

Umgebung von Antibes

Mit Villen und Gärten überzogen ist die rund 4 km lange Landzunge **Garoupe**
bis zum Cap d'Antibes. Über den Pilgerweg (Chemin du Calvaire)
gelangt man zum **Plateau de la Garoupe** (78 m), vom Leuchtturm
bietet sich eine grandiose Aussicht. In der Kapelle Notre-Dame-de-
la-Garoupe erinnern liebevoll gemalte Votivtafeln die Nöte der Fischer; zu beachten ist auch eine Ikone aus Sewastopol (14. Jh.).
Der **Jardin Thuret** liegt unweit westlich vom Plateau am Boulevard
du Cap. Benannt ist er nach dem Botaniker Gustave Thuret, der
1856 hier erstmals den Eukalyptusbaum anpflanzte. In einem riesigen Park an der Südspitze des Kaps residiert das Luxushotel Du Cap
Eden Roc, das seit 1870 die Hautevolee aus Kunst, Literatur, Film
etc. anzieht. Über der Südwestspitze des Kaps thront die Batterie du
Grillon; das einstige Festungswerk beherbergt das **Musée Naval et
Napoléonien** (Marine- und Napoleon-Museum, Öffnungszeiten: ⏰
Di.–Sa. 15. Juni–15. Sept. 10.00–18.00, sonst bis 16.30 Uhr).

Der einst mondäne Villenort Juan-les-Pins ist ein frequentiertes, fa-   **Juan-les-Pins**
miliäres Seebad mit einem 2 km langen, allerdings wenig begeistern-
den Sandstrand (private Badeanstalten). Die berühmtesten Hotels
sind das Belles Rives und das Juana aus den 1920er-/1930er-Jahren,
im Schloss über dem Hafen hielt Rodolfo Valentino Hof. Das noto-
risch intensive Nachtleben kulminiert im **Jazzfestival** in der Pinède
Gould. Hübsch ist der Gang entlang der Küste nach Golfe-Juan.

Biot (gesprochen »biót«, 9000 Einw.), ca. 10 km nördlich von Anti-   **Biot**
bes an steilem Hang gelegen, ist ein »Nest« von Kunsthandwerkern.
In der Kirche Ste-Madeleine (12./15. Jh.) schöne Altarbilder aus der

Schule von Nizza und eine großartige Rosenkranzmadonna von Ludovico Brea, dem Hauptvertreter der Schule von Nizza. 20 Minuten zu Fuß südöstlich liegt das Musée Fernand-Léger (von der D 4 beschildert), das ca. 350 Werke zeigt. Seine Front ziert ein Mosaik (1948) des Künstlers, das für das Niedersachsenstadion in Hannover gedacht, der Stadt dann aber zu teuer war. Öffnungszeiten: Mi. – Mo. Juni – Okt. 10.00 – 18.00, sonst bis 17.00 Uhr.

✳
◄ Léger-Museum ►

Sophia Antipolis

Im Hinterland von Antibes (D 35/103, 8 km) entstand ab 1972 der Industrie- und Technologiepark Sophia Antipolis, der auch als »europäisches Silicon Valley« bezeichnet wird. Die rund 1300 Firmen beschäftigen 30 000 Mitarbeiter, die meisten im Bereich der Spitzentechnik wie Elektronik und Telekommunikation, Energie, Umwelt, Chemie und Biotechnologie. Einen Plan der Anlagen erhält man beim Office de Tourisme in Valbonne. Informationen findet man unter www.sophia-antipolis.org und www.sophia-antipolis.net.

Vallauris ►Cannes

✳ ✳ Arles

G 3

Département: Bouches-du-Rhône	**Höhe:** 9 m
Einwohnerzahl: 52 000	

Das schöne alte Arles ist das Tor zur ►Camargue. Von seiner großen Vergangenheit zeugen beeindruckende römische und mittelalterliche Baudenkmäler, die zum UNESCO-Welterbe zählen. Vincent van Gogh schuf hier viele seiner bekanntesten Bilder.

Arles gestern und heute

Bevor die Rhône ins Mittelmeer fließt, teilt sie sich in Grand Rhône (östlich) und Petit Rhône (westlich), die die ►Camargue umschließen. Unweit südlich dieses Punkts liegt Arles, mit 770 km² die flächenmäßig **größte Gemeinde Frankreichs** (Paris: 105 km²). Das kelto-ligurische Arlath – der Name bedeutet »Stadt im Sumpf« – war ab 16 v. Chr. römische Kolonie und löste Massilia (Marseille) als wichtigsten Hafen der Region ab. Es hatte schon früh eine christliche Gemeinde und war 314 die Stätte des ersten Konzils im Westen des Römischen Reichs. 395 wurde die Stadt Sitz der römischen Zivilverwaltung von Gallien, Spanien und Britannien. Ab dem 10. Jh. gehörte sie zum Königreich Burgund (Arelate) und ab 1032 zum Heiligen Römischen Reich, 1481 fiel sie mit der Provence an Frankreich.
Vincent van Gogh lebte 1888/1889 in Arles; in dieser Zeit porträtierte er Stadt und Umgebung in über 300 Werken, doch nur weniges erinnert noch an ihn. Der »Pont de Langlois« existiert nicht mehr, sein »Gelbes Haus« an der Place Lamartine wurde im Zweiten Weltkrieg zerstört; auch ist in Arles kein Bild von ihm vorhanden.

● ARLES ERLEBEN

AUSKUNFT

Office de Tourisme
Boulevard des Lices, 13200 Arles
Tel. 04 90 18 41 20, Fax 04 90 18 41 29
www.tourisme.ville-arles.fr
www.arles-tourisme.com

VERGÜNSTIGUNGEN

Die Pässe Monuments Arelate, Liberté
(1 Monat gültig) und Avantage umfassen den Eintritt in eine Reihe bzw.
alle Museen und Sehenswürdigkeiten.

FESTE UND EVENTS

Sa.: Provenzalischer Markt, einer der
größten und schönsten der Region.
Ostern: Féria de Pâques. 1. Mai: Fêtes
des Gardians: Fest der Hirten der
Camargue, mit Stierkämpfen und
Wahl der »Königin von Arles«. Ende
Mai – Anf. Juli: Fêtes d'Arles (Trach-
ten, Traditionen). Juli / Aug., Mi./Fr:
Stierkämpfe. Juli: Les Suds (Musik
der Welt). Ab Mitte Juli: Rencontres
Photographiques, mit Ausstellungen
bis Mitte September. Um 10. Sept.:
Féria de Riz.
Info und Karten Arènes: Tel. 08 91 70
03 70, www.arenes-arles.com

ESSEN

► Erschwinglich

① *La Gueule du Loup*
39 Rue des Arènes, Tel. 04 90 96 96 69
Kleines Restaurant mit gemütlicher
Atmosphäre. Traditionelle Küche,
u. a. Stierfilet, exzellente Desserts.
Gutes Preis-Leistungs-Verhältnis.

► Preiswert

② *Le Pistou*
30 bis Rond-point des Arènes
Tel. 04 90 18 20 92, www.lepistou.com
Solide Küche zu vernünftigen Preisen.
Man sitzt unter einem uralten Ton-
nengewölbe oder auf der Terrasse.

ÜBERNACHTEN

► Luxus

① *Nord Pinus*
14 Place Forum
Tel. 04 90 93 44 44, Fax 04 90 93 34 00,
www.nord-pinus.com
Traditionsreiches, edles und intimes
Hotel am berühmtesten Platz
der Stadt, zeitweise Heimat großer
Künstler wie Picasso und Cocteau.
Mit Brasserie und Restaurant.

► Komfortabel

② *D'Arlatan*
26 Rue du Sauvage
Tel. 04 90 93 56 66
www.hotel-arlatan.fr
Herrliches altes Stadtpalais mit Innenhof, ruhig und zentral gelegen.
Zimmer mit Renaissancekamin und
provenzalischen Möbeln, sehr angenehme Atmosphäre.

③ *Calendal*
5 Rue Porte de Laure
Tel. 04 90 96 11 89, Fax 04 90 96 05 84
www.lecalendal.com
Charmantes Hotel gegenüber dem
Amphitheater in provenzalischem Stil,
mit Restaurant, Spa und zauberhaf-
tem Garten im Innenhof.

*An lauen Sommerabenden geht es auf der
hübschen Place du Forum hoch her.*

RÖMISCHES AMPHITHEATER

✳ ✳ **Die römische Arena wurde auf dem höchsten Punkt der Stadt errichtet. Die Wahl eines so exponierten Standpunkts war wahrscheinlich ein politisches Statement: Mit dem monumentalen Bau von 136 m Länge und 107 m Breite hoch über der Stadt wurde der Gedanke der Weltherrschaft des Imperiums für die Ewigkeit in Stein gehauen. Im Mittelalter allerdings entstand in der Arena eine eigene kleine Stadt.**

⏱ Öffnungszeiten:
Mai – Sept. 9.00 – 19.00, März, April, Okt.
bis 18.00, Nov. – Febr. 10.00 – 17.00 Uhr

① Mittelalterliche Stadt

Nach dem Zusammenbruch des römischen Imperiums wurde das Theater zu einer Festung umgebaut. Im Mittelalter entstand in seinem Inneren eine kleine Stadt. Im 19. Jh. versetzte man das Amphitheater weitgehend wieder in seinen Ursprungszustand. Eine Zeichnung des Architekten Peyret aus dem 17. Jahrhundert vermittelt eine Vorstellung davon, wie es damals aussah.

② Wachtürme

Die mittelalterliche Stadt war durch Wachtürme gesichert. Als man den ursprünglichen Zustand des Amphitheaters wiederherstellte, blieben die Türme von der Rekonstruktion verschont.

So kann man sich heute noch eine Vorstellung davon machen, wie die Arena im Mittelalter ausgesehen haben mag.

③ Arkaden

Das Amphitheater von Arles entspricht in seinen Ausmaßen weitgehend dem von Nîmes. Eine zweigeschossige (ursprünglich dreigeschossige) Arkadenstellung mit 60 Achsen umschließt das Gebäudeoval. Die Attika, die in der Arena von Nîmes erhalten ist, kann man in Arles nicht mehr sehen. Während die untere Zone einfache Pfeilervorlagen mit Kämpfergesimsen aufweist, wurden für die folgende Etage feinere korinthische Halbsäulen verwendet. Hinter den Arkaden umzieht ein Korridor das Oval. Die Arena enthielt 34 in vier Ränge unterteilte Stufen mit 20 070 Sitz- und 800 Stehplätzen. Durch eine hohe Ringmauer wurden die Zuschauer vom Geschehen in der Arena ferngehalten.

Ob spanische »Corrida« oder unblutige »Course camarguaise«, die Stierkämpfe locken Besucher zu Tausenden in die Arena von Arles. Damit steht sie nach dem mittelalterlichen Intermezzo der Bebauung wieder in der Tradition der Gladiatorenwettkämpfe der Antike.

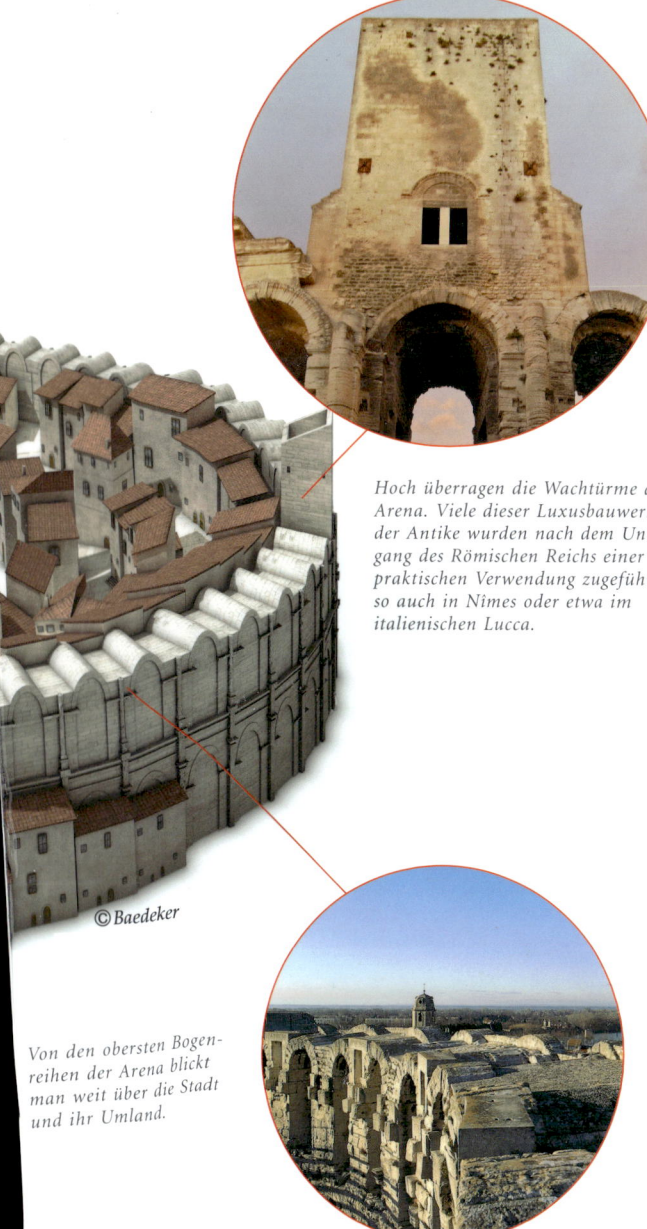

Hoch überragen die Wachtürme die
Arena. Viele dieser Luxusbauwerke
der Antike wurden nach dem Untergang des Römischen Reichs einer
praktischen Verwendung zugeführt,
so auch in Nîmes oder etwa im
italienischen Lucca.

© Baedeker

Von den obersten Bogen-
reihen der Arena blickt
man weit über die Stadt
und ihr Umland.

Sehenswertes in Arles

Arènes

Das römische Amphitheater, vermutlich von Ende des 1. Jh.s, ist das größte antike Bauwerk der Stadt. Das große Oval bot 21 000 Zuschauern Platz; mit 136 m Länge und 107 m Breite war die Arena eine der größten in Gallien. Die Außenfront zeigt heute eine zweigeschossige Arkadenreihe mit 60 Bogenstellungen. Der Zuschauerraum besaß 34 übereinander angeordnete Reihen von Sitzstufen; die Arena selbst war in den Fels gehauen. In römischen Zeiten war darüber ein hölzerner Boden angebracht. Die Löcher, in denen die tragende Konstruktion eingelassen war, sind in der die Arena umgebenden Mauer noch zu sehen. Im Mittelalter wurde die Arena von den Stadtbürgern durch Anfügen von Türmen und Vermauern der Arkaden (die ursprünglich vorhandene dritte Arkadenreihe existiert nicht mehr) in eine befestigte Siedlung umgewandelt. Bei den umfassenden Restaurierungsarbeiten blieben drei der Türme erhalten; der Turm über dem Eingang kann bestiegen werden und gewährt einen reizvollen Blick über die Dächer der Altstadt und auf das antike Theater.

> **! Baedeker TIPP**
>
> ### Stierkampf provenzalisch
>
> Von Ostern bis September finden in der Arena Stierkämpfe statt – nicht jedermanns Sache. Im Gegensatz zum spanischen Stierkampf wird beim provenzalischen, der »Course camarguaise«, der Stier nicht getötet, sondern bis zum nächsten Kampf wieder in die Freiheit entlassen. Für den Torero ist der Kampf aber nicht weniger riskant, und unblutig geht auch der provenzalische Stierkampf nicht vonstatten. In Nîmes und Arles werden beide Arten des Stierkampfs gezeigt.

Im Palais de Luppé bei der Arena (26 Rond-Point des Arènes) ist die **Fondation Vincent van Gogh** untergebracht. Viele renommierte Künstler wie Francis Bacon oder Roy Lichtenstein widmeten Vincent van Gogh Werke, die hier ausgestellt bzw. archiviert sind. So soll der Traum van Goghs von einem »Haus der Künstler« verwirklicht werden. Öffnungszeiten: April – Juni 10.00 – 18.00, Juli – Sept. 10.00 – 19.00, sonst Di. – So. 11.00 – 17.00 Uhr (www.fondationvangogharles-blog.com).

Théâtre Antique

Das römische Theater, das zur Zeit des Kaisers Augustus erbaut wurde und mit 8000 Sitzplätzen auf 33 Stufenreihen so groß war wie das in ▶Orange, wurde schon im frühen Mittelalter als Steinbruch benutzt (u. a. für den Bau der Stadtmauer); heute finden hier kulturelle Veranstaltungen statt. Von der Szenenmauer blieben nur einige Säulenstümpfe und zwei mehr oder weniger vollständige Säulen erhalten. Von den Grabungsfunden sind die meisten im Musée Arles Antique (S. 143) zu sehen, der bedeutendste aber, die »Venus von Arles« (tatsächlich eine Diana), im Pariser Louvre. Öffnungszeiten: Nov. – Feb. 10.00 – 12.00, 14.00 – 17.00, März, April, Okt. 9.00 – 12.00, 14.00 – 18.00, Mai – Sept. 9.00 – 19.00 Uhr.

Heute finden im Amphitheater während der Sommermonate hauptsächlich provenzalische Stierkämpfe statt, die »Courses camarguaises«. Begleitet werden sie von Musikveranstaltungen und Umzügen der »Gardians«, der Hirten der Camargue.

Rustikaquader im unteren, korinthische Halbsäulen im oberen Geschoss. Mittlerweile erstrahlt die Arena wieder mit ihrem hellen Sandstein.

Weiter westlich liegt die Place de la République mit einem 15 m hohen, aus Ägypten stammenden Obelisken. Er wurde im Amphitheater gefunden und 1676 hier aufgestellt. An der Nordseite steht das 1673–1675 erbaute Hôtel de Ville (Rathaus), der Glockenturm von 1553 stammt noch vom Vorgängerbau.

Place de la République

Die Kirche Saint-Trophime an der Place de la République wurde angeblich schon 606 gegründet. Der Titularheilige der einstigen Kathedrale war ein griechischer Apostel, der die Provence christianisierte. Das Innere der romanischen Basilika (1152–1180) zeigt bereits gotische Formen. Friedrich I. Barbarossa, der seit 1156 mit Beatrix von Burgund verheiratet war, ließ sich hier 1178 zum König von Arelate krönen, das die Provence und Teile Burgunds umfasste.

★ St-Trophime

Die Hauptschaustück ist jedoch das prächtige **Portal**, die bedeutendste romanische Fassade der Provence. Der Einfluss der Antike zeigt sich unverkennbar in dem Motiv des Ehrenbogens, der die Fassade beherrrscht. Es wurde im 12. Jh. dem bereits bestehenden karolingischen Bau vorgesetzt und zeigt eine gewisse Verwandtschaft mit dem Portal der Kirche von ►St-Gilles. Im Tympanon ist Christus als Weltenrichter in der Mandorla dargestellt, umgeben von den vier Evangelistensymbolen. Der Fries mit den zwölf Aposteln setzt sich links

Das prächtige Portal von St-Trophime in den Formen eines römischen Ehrenbogens

und rechts in der Schilderung des Jüngsten Gerichts fort (links die Auserwählten, rechts die Verdammten). An den Kapitellen darunter sieht man links die Verkündigung Mariä und rechts die Geburt Jesu. An den Seiten zwischen den Säulen und im Gewände zwischen den Pilastern sind die Figuren von Heiligen und Aposteln zu sehen; ganz innen an den Frontseiten links der hl. Trophimus, der von zwei Engeln mit der Mitra gekrönt wird, und rechts die Steinigung des hl. Stephanus.

Im Gegensatz zum reich dekorierten Mittelportal, das neben den figürlichen Darstellungen eine dekorative Ornamentik aufweist, ist der eigentliche Kirchenbau überraschend schlicht gehalten. Die beiden Seitenschiffportale, die im 17. Jh. angefügt wurden, sind wesentlich kleiner als das Hauptportal. Im Innenraum wird der Übergang von der Romanik zur Gotik (Querschiff 11. Jh., Mittelschiff 12. Jh.) offensichtlich. Das hohe Mittelschiff mit nicht einmal 6 m Breite besticht durch gotische Proportionen. Die schmalen Seitenschiffe sind, typisch für die provenzalische Romanik, nur von untergeordneter Bedeutung. Der gotische Chor mit Umgang und Kapellenkranz wurde Mitte des 15. Jh.s angelegt.

✳ ✳
Kreuzgang ▶

Der Kreuzgang von St-Trophime schließt südöstlich an die Kirche an und ist durch das ehemalige bischöfliche Palais zugänglich.
Nord- und Ostflügel stammen aus dem 12. Jh. und sind kunsthistorisch bedeutender als der jüngere Süd- und der Westflügel, die aus-

dem 14. Jh. stammen und stilistisch abfallen. Ungewöhnlich ist auch, dass die Pfeilerarkaden nicht von Entlastungsbögen überfangen werden, möglicherweise um den Kreuzgang lichter und eleganter zu machen. Der ältere, romanische Teil des Kreuzgangs ist für seine bildhauerische Ausstattung bemerkenswert. Die reich dekorierten Pfeiler und Kapitelle wurden von unterschiedlichen Künstlern gearbeitet, unter ihnen Benedetto Antelami (um 1150–1230), einer der wenigen namentlich bekannten romanischen Bildhauer Italiens. Der Nordflügel wird von der Gegenüberstellung von Passionsdarstellung und alttestamentarischen Ereignissen beherrscht, der jüngere Ostflügel widmet sich der Kindheit Jesu.

🕐 Öffnungszeiten:
März, April, Okt.
9.00 – 18.00
Mai – Sept.
9.00 – 19.00
Nov. – Febr.
10.00 – 17.00

★ **Museon Arlaten**

Das Museon Arlaten (Museum von Arles, 25 Rue de la République) wurde 1899 von dem provenzalischen Dichter und Literatur-Nobelpreisträger von 1904 Frédéric Mistral gegründet. Mistral stiftete das Preisgeld, um dem Museum hier eine dauerhafte Heimstatt zu geben. Das bis ins 15. Jh. zurückgehende Palais de Laval-Castellane, in dem es untergebracht ist, wurde auf den Resten einer antiken Basilika errichtet und war erst Adelspalais, dann Jesuitenkolleg. Das Museum birgt die bedeutendste Sammlung zur provenzalischen Volkskunde; es zeigt Möbel, Trachten, Keramik, Werkzeug und bäuerliches Gerät. Wegen Restaurierungsarbeiten ist das Museon Arlaten voraussichtlich bis 2013 geschlossen.

Römisches Forum

Das Forum, der Markt- und Versammlungsplatz der römischen Stadt, lag an der Südseite der heutigen platanenbestandenen Place du Forum, nördlich des Museon Arlaten. Mit seinen Restaurants und Cafés ist dieser Platz einer der beliebtesten Anziehungspunkte von Arles geworden. Der am besten erhaltene Rest des Forum ist der so genannte **Kryptoportikus** (Cryptoportique, um 40 v. Chr.), ein teilweise unterirdischer Bogengang von 89 x 59 m Ausdehnung in Hufeisenform, der wahrscheinlich zum Ausgleich der Geländeneigung angelegt wurde. Zugang von der ehemaligen Jesuitenkirche in der Rue Balze. Öffnungszeiten wie Théâtre Antique.

Thermes de Constantin

Die Thermes de Constantin (Konstantin-Thermen), die römischen Badeanlagen, entstanden im 4. Jh. nahe dem als Grand Rhône bezeichneten Flussarm (Rue D. Maisto). Von der einst ausgedehnten palastartigen Anlage sind nur noch das Caldarium (Warmbad) sowie Teile der Hypokausten (Fußbodenheizung) und des Tepidariums (Warmluftraum) erhalten. Öffnungszeiten wie Théâtre Antique.

Espace Van Gogh

Der niederländische Maler Vincent van Gogh (1853–1890) lebte 1888/1889 fünfzehn schaffensreiche Monate in Arles. Hier zog der Künstler mit Paul Gauguin zusammen, um mit ihm eine Künstlerkolonie zu realisieren. In Arles kündigte sich jedoch bereits eine tiefe Depression an, und 1888 schnitt sich der Maler nach einem Streit mit Gauguin mit einem Rasiermesser ein Teil des linken Ohrs ab. Er

Arles Orientierung

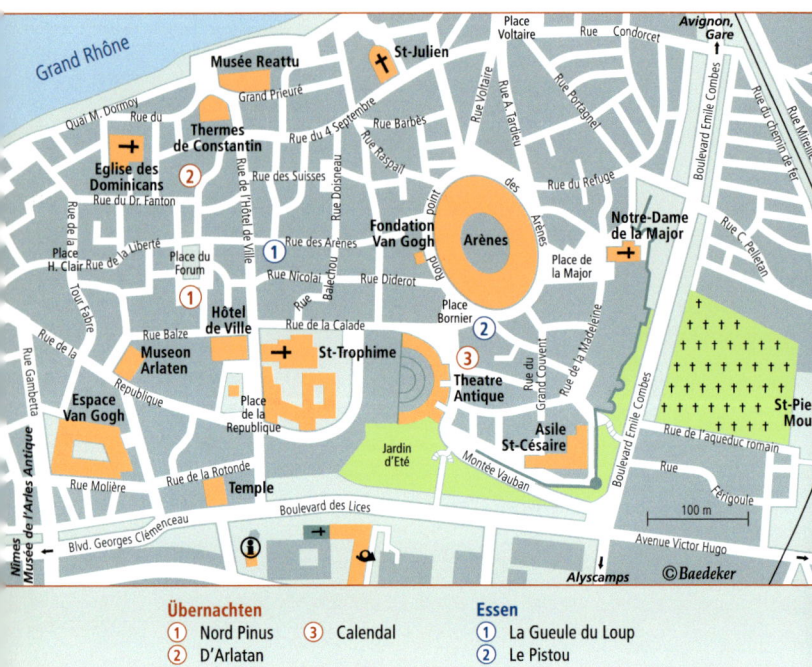

Übernachten
① Nord Pinus ③ Calendal
② D'Arlatan

Essen
① La Gueule du Loup
② Le Pistou

wurde in das Krankenhaus eingeliefert, in dem er einige Zeit verbrachte und – heute berühmte – Gemälde schuf. Das aus dem 16. Jh. stammende Gebäude mit seinem atmosphärereichen Innenhof ist heute ein Kulturzentrum mit Buchhandlung und Café.

Pont de Langlois

Der Pont de Langlois, der durch van Goghs Bild berühmt wurde, existiert nicht mehr. Die Zugbrücke in der Rue G. Monge, die gläubigen Touristen als Pont de Langlois präsentiert wird, liegt ca. 2 km vom tatsächlichen Ort (Ende der Avenue du Plan-du-Bourg) entfernt an der Montcalde-Schleuse und ist eine spätere Nachbildung.

✱ Musée Réattu

Das Musée Réattu, untergebracht in einem einstigen Komtureigebäude des Malteserordens aus dem 15./16. Jh. (Rue du Grand Prieuré), ist aus der Sammlung des Kunstmalers Jacques Réattu (1760–1833) hervorgegangen und zeigt Zeichnungen und Gemälde provenzalischer Künstler aus dem 18. und 19. Jh. sowie eine Sammlung zeitgenössischer Kunst, die großenteils auf eine Schenkung von Pablo Picassos zurückgeht. Besonders interessant in diesem intimen Museum sind neben der Fotogalerie (u. a. Bresson, Clergue) die Zeichnungen von Picasso; meist sind es liebevolle, witzige Physiognomien, die

Zeugnis geben vom Humor des Künstlers. Öffnungszeiten: Di. – So. Juli – Sept. 10.00 – 19.00, Jan. – Juni, Okt. 10.00 – 12.30, 14.00 – 18.30 Uhr; Nov./Dez. geschl.

Am südöstlichen Rand der Altstadt (Av. des Alyscamps) erstrecken sich die Alyscamps (»Elysische Felder«), eine ausgedehnte römische Begräbnisstätte, die gemäß der Legende des hl. Trophimus zu einem christlichen Friedhof geweiht wurde und im Mittelalter so berühmt war, dass man die Toten zur Bestattung von weither brachte; Dante erwähnt sie sogar in seinem »Höllengesang«. Es entwickelte sich das kuriose Verfahren, die Toten in ausgepichten Fässern, mit einer Summe Geld versehen, auf der Rhône nach Arles auf den Weg zu bringen, wo sie dann von berufsmäßigen Leichenfischern aus dem Wasser geholt und bestattet wurden. Reichere Familien ließen ihre Angehörigen auf dem Landweg transportieren und in Steinsarkophagen bestatten. An der stimmungsvollen Allée des Tombeaux (Gräberstraße) stehen nur noch die schmucklosen Steinsärge des frühen Mittelalters. Die Funde spätrömischer Sarkophage bilden einen Teil des Musée Arles Antique (unten). Am Ende der Allee die Kirche St-Honorat (12. Jh.), von der nur noch der Chor und vom 15. bis zum 18. Jh. angefügte Kapellen erhalten sind. In der linken Seitenkapelle ein schöner Sarkophag aus dem 4. Jh. nach Christus.

★
Alyscamps
Öffnungszeiten:
wie Théâtre Antique

Das Antikenmuseum ist südwestlich außerhalb der Stadt nahe dem Rhôneufer zu finden (Presqu'île du Cirque Romain). Im riesigen blauen Glasdreieck (1995 eröffnet), entworfen von dem Peruaner Henri Ciriani, werden neben vor- und frühgeschichtlichen sowie spätantiken Funden hauptsächlich Exponate aus der frühen Kaiserzeit ausgestellt. Der Ostflügel ist den Funden aus prähistorischer Zeit gewidmet. Das bedeutendste Exponat der frühen Kaiserzeit, die im römischen Theater gefundene Venus, ist nur in einer Kopie vorhanden, das Original steht im Louvre zu Paris. Im Nordflügel trifft man auf Architekturfragmente, Kaiserporträts und Gegenstände des täglichen Lebens. Im Südflügel dann die wichtigsten Ausstellungsstücke: die spätrömischen Sarkophage mit heidnischen und christlichen Bildmotiven, nach den Vatikanischen Museen die **weltweit bedeutendste Sammlung antiker Sarkophagplastik**. Der »Phädra-und-Hippolyt-Sarkophag« (3. Jh.) ist auf allen vier Seiten mit Szenen der Sage geschmückt: Phaedra, die sich in ihren Stiefsohn Hip-

Musée Arles Antique
Öffnungszeiten:
Mi. – Mo.
10.00 – 18.00

Eine Jagdszene auf dem »Phädra-und-Hippolyt-Sarkophag«, bei den Römern ein beliebtes Thema

polyt verliebt, wird von diesem zurückgewiesen. Phaedra verleumdet Hippolyt bei seinem Vater Theseus, der ihn mit Poseidons Hilfe tödlich bestraft. Eine Jagddarstellung nimmt gleich zwei Seiten des Sarkophags ein. Prunkstück ist der dreistöckige »Trinitätssarkophag« (oder Sarkophag »des Epoux«, »der Ehegatten«); alttestamentliche Darstellungen und Wundertaten Christi zieren den Sarkophag mit den Porträtbüsten der in ihm Beigesetzten, der in die Jahre 330/350 zu datieren ist.

Umgebung von Arles

Abtei Montmajour G 4

Öffnungszeiten:
April – Juni
9.30 – 18.00
Juli – Sept.
10.00 – 18.30
sonst Di.– So.
10.00 – 17.00 Uhr

Die einstige Benediktinerabtei Montmajour (Mont-Major), die 5 km nordöstlich von Arles wie eine Burg auf einem Bergrücken liegt, wurde im 10. Jh. gegründet und war im gesamten Mittelalter ein bedeutendes Wallfahrtsziel. Der Papst hatte dem Kloster ein Partikel vom Kreuz Christi geschenkt und ihm das Recht zu einem jährlichen Ablass verliehen, dem »Pardon von Montmajour«, der dem Kloster reiche Einnahmen bescherte. Von hier aus wurden weitere Klöster gegründet. Die Ebene, die den Berg umgibt, war ursprünglich Sumpf und Schwemmland und wurde erst bei der Gründung der Abtei trockengelegt. Zu Beginn des 18. Jh.s wurden, da die Gebäude aus dem 12. Jh. weitgehend verfallen waren, die Barockbauten in Angriff genommen; doch war der Abt, Kardinal Rohan, 1785/1786 maßgeblich in die »Halsbandaffäre« verwickelt, die die Königin Marie-Antoinette kompromittierte, und das Kloster wurde geschlossen. In der Revolutionszeit wurde es 1791, wie die meisten Kirchengüter, konfisziert und verkauft.

Bauteile ►

Zwei Bauphasen waren für die Kirche bestimmend. An den massigen romanischen Teil grenzt eine gewaltige barocke Ruine, die im Zug der Wiederbelebung im 18. Jh. entstand.

Die mächtige romanische **Krypta** aus dem 12. Jh., die man zuerst betritt, bildet die tragende Unterkonstruktion der Oberkirche und ist teilweise in den Felsen gehauen. Der für eine Krypta ungewöhnliche Umgang mit fünf radial angeordneten Kapellen lässt sich mit ihrer statischen Funktion erklären.

Nicht vollendet wurde die einschiffige **Kirche**, ein kurzer, gedrungener, asketisch karger Raum mit nur zwei Langhausjochen und Tonnengewölbe, einem Kreuzrippengewölbe über der Vierung und einer halbrunden Apsis. Der linke Querhausarm endet in der rechteckigen Chapelle Notre-Dame-la-Blanche. Im 18. Jh. war geplant, das Kirchenschiff nach Westen erheblich zu verlängern, doch kamen die Entwürfe nicht mehr zur Ausführung.

Den **Kreuzgang**, der südwestlich an die Kirche anschließt, betritt man vom zweiten Langhausjoch. Er dürfte in der gleichen Zeit wie die Kirche entstanden sein; allerdings zeigt nur noch der Ostflügel die ursprüngliche romanische Gestalt. Die Rundbögen sind durch Doppelsäulen drei- bzw. vierfach unterteilt; an den Konsolen, die die Gewölberippen tragen, entfaltet sich reicher ornamentaler Schmuck (vergleichbar dem von St-Trophime in Arles, jedoch weniger figürlich). Der Kreuzgang mit einem Ziehbrunnen in der Mitte wird von dem 26 m hohen wehrhaften, zinnengekrönten Donjon (Wehrturm) überragt, der 1369 errichtet wurde; von seinem Dach aus hat man einen wunderschönen Blick.

Im Westen der romanischen Gebäude liegen die nicht zugänglichen **Ruinen** der Erweiterungen aus der **Barockzeit**. Die riesige Anlage – geplant war eine Länge von 135 m, ausgeführt wurden noch 90 m – wurde 1703 unter dem Architekten Pierre Mignard in Angriff genommen. 1726 zerstörte ein Brand die bis dahin fertigen Teile. Wiederherstellung und Weiterbau unter Jean-Baptiste Franque kamen 1736 zum Erliegen, da das Kloster an Bedeutung verlor.

Etwa 200 m östlich der Klosteranlage steht rechts der Straße die kleine Chapelle Ste-Croix (Heiligkreuzkapelle), ein Zentralbau aus dem 12. Jahrhundert. Sie war einst die Friedhofskapelle des Klosters, wovon noch die Gräber zeugen, die hier in das Felsgelände gehauen wurden.

Ste-Croix

Nordöstlich von Montmajour (5 km), beim Ort Fontvieille, liegt einer der für die Franzosen wichtigsten »Wallfahrtsorte« der Provence: die aus den »Lettres de mon moulin« von Alphonse Daudet berühmte Windmühle. Daudet wohnte aber nicht in der 1814 erbauten Mühle, und die »Lettres« entstanden auch nicht hier, sondern in Paris. Fest steht aber, dass Daudet in der Gegend die Inspiration für einen großen Teil seines literarischen Werks gewonnen hat. Im Sockel der Mühle ein kleines Museum mit Gegenständen, die an den Dichter erinnern. Öffnungszeiten: Juni – Sept. 9.00 – 12.00, 14.00 – 19.00, Okt. – Dez., Febr.– Mai 10.00 – 12.00, 14.00 – 17.00 Uhr.

★
Moulin de Daudet

⊙

►dort

Camargue

Benediktinerabtei Montmajour *Orientierung*

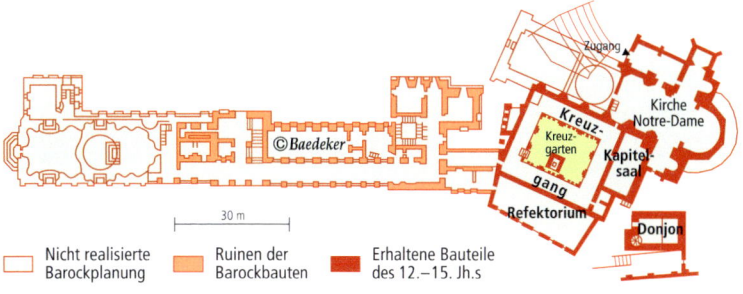

Nicht realisierte Barockplanung | Ruinen der Barockbauten | Erhaltene Bauteile des 12.–15. Jh.s

Avignon

Département: Vaucluse
Einwohnerzahl: 91 300

Höhe: 21 m
Hauptstadt des Départements

Die Provence und Avignon, das gehört zusammen. Die eindrucksvolle einstige Papstresidenz – die mit Notre-Dame-des-Doms, dem Petit Palais und dem Pont St-Bénézet zum Welterbe der UNESCO zählt – und das renommierte Theaterfestival sind die großen Attraktionen der lebhaften Universitätsstadt an der unteren Rhône.

1309 – 1403	In den fast 70 Jahren des »Babylonischen Exils« und der folgenden Kirchenspaltung ist Avignon Residenz von neun Päpsten.
1348	Papst Clemens VI. kauft Königin Johanna von Neapel Avignon ab.
1791	Die Stadt wird Frankreich angegliedert.

Avennio (Avenio) war die Hauptstadt des gallischen Stamms der Cavares und wurde später römische Kolonie. Im 13. Jh. kam die Stadt mit der Provence an Karl von Anjou. In den Albigenserkriegen unterstützte Avignon den Grafen von Toulouse und die Albigenser und wurde deshalb 1226 vom französischen König Ludwig VIII. erobert. Während des »Babylonischen Exils« der Kirche residierten in Avignon – zunächst um den Machtkämpfen in Rom zu entgehen – die Päpste Clemens V. (1305 – 1314), Johannes XXII. (1316 – 1334), Benedikt XII. (1334 – 1342), Clemens VI. (1342 – 1352; er kaufte Avignon Königin Johanna von Neapel ab), Innozenz VI. (1352 – 1362), Urban V. (1362 – 1370) und Gregor XI. (1370 – 1378). Zur Zeit des Schismas nach dem Tod Gregors hatten die Gegenpäpste Clemens VII. (1378 – 1394) und Benedikt XIII. (1394 – 1424) bis um 1403 hier ihren Sitz. In dieser ganzen Zeit war die Stadt ein blühendes Kunstzentrum, allerdings auch ein Sumpf des hemmungslosen Luxus und Lasters, so dass Francesco Petrarca sie als eine »Kloake« bezeichnete, in der »der Unrat des gesamten Universums zusammengeflossen zu sein scheint«. Petrarca, dessen Familie ab 1311 in Avignon lebte, empfing 1326 hier die niederen Weihen; ein Jahr später begegnete er seiner großen Liebe Laura de Noves. Auf die für die Päpste tätigen italienischen Künstler, v. a. Simone Martini aus Siena, geht die bedeutende Malerschule von Avignon zurück. Mit der umgebenden Grafschaft Venaissin blieb Avignon im Besitz der römischen Kurie, bis die Revolution 1791 die »Papstburg« mit Frankreich vereinigte.

Aus der Geschichte

← *Der mächtige Palast entstand während des fast 100-jährigen Gastspiels der Päpste und prägt noch heute die lebendige Stadt an der Rhône.*

✳ ✳ Palais des Papes · Papstpalast

Anlass für die Errichtung der Papstresidenz – eines der großartigsten Zeugnisse gotischer Architektur überhaupt – war die Verlegung der Kurie unter Clemens V. von Rom nach Avignon. Sein Nachfolger Johannes XXII. wählte den Palast des Bischofs von Avignon, seines Neffen Arnaud de Via, zum Amtssitz und ließ die ersten Erweiterungsbauten errichten. Der von Benedikt XII. in Auftrag gegebene Ost- und Nordostbau (Palais Vieux, Alter Palast) sowie der unter Clemens VI. fertiggestellte Westbau (Palais Nouveau, Neuer Palast) bestimmen im Wesentlichen noch heute das Aussehen des wehrhaften Gebäudeblocks. Die später in Avignon residierenden Päpste ließen nur kleinere Ergänzungen und Erweiterungen vornehmen.

Äußeres An der Ostseite der Place du Palais ragt beherrschend die mächtige Fassade des **Palais Nouveau** auf, eher eine weltliche Festung als ein

 AVIGNON ERLEBEN

AUSKUNFT

Office de Tourisme
41 Cours J. Jaurès, 84000 Avignon
Tel. 04 32 74 32 74, Fax 04 90 82 95 03
www.avignon-tourisme.com
www.mairie-avignon.fr

AVIGNON PASS'ION

Mit diesem kostenlosen Pass, den man beim ersten Besuch einer Sehenswürdigkeit bekommt, gibt es Ermäßigung in allen weiteren sowie in den Stadtbussen.

FESTE UND EVENTS

In Avignon verzeichnet man über 20 Festivals im Jahr. Das »Festival d'Avignon« im Juli ist Frankreichs größtes und bedeutendstes. Das »In« zeigt Theater und Tanz v. a. im Ehrenhof des Papstpalastes, das »Festival Off« gibt mit über 500 Veranstaltungen jungen Künstlern aller Art ein Forum. Karten unbedingt früh bestellen (ab 15. Juni): Festival »In« www.festival-avignon.com, Tel. 04 90 14 14 14; »Off« Tel. 01 48 05 01 19, www.avignonleoff.org. Gleichzeitig

finden ein Marché und das Festival Provençal statt. Ende Juli gibt es ein Jazzfestival. Veranstaltungstermine in »César« und »Rendez-vous d'Avignon« (beide gratis).

PARKEN

Avignon kann man ohne weiteres zu Fuß kennenlernen. Das Auto sollte man auf einem der großen Parkplätze außerhalb der Stadtmauer abstellen. Vor dem Papstpalast startet halbstündlich ein Touristenbähnchen zu einer empfehlenwerten 40-minütigen Besichtigungstour.

EINKAUFEN

Am besten shoppen kann man in den Fußgängerzonen Rue Joseph Vernet und Rue St-Agricol sowie in der Rue de la République. Hier findet man auch typisch provenzalische Mitbringsel wie Kulinarisches, Produkte aus Oliven und Olivenöl oder »Santons« (Tonfiguren). Lebensmittel in der Markthalle (Rue de Bonneterie, Mo. geschl.), Flohmarkt sonntagvormittags auf der Place des Carmes.

Hôtel de l'Atelier: Provenzalisches Ambiente am anderen Rhôneufer

ESSEN

► Fein & teuer

① *Christian Etienne*
Avignon, 10 Rue de Mons, Tel. 04 90 86 16 50, So./Mo. geschl. Eines der besten und schönsten Restaurants der Stadt, in einem noblen Palais aus dem 14. Jh., modern gestaltet.

► Erschwinglich / Fein & teuer

② *La Magnaneraie*
Villeneuve-lès-Avignon,
37 Rue Camp de Bataille
Tel. 04 90 25 11 11
www.hostellerie-la-magnaneraie.com
Das würdige, schöne alte Haus (Hotel, Kategorie Luxus) pflegt eine vorzügliche, variierte provenzalische Küche. Große Weinauswahl, herrliche Terrasse unter mächtigen Bäumen.

► Preiswert / Erschwinglich

③ *La Fourchette*
Avignon, 17 Rue Racine
Tel. 04 90 85 20 93
Sa./So. sowie ca. 5. – 30. Aug. geschl. Bistro mit provenzalischer Küche. Auch bei Einheimischen beliebt (reservieren!), ausgezeichnetes Preis-Leistungs-Verhältnis.

④ *Le Petite Peche*
Avignon, 13 Rue St Etienne
Tel. 04 90 86 02 46
Gemütliches kleines, akkurat geführtes Lokal, bekannt für hervorragende Fischspezialitäten und moderat-angemessene Preise.

ÜBERNACHTEN

► Luxus

① *La Mirande*
Avignon, 4 Place de la Mirande
Tel. 04 90 14 20 20, Fax 04 90 86 26 85
www.la-mirande.fr
Wohnen in einem 700 Jahre alten »Denkmal« voller Charme und Poesie. Jedes Zimmer ist mit Repliken alter Dokumente und ausgesuchten Stoffen gestaltet. »Der Klang der Schritte auf dem Eichenparkett, der Blick auf die alten Gemäuer des Papstpalastes … runden diese Reise in eine andere Welt ab.« Eine deutsche Familie führt das Haus seit 1990. Kurse in provenzalischer Küche.

► Komfortabel

② *La Sommellerie*
Châteauneuf-du-Pape
Tel. 04 90 83 50 00, Fax 04 90 83 51 85
www.la-sommellerie.fr
Charmantes provenzalisches Herrenhaus am Westrand der berühmten Weinberge. Mit Restaurant – der Weinkeller ist dem Ort angemessen – und Pool. Westlich Châteauneuf an der D 17 nach Roquemaure gelegen.

Baedeker-Empfehlung

► Komfortabel

③ *Hôtel de l'Atelier*
Villeneuve-lès-Avignon, 5 Rue de la Foire
Tel. 04 90 25 01 84, Fax 04 90 25 80 06
www.hoteldelatelier.com
Wunderschönes Haus aus dem 16. Jh., geschmackvoll modernisierte Zimmer. Das einstige Künstleratelier ist auch heute noch eine Galerie mit wechselnden Präsentationen. Ein Highlight: das Frühstück im herrlichen Innenhof.

DER PAPSTPALAST IN AVIGNON

★ ★ Er gilt als einer der größten mittelalterlichen Paläste der Welt. An der Place de l'Horloge erhebt sich der Papstpalast auf einer Fläche von 15 000 m². Weithin sichtbar überragen seine wuchtigen Mauern die Stadt. Papst Benedikt XII. ließ den Palais Vieux als Zeichen dafür errichten, dass er nicht an eine Rückkehr nach Rom dachte. Sein Nachfolger, Clemens VI., vergrößerte mit dem Palais Nouveau seine Residenz auf das Doppelte – und wusste auch sonst in Saus und Braus zu leben.

🕓 Öffnungszeiten:
1.–14. März 9.00–18.30, 15. März–30. Juni /
16. Sept.–1. Nov. 9.00–19.00, Juli, 1.–15. Sept.
9.00–20.00, Aug. 9.00–21.00, 2. Nov.–28. Febr.
9.30–17.45 Uhr. Letzter Einlass 1 Std. vor
Schließung. Info: www.palais-des-papes.com

① **Palais Nouveau**
Um einen Innenhof gruppieren sich die Teile des Neuen Palastes. Der Hof ist Hauptschauplatz des sommerlichen Theaterfestivals.

② **Grande Chapelle**
Der mächtige Raum von 52 m Länge, 15 m Breite und 20 m Höhe nimmt fast den ganzen Südflügel des Neuen Palastes ein. Hier fanden u. a. die Papstkrönungen statt.

③ **Chambre du Cerf**
Clemens VI. ließ die Tour de la Garde-Robe, in der sich das »Hirschzimmer« befindet, an den Wohnturm von Benedikt XII. anfügen. Darstellungen von Jagden und eines Fischbassins mit höfisch gekleideten Männern, die sich dem Fischfang widmen, sind z. T. recht gut erhalten.

Von der Terrasse des Grands Dignitaires hat man einen großartigen Blick auf Avignon, die Rhône und Villeneuve-lès-Avignon jenseits des Flusses.

Höfischer Prunk: Dieses Gemälde im Musée Calvet zeigt die Rückkehr des päpstlichen Gesandten Giuseppe Doria-Pamphili in den Papstpalast.

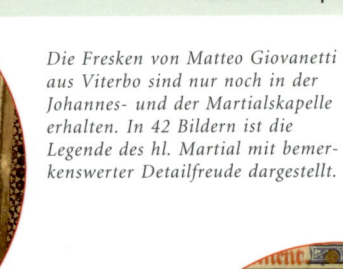

Die Fresken von Matteo Giovanetti aus Viterbo sind nur noch in der Johannes- und der Martialskapelle erhalten. In 42 Bildern ist die Legende des hl. Martial mit bemerkenswerter Detailfreude dargestellt.

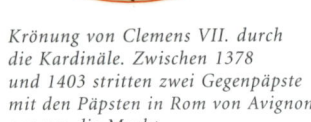

Krönung von Clemens VII. durch die Kardinäle. Zwischen 1378 und 1403 stritten zwei Gegenpäpste mit den Päpsten in Rom von Avignon aus um die Macht.

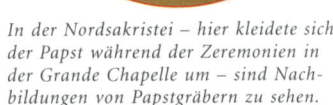

In der Nordsakristei – hier kleidete sich der Papst während der Zeremonien in der Grande Chapelle um – sind Nachbildungen von Papstgräbern zu sehen.

Zentrum geistlicher Macht. Die unregelmäßige Gebäudefront wird im unteren Teil durch große Spitzbogen auf Wandpfeilern gegliedert; über dem Eingangsportal zwei achteckige Türme mit spitzen Helmen. Rechts wird die Front durch die **Tour de la Gache**, links durch die **Tour d'Angle** (Eckturm), zwei nur unwesentlich aus der Wandfläche hervortretende Turmstümpfe, flankiert. Links, etwas gegen die Fassade zurückversetzt, schließt sich das **Palais Vieux** an, der in voller Höhe gleichfalls durch Wandpfeiler und Spitzbogen gegliedert ist. An der Gebäudeecke die mächtige, wehrhafte **Tour de la Campane** mit ihrem Zinnenkranz. Neben dem Palais Vieux steht über einer großzügigen Freitreppe die Kirche Notre-Dame-des-Doms.

Inneres

Obgleich die gesamte Ausstattung des Papstpalastes – bis auf Reste von Skulpturen und Fresken – verlorengegangen ist, bietet das Innere einen bezwingenden Raumeindruck. Hinter der **Porte des Champeaux**, des sich an der Freitreppe öffnenden Eingangsportals, durchquert man die **Grande Cour**, den großen Ehrenhof, um den sich der alte und der neue Gebäudeteil gruppieren und der zentraler Spielort des Theaterfestivals ist.

Konsistoriums-saal ▶

In der linken hinteren Ecke des Hofs liegt der Zugang zum Consistoire (Konsistoriumssaal), hier fanden die offiziellen Empfänge statt. Im 11 × 48 m messenden Konsistoriumssaal sind die Reste einiger Fresken von Simone Martini erhalten; die an die Längswand anstoßende **Chapelle St-Jean**, der untere Teil des Kapellenturmes, ist ebenfalls mit Fresken ausgestaltet, die Szenen aus dem Leben von Johannes dem Täufer und Johannes dem Evangelisten wiedergeben. Die sehr gut erhaltenen Wandmalereien entstanden zwischen 1346 und 1348 und werden dem Italiener Matteo Giovannetti zugeschrieben, Nachfolger Simone Martinis in der künstlerischen Leitung am päpstlichen Hof. Im unteren Wandbereich wurden die Fresken von im Papstpalast kasernierten Soldaten abgeklopft und als Souvenirs verscherbelt.

Kreuzgang ▶

Gegenüber dem Eingang zum Konsistoriumssaal liegt der Kreuzgang Benedikts XII., 1339 und 1340 völlig erneuert; an dieser Stelle hatte sich zuvor der Palast Johannes' XXII. befunden. Über eine Treppe erreicht man die oberhalb des Kreuzgangs verlaufende gedeckte Galerie (bemerkenswert der Wechsel zwischen doppelten und wesentlich kleineren, hochgelegenen einfachen Fenstern). An

Festsaal ▶

diese stößt der ehemalige Festsaal an (Grand Tinel, Magnum Tinellum). Er liegt genau über dem Konsistoriumssaal und hat auch dessen Abmessungen; die hölzerne Gewölbedecke ist neuzeitlich. Von dem kurzen Verbindungsgang, der in der linken Saalecke zum **Tour des Cuisines** (Küchenturm) führt, hat man einen reizvollen Blick nach Südosten über die Altstadt.

Schlafgemach ▶

Vom Ende des Festsaals aus betritt man die Paramentenkammer, den Vorraum zum päpstlichen Schlafgemach; die Gobelins aus dem 18. Jh. geben z. T. Motive Raffaels aus den Stanzen des Vati-

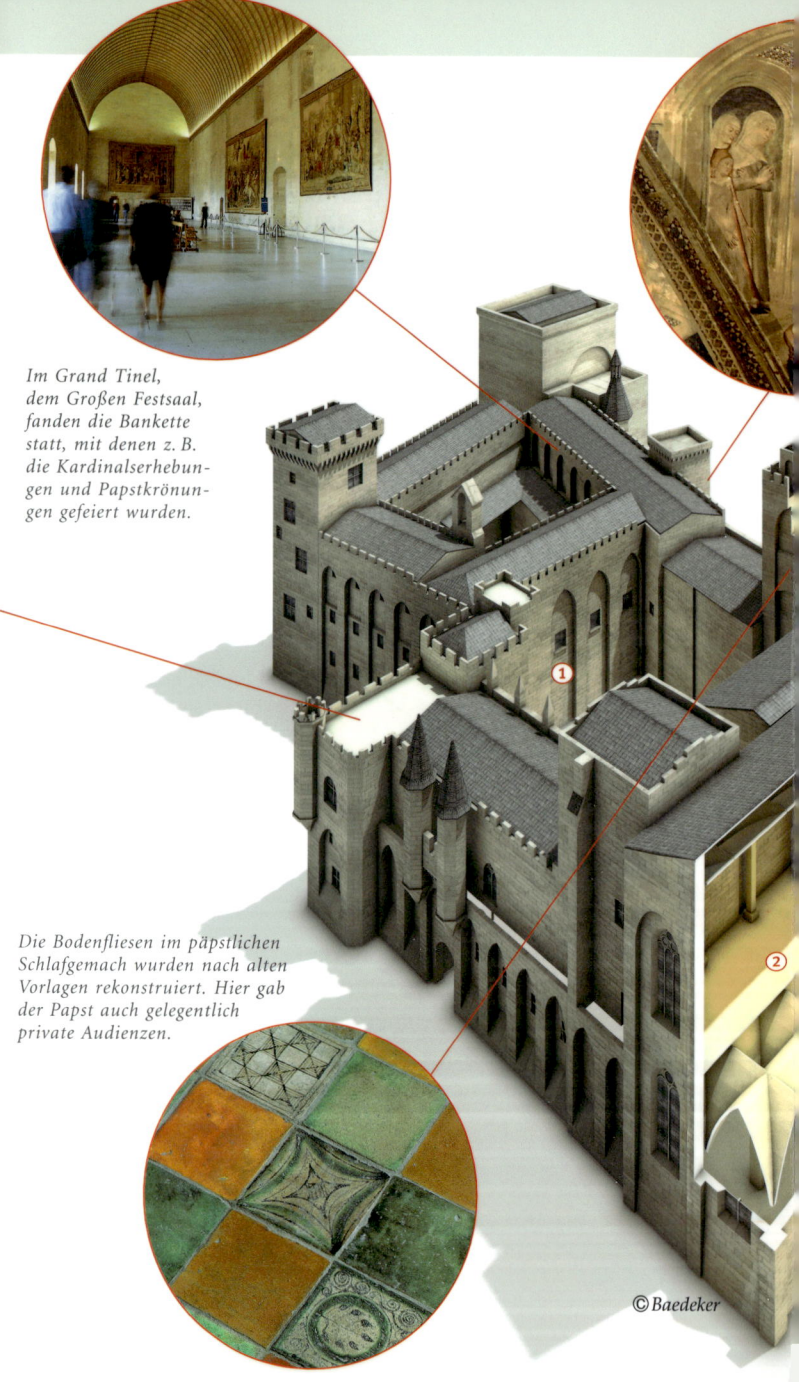

Im Grand Tinel, dem Großen Festsaal, fanden die Bankette statt, mit denen z. B. die Kardinalserhebungen und Papstkrönungen gefeiert wurden.

Die Bodenfliesen im päpstlichen Schlafgemach wurden nach alten Vorlagen rekonstruiert. Hier gab der Papst auch gelegentlich private Audienzen.

© Baedeker

kans wieder. Das Schlafgemach des Papstes befindet sich, unmittelbar anstoßend, in der **Tour des Anges** (Engelsturm). Bemerkenswert sind hier der wiederhergestellte polychrome Fliesenfußboden, die bemalte Balkendecke und die vollständig mit Temperamalerei bedeckten Wände (vorwiegend Rankenmotive auf blauem Grund, in den Fensternischen gemalte Vogelkäfige). In der **Tour de la Garde-Robe**, dem sich an die Tour des Anges anlehnenden Turm und einstigen Arbeitszimmer Clemens VI., befindet sich die **Chambre du Cerf** (Hirschzimmer), so benannt nach den profanen Szenen (vor allem Jagd und Fischfang) der Wandgemälde. Auch die bemalte Kassettendecke verdient Beachtung. Die Bodenfliesen sind wie im Schlafgemach neueren Datums, aber nach alten Mustern gestaltet.

Auf dem Rundgang betritt man über eine Treppe die Nordsakristei; hier befinden sich die Repliken zahlreicher Grabmäler von Kardinälen und anderen geistlichen Würdenträgern. Es folgt die Grande Chapelle (Große Kapelle), auch Chapelle Clémentine genannt, ein mächtiger einschiffiger und mit Kreuzrippen überwölbter Kirchenraum, in dem wechselnde Ausstellungen stattfinden. Von der Großen Kapelle aus betritt man die **Loggia** mit dem großen Maßwerkfenster (Fenêtre de l'Indulgence, Fenster der Vergebung). Von diesem aus zeigte sich der Papst nach seiner Wahl erstmals den versammelten Gläubigen, von hier aus erteilte er dem Volk seinen Segen.

◄ Grande Chapelle

Über die breite überwölbte **Treppe** geht es in das Erdgeschoss. Der genau unter der Chapelle Clémentine gelegene zweischiffige Audienzsaal (Grande Audience) wurde ebenfalls von Matteo Giovannetti mit Wandgemälden (1352, Propheten und Sibyllen) ausge-

◄ Grande Audience

Blick auf den berühmten »Pont d'Avignon« und den mächtigen Komplex des Papstpalastes

schmückt, die jedoch nur in einem Joch in Resten erhalten sind und einen Eindruck von der einstigen Ausstattung vermitteln. Der **Kleine Audienzsaal** (Audience des Contredites) wurden im 17. Jh. mit Grisailleornamenten ausgestattet.

Weitere Sehenswürdigkeiten in Avignon

Notre-Dame-des-Doms

Nördlich neben dem Papstpalast erhebt sich auf einer barocken Plattform die Kathedrale Notre-Dame-des-Doms. Ihre Bausubstanz geht im Wesentlichen ins 12. Jh. zurückgeht, wurde aber im 14. bis 16. Jh. mehrmals verändert. Am Bogen- und Giebelfeld des Hauptportals sind Vorzeichnungen für ein Fresko von Simone Martini zu sehen, das hier einmal existierte; das Original befindet sich im Papstpalast. In der Vierung steht links ein Bischofsstuhl (12. Jh.) aus weißem Marmor, in der ersten nördlichen Seitenkapelle der ehemalige romanische Hauptaltar, in der vierten Kapelle an der Südseite das z. T. restaurierte spätgotische Grabmal für Papst Johannes XXII.

Zauberhaftes Gartenrestaurant in Avignon

Vom Papstpalast nach Norden steigt ein Felssporn an, der **Rocher des Doms**; zur Rhône hin fällt er steil ab. Von der schönen Parkanlage auf seiner Höhe blickt auf auf das berühmte, wunderbare Panorama mit Pont St-Bénézet (unten), Fluss und den Inseln Barthelasse und Piot sowie am anderen Ufer Villeneuve-lès-Avignon.

Pont St Bénézet

Öffnungszeiten: wie Papstpalast

Der am Fuß des Rocher des Doms in den Strom hinausragende Pont St-Bénézet ist wohl die berühmteste Brücke Frankreichs, bekannt durch das alte Kinderlied »Sur le pont d'Avignon on y danse tous en rond …« (in Wirklichkeit tanzte man unter ihr) und ebenfalls UNESCO-Welterbe. 1177–1185 erbaut, wurde die nach Villeneuve-lès-Avignon führende befestigte Brücke mit ursprünglich 22 Bögen und 900 m Länge 1668 zum großen Teil zerstört. Etwa in der Mitte des übriggebliebenen Teils mit vier Bögen steht die zweistöckige Chapelle St-Nicolas (Nikolauskapelle), im unteren Teil romanisch, im oberen gotisch und mit einem Glockengiebel versehen.

Benannt ist die Brücke nach St-Bénézet (Benedikt), mit dem sich folgende Legende verbindet: Im Jahr 1177 habe der Hirte Bénézet von Engeln den Auftrag bekommen, eine Brücke über die Rhône zu bauen. Nachdem Obrigkeit und Bürgerschaft von Avignon nur Spott für den Plan übrig hatten, habe er einen riesigen Felsbrocken aufgehoben, was nur ein göttliches Zeichen sein konnte. Dies überzeugte derart, dass die Brücke in nur acht Jahren fertiggestellt wurde.

Die Nordseite der Place du Palais beherrscht das im 14. Jh. erbaute Petit Palais, ein gotischer Wehrbau, der einst als bischöflicher Amts- und Wohnsitz diente. Heute ist hier die Gemäldesammlung Campana untergebracht, mit 300 Werken italienischer Malerei des 14. – 16. Jh.s die reichste Sammlung früher italienischer Kunst Frankreichs nach dem Louvre. Sie liefert einen nahezu lückenlosen Überblick über die Entwicklung der italienischen Malerei vom Mittelalter bis zur Renaissance. Darüber hinaus ist hier eine Sammlung mit Werken der Malerschule von Avignon zu sehen, die von Simone Martini (ca. 1280 – 1344) und Matteo Giovanetti ausging.
Unweit nördlich öffnet sich in der Stadtmauer die **Porte du Rocher**, durch die man zum Pont St-Bénézet gelangt.

★ ★
Musée du Petit Palais
🕐
Öffnungszeiten:
Mi.– Mo.
10.00 – 13.00,
14.00 – 18.00

Dem Papstpalast gegenüber steht das Hôtel des Monnaies, die einstige Münze. Das im frühen 17. Jh. errichtete Barockgebäude zeigt noch starken italienischen Einfluss. Die Fassade ist mit großen Tierfiguren geschmückt und trägt das Wappen des aus dem Haus Borghese stammenden Papstes Paul V., dessen Vizelegat hier residierte. Heute ist in dem Palais das Konservatorium untergebracht.

Hôtel des Monnaies

Highlights Avignon

Papstpalast
Fast 100 Jahre lang residierten die Päpste in der mächtigen Festung auf dem Felsen über der Rhône.
▶ **Seite 148**

Pont St-Bénézet
Die berühmte Brücke, auch als Pont d'Avignon bekannt, ist zwar nur ein Rest, aber immer noch beeindruckend.
▶ **Seite 154**

Stadtmauern
Die Altstadt von Avignon ist vollständig von einem Mauerring umgeben.
▶ **Seite 156**

Musée Calvet
Der aus Avignon stammende Maler Joseph Vernet ist hier gut vertreten.
▶ **Seite 156**

Musée Angladon
Hier ist das einzige Gemälde van Goghs in der Provence zu sehen.
▶ **Seite 158**

Villeneuve-lès-Avignon
Von Papst Innozenz VI. gegründet, übertraf die Kartause Val-de-Bénédiction ihr Mutterkloster bald an Größe.
▶ **Seite 159**

Musée Pierre de Luxembourg
Das Museum in Villeneuve-lès-Avignon besitzt eine fantastische »Marienkrönung« von Enguerrand Quarton (1453).
▶ **Seite 159**

Tour Philippe-le-Bel
Von hier bietet sich der schönste Blick über die Rhône auf die Papststadt.
▶ **Seite 159**

Stadtmauern

Die ganze Altstadt ist von einem vollständig erhaltenen Mauerring umgeben, der in den Jahren 1355 bis 1368 unter Papst Innozenz VI. entstand. In unregelmäßigen Abständen sind acht Tore und 39 Türme in die insgesamt 4,8 km lange Mauer eingefügt. Im 19. Jh. wurden die Bauwerke umfassend restauriert.

Place de l'Horloge

Die stimmungsvolle Place de l'Horloge südöstlich des Papstpalastes ist das lebendige Zentrum Avignons. Straßencafés unter schattenspendenden Platanen prägen den weitläufigen Platz. An seiner Westseite das Theater und das Hôtel de Ville (Rathaus; 1845) mit einem aus dem 14. Jh. stammenden Uhrturm; auf seiner Spitze schlagen lebensgroße Figuren, so genannte Jacquemarts, die Stunden.

St-Pierre

Unweit östlich des Platzes steht die Kirche St-Pierre, die um 1356 entstand. Die sehenswerte Fassade vom Anfang des 16. Jh. besitzt keinen bekrönenden Giebel, Ornamente im Flamboyantstil sind der Wand als flaches Ornament aufgesetzt. Die geschnitzten Renaissance-Holztüren stellen u. a. den hl. Hieronymus und den Erzengel Michael und eine Verkündigungsgruppe dar. Öffnungszeiten: Do. – Sa. 14.00 bis 18.00, Messen Fr. 18.30, So. 9.30 Uhr.

St-Didier

Etwas östlich der Rue de la République, der von der Place de l'Horloge nach Süden verlaufenden Hauptstraße der Altstadt, steht die Mitte des 14. Jh.s erbaute einschiffige gotische Kirche St-Didier. Auch sie weist die von der provenzalischen Romanik her gewohnte Strenge auf. Sie beherbergt eines der frühesten Renaissancekunstwerke, die »Kreuztragung« von Francesco da Laurana. Der italienische Maler, der ab 1476 in Frankreich arbeitete, schuf sie in den Jahren 1478 bis 1481. Weiter bemerkenswert die spätgotische Kanzel mit reichem Flamboyant-Schmuck. In jüngerer Zeit wurden in der Kirche Wandgemälde aus dem 14. Jh. (Kreuzigung, Grablegung u. a.) freigelegt.

Musée Calvet

Öffnungszeiten:
Mi. – Mo.
10.00 –13.00,
14.00 –18.00

Das Musée Calvet, das bedeutendste Museum der Stadt, hat seit 1833 seinen Sitz in dem um 1750 erbauten prachtvollen Hôtel de Villeneuve-Martignan südwestlich des Place de l'Horloge (65 Rue Joseph Vernet). Es ging aus der umfangreichen Privatsammlung des in Avignon geborenen Arztes François Esprit Calvet (1729 – 1810) sowie aus den städtischen Sammlungen hervor. Die Museumsbestände umfassen antike Skulpturen, mittelalterliche Gemälde provenzalischer Meister, u. a. auch Werke des in Avignon geborenen Joseph Vernet, sowie einen Querschnitt durch die französische Malerei vom 16. bis zum 19. Jh.; außerdem ein Münzkabinett, Keramik und eine ethnologische Sammlung.

Musée Requien

Das Musée Requien ist dem Musée Calvet benachbart. Außer einer großen naturwissenschaftlichen Bibliothek besitzt es geologische und botanische Sammlungen (u. a. ein großes Herbarium). Öffnungszeiten: Di. – Sa. 10.00 – 13.00, 14.00 – 18.00 Uhr.

Avignon Orientierung

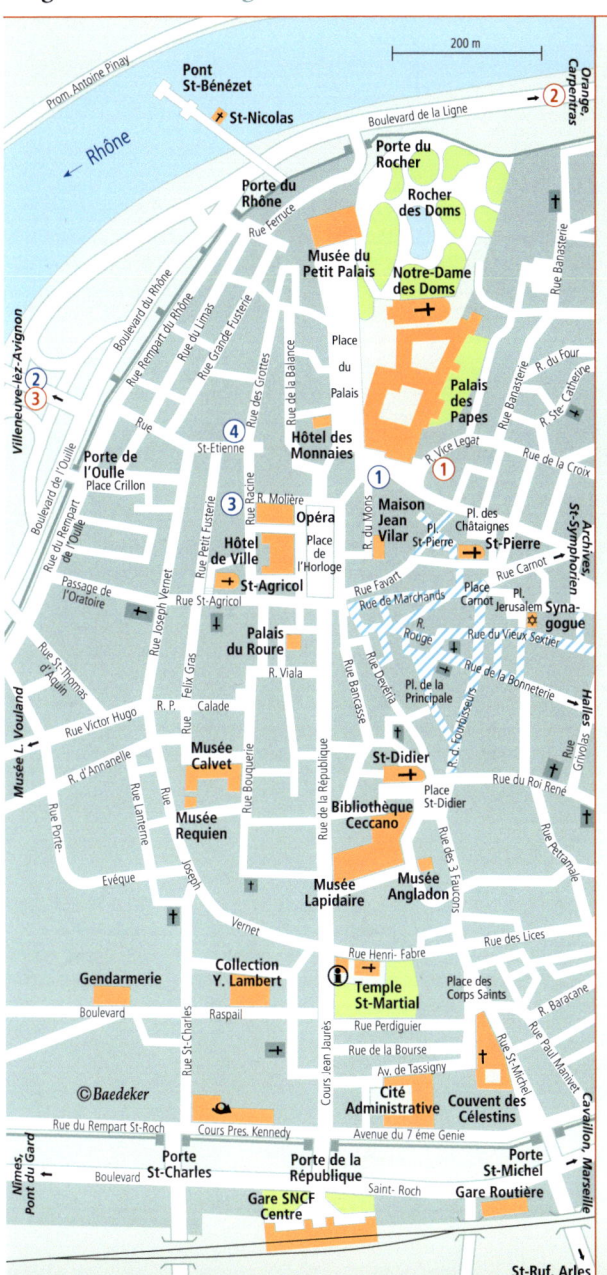

200 m

Prom. Antoine Pinay

Pont St-Bénézet

✈ St-Nicolas

Rhône

Boulevard de la Ligne

Orange, Carpentras → ②

Porte du Rocher

Rocher des Doms

Porte du Rhône

Rue Ferruce

Boulevard du Rhône

Rue du Rempart du Rhône

Rue Grande Fusterie

Rue du Limas

Rue des Grottes

Rue de la Balance

Musée du Petit Palais

Notre-Dame des Doms

Place du Palais

Palais des Papes

Rue Banasterie

Rue du Four

Rue Banasterie

Rue Ste Catherine

Übernachten
① La Mirande
② La Sommellerie
③ Hotel de l'Atelier

Essen
① Christian Etienne
② La Magnaneraie
③ La Fourchette
④ Le Petite Peche

Villeneuve-lez-Avignon

② ③

Boulevard de l'Oulle

Porte de l'Oulle Place Crillon

Boulevard du Rempart de l'Oulle

St-Etienne

④

Hôtel des Monnaies

Rue Vice Legat

Rue de la Croix

① ①

Archives, St-Symphorien

Rue Racine

Rue Petit Fusterie

③ R. Molière

Opéra

Place de l'Horloge

Hôtel de Ville

Passage de l'Oratoire

Rue Joseph Vernet

Rue St-Agricol

St-Agricol

Palais du Roure

R. Viala

R. P. Calade

R. Félix Gras

Rue Victor Hugo

Rue St-Thomas d'Aquin

Musée L. Vouland

R. d'Annanelle

Rue Porte-

Rue Lanterne

Rue Bouquerie

Musée Calvet

Musée Requien

Evêque

Vernet

Maison Jean Vilar

Rue du Mons

Pl. des Châtaignes

Pl. St-Pierre

St-Pierre

Rue Carnot

Place Carnot

Rue Favart

Rue de Marchands

P. Rouge

Rue du Vieux Sextier

Pl. Jerusalem

Synagogue

Rue de la Bonnerie

Halles Spéola

Rue de la République

Rue Deveria

Rue Bancasse

Pl. de la Principale

Rue des Fourbisseurs

St-Didier

Place St-Didier

Bibliothèque Ceccano

Rue des 3 Faucons

Rue du Roi René

Rue Petramale

Gendarmerie

Boulevard

Collection Y. Lambert

Raspail

Rue St-Charles

Rue Henri-Fabre

ℹ Temple St-Martial

Rue Perdiguier

Rue de la Bourse

Av. de Tassigny

Place des Corps Saints

R. Baracane

Rue St-Michel

Rue Paul Manivet

Cavaillon, Marseille

Musée Angladon

Musée Lapidaire

Rue des Lices

Cours Jean Jaurès

©Baedeker

Rue du Rempart St-Roch

Cours Prés. Kennedy

Avenue du 7 ème Genie

Cité Administrative

Couvent des Célestins

Nîmes, Pont du Gard

Boulevard

Porte St-Charles

Cours Pres. Kennedy

Porte de la République

Saint-Roch

Porte St-Michel

Gare SNCF Centre

Gare Routière

St-Ruf, Arles

Musée Lapidaire

Das Musée Lapidaire (Lapidarium, 27 Rue de la République) ist in der barocken ehemaligen Jesuitenkirche zu Hause, die durch eine Brücke mit dem 1564 gegründeten Jesuitenkolleg (heute Gymnasium) verbunden ist. Neben römischen Mosaiken zeigt es Fragmente des Triumphbogens und antike Plastik. Öffnungszeiten: Mi.–Mo. 10.00–13.00, 14.00–18.00 Uhr.

Musée Louis Vouland

Im Westen der Altstadt, nahe der Porte St-Dominique in der Rue Victor-Hugo gelegen, zeigt das Musée Louis Vouland französisches Mobiliar insbesondere aus dem 18. Jh., dazu Gemälde, Gobelins und Keramik. Beachtenswert sind auch die Sammlung von chinesischem Porzellan und die Elfenbeinplastiken. Öffnungszeiten: März–Jan. Di. bis So. 14.00–18.00 Uhr.

Villeneuve, die wehrhafte Nachbarin von Avignon: Blick auf das Fort St-André

In jüngerer Zeit haben sich in Avignon zwei weitere Kunstsammlungen etabliert. Die **Collection Lambert** ist ein Museum für moderne und zeitgenössische Kunst (5 Rue Violette, www.collectionlambert.com). Die ca. 350 Werke umfassende Sammlung zeigt Werke von den 1960er-Jahren bis heute, v. a. der Minimal Art, der Konzeptkunst und der Land Art. Außerdem finden Wechselausstellungen statt. Öffnungszeiten: Sept. bis Juni Di.–So. 11.00–18.00, Juli/Aug. bis 19.00 Uhr.

Das Musée Angladon (5 Rue Laboureur, www.angladon.com) befindet sich in einem Palais aus dem 18. Jh., dem ehemaligen Wohnsitz des Stifterehepaars. Gezeigt werden Arbeiten von **van Gogh – das einzige Werk des Malers, das sich in der Provence befindet** –, Cézanne, Manet, Sisley und anderen. Der erste Stock ist noch als feines Domizil der kunstsinnigen Stifter eingerichtet, während im Erdgeschoss die Sammlung eher museal präsentiert wird. Öffnungszeiten: Di. bis So. 13.00–18.00 Uhr, im Winter auch Mo. geschlossen.

Rue des Teinturiers

Geht man die Rue de la Bonneterie hinunter, vorbei an der Markthalle, stößt man auf die »Straße der Färber« entlang dem Flüsschen Sorgue. Mühlräder weisen auf die früher hier ansässige Fabrikation der bunten »Indiennes«-Stoffe. Das Viertel hat besonders während der Festivalzeit eine sehr lebhafte Atmosphäre; Cafés und Antiquariate, kleine Läden und Restaurants ziehen auch viele junge Leute an.

Villeneuve-lès-Avignon

Von Avignon führt eine Brücke über den Südteil der Insel Barthelasse hinüber zu dem Städtchen Villeneuve-lès-Avignon (12 600 Einw.), das unbedingt einen Besuch wert ist. Es wurde vom französischen König Philipp dem Schönen als Bollwerk gegen die Papstresidenz angelegt, und es ist auch heute »Ausland« – es gehört schon zur Region Languedoc-Roussillon. Am Ufer der Rhône, gegenüber dem Pont St-Bénézet, ragt die 1307 erbaute **Tour Philippe-le-Bel** auf, von der man einen fantastischen Blick auf die Papststadt hat.

Wachposten des Königs

Am Nordteil der Rue de la République liegt die 1356 von Papst Innozenz VI. gegründete ehemalige Chartreuse (Kartause) du Val-de-Bénédiction, die bald größer war als ihr Mutterkloster, die Grande Chartreuse in der Dauphiné. Heute ist hier das Centre National des Écritures du Spectacle tätig, ein Begegnungszentrum rund um das Theaterwesen. In der Kirche, deren Chorapsis zerstört ist und den Blick auf das Fort freigibt, befindet sich das Grabmal von Innozenz VI. (1362), das auf Initiative des Landeskonservators Prosper Mérimée (1834) gerettet wurde. Nördlich der Klosterkirche der Kleine Kreuzgang (Petit Cloître) und das langgestreckte Cloître du Cimetière (Großer Kreuzgang; 20 × 80 m; 12. Jh.), an das die Mönchszellen anstoßen. Als die Zahl der Mönche weiter zunahm, entstand ein dritter, St-Jean genannter Kreuzgang. Info: www.chartreuse.org.

**✷
Chartreuse du Val-de-Bénédiction**
🕐 Öffnungszeiten: April – Sept. 9.00 – 18.00 Okt. – März Mo. – Fr. 9.30 – 17.00, Sa./So. 10.00 – 17.00

Vom **Fort St-André** mit seinen zwei trutzigen Rundtürmen, das in der 2. Hälfte des 14. Jh.s von Johann dem Guten und Karl V. angelegt wurde, hat man eine prächtige Aussicht auf Villeneuve, Avignon, den Mont Ventoux und die Bergketten des Lubéron und der Alpilles. Die mächtigen Mauern umschlossen den Ort St-André, ein Benediktinerkloster und die romanische Kirche Notre-Dame-de-Belvézet. Öffnungszeiten: Okt. – März 10.00 – 13.00, 14.00 – 17.00, April – Sept. bis 18.00 Uhr, Info: http://fort-saint-andre.monuments-nationaux.fr.

> **❗ Baedeker TIPP**
>
> **Kenntnisreiche Führung**
>
> Die Eigentümerin des Klosters, Roseline Bacou, war früher Kunstprofessorin und Kuratorin des Cabinet des Dessin im Pariser Louvre. Sie führt Gruppen ab 15 Teilnehmern durch das Gemäuer. Abbaye St-André, Tel. 04 90 25 55 95. Der Garten ist frei zugänglich (außer montags).

Das Musée Pierre de Luxembourg (Rue de la République) besitzt als Glanzstück das Gemälde »Krönung der Jungfrau Maria« von **Enguerrand Quarton** (auch Charonton). Das Bild entstand 1453 für die Kartause von Villeneuve. Die Muttergottes befindet sich im Zentrum, flankiert von Gottvater und Christus, die eigentümlicherweise identisch (spiegelbildlich) aussehen. Neben den Verdammten und den Auserwählten sieht man die Stadtansichten von Jerusalem und Rom,

**✷✷
Musée Pierre de Luxembourg**

die auf das Alte bzw. das Neue Testament verweisen. Während der Goldgrund und die hierarchisch gestaffelte Bildperspektive noch mittelalterlich anmuten, klingt in räumlicher Gestaltung und Landschaftsdarstellung die Renaissance an. Ein weiteres Highlight ist eine Madonna aus bemaltem Elfenbein (14. Jh.), vermutlich aus Nordfrankreich, die als Meisterwerk der spätgotischen Bildschnitzerei in Frankreich gilt. Einige Stücke aus der Kartause befinden sich ebenfalls hier (Tür und Schrank aus dem 17. Jh., Zinngeschirr).

⏱ Öffnungszeiten: Okt.–März Di.–So. 10.00–12.00, 14.00–17.00, April–Sept. 10.00–12.30, 14.00–18.00 Uhr, Febr. geschlossen.

Cavaillon

Zentrum des Melonenanbaus

Die kleine Provinzstadt Cavaillon (26 000 Einw.), 25 km südöstlich von Avignon am rechten Ufer der Durance und am westlichen Rand der Montagne du ▶ Lubéron gelegen, ist Zentrum des Melonenanbaus und der Konservenindustrie. In der Stadtmitte steht die ehemalige Kathedrale **St-Véran**, die vermutlich im 12. Jh. begründet wurde und romanisch-provenzalischen Baustil zeigt. Ihr Äußeres ist wenig anziehend. An der Apsis befinden sich schöne Kapitelle; auch der romanische Kreuzgang ist sehenswert (Sa./So. nicht zugänglich). Sehr schön ist die an den Arkaden zu erkennende **Synagoge** (Place Castil-Blaze) aus dem Rokoko (1772, mehrfach verändert). Die aus dem katholischen Frankreich vertriebenen Juden hatten im päpstlichen Venaissin Asyl gefunden. Unterhalb der Synagoge gibt es ein kleines Museum (Musée Judéo-Contadin; Okt.–März und Di. geschl.). In der Kapelle des ehemaligen Krankenhauses (Cours Gambetta; Rokoko-Fassade) ist das **Archäologische Museum** mit Exponaten v. a. aus gallorömischer Zeit zu finden (geöffnet Juni–Sept. Mi.–Mo.); sehenswert auch ein merowingischer Tischaltar. Ein Saal zeigt Gegenstände aus dem Hospital des 17./18.Jh.s. Am südwestlichen Stadtrand (Place F. Tourel) findet man das einzige hier erhaltene römische Bauwerk, den kleinen **Triumphbogen** des einstigen Oppidums Cabellio. Pause macht man am besten im Restaurant »Fin de Siècle« von 1899 (Place du Clos), als bester Bäcker – in Peter Mayles Büchern verewigt – gilt Auzet (61 Cours Bournissac).

Châteauneuf-du-Pape

Berühmter Weinort

Châteauneuf-du-Pape (2100 Einw.) liegt ca. 15 km nördlich von Avignon in der sanft gewellten Landschaft östlich der Rhône. Für Weinliebhaber ist der Besuch der kleinen Stadt ein Muss. Vom päpstlichen Sommersitz auf einem sanft ansteigenden, rebenbestandenen Hügel sind zwar nur noch der hohe Turm und Mauerreste vorhanden (▶Abb. S. 161 oben). Geblieben sind jedoch die Weinberge, die sich nach den Appellationsbestimmungen von 1929 über 3200 ha erstrecken. Hier wächst der berühmte gleichnamige Wein, dessen Anbau durch strenge Produktionsbedingungen geregelt ist.

PÄPSTLICHER TROPFEN

Châteauneuf-du-Pape ist Zentrum einer reinen Weinbaugegend – der mit grobem Kies bedeckte Schwemmboden ist für eine andere landwirtschaftliche Verwendung nicht geeignet. Auf 3200 ha Anbaufläche werden jährlich etwa 100 000 hl Wein erzeugt, über 90 % davon sind Rotwein, der neben dem Bordeaux und dem Burgunder zu den großen in Frankreich zählt.

Nach den Bestimmungen der Appellation Contrôlée muss er 12,5 % Alkoholgehalt haben, die höchste Ziffer in Frankreich; tatsächlich sind es 13 – 15 %. Zugelassen sind 13 Rebsorten (den Hauptanteil hat die Grenache), so dass der Charakter des Weins je nach Kellerei stark variiert.

Der Châteauneuf-du-Pape ist ein kräftiger, alkohol- und körperreicher Wein, der mindestens vier, fünf Jahre zur Reife braucht. Man erzeugt auch, durchaus mit Erfolg, einen leichteren und schlankeren Wein, der jünger getrunken werden kann; das ist aber nicht mehr »der« mächtige traditionelle Châteauneuf-du-Pape.

Von Châteauneuf ging auch der Anstoß zur Normierung der Weinqualität und der entsprechenden Prädikate (▶ S. 66) aus. Es gibt viele Gelegenheiten zu **Kellerbesichtigungen und Weinproben** (»visite de cave«, »dégustation de vins«), z. B. Domaines Mousset, B.P. 15, Château des Fines Roches, Châteauneuf-du-Pape, www.domainesmousset.com, Tel. 04 90 83 50 05. In den Caves du Père Anselme ist das (recht touristische) Musée des Outils de Vignerons eingerichtet (Öffnungzeiten: 9.00 bis 12.00, 14.00 – 18.00, im Sommer bis 19.00 Uhr, freier Eintritt), eine interessante Sammlung zur Geschichte des Weinbaus. Ebenso zu besichtigen sind Keller und Abfüllanlage. Die hier angebotenen Weine gehören, obwohl nicht billig, nicht wirklich zu den Spitzenqualitäten.

Das Restaurant La Sommellerie bietet im Herbst ein Programm mit Weinmenüs (▶ S. 149). Es gibt Weinfeste, Wanderungen durch die Weinberge und vieles mehr.

Beaulieu-sur-Mer

G 19 – 20

Département: Alpes-Maritimes   **Höhe:** Meereshöhe
Einwohnerzahl: 3700

Beaulieu-sur-Mer, zwischen Nizza und Monaco gelegen, wird als Ferienort und Sporthafen geschätzt. Vor nördlichen Winden geschützt, verfügt es über ein mildes Klima, das Bananenstauden, Orangen- und Zitronenbäume gedeihen lässt. Einst wählte man Beaulieu als Adresse für seinen Winteraufenthalt, wenn man einen ruhigen Badeort dem quirligen Nizza vorzog.

Sehenswertes in Beaulieu und Umgebung

Villa Kerylos

Öffnungszeiten:
März – Okt.
tägl. 10.00 – 18.00
(Juli/Aug. bis 19.00),
sonst Mo. – Fr.
14.00 – 18.00,
Sa./So.
10.00 – 18.00

An der Südspitze der Baie des Fourmis (Ameisenbucht) steht die Villa Kerylos (www.villa-kerylos.com), die Nachbildung eines antiken griechischen Landsitzes. Die weiße Villa entstand zwischen 1902 und 1910. Der Archäologe Theodor Reinach erfüllte sich mit ihr einen Traum: Er beauftragte den Architekten Emmanuel Pontremoli mit der Ausführung, der ein opulent ausgestattetes Architekturdenkmal schuf. Wände und Fußböden sind mit Fresken und Mosaiken verziert, eine edle Ausstattung rundet das Bild einer Villa aus dem klassischen Griechenland ab.

 BEAULIEU ERLEBEN

ESSEN

► **Fein & teuer**
Chèvre d'Or
Èze-Village, Moyenne Corniche
Rue du Barri, Tel. 04 92 10 66 66
www.chevredor.com
Seit 1953 eine der besten Adressen an der Côte d'Azur. Das atemberaubende Panorama bildet den Rahmen für die hochklassige Küche. Mittags gibt es ein preiswertes 4-Gänge-Menü (ab ca. 100 € ohne Wein), à la carte sollte man für 3 Gänge mindestens 200 €

ansetzen. Wer nach dem Diner nicht mehr fahren will, kann im Hotel nächtigen (Relais & Châteaux).

ÜBERNACHTEN

Baedeker-Empfehlung

► **Günstig**
Le Havre Bleu
Beaulieu-sur-Mer, 29 Bd. Maréchal Joffre
Tel. 04 93 01 01 40, Fax 04 93 01 29 92
www.lehavrebleu.com
Man muss nicht viel Geld ausgeben, um an der Côte d'Azur angenehm zu nächtigen. Ebenso freundlich wie akkurat geführtes Haus (Madame Cerveau spricht Englisch), hübsche Zimmer, z. T. mit Veranda oder Balkon, exzellentes Frühstück.

Èze ist eines der schönsten der hoch über dem Meer gelegenen »villages perchés«.

Auf der Fahrt nach Monaco auf einer der Corniches de la Riviera (Moyenne oder Grande) passiert man 4 km nordöstlich von Beaulieu die zweigeteilte Siedlung Èze. Èze-Village thront kühn auf einem kegelförmigen Felsen, der von einer Burgruine bekrönt wird, 427 m über dem Meer, bei nicht einmal 1 km Abstand von diesem. Sie entstand als Schutzsiedlung und ist noch heute von Mauern aus dem 17. Jh. umgeben. In den engen Gassen finden sich, entsprechend der touristischen Anziehungskraft, viele kunsthandwerkliche Betriebe und Parfümerien, Ableger der Betriebe im nahen ►Grasse. Der **Jardin Exotique** mit seinen Kakteen und exotischen Pflanzen ist durchaus sehenswert, zudem man von der Terrasse der Burg einen beeindruckenden Blick auf die Riviera genießt.

An der Küste liegt das einstige Fischerdorf Èze-Bord-de-Mer, ein bereits in der Antike bekannter Platz, der sich in der Neuzeit zum Fremdenverkehrsort gewandelt hat. **Friedrich Nietzsche**, der sich erstmals von Dezember 1883 bis April 1884 an der Riviera aufhielt, entwarf in Èze den dritten Teil seines »Also sprach Zarathustra«. Der »Sentier de Nietzsche« verbindet Èze und Èze-Bord-de-Mer: aufwärts beschwerliche 1.30 Std., abwärts 0.45 Std.

Südwestlich von Beaulieu springt das Cap Ferrat weit ins Meer vor, das vom exklusiven Villenort St-Jean-Cap-Ferrat eingenommen wird. Gregory Peck, Somerset Maugham und der belgische König Leopold II. hatten hier ihre Domizile, und auch heute strahlt der einstige Fischerort Noblesse aus. Auf einem Küstenwanderweg kann man die Pracht bestaunen. An der Spitze des Caps steht ein 33 m hoher Leuchtturm (fantastische Aussicht). Hauptattraktion ist die **Villa Ephrussi de Rothschild** (Öffnungszeiten wie Villa Kerylos in Beaulieu, www.villa-ephrussi.com). 1905 ließ Baronin Béatrice Ephrussi

Èze

★

◄ Èze-Village

◄ Èze-Bord-de-Mer

St-Jean-Cap-Ferrat

de Rothschild eine Villa im italienischen Stil bauen und einen der schönsten Gärten der Côte d'Azur anlegen, von den thematisch gestalteten Partien öffnet sich immer wieder der Blick aufs Meer. Schon wegen des **Caférestaurants** wäre die Villa den Besuch wert.

Brignoles

J 12

Département: Var

Höhe: 215 m

Einwohner: 15 700

Das optisch wenig attraktive Städtchen an der Autobahn A 8, einst Sitz der Grafen der Provence, ist heute das Wirtschafts- und Verwaltungszentrum des Mittleren Var.

Brignoles ist auch das Zentrum der **Provence Verte**. Unter diesem Namen haben sich 37 Gemeinden zwischen dem Massif de la Sainte-Baume (►St-Maximin-la-Ste-Baume) und ►Draguignan zusammengeschlossen, um den Naturtourismus zu fördern. Kaum 100 km von der überlaufenen Mittelmeerküste entfernt, kann man in diesem überraschend wasserreichen und damit »grünen« Landstrich durch Weinberge und stille Dörfer streifen, wunderbare Wanderungen unternehmen, auf dem Flüsschen Argens paddeln, auf dem Mountainbike schwitzen oder in griffigen Kalkfelswänden klettern.

! *Baedeker* TIPP

Les Tripettes de Saint Marcel

Seit mehr als 660 Jahren hat Barjols zwei Gründe zu feiern. Ein Ochse rettete die Barjolaiser einst vor einer Hungersnot. Wenige Jahre später, am 17. Januar 1350, fanden die Reliquien des Saint Marcel in Barjols ihre letzte Ruhe. Gefeiert wird dies an dem Wochenende, das dem 17. Januar am nächsten liegt. Die Menschen ziehen mit den Reliquien des Heiligen singend und tanzend zur Messe. Alle drei Jahre (wieder 2012) schlachten die Barjolaiser dazu außerdem einen Ochsen.

Sehenswertes

Im ehemaligen Palast der Grafen der Provence (Place des Comtes de Provence) zeigt das Heimatmuseum **Musée du Pays Brignolais** u. a. den Nachbau einer Bauxitmine, den angeblich ältesten Sarkophag der Christenheit und Werke von Malern der Region (wie J. Parrocel und F. Montrenard) sowie eine Fossilien- und Mineraliensammlung.

🕐 Öffnungszeiten: Mi. – Sa. April – Sept. 9.00 – 12.00, 14.30 – 18.00, So. 9.00 – 12.00, 15.00 – 18.00 Uhr, Okt. – März 10.00 – 12.00, 14.30 bis 17.00, So. 10.00 – 12.00, 15.00 – 17.00 Uhr.

✶ **Barjols** H 11/12 43 Brunnen und offene Waschhäuser zählt dieses **einstige Gerberstädtchen** (www.ville-barjols.fr) 22 km nordwestlich von Brignoles. Mehrere kleine Flüsse und eine Salzwasserquelle ermöglichten die Ansiedlung von Gerbereien in dem 800 Jahre alten Ort mitten in der

Provence Verte. Schon seit 1889 produziert das Städtchen mit einem eigenen Wasserkraftwerk Strom. Die bis zu vierstöckigen **Gerbereigebäude** mit ihren großen, hallenartigen Räumen baut die Gemeinde zu Künstlerateliers um, die ersten Maler und Bildhauer sind schon eingezogen. Im »Haus des Wassers«, einem Krankenhaus aus dem 18. Jh., informiert eine Ausstellung über die Bedeutung des Wassers für das Leben von Menschen und Tieren in der Region. Auf dem Hauptplatz steht die angeblich dickste Platane der Provence. Von der **Stadtmauer** sind einige Reste und vier der einst 16 Tore erhalten. Sehenswert ist das Tor des Marquis de Ponteves aus der Renaissance (16. Jahrhundert). Ganze Dörfer, Märkte und Szenen aus den Romanen des provenzalischen Schriftstellers Marcel Pagnol haben örtliche Kunsthandwerker im **Krippenmuseum** mit viel Liebe zum Detail nachgebaut.

Le Val, 6 km nördlich von Brignoles, ist bis heute eines der Zentren für die traditionelle Herstellung von **Santons**, die aus Holz geschnitzten oder aus Ton geformten und handbemalten Heiligenfiguren. Die Heiligen werden hier in den provenzalischen Alltag einbezogen, sie sehen aus wie der Bauer und die Marktfrau von nebenan.

Cotignac unterhalb der Felswände des Oberen Var

Idyllisch am silbern glänzenden Flüsschen Argens und unter der Ruine der alten Festung Gibron liegt dieser Ort, der sich seit Jahrhunderten kaum verändert hat, mit seinem mächtigen Wehrkirchturm (10 km nördlich von Le Val, 800 Einw.). Er hat sich zum ersten **Biodorf** Frankreichs erklärt. Die beiden Weingüter und die Kooperative keltern aus biologisch angebauten Trauben Weißwein, Bauern verkaufen Eier, Honig, Obst, selbstgemachte Marmelade und andere Produkte aus dem Dorf. Seit dem Mittelalter wird der große **Pardon** gefeiert, und zwar dann, wenn der 3. Mai ein Donnerstag ist (wieder in den Jahren 2013 und 2019). Zu beachten ist die äußerlich unscheinbare Kirche, deren geschnitzter und vergoldeter Hauptaltar mit einer Glorie (18. Jh.) als einzigartig für die Provence gilt. Westlich von Correns hat der Argens eine Schlucht in die Landschaft geschnitten. das **Vallon Sourn**, die zu den beliebtesten Klettergebieten Frankreichs zählt, mit Routen von ganz leicht bis mörderisch.

✶
Correns

BRIGNOLES ERLEBEN

AUSKUNFT

Provence Verte – Maison du Tourisme
Carrefour de l'Europe
83170 Brignoles, Tel. 04 94 72 04 21
www.la-provence-verte.org
www.visitvar.fr

ÜBERNACHTEN / ESSEN

► **Günstig**

Bastide des Trois Ponts
Belgentier, Route de Méounes
Tel. 04 94 28 12 46, http://bastide3
ponts.monsite-orange.fr
26 km südlich von Brignoles
Kleines Chambre d'hôtes, ein schöner Platz zum Übernachten (mit Pool), aber auch zum Essen: Patron Philippe Landrain unterrichtet an der Hotelfachschule Toulon – das heißt exquisite Küche und Kochkurse.

La Cabro d'Or
Carcès, 5/7, Av. Giraud Florentin
Tel. 04 94 04 50 26, Fax 04 94 04 37 85
17 km nordöstlich von Brignoles
Kleines, familiäres Haus in provenzalischem Stil mit exzellentem Restaurant, eine sehr angenehme Etappe.

► **Komfortabel**

Auberge du Parc
Correns, Place Général de Gaulle
Tel. 04 94 59 53 52, Fax 04 94 59 53 54,
www.aubergeduparc.fr
14 km nördlich von Brignoles
Trüffeln und andere regionale Köstlichkeiten auf der Terrasse im Park genießen, anschließend romantisch nächtigen in einem der sechs liebevoll provenzalisch eingerichteten Zimmer. Mit Swimmingpool.

Cotignac
Fast städtisch mutet Cotignac (2100 Einw., 20 km nordöstlich von Brignoles) mit seinem großen, platanengesäumten Marktplatz an. Hier gibt es ein nettes Café und mehrere kleine Läden. Der obere Teil des Orts schmiegt sich an die hinter den Häusern steil aufragenden Felsklippen des Oberen Var.

Mazaugues
Etwa 8 km westlich dieses verschlafenen Dorfs südwestlich von Brignoles ist das einzige **Eismuseum** der Welt zu finden (Glacière de Pivaut, Musée de la Glace). Noch bis Mitte des 20. Jh.s schaffte man mit Pferdewagen und Ochsenkarren riesige Eisblöcke aus den Alpen heran, um sie in bis zu 25 m hohen, aus Bruchsteinen gemauerten Speichern zu lagern. Neben den Speichern staute man Bäche auf. Wenn das Wasser in den flachen künstlichen Teichen gefror, erhielt man zusätzliches Eis, das ebenfalls in die Speichertürme kam. Dort blieben sie den Sommer über erhalten. Das Museum steht bei einem der letzten erhaltenen Eisspeicher. Öffnungszeiten: Juni – Sept. Di. bis So. 9.00 – 12.00, 14.00 – 18.00, Okt. – Mai So. 9.00 – 12.00, 14.00 bis 17.00 Uhr.

Varages
Das Dorf am Nordrand der Provence Verte, wenige Kilometer nordwestlich von Barjols, pflegt die Tradition der Fayence. Ein **Museum** erzählt die Geschichte der Tonverarbeitung, der Geschirr- und Porzellanherstellung seit dem 17. Jh. (Maison Gassendi, Place de la Libé-

ration; Öffnungszeiten: Sept. – Juni Mi. – So. 14.00 – 17.00, Juli, Aug. Di. – So. 10.00 – 12.00, 15.00 – 19.00, Mo. 15.00 – 19.00 Uhr). Im Atelier nebenan kann man unter Anleitung selbst Fayencen herstellen und bemalen. Im Ort gibt es auch noch eine kleine Geschirrfabrik, die Führungen durch die Produktion anbietet.

★ Camargue

G–J 2–4

Département: Bouches-du-Rhône   **Fläche:** 920 km²

Eine Landschaft besonderer Art ist die Camargue, das topfebene Mündungsdelta der Rhône mit seinen Salzsümpfen und Sandstränden. Die berühmten halbwilden Stiere und Pferde samt ihrer berittenen Hirten gehören allerdings fast schon der Vergangenheit an.

Die Camargue – benannt nach dem aus Arles stammenden römischen Senator Camar – umfasst die rund 720 km² große Grande Camargue zwischen Grand Rhône und Petit Rhône, in die sich der Strom bei ▶Arles teilt, und die etwa 200 km² große, zum Languedoc gehörende Petite Camargue westlich des Petit Rhône. Zwischen dem Grand Rhône und dem Etang de Berre dehnt sich die **Crau** aus, eine Ebene aus eiszeitlichen Schottern der Durance. Seit Jahrtausenden lagert der Fluss Geröll und Erde ab, so dass sich das Land immer weiter ins Meer vorschiebt: ▶Aigues-Mortes, als Hafenstadt gegründet, ist heute 6 km vom Meer entfernt. Dafür bröckeln andere Bereiche der Küste ab, das im Mittelalter etliche Kilometer landeinwärts erbaute ▶Stes-Maries-de-la-Mer liegt heute am Wasser. Der meernahe Teil an der großen Lagune Etang de Vaccarès besteht größtenteils aus dürren Salzflächen und Dünen, auf denen Schirmpinien, Wacholdersträucher und Tamarisken wachsen, dazwischen liegen fla-

Landschaft im Wandel

Große Flamingoschwärme und reetgedeckte Bauernhöfe prägen die Camargue.

che Seen und schilfbewachsene Sümpfe, in denen sich Wasservögel aller Art tummeln, insbesondere Tausende Flamingos.

Trotz der beeindruckenden Szenerie sollte man sich keine Illusionen von einer »unberührten Naturlandschaft« machen. Seit dem Mittelalter wird die Camargue, v. a. der nördliche Bereich, landwirtschaftlich genutzt, heute mit Hilfe riesiger Bewässerungsanlagen. Vermutlich brachten die Araber gegen Ende des 13. Jh.s von Spanien den Reisanbau mit, der seit 1980 intensiviert wird, um der Versalzung entgegenzuwirken. Rund 70 % der französischen Reisproduktion kommt aus der Camargue. Außer der Pferde- und Rinderzucht und dem Weinbau (Vin de sable) spielt der Fremdenverkehr die wichtigste Rolle – die schwarzen Stiere und die weißen Pferde sind friedlich grasende Kulissen bzw. dienen zum Vergnügen der Touristen. Um die Lebensräume für Tiere und Pflanzen zu erhalten, wurde 1970 der 820 km² **Parc Régional de Camargue** (www.parc-camargue.fr) eingerichtet. Für eine Fahrt durch die Camargue ►Touren, S. 116.

Musée de la Camargue

Etwa 10 km südwestlich von Arles, in der sumpfigen Plaine de Meyran, liegt an der D 570 der Mas du Pont de Rousty. In der ehemaligen Schäferei ist das Zentrum der Naturschutzorganisation und das Musée de la Camargue untergebracht, das über die Geschichte der Kulturlandschaft Camargue informiert. Ein 3,5 km langer Lehrpfad macht mit dem bäuerlichen Leben und den landwirtschaftlichen Verhältnissen vertraut. Öffnungszeiten: April – Sept. tägl. 9.00 – 12.30, 13.00 – 18.00 Uhr, Okt. – März Mi. – Mo., bis 17.00 Uhr.

Maison du Parc

Beim Etang de Ginès, einem Strandsee ca. 4 km nördlich von Stes-Maries, wurde das Informationszentrum eingerichtet. Panoramafenster öffnen sich auf das sich Vogelschutzgebiet zwischen dem Informationszentrum und dem See. Öffnungszeiten: April – Sept. tägl. 10.00 – 18.00, sonst Sa. – Do. 9.30 – 17.00 Uhr.

Parc Ornithologique de Pont de Gau ►

Der Vogelschutzpark weiter südlich umfasst 12 ha Sumpfland. Hier sind viele Vogelarten zu beobachten, die in der Camargue beheimatet sind oder auf ihrem Zug Station machen. In Volieren oder Freigehegen sind Arten kennenzulernen, die in freier Wildbahn nur schwer zu beobachten sind. Öffnungszeiten: April – Sept. 9.00 Uhr bis Sonnenuntergang, sonst ab 10.00 Uhr (www.parcornithologique.com).

★
Salin-de-Giraud

Bei Salin-de-Giraud liegen riesige Salzgärten, in denen durch Verdunstung aus Meerwasser Salz gewonnen wird. Südlich des Orts türmen sich mächtige Salzhalden auf. Von einem künstlichen Hügel bietet sich ein Rundblick auf die Berge von Salz und die Verdunstungsbecken, deren Wasser durch Algen in verschiedenen Schattierungen von Braun, Rot und Violett gefärbt ist. Auf der D 36 D erreicht man

Plage de Piemanson ►

die ca. 12 km lange **Plage de Piémanson**, den feinsandigen »Strand von Arles«, der im Sommer zu einer grauenhaften, riesigen Campmobil-Stadt wird. Mehrere Vereinigungen zum Schutz der Camargue kämpfen für ein Verbot der Camper.

✳ Cannes

Département: Alpes-Maritimes   **Höhe:** Meereshöhe
Einwohnerzahl: 70 800

Mehr exklusive Hotels, exzentrische Restaurants und schicke Boutiquen als in Cannes, dem Treffpunkt der Reichen und Schönen, gibt es an der Côte d'Azur nirgends. Bestätigt wird die Attraktivität der herrlich am Golfe de la Napoule liegenden Stadt durch die Festivals der Medienwelt und die internationalen Kongresse.

Die Tourismusmetropole liegt geschützt am weiten Golfe de la Napoule, dem die Iles de Lérins vorgelagert sind. Das überaus milde Klima (mittlere Temperatur im Winter 9,8 °C), die reiche subtropische Vegetation und der schöne, größtenteils künstlich angelegte Strand machen Cannes zu einem ganzjährigen Reiseziel; nach Paris ist die Stadt das zweitwichtigste Kongresszentrum Frankreichs.

Hinweise auf eine frühe Besiedlung des Mont Chevalier geben Funde aus keltoligurischer Zeit. Im 2. Jh. v. Chr. sollen die Römer hier das Castrum Marsellinum errichtet haben. Im 11. Jh. entstand ein

◄ Plage de Piemanson

Der Arm des Gesetzes regelt den Verkehr auf der Croisette.

● CANNES ERLEBEN

AUSKUNFT

Office des Tourisme
Palais des Festivals, 06400 Cannes
Tel. 04 92 99 84 22, Fax 04 92 99 84 23
www.cannes.com, www.cannes.travel

MARKT

Im Marché Forville am Rand der
Altstadt kann man Di.–So. von 7.00
bis 13.00 Uhr einkaufen und das Flair
der Markthalle von 1870 genießen.

Die Auswahl ist groß:
Restaurants in der Rue St-Antoine

EVENTS

Mai: Filmfestival (www.festival-cannes.
org). In diesen 12 Tagen ist Cannes
Mittelpunkt der Kinowelt, der Wettbewerb um die »Palme d'Or« Vorwand für einen gigantischen Medien-
rummel. Karten gibt's nur für Insider,
für manche Vorführungen kann man
Freikarten ergattern (Cannes Ciné-
philes, www.cannes-cinema.com,
Tel. 04 93 99 04 04, beim Palais des
Festivals). Juli–Sept.: Été à Cannes
(v. a. Musik). Aktuelle Termine im
»Mois à Cannes« (Tourismusbüro).

ESSEN

Baedeker-Empfehlung

► Fein & teuer

① *Moulin de Mougins*
Mougins, Notre Dame de Vie (D 3)
Tel. 04 93 75 78 24
www.moulin-mougins.com
5 km nördlich von Cannes
2,5 km südöstlich von Mougins ist der edle
Schlemmertempel zu finden, seit 2009
unter der Leitung von Sébastien Chambru,
zuvor Küchenchef des Hilton Tokio, und
wieder mit einem Michelin-Stern versehen.

► Preiswert / Erschwinglich

② *La Cave*
Cannes, 9 Blvd. de la République
Tel. 04 93 99 79 87
Beliebtes, heimeliges Bistro mit ein-
sehbarer Küche, in der hervorragend
herzhaft provenzalisch gekocht wird.

► Preiswert

③ *Aux Bons Enfants*
Cannes, 80 Rue Meynadier
Bei den »Braven Kindern« isst man
gut, z. B. Ziegenterrine oder frittierte
Sardinen. Im August, wenn die Stadt
unerträglich voll ist, sind die »Braven
Kinder« ausgeflogen. So. geschl.,
Kreditkarten werden nicht akzeptiert,
kein Telefon – wer reservieren will,
muss vorher vorbeikommen.

ÜBERNACHTEN

Während des Filmfestivals ist es
nahezu aussichtslos, ein Hotelzimmer
zu finden, das gleiche gilt während
der zahlreichen Kongresse. Hinzu
kommt die große Zahl von teuren
Hotels im Verhältnis zu normalen,
preiswerten Unterkünften.

Wachtturm, um den sich später eine kleine ummauerte Stadt gruppierte. Im 14. Jh. kam die Stadt zur Provence und mit dieser 1481 zu Frankreich. Der Aufstieg zum Badeort der Hautevolee begann mit der Entdeckung des Platzes als Erholungsort durch den britischen Schatzkanzler Lord Brougham, der 1834 wegen einer in Nizza grassierenden Choleraepidemie in Cannes bleiben musste. 1838 wurde der Hafen angelegt, 30 Jahre später mit dem Bau der Uferpromenade begonnen.

Sehenswertes in Cannes

Das Viertel Le Suquet nimmt den 67 m hohen Mont Chevalier ein. **Altstadt** Auf seinem Gipfel steht der Wachtturm aus dem 11. Jh., der einen fantastischen Ausblick bietet. Wenige Schritte südlich liegt das **Musée de la Castre**, das ägyptische, phönikische, etruskische, griechische und römische Altertümer sowie fernöstliche und mittelamerikanische Kunst zeigt (Di. geschlossen). Nördlich des Turms steht die Kirche Notre Dame de l'Espérance, erbaut 1521–1648; innen sind eine Madonna aus dem 17. Jh. auf dem Hochaltar sowie eine Holzstatue der hl. Anna (um 1500) zu beachten. Am Meer entlang verläuft, vorbei am Square Jean-Hibert, der Boulevard gleichen Namens westwärts zum schönen Square Mistral; daran schließt der 3 km lange Boulevard du Midi an – mit öffentlichem Kiesstrand, oberhalb das Quartier Anglais mit prächtigen Villen –, der zur Corniche de l'Esterel (Corniche d'Or) führt.

Am Vieux Port (Alter Hafen, Port Cannes I) legen die Schiffe zu den Iles de Lérins ab. An seiner Nordseite liegen die Gare Maritime und **Vieux Port** die hübschen platanenbestandenen Allées de la Liberté (morgens Blumenmarkt), im Nordwesteck das Hôtel d Ville (Rathaus) von 1876. Das Ladenzentrum mit der **Markthalle** (Marché Forville, 1870) ist nördlich des Rathauses zu finden. Luxusgeschäfte reihen sich am Straßenzug Rue Félix-Faure / Rue d'Antibes. An der Ostseite des Alten Hafens steht das 1982 eröffnete **Palais des Festivals**, in dem die Filmfestspiele und zahlreiche Kongresse stattfinden; die populäre Bezeichnung »Bunker« ist nachvollziehbar. Auf der Allée des Stars haben über 200 Filmgrößen ihren Handabdruck hinterlassen.

Cannes Orientierung

Übernachten
① Hotel America
② Cannes Riviera
③ Idéal Séjour

Essen
① Moulin de Mougins
② La Cave
③ Aux Bons Enfants

Die Schaumeile von Cannes ist der um 1860 angelegte Boulevard de la Croisette mit seinen luxuriösen Hotels, Geschäften und Badestränden (das Nichtstun kostet hier 10 – 40 € pro Tag). Die Strandabschnitte am West- und Ostende sind öffentlich. Den Ostabschluss der Bucht bildet die Landzunge La Croisette mit dem Palm Beach Casino (1929). Nördlich von ihr liegt der reizvolle Stadtteil **La Californie**, in dem Picasso sich 1955 eine Villa kaufte; sehenswert die Russische Kirche von 1894 (Blvd. Alexandre-III). Vom 325 m hoch gelegenen Observatoire de Super-Cannes herrlicher Blick.

★
Boulevard de la Croisette

Umgebung von Cannes

Iles de Lérins Die Lerinischen Inseln liegen ca. 4 km entfernt zwischen dem Golfe de la Napoule und dem Golfe Juan, Hauptinseln sind Ste-Marguerite und St-Honorat. Schiffe fahren vom Alten Hafen in Cannes im Halb-stunden-/Stundentakt (Ausflugsfahrten gibt es auch von Nizza, Mo-naco, St-Tropez und anderen Orten). Auf beiden Inseln kann man baden. Ste-Marguerite ist meist trubelig und touristisch, die Kloster-insel St-Honorat viel ruhiger; auf der Klosterinsel sollte man sich der Bedeutung des Orts gemäß verhalten.

Ste-Marguerite Die 3 km lange und bis 1 km breite Ile Ste-Marguerite, die größte In-sel der Gruppe, ist mit Eukalyptus- und Kiefernwäldern bestanden. An ihrer Nordküste steht das Fort Royal (17. Jh.), das lange Zeit als Gefängnis diente (heute Musée de la Mer, Mo. geschl.). Gegen Ende des 17. Jh.s lebte hier der geheimnisumwitterte Gefangene mit der »Masque de fer« (Eiserne Maske), der die Fantasie der Schriftsteller befeuerte. Marcel Pagnol sah in ihm (in seinem Roman »Die eiserne Maske«) den Zwillingsbruder von Ludwig XIV., für Voltaire war er ein unehelicher älterer Bruder des Sonnenkönigs.

St-Honorat Rund 700 m südlich von Ste-Marguerite liegt die 1,5 km lange und bis 400 m breite Ile St-Honorat. Sie wird dominiert vom dem Kloster, das angeblich vom 429 verstorbenen hl. Honoratus, Bischof von Ar-les, gegründet wurde. Schon im 5./6. Jh. war es ein Zentrum der Ge-lehrsamkeit. Im Jahre 660 über-nahm es die Regel des hl. Benedikt; im Mittelalter gehörte es zu den bedeutendsten Klöstern Europas. Heute leben hier etwa 30 Zister-zienser. Zugänglich sind Kirche (um 1870) und Museum. Am Was-ser steht das **Château St-Honorat**, ein im 11. Jh. als Zuflucht erbauter mächtiger Turm mit schönen Kreuzgängen im Erdgeschoss und im 1. Stock (weite Aussicht). Von den sieben Kapellen der Insel sind nur noch die Chapelle St-Sauveur, ein frühchristlicher Bau mit 10 m Durchmesser, und die Chapelle de la Trinité erhalten, eine frühmittelalterliche Friedhofskapelle.

> **!** *Baedeker* TIPP
>
> **Klösterlicher Wein**
>
> Bekannt ist St-Honorat auch für seinen Wein; auf 39 ha wachsen unter besonderen klimatischen und geologischen Bedingungen Chardonnay und Clairette (weiß) sowie Syrah, Mourvèdre und Pinot Noir (rot). Auch die anderen Produkte von St-Honorat können auf dem Netzplatz der Abtei bestellt werden: www.abbayedelerins.com.

Mandelieu-La Napoule Der Doppelort Mandelieu-La Napoule liegt 5 km westlich von Cannes zu Füßen des Massif du Tanneron. Am Meer der malerische Badeort La Napoule-Plage; am Hafen steht auf einem Porphyrfelsen das wiederaufgebaute Schloss aus dem 14. Jahrhundert. Vom nahen Hügel San Peïre (131 m; Kapellenruine; zu Fuß 45 Min.) Aussicht auf die Küste mit ihren Appartementtürmen und Jachthäfen.

Die Ile St-Honorat mit ihrer einst befestigten Klosteranlage

Mimosen verwandeln den Tanneron zwischen Mandelieu und dem Stausee Lac de St-Cassien jedes Jahr im Februar in ein leuchtend gelbes Blütenmeer. Die Blüte beginnt in Europas größtem Mimosenwald Ende Januar am Südhang, wo die gelben Blüten der Akazienart australischen Ursprungs mit dem tiefblauen Meer kontrastieren. Um 1870 pflanzten die Gärtner einiger Villenbesitzer die ersten Bäumchen. Inzwischen sind daraus Bäume geworden, die überall an der Côte d'Azur so gut gedeihen, dass sie einheimische Pflanzen verdrängen. Im Ort **Tanneron** oben auf dem gleichnamigen Gebirgszug züchten mehrere Gärtnereien Mimosen und vertreiben die blühenden Zweige in ganz Europa. Die meisten führen Besucher gerne durch ihren Betrieb. Billige Importe aus Südamerika machen den Tannerongärtnern das Leben heute schwerer.

★
Massif du Tanneron

Der Ort über dem Golfe Juan 5 km nordöstlich von Cannes – mit seinem entsprechend benannten Ableger an der Küste – hieß ursprünglich »Vallis Aurea« (»Goldenes Tal«). Das Töpferstädtchen samt seinen Wein- und Orangenkulturen gehörte früher dem Kloster Lérins. Das im 12. Jh. zur Burg ausgebaute Kloster wurde 1569 zerstört und im Renaissancestil wieder aufgebaut; es beherbergt heute das **Musée de la Céramique** (Öffnungszeiten: Mi. – Mo. Juni – Sept. 10.00 – 12.00, 14.00 – 18.00, sonst bis 17.00 Uhr). Aus dem 12. Jh. stammt noch die romanische Kapelle der Burg, in deren schöner Krypta Picasso 1952 – 1959 sein Gemälde **»Krieg und Frieden«** schuf (Di. geschl.). Den Kirchplatz (vormittags Markt) ziert die Picasso-Plastik »Mann mit Schaf«. Die **Töpferei** ist in Vallauris seit der Römerzeit bekannt. Nach dem Zweiten Weltkrieg gab das Wirken Pablo Picassos neue Impulse. Picasso hatte hier 1946 die Keramiker Suzanne und Georges Ramié kennengelernt und sich begeistert mit dem neuen Material beschäftigt. Heute gibt es in Vallauris über 80 Werkstätten; eine Biennale für künstlerische Keramik sichert den Fort-

Vallauris-Golfe-Juan

☉

! Baedeker TIPP

Napoleons Rückkehr

Ein Schild am Hafen von Golfe-Juan erinnert an die Rückkehr Napoleons am 1. März 1815. Nachdem ihn die Siegermächte nach Elba verbannt hatten, landete er heimlich mit einigen Getreuen hier, um die Macht in Paris zurückzuerobern. Am 20. März 1815 bereiteten ihm die Pariser einen triumphalen Empfang. Die 1932 eröffnete »Route Napoléon« folgt seinem Weg von hier über 220 km bis nach Grenoble.

bestand dieses Handwerks. Das **Atelier Madoura**, geleitet von Alain Ramié (Nähe Avenue Clémenceau, www.madoura.com), stellt als einzige Werkstatt Keramik nach Picassos Entwürfen her.

Das 5 km nördlich von Cannes gelegene **Mougins** (20 000 Einw.) ist ein altes, befestigtes Bergstädtchen mit erstklassigen Restaurants und vielen Kunstgalerien. Picasso lebte von 1961 bis zu seinem Tod 1973 hier; im Musée de le Photographie sind u. a. Picasso-Fotografien von berühmten Fotografen zu sehen. Das Automuseum an der Autobahn (Rastplatz Bréguières), das dem Millionär und bekannten Kunstmäzen Adrien Maeght gehörte, wurde 2008 geschlossen.

Carpentras

E 6

Département: Vaucluse　　　　**Höhe:** 102 m
Einwohnerzahl: 28 500

Carpentras, zwischen Mont Ventoux und Avignon gelegen, ist Umschlagplatz für das in der fruchtbaren Ebene des Auzon angebaute Obst und Gemüse. Zur Trüffelsaison wird Carpentras zum Hauptmarkt für die unscheinbare Delikatesse – die Vaucluse ist, vor dem Périgord, der bedeutendste Trüffellieferant des Landes. Der Trüffelmarkt erhielt schon 1155 ein Privileg des Grafen von Toulouse.

Aus der Geschichte　Der aus dem antiken Carpentoracte hervorgegangene Ort vor dem eindrucksvollen Beherrscher der Provence, dem ▶ Mont Ventoux, war von 1320 bis zur Französischen Revolution 1789 Hauptstadt der päpstlichen Grafschaft Venaissin. Ab 1342 genossen die aus dem königlichen Frankreich vertriebenen Juden den Schutz der Päpste – den diese sich teuer bezahlen ließen –, weshalb sie in Carpentras, wie in Cavaillon und Avignon, eigene Viertel bewohnen konnten.

Sehenswertes in Carpentras und Umgebung

St-Siffrein　In der Stadtmitte steht eine der wenigen gotischen Kathedralen der Provence, errichtet zwischen 1405 und ca. 1519 (Weihe); die Westfassade blieb unvollendet. Das Südportal von 1470/1480, die »Porte Juive«, zeigt den typischen Flamboyantstil der Spätgotik. Durch dieses Portal gingen die Juden, die sich taufen lassen wollten. Eine in

► CARPENTRAS ERLEBEN

AUSKUNFT

Office de Tourisme
97 Place du 25 Août 1944
84200 Carpentras
Tel. 04 90 63 00 78, Fax 04 90 60 41 02
www.carpentras-ventoux.com
www.carpentras.fr
Mit der Carte Berlingot (gratis) erhält
man vielerlei Vergünstigungen.

EVENTS

1. Febr.-So.: Trüffelfest. Mitte April:
Erdbeerfest. Anf. Aug.: Festival International de Musiques Juives. 2. Julihälfte: »Estivales« (Musik, Theater,
Tanz) in der Innenstadt, im Freilichttheater und im Hippodrom.

MÄRKTE

Großer Markt Fr.vormittag in der
Innenstadt. Trödelmarkt So. ab 11.00
Uhr (Allées Jean Jaurès). Vom Freitag
vor dem 27. Nov. bis Ende März wird
vor dem Hôtel-Dieu Fr. von 9.00 bis
ca. 10.00 Uhr um Trüffeln gefeilscht.

ESSEN

► Erschwinglich

La Ciboulette
Carpentras, 30 Place de l'Horloge
Tel. 04 90 60 75 00, Mo. geschl.
In dem schönen Haus aus dem 15. Jh.
wird man mit einfallsreichen Gerich-
ten verwöhnt. Moderner Rahmen mit
Holz und Stein, im Sommer speist
man im romantischen Hof.

Le Dolium
Beaumes-de-Venise, Route de Vacqueyras D 7, Tel. 04 90 12 80 00
8 km nördlich von Carpentras, am
Fuß der Dentelles de Montmirail
Angenehm modernes Ambiente in
der Cave Balma Venitia. Hochklassige,
elegante Regionalküche, dazu gibt es
die exzellenten lokalen Gewächse.

► Preiswert

La Gousse d'Ail
Bédoin, Place Du Portail-Olivier
Tel. 04 90 12 82 02
15 km nordöstlich von Carpentras
Unverzichtbare Etappe bei einer Tour
über den Mont Ventoux: Provenzalische Küche vom Feinsten, auch Un-
gewöhnlicheres wie Daube vom Wild-
schwein und Perlhuhn mit Foie gras;
in der Saison Trüffeln satt. Schlichte,
herzliche Atmosphäre.

ÜBERNACHTEN

► Komfortabel

Le Comtadin
Carpentras, 65 Blvd. A. Durand
Tel. 04 90 67 75 00, Fax 04 90 67 75 01
www.le-comtadin.com
Stadtpalais von Ende des 18. Jh.s, ge-
schmackvoll provenzalisches Ambien-
te mit Best-Western-Standard. Mit
Restaurant und schöner Dachterrasse.
Für das Gebotene recht preisgünstig.

Domaine de Bournereau
Monteux, 579 Chemin de la Sorguette
Tel. 04 90 66 36 13, Fax 04 90 66 36 93
www.bournereau.com
5 km südwestlich von Carpentras
Sehr schön und »privat« wohnt man
in dem stilvoll-schlicht eingerichteten
ehemaligen Landgut. Mit Restaurant
für Hausgäste und Pool.

Maison de Charme La Fontaine
Venasque, Place de la Fontaine
Tel. 04 90 60 64 05, Fax 04 90 66 64 20
www.maisondecharme-venasque.com
11 km südöstlich von Carpentras
Christian Soehlke hat seine »Auberge
La Fontaine« nach 35 Jahren aufgegeben, aber die vier großen, modern gestalteten Suiten in dem Haus
von 1793 stehen weiterhin als herrliches Domizil zur Verfügung.

Stein gemeißelte Kugel, an der Ratten nagen, ist im Giebelfeld des Wimpergs zu sehen; ihre Bedeutung ist nicht geklärt. Das Langhaus des einschiffigen Baus besitzt sechs Joche und wird zu beiden Seiten von Kapellen flankiert. Die unterschiedlichen Wandvorlagen verweisen auf die lange Bauzeit. Im querschifflosen, reich dekorierten Inneren ist der Altaraufsatz zu beachten, eine prächtige Glorie aus vergoldetem Holz von Jacques Bernus (1694). Zum sehenswerten Kirchenschatz gehört eine Kandare, die angeblich Konstantin dem Großen gehörte und einen Nagel vom Kreuz Christi enthält. An der Nordseite der Kirche sind Reste eines **römischen Ehrenbogens** (1. Jh.) zu sehen, der ehemals in die romanische Kirche einbezogen war; an seinen Schmalseiten sind Gefangene und Siegestrophäen dargestellt. Die Gefangenen sind aufgrund ihrer Kleidung als ein Germane und ein Armenier zu deuten. Möglicherweise wird damit auf Augustus' Sieg über Germanen und Armenier kurz nach Christi Geburt verwiesen.

Palais de Justice Nördlich stößt an die Kirchenfassade der Justizpalast, 1640 in Anlehnung an italienische Barockformen als Bischofspalast errichtet. Innen kann man prunkvoll ausgestattete Räume, u. a. das Zimmer des Bischofs (Kathedra aus dem 18. Jh.), den Sitzungssaal und den Raum der Strafkammer (Kartuschen mit Veduten von Städten des Venaissin) besichtigen. Führungen über das Office de Tourisme.

Museen Die wichtigsten Museen sind in einem Gebäudekomplex am Westrand der Altstadt (Blvd. Albin Durand) untergebracht. Das Musée Comtadin-Duplessis besitzt Sammlungen zur Volkskunde der Umgebung und beachtliche Bilder einheimischer Maler (Duplessis, Lebrun u. a.) sowie italienischer und niederländischer Künstler. Das Musée ⏲ Sobirats zeigt herrliches Kunsthandwerk. Öffnungszeiten: April bis Sept. Mi. – Mo. 10.00 – 12.00, 14.00 – 18.00 Uhr. Die Bibliothèque Inguimbertine im Nordflügel des Museumskomplexes geht auf J.-D. d'Inguimbert (1683 – 1757) zurück, einen Abt von Cîteaux und Bü⏲ cherfreund, der viele Bibliotheken aufkaufte. Aufgrund ihres großen, wertvollen Bestands ist die Bibliothek international bekannt.

✶ Synagoge Die Synagoge von Carpentras (Place de la Mairie) ist die **älteste, die in Frankreich erhalten blieb**. Der Bau von 1367 wurde mehrfach erneuert. Im Erd- und Untergeschoss befinden sich Mikwe (Ritualbad) und Bäckerei, der Kultraum im ersten Stock erhielt seine prachtvolle ⏲ Ausstattung im 18. Jahrhundert. Besichtigung Mo. – Do. 10.00, 10.30, 11.00, 11.30, 15.00, 15.30, 16.00, 16.30 Uhr, Fr. 15.30 Uhr.

Auch das Hôtel-Dieu (Hospital, 1757) an der Place A. Briand geht auf Abt d'Inguimbert zurück. Der zweistöckige klassizistische Bau am Südrand des Stadtkerns hat einen Innenhof (sommers Konzerte) mit zwei Brunnen; eine Monumentaltreppe führt in die oberen Geschosse. Im Erdgeschoss ist die Apotheke aus dem 18. Jh. sehenswert. Führungen über das Office de Tourisme.

Hôtel-Dieu

Die dramatische Schlucht der Nesque erreicht man von Carpentras östlich (D 942 nach Villes-sur-Auzon, 17 km) oder nach der Fahrt über den ►Mont Ventoux von Sault über die D 942. Die Gorges mit ihren grauen und hellbraunen Felswänden beginnen einige Kilometer hinter dem pittoresken mittelalterlichen Dorf Monieux. Die Straße führt rechts der Nesque entlang und erreicht nach ca. 6 km einen Aussichtspunkt (Belvédère; durch Säule markiert). Gegenüber der zerklüftete Rocher du Cire (872 m). Am Ausgang der Schlucht überrascht der großartige Ausblick auf die landwirtschaftlich intensiv genutzte Ebene um Carpentras am Fuß des Mont Ventoux.

✱
Gorges de la Nesque

Draguignan

H 14

Département: Var　　　　　　**Höhe:** 181 m
Einwohnerzahl: 37 000

Draguignan, knapp 30 km nordwestlich von Fréjus gelegen, spielt eine gewisse Rolle als Unterzentrum zwischen dem Mittelmeer und dem Hochland der Haute Provence und eine der bedeutendsten Garnisonsstädte Frankreichs. Die für eine Kleinstadt ungewöhnlich breiten Alleen südlich der Altstadt sind ein Werk von Baron Haussmann, 1849/1850 Präfekt, der auch für das heutige Stadtbild von Paris verantwortlich zeichnet.

Im 5. Jh. wurde die Gegend von Hermentarius, dem ersten Bischof von Antibes, christianisiert. Der Legende nach gewann er das Vertrauen der Bewohner, indem er einen Drachen tötete, der das ganze Land bedroht und verwüstet hatte. Auf diese Episode wird auch der Name der Stadt (von »dragon«, »Drachen«) zurückgeführt; das sagenhafte Untier ziert das Stadtwappen. Im 17. Jh., während Anna von Österreich für ihren minderjährigen Sohn Ludwig XIV. regierte,

Olivenhain bei Aups

wurde die Stadt mit einer Festungsmauer umgeben. In der Französischen Revolution wurde Draguignan Distriktshauptort, dann Hauptstadt des Départements Var.

Sehenwertes in Draguignan und Umgebung

Museed'Art et d'Histoire

Öffnungszeiten:
Mo.–Sa.
10.00–12.00
14.00–18.00

Der alte Stadtkern gruppiert sich um einen Felsen mit einem weithin sichtbaren Uhrturm von 1662 (schöne Aussicht). Unweit nordwestlich (9 Rue de la République) ist in einem ehemaligen Ursulinerinnenkonvent (17. Jh.) ein Museum untergebracht, das einige Kostbarkeiten vorzuweisen hat: einen Rembrandt (»Kind mit Seifenblase«), einen Frans Hals (Kücheninterieur), dazu Gemälde von Van Loo, J. Parrocel, Ziem und Renoir sowie eine Skulptur von Camille Claudel. Neben Keramik, Möbeln, französischer und flämischer Malerei des 17. Jh.s sind eine illuminierte Handschrift des »Rosenromans« (14. Jh.), des bedeutendsten Werks höfischer Dichtung in Frankreich, und eine lateinische Bibel bemerkenswert, die 1493 in einer Nürnberger Werkstatt mit 2000 Stichen ausgestattet wurde.

Lorgues

Die kleine Stadt Lorgues 13 km südwestlich von Draguignan gilt als Zentrum der Oliven- und Olivenöl-Produktion. Sie besitzt eine schöne Altstadt mit einem prächtigen platanenbestandenen Boulevard. In der Collegiale St-Martin (Stiftskirche, Ende 17. Jh.) befindet sich eine vermutlich von Pierre Puget (17. Jh.) stammende Marienstatue.

Entrecasteaux

Entrecasteaux, westlich von Draguignan gelegen (31 km über Salernes), besitzt ein mächtiges, mit strenger Architektur beeindruckendes Schloss, das im Wesentlichen aus dem 17. Jh. stammt und Sitz des Comté de Grignan war, Schwiegersohn der Madame Sévigné (▶Grignan). Das Schloss kann besichtigt werden (So.–Fr. 16.00 Uhr, Tel.

! *Baedeker* TIPP

Provenzalisches Landleben

Der Schuster macht gerade nur Mittag. Die Werkstatt aus dem Jahr 1900 sieht so aus, als käme er gleich wieder. Die Geschichte des Landlebens, der Seiler, Seidenraupenzüchter und der Korkenhersteller im Land von Draguignan erzählt das Museum der provenzalischen Volkskunst und -traditionen in einem ehemaligen Pensionat (17.–19. Jh.). Musée des Arts et Traditions Populaires, 15 Rue Roumanille (nahe dem Marktplatz). Geöffnet Di.–Sa. 9.00–12.00, 14.00–18.00 Uhr, April–Sept. auch So. 14.00 bis 18.00 Uhr (www.dracenie.com).

DRAGUIGNAN ERLEBEN

AUSKUNFT

Office de Tourisme
2 Avenue Carnot, 83300 Draguignan
Tel. 04 98 10 51 05, Fax 04 98 10 51 10
www.dracenie.com

ÜBERNACHTEN

▶ Komfortabel

Domaine des Buis
Aups, 1425 Route de Villecroze
Tel. 0041 / 79 / 286 34 69
www.domainedesbuis.com
Geöffnet 15. Mai – 15. Sept.
Sehr gediegenes, gemütliches Haus
2 km außerhalb des Orts, mit Park
und Pool. Man spricht deutsch.

ESSEN

▶ Fein & teuer

Chez Bruno
Lorgues, Campagne Mariette
15 km südwestlich von Draguignan
Tel. 04 94 85 93 93, Fax 04 94 85 93 99
www.restaurantbruno.com
Das gediegene Restaurant von Cle-
ment Bruno ist eine Trüffel-Kultstätte.
Es gibt nur ein 4-gängiges Menü, die
Preise sind nach den Trüffelsorten
gestaffelt. Im Sommer tägl. geöffnet,
15. Sept.–15. Juni Di.–So.mittag.
Reservieren! Mit Suiten.

▶ Erschwinglich

L'Oustaou
Flayosc, 5 Place Joséph Brémond
Tel. 04 94 70 42 69
6 km westlich von Draguignan
In der Poststation von 1732 in Ortsmitte wird französische Küche ein-
fallsreich variiert, es gibt aber auch
regionale Spezialitäten. Schöne Terrasse (im Sommer reservieren).

▶ Preiswert / Erschwinglich

Lou Galoubet
Draguignan, 23 Blvd. Jean Jaurès
Tel. 04 94 68 08 50
So unprätentiös wie das angenehme
Ambiente ist die kleine, feine Karte:
aromenreiche Küche des Südens.

---

04 94 04 43 95; Führung durch den Schlossherren, der das Gebäude
liebevoll mit historischem Mobiliar ausstaffiert hat). Die Gartenanlage unterhalb des Schlosses stammt von Le Nôtre. Entrecasteaux
selbst ist ein mittelalterliches, typisch provenzalisches Dorf mit engen
Gassen und schmalen Hausfassaden und steht unter Denkmalschutz.

30 km nordwestlich von Draguignan liegt am Fuß der Verdon-Berge
ein weiterer **Hauptort der Trüffel** (▶ Baedeker-Special S. 182), ein
wunderbar ursprüngliches Bergstädtchen. Im Café am Marktplatz
hat sich seit Jahrzehnten nichts verändert. Nach dem Trüffelmarkt
(von Ende Nov. bis Ende Febr. am Donnerstagmorgen) wird hier
der Handel begossen. Auf dem **Trüffelfest** (4. So. im Januar) zeigen
trüffelsuchende Menschen, Hunde und Schweine ihr Können.

★
Aups H 13

Das »Dorf im Himmel der Provence« (www.tourisme-tourtour.com)
ca. 20 km nordwestlich in Richtung Aups mit seinen vielen Brunnen
zieht im Sommer Hunderte Urlauber an. Viele haben sich Wohnungen in den alten Bruchsteinhäusern unter dem Kirchlein St-Denis ge-

Tourtour
H 13

◀ weiter auf S. 185

Für die Trüffelsuche ist man auch in der Provence auf den Hund gekommen – gelegentlich kann man aber noch Schweine bei der Arbeit sehen.

SCHWARZE DIAMANTEN

Die Verkäufer auf dem größten Trüffelmarkt des Départements Var in Aups haben ihre Schätze vor dem Gemeindehaus ausgebreitet. Die Kunden nehmen andächtig eine Knolle aus der Tüte, beschnüffeln sie von allen Seiten, halten inne, drücken vorsichtig schwarze, mit Erde überzogene Klumpen.

Der Preis steht fest: 900 € für ein Kilo. Bezahlt wird bar. Schnell wechseln grüne und gelbe Scheine den Besitzer. Misstrauische Blicke der eingeschworenen Gemeinschaft mustern die wenigen Fremden, die sich in der eisigen Morgendämmerung auf den Marktplatz wagen. Drei Amerikanerinnen haben sich auf die weite Reise über den Atlantik gemacht, um das Geheimnis des schwarzen Goldes zu ergründen. »Fantastic« ruft die eine, »unbelievable« die andere. »In Italien machen sie ganz komplizierte Gerichte aus den Trüffeln, aber hier ist es ganz einfach, so bodenständig, so wunderbar«, schwärmt die Dritte. Drüben in Georgia kennt niemand diesen Geruch, der sich tief in den archaischsten Teil des Unterbewusstseins eingräbt, ungefähr dort, wo der Jagdtrieb und die anderen Instinkte unserer frühzeitlichen Existenz sitzen. »Wenn dich diese Leidenschaft gepackt hat, lässt sie dich nie mehr los«, versucht Jean Pierre eine Erklärung, während sein wuscheliger Mischlingshund wie wild auf der Rückbank herumspringt. »Siehst du, wie sie sich freut«, fragt Herrchen, während er seinen alten Citroën über die steinigen, gefrorenen Feldwege lenkt. Am Ziel springt sein »Schatz«, wie er seine kleine Pyrenäenschäferhündin nennt, sofort aus dem Auto und fängt wie wild an zu scharren. Sekundenschnell buddelt sie schwanzwedelnd ein etwa 20 cm tiefes Loch in den Boden. Jean Pierre greift hinein und strahlt über das ganze Gesicht. Der Hund kläfft aufgeregt. Er hat eine kinderfaustgroße Knolle gefunden. Jean Pierre dankt dem Baum, indem er einige seiner Blätter in das kleine Erdloch legt, es wieder schließt und sich vor dem Stamm verneigt.

Auf den Hund gekommen

Hunde suchen Trüffeln, um ihrem Herrchen oder Frauchen eine Freude zu machen. Schweine suchen Trüffeln, weil sie sie fressen wollen. Ihr Geruch ähnelt dem Sexualduftstoff des Ebers, weshalb geschlechtsreife

*Eine feine Knolle,
der man ihren Wert
nicht ansieht.*

Schweine auf ihn stark reagieren. So hat der Mensch beim Schwein oft das Nachsehen. Fast nur noch auf den Trüffelmessen, etwa im Januar in Aups, zeigen die Einheimischen auf speziell angelegten Parcours, wie man mit Schweinen die »Diamanten der Provence« sucht.

Diamanten der Provence

»Die Gesetze der Wirtschaft kennen Sie doch«, erklärt Madame B. auf dem Markt in Aups den Trüffelkult, während sie ein Bündel Scheine einsteckt und den leergekauften Stand abbaut. »Alles, was rar ist, ist teuer.« Dennoch ärgert sich Madame B., die Bäuerin aus dem Nachbardorf, dass »man daraus ein Luxusgericht für Reiche gemacht hat«. Schließlich sei der Rabasse, wie er hier in der Provence heißt, ein Produkt der Erde. Und »die Erde ist uns gegeben, damit wir sie lieben. Wir lieben die Hunde und sie geben uns ihre Liebe zurück und so finden wir zusammen den Rabasse.«

Eine Pilzkrankheit

Jean-Pierre hat eine Reihe Bäume entlang der Hartmannschen Linien gepflanzt, die sich in Wellen durch die Landschaft schwingen. An diesen Energielinien, so etwas wie Erdmeridiane, gedeihen die Trüffeln seiner Erfahrung nach am besten. »Die Bäume«, weiß Jean-Pierre, »sprechen miteinander.« Deshalb dürfe man nie einen Baum fällen, in dessen Nachbarschaft ein anderer Trüffeln hat.

Die Trüffel ist ein Pilz, der unter bestimmten Bedingungen Steineichen befällt, seltener Korkeichen und Nussbäume. An den Wurzeln bilden sich die Knollen. Im italienischen Piemont findet man die weiße **Alba-Trüffel** (Tuber magnatum), in der Provence die fast genauso teure **Schwarze Trüffel** (Tuber melanosporum) und die **Wintertrüffel** (Tuber brumale). Erntezeit ist von November bis März. Im Sommer gibt es die innen weiße **Sommertrüffel** (Tuber aestivum), die längst nicht so intensiv riecht und schmeckt, allerdings auch nur die Hälfte kostet. In den letzten Jahren wird zunehmend die chinesische Trüffel importiert, die für Feinschmecker nicht in Frage kommt.

Die Versuche, die teuren schwarzen Knollen zu züchten, sind in der Vergangenheit gescheitert. Doch weiß man, dass man der Natur unter die Arme greifen kann. Einige Regeln beachten die Bauern in der oberen Provence seit vielen Jahren: »Ein Drittel ist das Wetter, ein Drittel der Boden und ein Drittel der Baum«, erklärt Philippe De Sentis. Der Vizepräsident von 180 der rund 300 Trüffelbauern im Var pflanzte nach Lehrbuch in regelmäßigen Abständen Steineichen, die er mit dem Trüffelpilz

Für den legendären Gastrosophen J.-A. Brillat-Savarin waren die Trüffeln zu Recht »schwarze Diamanten«.

infiziert hat. Wenn der Boden leicht kalkig, das Gelände trocken und sonnig ist, zur rechten Zeit die richtige Menge Regen fällt und man das Grundstück schön von Gestrüpp frei hält, dauert es fünf, sieben, zehn oder mehr Jahre, bis man die erste Trüffel ernten kann – oder auch nicht.

Am besten frisch gehobelt

Fachleute erkennen eine gute Trüffel am Geruch, an ihrer festen, aber nicht harten Konsistenz und an der leichten schwarz-weißen Marmorierung in ihrem Inneren. Gereinigt werden die Knollen erst unmittelbar vor der Zubereitung mit einer kleinen Bürste. Ihren Geschmack entfalten sie am besten, wenn sie ganz frisch hauchdünn gehobelt werden.

Trüffeln brauchen, um ihr Aroma zu entwickeln, einen Geschmacksträger: am besten Butter und/oder Eigelb.

Einige Zahlen & Fakten

1915 lieferten Frankreichs Bäume und Böden rund 1000 t Trüffeln. Anfang dieses Jahrzehnts waren es – trotz der vielen Plantagen – nur etwa 25 t. Vor Italien und Spanien ist Frankreich der weltweit größte Produzent der Feinschmeckerknollen, und 75–80 % der französischen Trüffelernte kommen aus der Region Provence-Alpes-Côte d'Azur. Den größten Teil wiederum liefern die Départements Vaucluse (Avignon/Carpentras) und Var (Aups und Umgebung) sowie der Südwesten der Alpes de Haute-Provence. Allein das berühmte »Trüffelrestaurant« Bruno in Lorgues verarbeitet jedes Jahr nach eigenen Angaben mehr als 6 t Trüffeln.

Das größte **Trüffelfest** im Département Drôme findet am zweiten Februar-Wochenende in St-Paul-Trois-Châteaux statt. 3500 Eier und 32 kg Trüffeln werden dort zu einer riesigen »Brouillade« verbraten. In St-Paul-Trois-Châteaux gibt es auch ein **Trüffelmuseum** (Maison de la Truffe et du Tricastin, bei der Kathedrale).

Die mit Eichenblatt und Trüffelknolle gekennzeichnete **Route de la Truffe** im Département Var verbindet von West nach Ost über fast 100 km das Dorf Vinon am Verdon mit Mons. Unterwegs gibt es zahlreiche auf Trüffeln spezialisierte Lokale, Trüffelfeste und Märkte. Info: Comité Départemental du Tourisme du Var (▶ S. 59). Sehr informative Websites sind www.la-truffe.com, www.terresdetruffes.com und www.truffle-and-truffe.com.

kauft. Grandios: Der Blick über die Hügellandschaft des südlichen Var, wenn der Mistral den Himmel blankgeputzt und tiefblau hinterlassen hat.

Über Bargemon schlängelt sich die rund 30 km lange Straße von Draguignan nordöstlich durch die liebliche Landschaft zum mittelalterlichen Dorf Seillans, dessen Häuser sich unterhalb des mächtigen Schlosses (11. Jh.) scharen. Bis heute bilden die Außenmauern der Häuser die Befestigung. Manche Gassen sind so schmal, dass gerade zwei Menschen nebeneinander hindurchpassen. Der deutsche Maler **Max Ernst**, ein Hauptvertreter des Surrealismus, hat mit seiner Frau, der Malerin D. Thanning, in Seillans die letzten zwölf Jahre seines Lebens verbracht. 1994 vermachte Letztere der Stadt 71 Werke von Max Ernst. In der Klosterkirche sind einige Werke und persönliche Gegenstände ausgestellt, darunter das Käfigbett des Paars. Auf der Place de la République steht Ernsts Plastik »La Génie de la Bastille«. Als eines der schönsten sakralen Kunstwerke der Provence gilt der Altaraufsatz (16. Jh.) in der romanischen Kapelle **Notre Dame de l'Ormeau** (12. Jh.) 2 km außerhalb des Orts; die Schnitzereien zeigen Szenen aus dem Leben der Jungfrau Maria. Den Schlüssel zur Kapelle hat das Office de Tourisme neben dem Rathaus.

✷ Seillans H 15

►dort

Le Thoronet

Etang de Berre · Côte Bleue

H – K 6 – 7

Département: Bouches-du-Rhône   **Fläche:** 150 km²

Der große Strandsee nordwestlich von Marseille hat zwei verschiedene Gesichter: als Industriezone und als Naherholungsgebiet für den Raum Marseille. Letzteres gilt auch für die Côte Bleue, die Küste der pittoresken, kahlen Chaîne de l'Estaque.

Der südliche und der östliche Uferbereich des Etang de Berre sind mit Industrie und dem Flughafen Marseille Marignane zugepflastert. Dagegen überrascht der nördliche und nordwestliche Teil mit seinen kleinen, stillen Orten und der sanften Landschaft durch eine an oberitalienische Seen erinnernde Atmosphäre.

Die malerische alte Stadt Martigues (46 000 Einw.) liegt am Westrand des Etang de Berre. Die nahe Großindustrie lässt sich nicht verleugnen, jedoch hat sich die Stadt, wegen ihrer Lage am Canal de Caronte auch »provenzalisches Venedig« genannt, im Kern noch altertümliches Kolorit bewahrt. Fischerboote und zum Trocknen aufgehängte Netze lassen den Canal St-Sébastien – vom Turm der Kirche La Madeleine (17. Jh.) überragt – und den malerischen Winkel Miroir

Martigues

⊙ ETANG DE BERRE ERLEBEN

AUSKUNFT

Office de Tourisme
Rond Point de l'Hôtel de Ville
13500 Martigues
Tel. 04 42 42 31 10, Fax 04 42 42 31 11
www.martigues-tourisme.com

ESSEN

▶ **Preiswert / Erschwinglich**
La Cour du Théâtre
Martigues, 19 Quai Paul-Doumer
Tel. 04 42 49 43 43
Im gemütlichen Restaurant des Théâtre des Salins genießt man all die Aromen des Südens – ob Bourride vom Sepia oder 7-Stunden-Lamm.

ÜBERNACHTEN

▶ **Komfortabel**
Hôtel Saint Roch
Martigues, Av. G. Braque, Tel. 04 42 42 36 36, www.hotelsaintroch.com
Freundliches modernes Haus über dem »Venedig der Provence«. Das Restaurant (mit schattiger Terrrasse) serviert traditionelle Gerichte.

Hôtel Paradou
Sausset-les-Pins, Le Port
Tel. 04 42 44 76 76, www.paradou.fr
Ein sehr angenehmes, modernes Hotel am Hafen. Jedes Zimmer mit Loggia, Restaurant mit Terrasse.

aux Oiseaux (»Spiegel der Vögel«) im mittleren Stadtteil L' Ile besonders hübsch erscheinen. Im südlichen Stadtteil Jonquères neben der Kirche St-Genest (17. Jh.) die Chapelle de l'Annonciade mit Gemälden und Skulpturen aus dem 17. Jahrhundert. Das **Musée Ziem** im nördlichen Stadtteil Ferrières (Di. geschl.) erinnert an den Landschaftsmaler Félix Ziem (1821 – 1911). 5 km westlich beginnt mit dem Petroleumhafen **Lavéra** die flächenmäßig größte Hafen- und Industrieanlage Südeuropas. In dem »Europort Sud« genannten Küstenbereich werden über 80 Mio. t Öl jährlich umgeschlagen; hier beginnt eine 769 km lange Pipeline nach Karlsruhe.

❗ *Baedeker* TIPP

In Seeigeln schwelgen

Im Januar und Februar feiern die Einheimischen an der »Blauen Küste« westlich von Marseille ihr Lieblingsgericht: An langen Tischreihen genießt man frische Seeigel (oursins) aus dem Mittelmeer. Dazu ein Glas Weißwein, natürlich aus der Provence. Die »convivialité«, die Geselligkeit, ist mindestens so wichtig wie die Gaumenfreude. Bon appétit! Am 2., 3. und 4. Sonntag im Januar in Sausset-les-Pins und am 1. und 2. Sonntag im Februar in Carry-le-Rouet. Ende Februar/Anfang März findet das Seeigelfest in Fos-sur-Mer statt.

Südlich von Martigues (10 km) liegt reizvoll auf der Höhe über der Anse du Verdon der Badeort La Couronne. 2 km weiter südlich ragt das Cap Couronne auf, von dem man einen weiten Blick über die feinsandigen Buchten im Osten hat. **Cap Couronne**

Der beliebte Urlaubsort und Jachthafen liegt weitere 4 km östlich am Fuß der Chaîne de l'Estaque. Besonders hübsch ist der Ortsteil Le Rouet-Plage am Ausgang des reizvollen Vallon d'Aigle. Etwas weiter östlich die schöne Calanque des Anthénors (Bademöglichkeit) und die kleine Bucht von Méjean. **Carry-le-Rouet**

✷ Fontaine-de-Vaucluse

F 6

Département: Vaucluse **Höhe:** 80 m
Einwohnerzahl: 680

Eine höchst malerische Szenerie, die größte Quelle Europas und der italienische Humanist und Dichter Francesco Petrarca mach(t)en den kleinen Ort knapp 30 km östlich von Avignon berühmt.

Der sommers von Touristen überlaufene Ort verdankt seinen Namen seiner schönen Lage in einem Talkessel (lateinisch »vallis clausa«). Der Dichter Francesco Petrarca (1304 – 1374), aus dem italienischen Arezzo gebürtig, nahm seinen Wohnsitz in der damaligen Papstresidenz Avignon und zog sich später auf einen Landsitz in der Vaucluse zurück, wo er sich ganz seinem Schaffen widmete.

Die Place de la Colonne in der Ortsmitte wird von Restaurants und Bars gesäumt, eine Säule (1804) erinnert an Petrarca. Ebenfalls im Zentrum erhebt sich die romanische Kirche **St-Véran** (1. Hälfte des 12. Jh.); in ihrer Krypta ist der hl. Véran beigesetzt, der im 6. Jh. Bischof von Cavaillon war. Der Legende nach soll er einen Drachen bezwungen haben, der einst die Bauern erschreckte. Im angeblichen **Wohnhaus Francesco Petrarcas** am rechten Sorgue-Ufer erinnert ein kleines Museum an den Dichter (Öffnungszeiten: April – Okt. Mi. bis Mo. 10.00 – 12.00, 14.00 – 18.00 Uhr; sonst nur Sa./So.). An der Straße zur Sorgue-Quelle wurde 1990 in einer ehemaligen Papierfabrik das äußerst interessante **Musée d'Histoire 39–45** eröffnet, das an die schwarzen Jahre der deutschen Okkupation und der Résistance in der Vaucluse erinnert. Öffnungszeiten: Mi. – Mo. 10.00 bis 12.00, 14.00 – 18.00 Uhr, Juni. – Sept. ohne Mittagspause. **Im Ort**
🕐
🕐

Die Fontaine de Vaucluse ist ein Quelltrichter am Fuß einer senkrecht aufragenden, 200 m hohen Felswand. Hier treten die Sickerwässer aus dem Kalkgestein des Plateau de Vaucluse zutage, und entsprechend den Niederschlägen schwanken der Wasserstand und die **✷✷**
Quelle der Sorgue

Schüttung der Quelle erheblich. Am eindrucksvollsten ist sie zur Zeit der Schneeschmelze im Frühjahr, im Sommer ist der Eindruck eher enttäuschend. Zur Quelle, dem Ursprung des Flusses Sorgue, führt von der Ortsmitte eine ca. 800 m lange, von Verkaufsständen gesäumte Straße. Rechts von ihr befindet sich am Ortsrand und am Fluss ein **Höhlenmuseum** (Le Monde Souterrain, geöffnet Febr. – Mitte Nov. 9.30 – 12.30, 14.00 – 18.30 Uhr). Eine **Papiermühle** mit einem großen Wasserrad wurde als Schauwerkstatt eingerichtet. Hier wird nach den Verfahren des 15. Jh.s Papier gefertigt.

★
L'Isle-sur-la-Sorgue

Nach der Touristenattraktion Fontaine-de-Vaucluse tut die Atmosphäre dieses ehemals industriereichen Städtchens (14 000 Einw.) gut. An der Sorgue, die mit ihren vielen Kanälen den Eindruck eines kleinen Venedigs macht, arbeiteten an die 70 Wasserräder v. a. für die Papier-, Textil- und Lederindustrie. Sechs der Wasserräder sind noch erhalten. Die Kirche aus dem 17. Jh. weist eine besonders reiche Innenausstattung auf; in der Revolution wurden die konfiszierten Kunstwerke aus fünf Klöstern vereinigt und damit eines der schönsten barocken Ensembles in Südfrankreich geschaffen. L'Isle gilt neben Saint-Ouen als **Antiquitäten-Metropole Frankreichs** – mit zahlreichen Läden, der Passage du Pont, dem Antiquitätenmarkt am Sonntag sowie mehreren Messen (die wichtigste Mitte August).

★
Notre-Dame-des-Anges ▶

Fréjus · St-Raphaël

J 16

Département: Var	**Höhe:** 21 m
Einwohnerzahl: 52 400	

Fréjus, an der Côte d'Azur zwischen dem Massif des Maures und dem Esterel gelegen, gehört zu den preisgünstigen Reisezielen an der Côte d'Azur und besitzt einen großen Jachthafen. Interessant sind die bedeutenden Relikte aus römischer Zeit.

Aus der Geschichte

Das unter Caesar gegründete »Forum Julii« wurde unter Kaiser Augustus Kriegshafen und durch einen 1200 m langen und 30 m breiten Kanal mit dem Meer verbunden. Schon im 4. Jh. wurde Fréjus Bischofssitz. Im 18. Jh. wurde der Hafen wegen Verschlammung aufgegeben. Eine große Katastrophe war 1959 der Bruch des Staudammes von Malpasset (ca. 10 km nördlich); die Flutwelle begrub die Stadt unter Schlamm und forderte 421 Todesopfer.

Kathedrale

Die im 11./12. Jh. erbaute Kathedrale steht nur mit zwei Seiten frei. Ihr äußeres Bild wird vom spitz behelmten, im oberen Teil oktogonalen Turm und dem vorangestellten Baptisterium bestimmt. Man betritt die Vorhalle (Narthex) durch das Südportal im spätgotischen Flamboyant-Stil; eindrucksvoll die geschnitzten **Renaissance-Türen** von 1530, die meist von Vortüren geschützt werden. Sie stellen Szenen aus dem Marienleben sowie die Apostel Petrus und Paulus dar; in den Einfassungen finden sich Symbole mit Bezug auf die Sarazenenkriege.

Vor dem Narthex liegt das Baptisterium, eines der **ältesten christlichen Bauwerk der Region**, ein Bau aus dem 4./5. Jh. mit quadratischem Untergeschoß und oktogonalem Innenraum. Seine Arkaden wer-

Die Kathedrale an der Place Formigé

den von acht Säulen getragen; sechs stammen von älteren Bauten (drei Paare aus unterschiedlichem Marmor). Ursprünglich gab es nur zwei Türen mit symbolischer Bedeutung: Durch die niedrige trat der Täufling gebückt ein, durch die hohe ging er aufrecht hinaus.

Der zweigeschossige Kreuzgang wird von zierlichen Säulen gebildet und zeigt in der Einfassung der kassettierten Decke einen unvollständig erhaltenen Bilderzyklus der Apokalypse des 14./15. Jahrhunderts. An seiner Nordseite führt eine zweiflügelige Treppe nach oben, deren Stufen einst Sitze des nahen römischen Amphitheaters (▶S. 190) waren. Das ursprünglich geschlossene obere Stockwerk wurde in der Französischen Revolution weitgehend zerstört, so dass nur eine Seite der Galerie erhalten ist. Im anschließenden Raum befindet sich das Musée Archéologique. Zu sehen sind ein großes römisches **Bodenmosaik** sowie andere Funde aus etruskischer, griechischer und römischer Zeit. Öffnungszeiten: Di.–So. 15. April–14. Okt. 9.30–12.30, 14.00 bis 18.00 Uhr, sonst bis 17.00 Uhr.

★
◀ Kreuzgang

◀ Musée Archéologique

☉

► FRÉJUS UND ST-RAPHAEL ERLEBEN

AUSKUNFT

Office de Tourisme
249 Rue Jean-Jaurès, 83600 Fréjus
Tel. 04 94 51 83 83, Fax 04 94 51 00 26
www.frejus.fr
Office du Tourisme et des Congrès
Quai Albert 1er, 83702 St-Raphaël
Tel. 04 94 19 52 52, Fax 04 94 83 85 40
www.saint-raphael.com

FÜR KINDER

Eine riesiger Badepark ist das Aqualand an der N 98 südlich von Fréjus (www.aqualand.fr; geöffnet ca. 20. Juni bis 5. Sept.). Im Safaripark des Parc Zoologique kann man mit dem Auto durch Löwen-, Tiger- und Elefantengehege fahren (an der Autobahnausfahrt nördlich Fréjus).

ESSEN

► Erschwinglich
L'Amandier
Fréjus, 19 Rue M.-A. Desaugiers
Tel. 04 94 53 48 77, So. geschl.
Intimes, unprätentiöses Lokal bei der Kathedrale. Charmanter Service und kleine, feine Karte mit mediterranen Gerichten. Reservieren.

► Erschwinglich / Fein
L'Arbousier
St-Raphaël, 6 Avenue de Valescure
Tel. 04 94 95 25 00. Philippe Troncy pflegt eine feine südfranzösisch-mediterrane Küche. Sehr angenehmer Rahmen, hübsche Gartenterrasse. Ein Tipp ist das preiswerte Mittagsmenü. Neben der Templerkirche.

ÜBERNACHTEN

► Günstig
Oasis
Fréjus, Impasse Jean Charcot
Tel. 04 94 51 50 44
www.hotel-oasis.net
Nettes kleines Hotel mit schattiger Terrasse, ruhig in Nähe des Sporthafens gelegen, 150 m vom Strand.

Auberge Provençale
Agay, Le Dramont
Chemin des Sangliers, Tel. 04 94 82 02 29, www.aubergeprovencale.net
Schlichte, kleine Zimmer in der über 200 Jahre alten Poststation am Cap Dramont (dicke Mauern, im Sommer kühl). Frühstück im Park. Gratis-Parkplatz. 10 Minuten zum Strand.

Römische Reste

Amphitheater Das Amphitheater (Arènes), im Westen der Stadt gelegen (Rue Henri Vadon), entstand im 1. Jh. n. Chr.; es ist 114 × 82 m groß und bot einst rund 10 000 Zuschauern Platz. An der Nordseite ist es in den Hang gebaut, an der Südseite tragen umfangreiche gewölbte Unterkonstruktionen die Sitzreihen. Öffnungszeiten: Di.–So. 15. April bis 14. Okt. 9.30–12.30, 14.00–18.00 Uhr, sonst bis 17.00 Uhr. Im Nordosten der Stadt (Av. du XVe Corps, N 7) sind noch einige Reste des römischen **Aquädukts** zu sehen, der Wasser aus der Quelle der Siagnole (bei Mons, ca. 30 km nördlich) heranführte. Westlich des Aquädukts, an der Rue G. Bret, stehen die Reste des **römischen Theaters**; die Sitzstufen sind verschwunden, zu sehen sind Reste der Orchestra und der Cavea sowie die Substruktionen der Bühne.

Umgebung von Fréjus

Im Tal des Reyran liegen heute noch riesige Stahlbetonblöcke verstreut, die eine Vorstellung davon vermitteln, mit welcher Gewalt das Wasser am 2. Dez. 1959 aus dem Stausee zu Tal schoss. Von der Autobahnausfahrt 38 nördlich von Fréjus führt die D 37 nach 3 km zu einem großen Parkplatz (Tafel mit Übersichtsskizze).   **Barrage de Malpasset**

Fréjus geht nahtlos in St-Raphaël (34 000 Einw.) über, ebenso ein frequentierter Badeort mit römischem Ursprung. Reste einer römischen Villa fand man unter dem Spielcasino. Die Kirche **San Raféu** (fälschlich auch »Eglise des Templiers« genannt) aus dem 12. Jh. wurde zum Schutz vor Seeräubern mit einem Wachtturm versehen. Nördlich neben der Kirche ist das **Musée d'Archéologie Sous-Marine** zu finden, mit einer bemerkenswerten Sammlung von Amphoren, die aus antiken Wracks geborgen wurden (So./Mo. geschl.). Von der Strandpromenade René-Coty und der Avenue de Gaulle bietet sich ein schöner Blick auf die bizarren Felsformationen Lion de Terre und Lion de Mer beim Port Santa-Lucia.   **St-Raphaël**

> ! ***Baedeker* TIPP**
>
> **So weit die Füße tragen**
> Wandern und Radfahren wird auch in der Provence immer beliebter. Zahlreiche schöne Routen sind ausgeschildert, so ein großer Teil des Küstenwegs (»Sentier littoral«) zwischen St-Raphaël und Bandol. Wanderführer ►S. 102.

Auf der ungemein pittoresken, kurvenreichen Straße entlang der roten **Felsküste des Massif de l'Esterel** gelangt man 9 km östlich zum reizvollen Seebad Agay an der gleichnamigen Bucht, die vom Cap Dramont und der Pointe de Baumette (mit einem Leuchtturm und einer Erinnerungsstätte für den französischen Flieger und Schriftsteller Antoine de Saint-Exupéry) begrenzt wird. Agay ist ein guter Stützpunkt für Touren durch das ► Massif de l'Esterel.   **Agay**

✶ Ganagobie

Département: Alpes-de-Haute-Provence   **Höhe:** 660 m

Das Kloster, 350 m über dem Tal der Durance gelegen, ist eines der schönsten Beispiele provenzalischer Romanik mit einem einzigartiges Bodenmosaik (1135 – 1170). Nicht minder beeindruckend ist die Aussicht vom Plateau de Ganagobie.

Nach der Gründung eines Klosters durch den Bischof von Sisteron, Jean III., und dem Anschluss des Klosters an das schon mächtige Cluny 965 entstand vermutlich im 12. Jh. die heutige Anlage. Die Klostergemeinschaft umfasste in guten Zeiten ein gutes Dutzend   **Ein wenig Geschichte**

✔ NICHT VERSÄUMEN

- Das Plateau lädt dazu ein, auf kurzen Spaziergängen spektakuläre Ausblicke zu genießen. Östlich durch die Steineichen-Allee zu einem Felsvorsprung, von dem man über das Durance-Tal und die Hochebene von Valensole zu den Voralpen um Digne sieht, an klaren Tagen sogar bis zu den Alpen. Vorbei an prähistorischen Steinsetzungen geht man zum Westrand, hier blickt man über die Senke von Forcalquier zum Lubéron.

Mönche; der Prior führte den Titel eines Barons und hatte einen Sitz in der Ständevertretung. Schon um 1400 begann der Niedergang, zeitweise fungierten sogar Laien und Protestanten (!) als Prior. Nachdem das Kloster in der Französischen Revolution aufgehoben und verkauft worden war, verfiel es. 1891 begannen Benediktiner mit der Restaurierung. Heute ist das Kloster wieder mit Mönchen besiedelt. Die Besichtigung ist daher auf die Kirche und das Bodenmosaik eingeschränkt, man kann auch einen Blick in den Kreuzgang werfen. Man kann an den diversen Gottesdiensten teilnehmen und dem Gesang der Mönche lauschen (www.ndganagobie.com). Im Laden werden die vielfältigen Produkte des Klosters verkauft.

Kirche
🕐
Öffnungszeiten:
Di.– So.
15.00 –17.00

Der Außenbau ist äußerst schlicht, Wandpfeiler an den Längswänden sind die einzigen Gliederungselemente. Ungewöhnlich und merkwürdig ist das Westportal: In seine Archivolten und Gewände wurde eine rundzähnige Verzierung eingefügt. Sie geht auf eine Restaurierung zurück, bei der man die Steine, die ursprünglich als Dienstprofile fungiert hatten, um 90° drehte und aufeinanderschichtete. Das Tympanon zeigt eine – für die Zeit recht archaische – Darstellung des Weltgerichts. Um Christus in der Mandorla gruppieren sich die Symbole der vier Evangelisten. Am Türsturz erscheinen die zwölf Apostel. Diese Ikonografie ist in der Provence selten, nur in ▶Arles und ▶St-Gilles trifft man auf die gleiche Aufteilung.

Der einschiffige Innenraum besteht aus drei quadratischen, von einer gebrochenen Tonne überwölbten Jochen und ist durch rechteckige Gurtbögen und Wandvorlagen gegliedert. An das zweijochige Querhaus schließt der Chor mit Hauptapsis und Seitenapsiden an. Die Empore in der Westwand verweist auf Cluny und seine Liturgie, in der dem Gesang im Chor geantwortet wurde. Der Skulpturenschmuck ist nüchtern, da er von Fresken (in Spuren erhalten) und Mosaiken im östlichen Querhausjoch und in den Apsiden begleitet wurde.

Kloster Ganagobie *Orientierung*

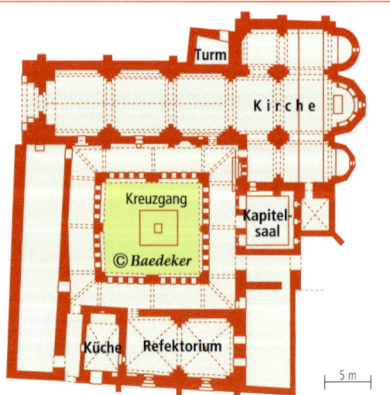

Turm

Kirche

Kreuzgang

Kapitelsaal

© Baedeker

Küche   Refektorium

5 m

Der zu großen Teilen nach mittelalterlichem Vorbild rekonstruierte **Kreuzgang** entstand vermutlich in der 2. Hälfte des 13. Jh.s; er wurde später an Kirche und Kapitelsaal angebaut.

Die Mosaiken in Chor und Querhaus entstanden zwischen 1135 und 1170 und stellen mit annähernd 70 m² Fläche das größte romanische Bodenmosaik in Frankreich dar. Die Datierung wird durch eine Inschrift ermöglicht, die den Auftraggeber (Prior Bertrand) und den Künstler (Petrus Trudbert) nennt. Da es im 12. Jh. zwei Klostervorsteher gleichen Namens gab, ist eine genauere Datierung nicht möglich. Thematik und Darstellung zeugen von der nachwirkenden Antike (dies besonders in der Ornamentik) und der Zeit der Kreuzzüge; eingebunden wird dies in das übergreifende Thema von Gut und Böse, denen jeweils ihre »traditionelle« Seite zugewiesen wird (böse links, gut rechts). Neben magischen Symbolen (Tierkreiszeichen) dominieren Fabelwesen; in der linken Apsis verfolgt ein galoppierender Ritter ein Monster, es gibt Kentauren, Einhörner und Elefanten. Im rechten Querhaus besonders zu beachten der **Kampf des hl. Georg** mit dem Drachen – eine der ältesten Georgsdarstellungen in der christlichen Kunst – und der Hirsch in einem Medaillon über ihm, der als Symbol für Christus zu verstehen ist.

Mosaiken

Das romanische Bodenmosaik von Ganagobie in seinem eindrucksvollen Rahmen

★ Gap

B 12

Département: Hautes-Alpes
Einwohnerzahl: 37 800

Höhe: 733 m
Hauptstadt des Départements

Gap liegt weit im Norden der Provence sehr reizvoll vor der Kulisse der Alpen. Wegen des angenehmen Klimas wird es als Luftkurort besucht, es hat aber auch als Ausgangspunkt für den Wintersport einen guten Ruf.

Die wirtschaftlich bedeutende und lebhafte Départementshauptstadt ist ein wichtiger Verkehrsknotenpunkt an der Route Napoléon. Von der Römersiedlung Vapincum haben die späteren Jahrhunderte na-

Gap gestern und heute

hezu alle Spuren getilgt, da der Ort an der Kreuzung wichtiger Verkehrswege immer umkämpft war. Im Jahre 558 verwüsteten die Langobarden die Stadt; 1650 raffte die Pest zwei Drittel der Bevölkerung dahin, und 1692 steckten savoyische Truppen die Stadt in Brand.

Sehenswertes in Gap und Umgebung

Gap Die **Kathedrale** im Stadtzentrum (mit 77 m hohem Turm) wurde am Platz mehrerer Vorgänger 1867–1905 nach romanischen und gotischen Vorbildern errichtet und im byzantinischen Stil ausgestaltet. Dabei wurde schwarzer, roter und grauer Stein aus der Gegend verwendet. An der Avenue du Maréchal Foch östlich des Stadtkerns befindet sich das **Musée Muséum Départemental** (Öffungszeiten: Juli bis 15. Sept. tägl. 10.00–12.00, 14.00–18.00. sonst Mo., Mi.–Fr. 14.00–17.00, Sa./So. 14.00–18.00 Uhr) mit gallorömischen Altertümern, Keramik aus Moustiers, Mobiliar aus dem Queyras sowie Exponaten zur Geschichte von Ort und Landschaft. Das bedeutendste Stück ist das Mausoleum des François de Bonne, Herzog von Lesdiguières, aus schwarzem Marmor von Champsaur mit einer Alabasterstatue, von Jacob Richier (1585–1640).

▶ GAP ERLEBEN

Etwa 20 km östlich staut eine 120 m hohe Talsperre die Durance zum 2700 ha großen Lac de Serre-Ponçon auf. Am lohnendsten ist die Fahrt ab Chorges entlang dem West-/Südufer mit herrlicher Aussicht auf See und Alpen. Den besten Blick auf die Staumauer hat man vom Aussichtspunkt unweit nördlich von ihr an der D 3. Auf der D 954 passiert man einige Kilometer vor Savines die **Demoiselles Coiffées** – »Mädchen mit Hüten«, eine Gruppe von Erdpyramiden.

✳ Lac de Serre-Ponçon

✳ Gordes

F 7

Département: Vaucluse   **Höhe:** 373 m
Einwohnerzahl: 2100

Das Vorzeige-Bergdorf der Provence: fantastisch gelegen – hoch über dem weiten Tal des Coulon – und seit seiner Entdeckung durch Künstler und Schriftsteller zum schicken Zweitwohnsitz mutiert.

Im Zweiten Weltkrieg beschädigt und in den 1950er Jahren teilweise verlassen, begann die Wiederauferstehung des malerischen Ort mit André Lhote (Schriftsteller) und Victor Vasarély (konstruktivistischer Maler), die sich damals zeitweise hier aufhielten. Heute ist Gordes, in Luftlinie 5 km und auf der Straße 25 Kilometer von ►Fontaine-de-Vaucluse entfernt, zu einer Art Provence-Disneyland restauriert und mit zahlreichen, eher hochpreisigen Etablissements zum Speisen und Nächtigen ausgestattet. Den schönsten Blick auf Gordes hat man von der Straße, die von Cavaillon heraufführt.

Die klassische Schauseite von Gordes über dem Tal des Coulon

⏵ GORDES ERLEBEN

AUSKUNFT

Office de Tourisme
Le Château, 84220 Gordes
Tel. 04 90 72 02 75, Fax 04 90 72 02 26
www.gordes-village.com

ESSEN / ÜBERNACHTEN

▶ **Günstig**
Le Provençal
Place du Château, Tel. 04 90 72 10 01,
www.le-provencal.fr
Mitten in Gordes preiswert und gut
nächtigen und essen: hübsches altes
Haus beim Schloss, kleine, nett eingerichtete Zimmer (vier mit Schloss-
blick). Ordentliches Restaurant.

Baedeker-Empfehlung

▶ **Luxus**
Les Bories
Route de l'Abbaye de Senanque
Tel. 04 90 72 00 51, www.les-bories.com
Schlicht und edel gestaltetes, aus Bruchstein
gemauertes Vier-Sterne-Hotel in 4 ha
großem Park. Klimatisierte, freundliche
Zimmer und Appartements, Badezimmer in
weißem Marmor, großer Swimmingpool
und Wellnesslandschaft. Das michelin-
besternte Restaurant bringt die kulinari-
schen Schätze der Provence auf den Punkt.

Sehenswertes in Gordes und Umgebung

Schloss
🕐
Öffnungszeiten:
10.00 –12.00
14.00 –18.00

Zuoberst in Gordes thront das wehrhafte, von Ecktürmen flankierte
Schloss, um 1120 erbaut und 1525 umgestaltet – daher der Charakter
einer mittelalterlichen Festung mit Renaissance-Elementen: Portal,
Fenster und im großen Saal der prachtvolle Kamin, einer der größten
Renaissancekamine in Frankreich. Victor Vasarély ließ das Schloss in
den 1960er Jahren restaurieren und richtete ein Museum mit seinen
Werken ein. Nach dem Konkurs der Fondation Vasarély wurde es geschlossen, 1996 hielt der wenig bedeutende belgische Maler (und Eh-
renbürger von Gordes) Pol Mara mit seinen Produkten Einzug.

Sénanque

▶S. 308

**Village
des Bories**
🕐
Öffnungszeiten:
9.00 Uhr bis
Sonnenuntergang

Das **Village des Bories** liegt ca. 3 km südlich von Gordes. Von der
Straße zweigt westlich ein schmaler, von Mauern aus Feldsteinen gesäumter Fahrweg ab. »Bories« sind in Trockenbauweise ausgeführte,
meist fensterlose Hütten. Die Dachschrägung entsteht nach der Art
des »unechten Gewölbes«, wobei jede Steinlage etwas über die darunter liegende vorragt, bis die Schrägen in der Dachmitte zusam-
menstoßen. Diese für das Land um Apt typischen und auch sonst in
der Provence anzutreffenden Bauten dienten meist als Weidehütten;
aber auch bäuerliche Gehöfte und ganze Siedlungen entstanden. Die
archaisch anmutende Bauweise hat schon in der Jungsteinzeit ihre
Vorbilder. In der Provence entstanden noch bis zum Beginn des 20.
Jh.s solche Bauten, zu deren Errichtung ein erfahrener Handwerker
kein anderes Werkzeug als einen Hammer benötigte.

Die bei Gordes gelegene Borie-Siedlung, deren ältestes Gebäude wohl kaum vor dem 16. Jh. entstand, wurden in den 1960er-Jahren von Grund auf restauriert. Sie dürfte die größte und geschlossenste ihrer Art sein, die noch erhalten ist. Das Dorf ist von einer kaum mannshohen Mauer umzogen, die fünf Gruppen von Hütten umschließt. Außer Wohngebäuden und Stallungen sind u. a. eine Kelter und ein Backofen zu sehen; in einigen der Bories ist bäuerliches Gerät aus verschiedenen Epochen ausgestellt. Reizvoll ist der Blick nach Süden über das mit Garrigue bestandene Hügelland.

Die Moulin des Bouillons (5 km südlich von Gordes, D 148) ist eine uralte Ölpresse – die älteste in Frankreich, die mit ihrem Gerät vollständig erhalten ist – mit einem beeindruckenden, 10 m langen und 7 t schweren Pressbaum aus dem 16. Jh. Auch über die Tradition der Seifenherstellung in Marseille erfährt man einiges. Im selben Park informiert das **Musée du Verre et du Vitrail** über das Glashandwerk – seit der Steinzeit bis zu den neuesten Entwicklungen mit photovoltaischen Elementen –, die Glasmalerei und die Geschichte des europäischen Kirchenfensters. Öffnungszeiten: April – Okt. Mi. bis Mo. 10.00 – 12.00, 14.00 – 18.00 Uhr.

Moulin des Bouillons

Das Städtchen Roussillon (www.roussillon-provence.com, 10 km östlich von Gordes) liegt in dem altbekannten Ockergebiet zwischen dem Plateau de Vaucluse und der Montagne du Lubéron. Der ganze Ort ist in den intensiven Farbschattierungen des **Ockers** gestaltet, der hier abgebaut wurde und den Bürgern Roussillons als begehrter Rohstoff für die Farbenherstellung Wohlstand brachte, bis die Konkurrenz der synthetischen Pigmente übermächtig wurde. Von 1942 bis 1946 lebte und arbeitete Samuel Beckett in Roussillon; sein lokales

✱
Roussillon

Roussillon, eine Orgie in den Farbschattierungen des Ockers

> ! **Baedeker** TIPP
>
> **Im Reich der Farben und Formen**
> Arbeiten mit Ocker, mit Gips, mit Beton, malen, bildhauern: Es gibt kaum eine Kunstform, zu der der Verein Okhra keinen Kurs anbietet. In der ehemaligen Ockerfabrik nebenan erfährt man alles über die Herstellung dieses vielseitigen Farbstoffs (geöffnet tägl. 9.00 – 13.00, 14.00 bis 18.00 Uhr, Juli/Aug. 9.00 – 19.00, im Winter Mo. und Di. geschl.). Conservatoire des Ocres et Pigments Appliqués, Ancienne Usine Mathieu, Tel. 04 90 05 66 69, www.okhra.com.

Erbe pflegt die Association La Maison Samuel Beckett, die Ende Juli ein kleines Festival veranstaltet.

Von der Rue des Bourgades geht es über die schmale, z. T. überwölbte Treppe der Rue de l'Arcade, dann über die nette Place de la Mairie durch einen hübschen Glockenturm und an der Kirche vorbei zum **Castrum**, einer Aussichtsplattform mit Orientierungstafel: im Norden das Plateau de Vaucluse, darüber der breite Rücken des Mont Ventoux. Ringsum sind zwischen den Wäldern Ockerfelsen zu sehen, dessen Farbspiel von Violett bis ins helle Gelbbraun reicht. Beeindruckende Ockerformationen, die **Chaussée des Géants** (»Straße der Riesen«), finden sich in Sichtweite des Ortseingangs (Eintritt). Achtung: Der feine Ockersand färbt sehr intensiv – es ist von Vorteil, wenn man sich bei der Rückkehr zum Auto zumindest andere Schuhe anziehen kann! Ebenfalls sehr eindrucksvoll ist das **Val des Fées** (Blick von der Rue des Bourgades südlich). Wer sich für Ockerfelsen besonders interessiert, sei auch auf den »Colorado von Rustrel« verwiesen (▸Lubéron).

✶✶ Gorges du Verdon

G 13 – 14

Département: Alpes-de-Haute-Provence

Der Verdon ist mit 175 km Länge der wichtigste Nebenfluss der Durance. Zwischen Castellane und dem Lac de Ste-Croix durchströmt er den »Grand Canyon du Verdon«: 21 km lange, grandiose, wilde Schluchten in den fossilreichen Kalkbänken der Haute Provence.

Die im Folgenden beschriebene Rundfahrt ist ungefähr 120 km lang, man sollte einen ganzen Tag dafür einplanen.

Fahrt durch die Gorges du Verdon

Castellane
F 15

Der beste Ausgangspunkt ist das Städtchen Castellane. Es besitzt am Nordrand noch Reste der Ummauerung aus dem 14. Jh., die Tour Pentagonale und die malerische Tour de l'Horloge. Außerdem verdienen die teilweise romanische Fontaine aux Lions und die Kirche St-Victor aus dem 12. Jh. Beachtung. Über dem Städtchen ragt ein

An der Corniche Sublime öffnen sich grandiose Blicke →
in die bis 700 m tiefe Schlucht des Verdon.

▶ GORGES DU VERDON ERLEBEN

AUSKUNFT

Office de Tourisme
Rue Nationale, 04120 Castellane
Tel. 04 92 83 61 14, Fax 04 92 83 76 89
www.castellane.org
Place de l'Église
04360 Moustiers-Ste-Marie
Tel. 04 92 74 67 84, Fax 04 92 74 60 65
www.moustiers.eu

ESSEN

▶ Preiswert

La Treille Muscate
Moustiers-Ste-Marie, Place de l'Ėglise
Tel. 04 92 74 64 31
Nett eingerichtetes Restaurant mit
junger, ehrgeiziger Equipe – der
Küchenchef hat bei Ducasse gelernt.
Mit Terrasse unter dem »Rebstock«.

ÜBERNACHTEN

▶ Komfortabel

La Ferme Rose
Moustiers-Sainte-Marie
Tel. 04 92 75 75 75, Fax 04 92 73 73 73
www.lafermerose.fr
Ca. 1 km in Richtung Ste-Croix-du-
Verdon gelegenes hübsches Landhaus

im italienischen Stil. Freundliche,
große Zimmer, die nach der Farbe des
Bads benannt sind. Ohne Restaurant.

▶ Günstig / Komfortabel

Domaine de Majastre
Südlich des Lac de Ste-Croix, zwischen Bauduen und Aups
Tel. 04 94 70 05 12
http://domaine-de-majastre.fr
Aus einem Bauernhof des 17. Jh.s am
Rand des Plan de Canjuers wurde ein
recht edles, komfortables Chambres
d'hôte mit Swimmingpool. Da einer
der größten Trüffelproduzenten des
Landes, kann man sich hier an der
edlen Knolle gütlich tun. Im Winter
wärmt ein großes Kaminfeuer.

Nouvel Hôtel du Commerce
Castellane, Place Marcel Sauvaire
Tel. 04 92 83 61 00, Fax 04 92 83 72 82
www.hotel-fradet.com
Freundliches, etwas plüschiges Hotel
am Fuß der Felswand im Zentrum
von Castellane. Traditionelle provenzalische Küche, die man im Sommer
auf der schattigen Terrasse genießt.

mächtiger, nahezu kubischer Kalkfelsen 184 m hoch auf, der von der
kleinen Wallfahrtskapelle **Notre-Dame-du-Roc** (1703) bekrönt wird.
Auf dem Felsen gab es ein keltisches Oppidum, später den Ort Petra
Castellana. Im 14. Jh. wurde die Ansiedlung ins Tal verlegt und mit
einer Mauer umgeben.

Man folgt zunächst der D 952 in südwestlicher Richtung flussabwärts
durch die Engstellen Porte de St-Jean und Clue du Chasteuil. Bei der
nach 12 km erreichten Straßengabelung überquert man auf der links
abbiegenden D 955 den Fluss (Pont de Soleils; Wegweiser »rive gau-
che«) und fährt weiter südwärts über das reizvolle Hochland. 6 km
hinter der Abzweigung hält man sich bei dem außerordentlich malerisch gelegenen, von einer Burg überragten Örtchen **Trigance** rechts
(Straße D 90) bis zur Einmündung in die D 71, dann auf dieser weiter nach Nordwesten.

Die Balcons de la Mescla (»mescla« heißt »Mischung«; das bezieht sich auf die nahe Einmündung des Artuby) mit ihrem großartigen Blick in die hier 250 m tiefe Schlucht sind der erste Höhepunkt der Fahrt. Wenig später überquert die Straße auf einer kühn geschwungenen Brücke den Artuby, der sich hier in den Verdon ergießt. Weiter verläuft die Straße kurvenreich und mit fantastischen Ausblicken hoch über dem Verdon und durch die Tunnels de Fayet.

Balcons de la Mescla

Bei den Falaises des Cavaliers gibt es neben dem (nicht empfehlenswerten) Hotelrestaurant eine Aussichtsplattform; danach führt die Strecke auf einem großartigen, ca. 10 km langen Abschnitt bis 400 m über dem tief in der Klamm strömenden Fluss hin.

◀ Falaises des Cavaliers

Nach Umfahren des eindrucksvollen Felszirkus von Vaumale und Überwindung des 964 m hohen Col d'Illoire führt die Straße hinunter zu dem durch Aufstauung des Verdon entstandenen türkisgrünen **Lac de Ste-Croix** (ca. 25 km² Fläche). Die D 19 mündet hier in die D 957, der man nach rechts folgt. Wo der Verdon den Canyon verlässt und in den Stausee eintritt, überquert man ihn auf einer Straßenbrücke (reizvoller Blick rechts in die Schlucht).

Lac de Ste-Croix

Etwa 7 km nach der genannten Einmündung in die D 957 zweigt kurz vor Moustiers-Ste-Marie die D 952 rechts ab. Diese Straße erschließt das nördliche Ufer des Verdon. Vorbei am Belvédère de Galetas und über den Col d'Ayen (1032 m) mit dem gleichnamigen Belvédère gelangt man nach La Palud-sur-Verdon. Um die Schleife der Route des Crêtes zu fahren, bleibt man zunächst weiter auf der

Moustiers-Ste-Marie

Grand Canyon du Verdon *Orientierung*

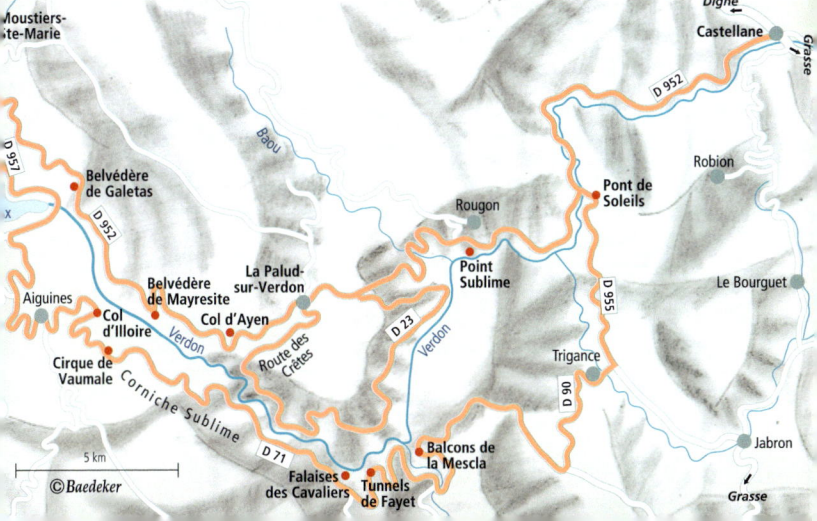

D 952 und biegt dann nach rechts auf die D 23 ein; ein Teil der Schleife ist Einbahnstraße und nur in dieser Richtung zu befahren.

✱
◀ Route des Crêtes Die 23 km lange Route des Crêtes nähert sich dem Rand der Gorges du Verdon und berührt in ihrem Verlauf den Belvédère de Trescaïre, den besonders eindrucksvollen Belvédère de l'Escalès, die Belvédères du Tilleul, des Glacières und de l'Imbut und führt schließlich nach La Palud zurück.

✱ ✱
Point Sublime Die D 952 führt nun zum wohl großartigsten Aussichtspunkt der Rundfahrt, dem Point Sublime. Vom Parkplatz geht man noch ein kurzes Stück zu Fuß (ca. 10 Min.) bis zur Aussichtsplattform, wo sich die »klassische« Ansicht der Verdon-Schlucht bietet. Man befindet sich hier 180 m über der Einmündung des Baou in den Verdon; prachtvoller Blick in den Flussdurchbruch beim Couloir Samson.

Bevor man nach Castellane zurückkehrt, sollte man unbedingt den Abstecher hinauf zum »Nid d'aigle« **Rougon** mit seiner romantischen Burgruine unternehmen. Durch die Engstelle der Clue de Carejuan gelangt man gut 5 km hinter dem Point Sublime zur Straßenteilung beim Pont de Soleils und zurück nach Castellane.

✱ ✱
Sentier Martel Der Sentier Martel (Martel-Pfad) ist nach dem französischen Höhlenforscher Edouard Martel (1859 – 1938) benannt, der zu Beginn des 20. Jh.s erstmals die Schlucht des Verdon in ihrer ganzen Länge durchquerte. Der Pfad, der über weite Strecken mit dem Fernwanderweg GR 4 identisch ist, verläuft auf dem Grund der Klamm und kann beim Point Sublime oder bei dem an der Route des Crêtes gelegenen Chalet de la Maline von der Straße aus erreicht werden.

Für die nicht ganz leichte Tour sollte man bei einer reinen Gehzeit von ca. 6 Stunden einen ganzen Tag veranschlagen. Festes Schuhwerk, Proviant, Trinkwasser, zweckmäßige Kleidung (Pullover, Regenschutz) sind unentbehrlich; eine Taschenlampe ist ratsam, da der Weg durch Tunnel führt. Der Aufenthalt unmittelbar am Flussbett ist gefährlich, da der Wasserstand in kürzester Zeit erheblich ansteigen und eine vehemente Strömung entstehen kann. Man vermeide daher bei Wanderungen in der Schlucht, länger an Plätzen zu bleiben, die keinen Fluchtweg nach oben bieten.

Umgebung der Gorges du Verdon

Musée de la Préhistoire In Quinson an den Basses Gorges du Verdon (südwestlich des Lac de Ste-Croix) gibt es ein großes Museum der Vorgeschichte. Der britische Stararchitekt **Norman Foster** realisierte den Bau im Einklang mit seiner Umgebung. Neben den Fundstücken vermitteln der Nachbau einer Grotte und eines vorgeschichtlichen Dorfs am Verdon einen Eindruck von der Lebensweise der Frühmenschen in der Provence. Öffnungszeiten: Mai – Juni, Sept. Mi. – Mo. 10.00 – 19.00, Juli / Aug. tägl. bis 20.00, Febr. – April, Okt. – 15. Dez. Mi. – Mo. 10.00 – 18.00 Uhr (www.museeprehistoire.com).

✷ Grasse

Département: Alpes-Maritimes   **Höhe:** 333 m
Einwohnerzahl: 49 100

Grasse ist in aller Welt als Metropole des Parfüms berühmt. Das in seinem Kern recht altertümliche Städtchen liegt im Hinterland von ►Cannes geschützt am Hang des Roquevignon.

Grasse ist das bedeutendste Zentrum der Parfümindustrie nicht nur in Frankreich, sondern in ganz Europa. Das Ausgangsmaterial liefern (z. T.) die Blumenkulturen und Lavendelfelder des Umlands.

Die Gegend ist reich an Funden aus Vor- und Frühgeschichte, vor allem aus dem ausgehenden Neolithikum. Angeblich existierte der Ort bereits zur Zeit der Merowinger (5./6. Jh. n. Chr.). Im 12. Jh. erlangte Grasse die Unabhängigkeit, im folgenden Jahrhundert kam es aber

Aus der Geschichte

Grasse Orientierung

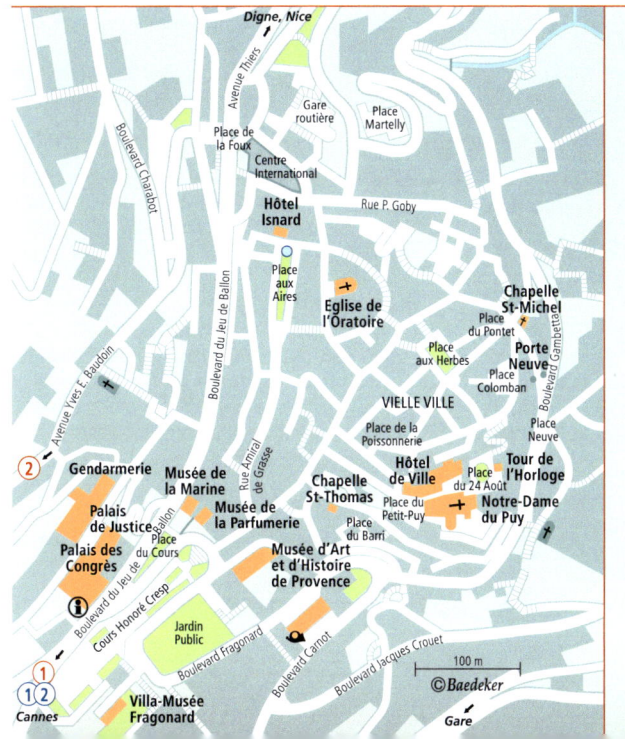

Übernachten
① Four Seasons
② Mandarina Hotel

Essen
① Auberge La Vignette Haute
② Bastide St-Antoine

unter die Herrschaft der Grafen der Provence. Die Parfümindustrie, die Grasse weltberühmt gemacht hat, wurde im 16. Jh. durch Katharina von Medici eingeführt. Ein berühmter Sohn der Stadt ist der Rokokomaler Jean-Honoré Fragonard (1732 – 1806).

Sehenswertes in Grasse

Place aux Aires

Auf der langgestreckten Place aux Aires findet vormittags der lebhafte Markt statt. An der Nordseite des Platzes steht das stattliche **Hôtel Isnard**, das der begüterte Gerber Isnard 1781 bauen ließ.

★
Musée International de la Parfumerie

⏲

Von der **Place du Cours** hat man einen guten Blick auf die tiefer gelegenen Teile der Stadt und in das Tal. Sehr sehenswert ist das Musée International de la Parfumerie (8 Place du Cours), das viele Objekte – von der Antike bis heute – zur Produktions- und Kulturgeschichte des Parfüms und der Düfte zeigt. Angeschlossen ist ein Forschungs- und Dokumentationszentrum, auf dem Dach ist ein Duftpflanzengarten angelegt. Öffnungszeiten: Juni – Sept. tägl. 10.00 – 19.00, Do. bis 21.00 Uhr, Okt. – Mai Mi. – Mo. 10.00 – 18.00 Uhr.

Musée Fragonard

Weiter südwestlich befindet sich in einem Palais aus dem 17. Jh. das Villa Musée Fragonard (www.museesdegrasse.com, Öffnungszeiten wie Musée de la Parfumerie). Hierher zog sich Jean-Honoré Fragonard 1791 zurück, als er durch die Revolution seine aristokratische Kundschaft verloren hatte. Bemerkenswert ist auch das Treppenhaus mit Grisaillen von Alexandre-Evariste, Fragonards Sohn.

Musée d'Art et d'Histoire de Provence

Östlich gegenüber der Aussichtsterrasse steht an der Rue Mirabeau das **Hôtel de Clapiers-Cabris**, ein stattliches Palais von 1771. Es beherbergt das Museum für provenzalische Kunst und Geschichte (Öffnungszeiten wie Musée International de la Parfumerie) mit historischem Mobiliar, Keramik und stadtgeschichtlicher Sammlung.

Notre-Dame-du-Puy

Die dreischiffige, querhauslose Kathedrale Notre-Dame-du-Puy in der Altstadt stammt aus dem 12./13. Jh., wurde jedoch im 17./18. Jh. erweitert. Sie zeigt lombardische und ligurische Einflüsse. Im Inneren der Kirche, das mit seinem Mauerwerk aus großen Quadern ungewöhnlich festungsartig und ernst wirkt, finden sich drei Frühwerke von **Peter Paul Rubens** von 1601 (»Dornenkrönung«, »Kreuzigung«, »Hl. Helena«), die ursprünglich für Rom gedacht waren. Die Darstellung einer Fußwaschung von Jean-Honoré Fragonard ist eines der seltenen religiösen Bilder des Rokoko-Malers. Dem Atelier des in Nizza tätigen Ludovico Bréa (um 1450 – 1523) wird das Triptychon des hl. Honorat zugeschrieben. Nördlich gegenüber der Kirche steht der Ancien Evêché, der einstige Bischofspalast, ursprünglich aus dem 13. Jh., später mehrfach verändert und heute Rathaus (Hôtel de Ville). Von der Place du 24-Août, die sich an die Kirche anschließt, hat man einen schönen Blick ins Tal.

▶ GRASSE ERLEBEN

Luxuriös logieren im Four Seasons

AUSKUNFT

Office de Tourisme
22 Cours Honoré Cresp
06130 Grasse
Tel. 04 93 36 66 66, Fax 04 93 36 86 36
www.grasse.fr

FESTE UND EVENTS

Mitte Mai: Rosenfest (Exporose): u. a. beeindruckende Bouquets mit je 300 bis 600 Rosen in der Villa Fragonard. Erstes Aug.-Wochenende: Jasminfest mit Blumenkorso, Feuerwerk, provenzalischem Fest und Wahl der Jasminkönigin. Anfang Sept.: Bio Grasse (Cours Honoré Cresp).

EINKAUFEN

Markt auf der Place aux Aires Di.–So. morgens. Info über die Parfümerien Fragonard, Galimard und Molinard (u. a.) und ihre Läden erhält man im Office de Tourisme.

ÜBERNACHTEN

▶ Luxus

① *Four Seasons Terre Blanche*
Tourrettes (Var), ca. 30 km südwestlich von Grasse bei Fayence
Tel. 04 94 39 90 00, Fax 04 94 39 90 01
www.fourseasons.com/de/provence
Anlage im Stil eines provenzalischen Dorfs mit 115 Suiten (60 m²) in zweistöckigen Villen. Das Sport- und Freizeitangebot reicht von zwei von Dave Thomas angelegten Golfplätzen über eine Golfakademie, ein Spa- und Fitnesscenter bis zu organisierten Ausflügen in die Umgebung.

▶ Günstig / Komfortabel

② *Mandarina Hotel*
Grasse, 39 Av. Y.-E. Baudoin
Tel. 04 93 36 10 29, Fax 04 93 36 11 73
www.mandarinahotel.com
Modernes kleines Hotel mit ruhigen Zimmern – von denen auf der Südseite und von der Terrasse des (guten) Restaurants spektakulärer Blick auf Cannes, die Lerinischen Inseln und die Bucht von Mandelieu.

ESSEN

▶ Fein & teuer

① *Auberge La Vignette Haute*
Auribeau-sur-Siagne, 307 Route du Village, Tel. 04 93 42 20 01
www.vignettehaute.com
Hotel im Stil eines romantischen Antiquitätenmuseums, prachtvolle Lage. Mit exzellentem Restaurant.

Baedeker-Empfehlung

▶ Fein & teuer

② *Bastide St-Antoine*
Grasse, 48 Av. Henri Dunant, Tel. 04 93 70 94 94, www.jacques-chibois.com
ca. 1 km in Richtung Cannes
Alles vom Feinsten in einem wunderbaren botanischen Garten. Das Restaurant mit 2 Michelin-Sternen gilt vielen als eines der besten der Côte d'Azur. Mit 11 Zimmern und 5 Suiten (Relais & Châteaux).

Pro Jahr werden in Grasse etwa 500 t Rosen-, 60 t Jasmin- und 100 t Orangenblüten zu Duftessenzen verarbeitet.

»NASESTUDENTEN« IN DER HAUPTSTADT DER DÜFTE

Angefangen hat es mit dem Gestank. Der beißende Geruch aus den vielen Ledergerbereien in Grasse ging den Anwohnern so auf die Nerven, dass die Handschuhmacher – vermutlich inspiriert von Katharina von Medici – auf eine für Jahrhunderte erfolgreiche Idee kamen. Die Gerber und Apotheker parfümierten das Leder mit Essenzen aus den Pflanzen, die im besonders milden Klima der Umgebung reichlich blühten: Rosen, Veilchen, Jasmin und natürlich Lavendel.

Das ist lange her, rund 400 Jahre. Der Schriftsteller Patrick Süskind lässt seinen Romanhelden Giuseppe Baldini in dieser Zeit schwärmen: »Ein Rom der Düfte sei die Stadt, das gelobte Land der Parfumeure, und wer nicht seine Sporen hier verdient habe, der trage nicht zu Recht den Namen Parfumeur.« Inzwischen sind die künstlichen Essenzen viel billiger, und die Blüten kommen aus Bulgarien, der Türkei oder Südamerika. Und dennoch: Die Blüten aus Grasse bleiben der Stoff, aus dem Parfümträume gemacht werden. Nur Rosen und Jasmin vom firmeneigenen Feld in Pégomas bei Grasse kommen den Kreativen von Chanel in den Flakon mit der magischen Nummer 5.

Nach dem Tourismus ist die Parfümindustrie immer noch einer der wichtigsten Wirtschaftszweige der Stadt. An die 3000 Menschen in rund 30 Betrieben verarbeiten in Grasse jedes Jahr etwa 500 t Rosen-, 60 t Jasmin- und an die 100 t Orangenblüten zu Duftessenzen. Für einen Liter hochkonzentrierte Parfümessenz benötigt man eine halbe Tonne Rosenblätter. Die Parfümwirtschaft hat sich inzwischen neue Absatzmärkte erschlossen: Aus den Blüten stellen sie zum Beispiel Geschmacksstoffe für die Lebensmittelindustrie her.

Die eigene Kreation

Behutsam weihen die drei Großen am Ort, Fragonard, Molinard und Galimard, Touristen in die **Geheimnisse der Parfümherstellung** ein. »Es ist ein starkes Parfüm, sehr ausgeglichen in seinen Noten«, lobt die »Nase« des Hauses und riecht konzentriert an einem hellblauen Papierstreifen. Zwei Stunden lang haben zwei deutsche Besucher an ihrem Parfüm gearbeitet – immer wieder an einer der 126 Fläschchen an ihrem Arbeitstisch ge-

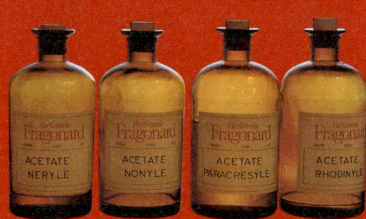

Auf die Mischung kommt es an: Diese kleinen braunen Flaschen enthalten synthetische Duftstoffe zur Parfümherstellung.

schnuppert, Duftkombinationen aufgeschrieben, probiert, verworfen, tröpfchenweise Essenzen zusammengefügt und viele Überraschungen erlebt. Eine Zutat auszuwählen ist eines. Zu wissen, wie sie sich nach der Vermischung mit einer anderen Essenz verhält, etwas ganz anderes.

Fruchtig-blumig oder erdig-holzig?

Dabei hat es das Haus Galimard den Besuchern leicht gemacht. An jedem der 24 Arbeitstische, den so genannten Duftorgeln, hat Meister Jacques Maurel 126 vorkomponierte Düfte deponiert, die in jeder beliebigen Mischung miteinander mehr oder weniger harmonieren. Auf den in Englisch, Französisch und Deutsch verfassten Arbeitsblättern tragen die Gäste zunächst die Bestandteile der **»Basisnote«** ihres Parfüms ein. Diese fixiert den Duft auf der Haut. Anschließend kommt die ebenfalls aus drei Komponenten gemischte **»Herznote«**, die den Charakter des Parfüms bestimmt – fruchtig und blumig für die Dame, eher erdig-holzig für den Herrn. Schließlich kreieren die Gäste aus weiteren drei Essenzen die **»Kopfnote«**, die dem Parfüm die Frische verleiht.

Mit jedem Tröpfchen aus den braunen Apothekerfläschchen entsteht wieder ein neuer Duft, der sich an der Luft verändert. Nach einer Stunde des Schnupperns an Jasmin-, Rosen-, Vanille-, Veilchen- und Bergamotteessenz und anderen Kostbarkeiten riecht eine Besucherin »gar nichts mehr«. Kirstie, die die beiden Gäste mit ihrem charmanten finnisch-französischen Akzent in die Parfümkreation einführt, empfiehlt eine Pause. Die wird für eine Führung durch die Labors genutzt. Meister Maurel erklärt den Unterschied zwischen künstlich hergestelltem Lavandin und dem natürlichen Lavendel. Dann zeigt er, wie aus kostbarer madagassischer Vanille eine Essenz für die nächste Parfümkreation entsteht.

Wenn Jacques Maurel nicht gerade Besucher in die Geheimnisse der Parfümherstellung einführt, kreiert

Katharina von Medici: Zu viel Gestank!

Eine gute Nase ist gefragt, wenn es darum geht, aus der Vielzahl von Substanzen ein neues Parfüm zu schaffen.

er für Galimard neue Düfte. »Ich arbeite hier mit 2000 verschiedenen Rohstoffen, 1600 künstlichen und 400 natürlichen«, erklärt der Meister.

Bis zur Perfektion

Um eine echte »Nase« zu werden, reicht es nicht, nur einen besonders feinen Geruchssinn zu haben. Gefragt ist die Fähigkeit, sich ungeachtet aller Störfaktoren nur auf das zu konzentrieren, was man gerade riecht, und sich das Wahrgenommene über alle Einflüsse hinweg zu merken. »Meister«, weiß Monsieur Maurel, »wird man am besten durch einen Meister.« Maurel hat das Parfümeriehandwerk von seinem Großvater gelernt. **Bis zu zwei Jahre dauert die Entwicklung eines neuen Parfüm**s, und wenn der Kunde mit der Kreation nicht zufrieden ist, wird nachgebessert.

Daran hat sich seit 1747 nichts geändert. Damals gründete ein Freund Goethes, Jean de Galimard, die gleichnamige Parfümerie. Als Gründer der Vereinigung der Handschuhmacher und Parfümeure belieferte der Graf den französischen Hof mit Olivenöl, Pomaden und Parfüms. Es war die Zeit, als die Schlösser bestialisch stanken, weil es keine Toiletten gab und weil die feine Gesellschaft Europas Waschen für ungesund hielt – und die Gerüche ihrer Umgebung und ihrer selbst mit Parfüm überdeckte.

Zum Schluss des zweistündigen Einführungskurses überreicht der Maître den beiden Gästen ihr Diplom. »Sie sind nicht Nase, aber Nasestudenten«, erklärt Kirstie, die die beiden Leipziger in die Geheimnisse der Duftkomposition eingeführt hat. »Für Nase muss man zehn Jahre studieren.«

Informationen

Bei Galimard kosten die zweistündigen Einführungskurse 45 € pro Person. Ein Jahr lang kann man sein selbstkreiertes Parfüm nachbestellen. Galimard Parfumeur, Tel. 04 93 09 20 00, Fax 04 93 70 36 22, Route de Pégomas, www.galimard.com.
Molinard Parfumeur, Tel. 04 93 36 01 62, Fax 04 93 36 03 91 60, 60 Blvd. Victor Hugo, www.molinard.com.
Bei Molinard kosten die (wie bei Galimard auch auf Deutsch angebotenen) Einführungen in die Parfümkreation 40 €. Zur freien Auswahl stehen 80 Parfümessenzen. Auch hier kann man sein Parfüm ein Jahr lang nachbestellen.

Lavendel, ein Bestandteil vieler Parfüms

Umgebung von Grasse

Cabris, aussichtsreich über dem Becken von Grasse (8 km westlich) gelegen, war ehemals von Künstlern geschätzt; berühmte Einwohner waren der Schriftsteller André Gide und der Schauspieler Jean Marais. Bemerkenswert sind die **Ruinen des Schlosses** (12. Jh.), eine Kirche (1606–1650) sowie die Kapelle Ste-Marguerite (innen ein Flügelaltar, um 1500). Am westlichen Ortsrand steht die im 16. Jh. erbaute Kapelle St-Jean-Baptiste.

Cabris

Die Schlucht, die sich der Fluss Loup in die Felsen gegraben hat, ist von Grasse über Bar-sur-Loup und die D 2210 zu erreichen. Die Straße durch die Schlucht (D 6) führt unter bis zu 400 m hohen Felswänden hindurch, vorbei an der im ganzen 70 m hohen **Cascade de Courmes** sowie nahe dem 25 m hohen **Saut du Loup**. Bei der Rückfahrt nach Grasse über die D 3 erreicht man bei einem Serpentinenabschnitt einen Aussichtspunkt (Schild »Surplomb des Gorges du Loup«), von dem man fast senkrecht in die Schlucht hinunter- und zum 1248 m hohen Pic des Courmettes hinaufsehen kann.

Gorges du Loup

Etwa 15 km nordöstlich, nahe dem Ausgang der Gorges du Loup, thront der kleine Ort Gourdon auf steil abfallendem Felsen. Die auf sarazenischen Fundamenten im 13. und 17. Jh. erbaute **Festung** beherbergt ein Museum (orientalische und französische Waffen, Gemälde der Kölner Schule aus der Zeit um 1500, naive Malerei). Die vom Versailler Gartenarchitekten **Le Nôtre** angelegten parkartigen Terrassen gehören z. T. zu einer botanischen Forschungsstation. Großartige Aussicht auf das Cap d'Antibes und das Cap Roux.

★
Gourdon

Grasse, die Parfümstadt im Hinterland von Cannes

✳ Grignan

Région: Rhône-Alpes   **Département:** Drôme
Höhe: 197 m   **Einwohnerzahl:** 1500

Beeindruckend gruppiert sich das Städtchen im Hügelland östlich des Rhônetals um sein hochgelegenes Schloss. Berühmt wurde Grignan, seit dem Mittelalter im Besitz der Adelsfamilie Adhémar-Castellane, durch die Briefschreiberin Marquise de Sévigné.

Die Briefe, die die Marquise (1626–1696) von Paris aus an ihre Tochter, Gemahlin des letzten Grafen von Grignan, und andere Zeitgenossen schrieb, wurden 1726 veröffentlicht. Wegen ihres lebendigen Stils und der zeitgeschichtlichen Details haben sie bleibenden Wert; ihre Verfasserin starb im Schloss von Grignan.

Sehenswertes in Grignan

✳ **Château**

Das die Stadt beherrschende Renaissance-Schloss entstand 1668 bis 1690, als François Adhémar de Monteil – Schwiegersohn der Marquise von Sévigné – sich die Festung aus dem 13. und 16. Jh. umbauen ließ. Zur Zeit der Französischen Revolution musste ein großer Teil abgebrochen werden. Das heutige Aussehen ist im Wesentlichen das Resultat der Restaurierung zu Beginn des 20. Jh.s.

Das mächtige Schloss von Grignan, darunter die wehrhafte Kirche St-Sauveur

GRIGNAN ERLEBEN

AUSKUNFT

Office de Tourisme
Place du Jeu de Ballon
26230 Grignan, Tel. 04 75 46 56 75
www.guideweb.com/grignan

ÜBERNACHTEN

► Luxus
Le Manoir de la Roseraie
Route de Valréas
Chemin des Grands Prés
Tel. 04 75 46 58 15, Fax 04 75 46 91 55
www.manoirdelaroseraie.com
Ein deutsch-französisches Paar hat in der ehemaligen Bürgermeistervilla in einem Park mit 400 Rosenstöcken eine echte Oase geschaffen. Zimmer im Louis-Quinze-Stil.

► Komfortabel / Luxus
Le Clair de la Plume
Place du Mail
Tel. 04 75 91 81 30, Fax 04 75 91 81 31
www.chateauxhotels.com/clairplume
Charmantes, stimmungsvolles Haus unterhalb des Schlosses von Grignan.

Baedeker-Empfehlung

► Preiswert / Komfortabel
La Demeure du Château
Rue Saint Sauveur, Tel. 04 75 51 86 16
www.lademeureduchateau.com
Ein kleines Juwel unterhalb von St-Sauveur (Abb. S. 210: das Haus mit dem »Türmchen«): sehr große, geschmackvoll-edel restaurierte Zimmer. Abendessen für Hausgäste. Mit kleinem Pool.

SCHWARZES GOLD

Zwei Drittel aller französischen Trüffeln kommen aus dem Département Drôme, und das Geschäft brummt. Von Mitte November bis Mitte März gibt es Trüffelmärkte u. a. in Grignan (Di.), Valréas (Mi.), Nyons (Do.) und Richerenches (Sa.). In St-Paul-Trois-Châteaux, 16 km südwestlich von Grignan, informiert die Maison de la Truffe et du Tricastin umfassend über die tolle Knolle (S.► 184).

Durch das von Türmen flankierte Portal betritt man den Schlosskomplex. Nach Süden öffnet sich ein großer Hof, an den sich die Terrasse anschließt, mit der um 1680 die Kirche St-Sauveur überbaut wurde. Von hier hat man einen ausgezeichneten Blick auf das Massiv des Mont Ventoux im Südosten, auf die Rhône-Ebene und die Berge des Vivarais im Nordwesten. Im Schloss sind u. a. das Gemach der Marquise de Sévigné sowie mehrere Salons mit altem Mobiliar (Louis-Treize, Louis-Qinze) und Gobelins zu sehen. Im Juli/Aug. finden in den Gärten und auf der Terrasse »Fêtes Nocturnes« statt.

🕐
Öffnungszeiten:
April – Okt.
9.30 – 11.30
14.00 – 17.30
Juli / Aug. bis 18.00
Nov. – März
Di. geschl.

Unterhalb des Schlosses steht die spätgotische Kirche St-Sauveur, 1535 – 1539 im Auftrag des Diplomaten und Offiziers Louis Adhémar von Jehan Delanche für das 1484 gegründete Kanonikerstift erbaut. 1568 wurde das Portal von Protestanten zerstört und 1654 restauriert. Die linke Langhauswand lehnt sich unmittelbar an den Berg an. Eine Empore in der einschiffigen Kirche hatte direkten Zugang

St-Sauveur

zum Schloss; in der Revolution wurde sie zugemauert. Links vor dem vergoldeten Hauptaltar mit einer »Verklärung Christi« als Aufsatz das mit einer Marmorplatte verschlossene **Grab der Marquise de Sévigné**. Die Wandtäfelung ist ein Werk aus der zweiten Hälfte des 17. Jahrhunderts.

Umgebung von Grignan

Valréas

Valréas, eine lebhafte Kleinstadt 9 km südöstlich von Grignan, war bis zur Französischen Revolution Besitzung der Päpste und bezeichnet sich noch heute als »Enclave des Papes«. Es gehört – so lange halten sich historische Verhältnisse – als Einsprengsel im Département Drôme zum Département Vaucluse. Die Altstadt wird von großzügigen Boulevards mit Platanen umgeben, die den Verlauf der Stadtmauer nachzeichnen. Trotz bescheidener Größe beeindruckend ist das Hôtel de Ville, ehemals **Palais des Marquis de Simiane** (15.–18. Jh.). Der Donjon stammt aus dem 12. Jahrhundert. Die Kirche Notre-Dame-de-Nazareth (12. Jh.) besitzt ein stattliches Südportal.

✳
La Garde-Adhémar
C 4

La Garde (17 km westl. von Grignan) kam im 13. Jh. in den Besitz der Familie Adhémar und führt seitdem ihren Namen. Am Rand der Höhen des Tricastin über dem Rhônetal gelegen, überrascht die schöne Lage des Orts, wenn man von Grignan her durch das Val des Nymphes (▶ unten) kommt. Von der mittelalterlichen Stadtmauer sind im Nordosten noch Teile erhalten, insbesondere zwei Stadttore.

✳
St-Michel ▶

Eine Kapelle St-Michel wird 1105 erwähnt, die jetzige Kirche ist wohl 40 Jahre später entstanden. Restauriert wurde sie 1849/1850 auf Veranlassung des obersten Denkmalschützers Prosper Mérimée. Mit ihren einfachen, klaren Formen ist St-Michel ein gutes Beispiel für die provenzalische Romanik: Verzicht auf Figurenschmuck, spärliche Baugliederung, präzis behauenes und gefügtes Mauerwerk. Ihre drei Schiffe überdecken ein Quadrat, im Osten schließen sich drei Apsiden ohne Querhaus an. Nur die Südwand und die Apsiden weisen schießschartenähnliche Fenster auf, so dass Licht fast nur durch das Portal einfällt. Äußerst ungewöhnlich für die französische Romanik ist die **Westapsis**, ein im Deutschland dieser Zeit häufiges Bauelement. Unterhalb der Kirche wurde ein sehenswerter Garten angelegt.

Chapelle du
Val-des-Nymphes

An der D 572 A liegt 2 km östlich, in einem wasserreichen, üppig grünen Tal, die Ruine der Chapelle du Val-des-Nymphes aus dem 12. Jahrhundert. In gallo-römischer Zeit war der Platz vermutlich heidnisches Heiligtum. Dach und Gewölbe der einschiffigen romanischen Kapelle fehlen. Merkwürdig wirkt die Westfront, über einfacher Mauerfläche erhebt sich ein Giebelfeld mit drei Nischen, die durch kannelierte Pilaster mit antikisierenden Kapitellen voneinander getrennt sind. Die Halbbögen, die die Eckpfeiler stützen, wurden später angefügt. Die Chorapsis wird durch Blendarkaden in zwei Geschosse unterteilt.

✳ Hyères

Département: Var   **Höhe:** 40 m
Einwohnerzahl : 55 000

Die Stadt Hyères, ein wichtiges Landwirtschaftszentrum der französischen Riviera, liegt knapp 20 km östlich von Toulon am Fuß des 204 m hohen Castéou, 4 km vom Meer entfernt. Für die meisten Urlauber ist es nur ein Durchgangsort auf dem Weg zur Halbinsel Giens oder nach Hyères-Plage.

Nahe der Stadt lag das von Griechen gegründete Olbia. Die Römer befestigten den Platz. Im Mittelalter erweiterten zunächst die Herren von Fos, dann Karl von Anjou die Festungsanlagen. Während der Religionskriege (16. Jh.) hatte die Stadt schwer zu leiden; nach einjähriger Belagerung ließ der Herzog von Guise den Mauerring niederlegen, Anfang des 17. Jh.s wurde auch der Donjon zerstört (Reste sind noch erhalten). Bereits im 19. Jh. wurde Hyères vom Fremdenverkehr entdeckt; es gilt als ältester Winterkurort der Riviera. **Ein wenig Geschichte**

Sehenswertes in Hyères

Zentrum der Altstadt ist die **Place Massillon**. Hier steht auch die Tour St-Blaise, der Rest einer Templerkomturei aus dem 12. Jahr- **Altstadt**

Der große Jachthafen von Hyères

▶ HYÈRES ERLEBEN

AUSKUNFT

Office de Tourisme / Maison du
Tourisme de la Provence d'Azur
3 Av. A. Thomas, 83400 Hyères
Tel. 04 94 01 84 50, Fax 04 94 01 84 51
www.hyeres-tourisme.com
www.provence-azur.com

Bureau d'Informations
Carré du Port, Ile de Porquerolles
Tel. 04 94 58 33 76, Fax 04 94 58 36 39
www.porquerolles.com

FÄHREN ILES D'HYÈRES

Nach Port-Cros und Levant von
Port d'Hyères, nach Porquerolles von
La Tour-Fondue (www.tlv-tvm.com,
Tel. 04 94 58 21 28).

MARKT

Der Markt findet täglich auf der Place
Massillon statt.

ESSEN

▶ Erschwinglich

Les Jardins de Bacchus
Hyères, 32 Av. Gambetta
Tel. 04 94 65 77 63
Lichte Stimmung eines Atriums, ver-
ziert mit Fresken, der Rahmen für
eine regional inspirierte Küche. Gute
Auswahl südfranzösischer Weine.

▶ Preiswert / Erschwinglich

Le Haut du Pavé
Hyères, 2 Rue Temple/Pl. Massillon
Tel. 04 94 35 20 98
Gemütlicher, intimer Platz im Zentrum der Altstadt, sympathische Atmosphäre. Üppige mediterrane Küche
zu sehr fairen Preisen.

ÜBERNACHTEN

▶ Luxus

Le Mas du Langoustier
Ile de Porquerolles
Tel. 04 94 58 30 09, Fax 04 94 58 36 02
www.langoustier.com
Großzügiges 4-Sterne-Hotel im Stil
eines provenzalischen Herrenhauses,
inmitten eines 40 ha großen Parks.
Das Restaurant pflegt eine leichte,
fantasievolle provenzalische Küche.
Der Strand ist zu Fuß erreichbar.

▶ Günstig / Komfortabel

Du Soleil
Hyères, 4 Rue du Rempart
Tel. 04 94 65 16 26, Fax 04 94 35 46 00
www.hotel-du-soleil.fr
Schlichte Zimmer in erhöhter Lage,
umhüllt von Lavendelduft. Schloss
und Altstadt sind zu Fuß rasch zu
erreichen. Die Zimmer haben z. T.
Blick aufs Meer.

---

hundert. In der Rue Rabaton erinnert sein Geburtshaus an den großen Kanzelredner **Jean Baptiste Massillon** (1663 – 1742), Hofpredi-
ger Ludwigs XIV. und Bischof von Clermont. Durch die Rue Ste-Cathérine gelangt man weiter zur **Place St-Paul** mit der bis ins 12. Jh.
zurückgehenden gleichnamigen Kirche. Rechts der Treppe zum
Haupteingang steht ein reizvolles Renaissancehaus mit kleinen Eck-
türmchen, unter dem die Rue St-Paul hindurchführt.
Die **Porte des Princes** wenige Schritte westlich ist Teil eines ehemaligen Klosters. Nördlich des Platzes, in der Rue Paradis, stehen einige
hübsche Häuser aus dem 13. Jh. (Nr. 24 links, Nr. 6).

Südöstlich der Place Massillon steht am Rande des alten Stadtkerns die sich auf die Place Clemenceau öffnende Porte de la Rade (13. Jh.), das ehemalige Haupttor. Nördlich die Place de la République mit einem Massillon-Denkmal und der ursprünglich außerhalb der Stadtmauern gelegenen romanisch-frühgotischen Kirche St-Louis aus dem 13. Jahrhundert.

Die kubistische Villa Noailles im nördlich gelegenen Parc St-Bernard (Montée des Noailles) wurde 1924 von dem Architekten **Robert Mallet-Stevens** für Charles und Marie-Laure de Noailles erbaut. Seitdem war sie immer wieder Anziehungspunkt für Künstler wie Man Ray, der hier seinen ersten Film drehte, oder Luis Buñuel, Jean Cocteau oder Albert Giacometti. Zugänglich während der Ausstellungen Juli – Sept. Mi. – Mo. 10.00 – 12.00, 16.00 – 19.30 (Do. bis 22.00), sonst Mi. – So. 13.00 – 18.00 Uhr.

◀ Villa Noailles

Von der Place Clemenceau führt die geschäftige Avenue du Général-de-Gaulle westwärts und bildet die Grenze zu der sich südlich erstreckenden Neustadt. Südlich der Innenstadt liegt der **Jardin Olbius-Riquier**, eine schöne, über 6 ha große Gartenanlage mit vielen exotischen Pflanzen und Vögeln.

3 km südlich vom Stadtkern liegt auf einem 98 m hohen Hügel der Vorort **Costebelle**. Hier befand sich schon im 11. Jh. eine Wallfahrtsstätte. Von der weithin sichtbaren Kapelle Notre-Dame-de-Consolation (Raymond Vaillant, 1955) bietet sich ein lohnender Rundblick. Am 15./16. August finden Wallfahrten statt. Von der Kapelle kann man in etwa 1.30 Std. zum Gipfel des 306 m hohen **Mont des Oiseaux** aufsteigen. Weiter südlich liegt die **Klosterruine St-Pierre-d'Almanarre** (von arabisch »al-manar«, »Leuchtturm«).

Notre-Dame-de-Consolation

Presqu'île de Giens

Die 6,5 km lange und bis 1,5 km breite Halbinsel von Giens ist erst seit der Römerzeit mit dem Festland verbunden. Westlich erstreckt sich der Etang des Pesquiers, eine Salzwasserlagune, die durch einen Deich mit der Route du Sel (Salzstraße) abgeriegelt wird. Auf der pinienbestandenen östlichen Nehrung (langer Sandstrand, gutes Surfrevier) liegt die Siedlung La Capte. Zentrum der Halbinsel ist der Ort Giens mit der Burgruine. Im Westen befindet sich bei La Madrague der höchste Punkt der Halbinsel. 2 km östlich von Giens endet die von Hyères kommende Straße beim nicht zugänglichen Fort de la Tour-Fondue (1634 unter Richelieu erbaut, Schiffsanlegestelle).

✶ Iles d'Hyères (Iles d'Or)

Die Iles d'Hyères, Porquerolles, Port-Cros und die Ile du Levant setzen die Presqu'île de Giens nach Osten fort. Sie gehören geologisch zum ▶ Massif des Maures und werden, vermutlich wegen des glimmerreichen Gesteins, auch Iles d'Or genannt. Die Inseln sind gro-

Goldene Inseln mit traumhaften Stränden

Autos sind auf Porquerolles nicht erlaubt, am besten nimmt man das Fahrrad.

ßenteils bewaldet, weisen zerklüftete Steilabfälle auf, verfügen über schöne Naturhäfen und sind nicht zuletzt zum Baden beliebt. Zu Zeiten des Königs Franz I. dienten sie Piraten als Basis.

Porquerolles Die annähernd 8 km lange und etwa 2 km breite Insel Porquerolles ist die größte des Archipels. Sie besitzt ein 200 ha großes Weinbaugebiet und sehr schöne Strände mit klarem Wasser – entsprechend beliebt ist sie bei Ausflüglern. An der Nordküste ist der Strand großenteils flach; der ganze südliche und östliche Teil fällt steil ins Meer ab. Vom Hauptort Porquerolles an der Nordküste lohnt ein Ausflug (ca. 45 Min.) durch schöne Mittelmeervegetation südwärts zum **Phare de l'Ousteau** (96 m hoher Leuchtturm). In nordöstlicher Richtung erreicht man in einer Stunde entlang der Plage Notre-Dame das **Cap des Mèdes**. Etwa auf halber Strecke zweigt rechts ein Weg ab, der am Fort de la Repentance vorbei zum Sémaphore (142 m) führt.

Ile de Port-Cros Östlich der Ile de Porquerolles liegt die Ile de Port-Cros (ca. 4 km lang, 2 km breit), seit 1963 Parc National (Naturschutzgebiet) und nur von wenigen Menschen bewohnt. Ein schöner Spaziergang von 1.30 Std. führt südostwärts ins **Vallon de la Solitude** (»Tal der Einsamkeit«) und zu den imposanten Falaises du Sud, fast 200 m hohen Klippen. Ebenfalls lohnend ist die dreistündige Wanderung ostwärts zur reizvollen **Pointe de Port-Man**. Die höchsten Punkte sind der Mont Vinaigre mit 196 m und La Vigie mit 207 m. Am schönsten ist die Insel zur Blütezeit von März bis Mai.

Noch weiter östlich liegt die geologisch interessante, einsame Felseninsel Ile du Levant (8 km lang, bis 1,5 km breit, einstiges Besitztum
der Äbte von Lérins), die durch ihre 1932 als erste derartige Anlage
gegründete **FKK-Kolonie Héliopolis** bekannt ist. Der Rest der Insel ist
Militärsperrgebiet.

Ile du Levant

Le Lavandou

L 14

Département: Var   **Höhe:** 0 – 483 m
Einwohnerzahl: 5800

**An einer weiten, sich nach Südosten öffnenden Bucht zwischen
Toulon und St-Tropez liegt Le Lavandou am Fuß des ▶Massif des
Maures. Seinen Namen verdankt das einstige Fischerdorf einer hier
wachsenden Lavendelart.**

Heute prägen ausgedehnte Feriensiedlungen und zahlreiche Hoch-
häuser das Ortsbild. Im Sommer ist Le Lavandou ein Ferienzentrum,
im Winter ist der Ort wie ausgestorben – typisch für die Region, die
sich ganz dem Fremdenverkehr verschrieben hat.

Le Lavandou und Umgebung

An der Rade de Bormes, der sich vom Hafen westwärts erstreckenden Bucht mit feinsandigem Strand, verläuft der Boulevard de-Lat-
tre-de-Tassigny. Von hier hat man einen weiten Blick auf das Meer
und die Inseln Port-Cros und du Levant (zu den Hyèrischen Inseln
gehörend). Im Süden schließen die bewaldeten Hänge des **Cap Bénat**
die Bucht ab. Weit im Osten ragt das **Cap Lardier** ins Meer. An der
schönen kurvigen, von Le Lavandou an der Küste nach Osten führenden D 559 wechseln Sandstrände mit felsigen Abschnitten ab.

*Feinsandige
Strände*

Das alte Städtchen Bormes-les-Mimosas 2 km nordwestlich ist an die
Flanke eines aussichtsreichen Hügels gebaut. Den besten Blick hat
man von der Terrasse bei den
Schlossruinen. An der Place de la
Liberté steht die schöne, von zwei
Zypressen flankierte Chapelle St-
François-de-Paule aus dem 16.
Jahrhundert. Eine Statue erinnert
an das segensreiche Wirken des hl.
Franz von Paula im Pestjahr 1481.
Im Friedhof ein Denkmal für den
Landschaftsmaler Jean-Charles Ca-
zin (1841 – 1901); im Hôtel de
Ville (Musée Arts et Histoire, Rue

*Bormes-
les-Mimosas*

 Baedeker TIPP

Gelbe Pracht vor blauem Meer

Die Mimosenroute (»Route du Mimosa«) führt
über 130 km entlang der Küste nach Grasse.
Von Ende Februar bis Ende März blühen an der
Strecke Mimosenwälder, es gibt Mimosenfeste,
Mimosenlikör, Blumenkorsos und vieles mehr
(www.bormeslesmimosas.com).

● **LE LAVANDOU ERLEBEN**

AUSKUNFT

Office de Tourisme
Quai G. Péri, 83980 Le Lavandou
Tel. 04 94 00 40 50, Fax 04 94 00 40 59
www.lelavandou.eu
Vom Hafen fahren Schiffe zu den Iles
d'Hyères (►Hyères).

ESSEN

► **Erschwinglich**
L'Escoundudo
Bormes-les-Mimosas, 2 Ruelle du
Moulin, Tel. 04 94 46 42 56
Romantisches Restaurant in der Alt-
stadt, wenige Schritte von der Kirche.
Ausgezeichnete Küche zu sehr ange-
nehmen Preisen. Abends geöffnet.

► **Preiswert / Erschwinglich**
La Pignato
Le Lavandou, 13 Rue de l'Abbè Helin
Nahe dem Hafen. Vorzügliche, hoch-
klassige Küche in südländischem
Ambiente. Mit schöner Terrasse.

ÜBERNACHTEN

► **Günstig / Komfortabel**
Le Rabelais
Le Lavandou, 2 Rue Rabelais
Tel. 04 94 71 00 56, Fax 04 94 71 82 55
www.le-rabelais.fr
Innen viel hübscher als außen, nahe
dem Meer mit Blick auf den Alten
Hafen. Schlichte, bunte Zimmer. Im
Sommer Frühstück auf der Terrasse.

Carnot) einige seiner Werke. Beachtenswert sind ferner die Tour de
l'Horloge (Uhrturm, 18. Jh.) und die Kirche St-Trophime (18. Jh.,
schöne Flügelaltäre). Unterhalb der Kirche liegt das alte Bormes, ein
typisch provenzalisches Städtchen mit steilen Gassen (»Rompi-cuou«
genannt, »Halsbrecher«). Bormes-les-Mimosas besitzt mit La Favière
einen guten Jachthafen.

✶✶ Le Thoronet

J 13

Département: Var   **Höhe:** 142 m

**Das Kloster Le Thoronet gilt als Muster der provenzalischen Roma-
nik und vollkommene Verkörperung der zisterziensischen Bauprinzipien: absolute Einfachheit, klare Linien und Proportionen, völlige
Schmucklosigkeit – Grundsätze, die von den strengen Ordensregeln
abgeleitet waren.**

Gemildert wird das herbe Äußere durch das rötliche Baumaterial aus
dem Esterel-Massiv, durch das helle Licht der Provence und die
schöne Lage. Die Abtei Le Thoronet 26 km südwestlich von ►Dra-
guignan ist das älteste und kleinste der drei Zisterzienserklöster in
der Provence (►Sénanque, Silvacane) und liegt abgeschieden in einer
waldreichen, hügeligen Gegend südlich des Argens.

Konvent und Kirche wurden zwischen 1160 und 1190 wie Sénanque von den Mönchen von Mazan (Ardèche) erbaut, nachdem sie sich schon 1136 auf Veranlassung von Raymond Bérenger, Graf von Barcelona und Toulouse, in der Nähe niedergelassen hatten. Raymond sorgte auch für eine sichere Existenzgrundlage in Form von umfangreichem Landbesitz. Einer der ersten Äbte, Folco oder Folquet (ab 1201), war ein berühmter Troubadour gewesen, bevor er der Welt und dem Minnedienst ade sagte und 1196 dem Zisterzienserorden beitrat. Nach einer Phase des Niedergangs im 14. Jh. wurde das Kloster in den Religionskriegen aufgegeben, während der Revolution 1791 vom Staat beschlagnahmt und verkauft. Dass es vom Staat 1840 zurückgekauft und vor dem Verfall bewahrt wurde, ist dem Schriftsteller und damaligen obersten Denkmalschützer Prosper Mérimée zu verdanken. Der Umbau im Barockstil wurde durch die Restaurierung ab 1873 rückgängig gemacht.

Geschichte

🕐
Öffnungszeiten:
April – Sept.
Mo. – Sa.
10.00 – 18.30
So. 10.00 – 12.00,
14.00 – 18.30
Okt. – März
Mo.– Sa.
10.00 –13.00,
14.00 – 17.00
So. 10.00 – 12.00,
14.00 – 17.00

✳ Klosterbauten

Für eine Zisterzienserkirche ungewöhnlich ist der steinerne Glockenturm, sonst waren nur Dachreiter zugelassen. Das Mauerwerk besticht durch die exakt behauenen und gefügten Steine. Die Fassade besitzt kein Mittelportal, sondern nur zwei Seitenportale, das linke

Klare Linien und ausgewogene Proportionen bestimmen die Architektur der Zisterzienser.

Das einzige erhaltene Brunnenhaus der Provence

war den Laienbrüdern zugewiesen. Die vier Joche des Langhauses sind durch einfache Rechteckgurte voneinander getrennt. Die niedrigeren Querhausarme bilden mit dem Langhaus keine ausgeschiedene Vierung, sondern sind nur an das Langhaus angesetzt. In die östliche Wand des Querhauses links und rechts des Chors sind je zwei Apsiden eingelassen, während der Chor auch von außen sichtbar im Halbrund vorspringt.

Den Übergang zur Gotik künden die Spitzbogentonnen in Haupt- und Querschiff sowie die steigenden Halbtonnen in den Seitenschiffen an. Das östliche Joch des zuerst gebauten nördlichen Seitenschiffs besitzt noch eine Vierteltonne; ebenso lässt sich die zeitliche Abfolge der Bauteile an der Entwicklung und Verfeinerung der Gesimse ablesen.

Die einzige Gliederung der Wände sind halbrunde Dienste, die auf halber Arkadenhöhe auf einer Konsole aufliegen, und ein umlaufendes Gesims, das den Gewölbeansatz markiert. Licht empfängt das Innere über wenige kleine Fenster in West-, Süd- und Ostwand und in den Apsiden, der Obergaden sowie die Nordseite sind fensterlos.

In den **Kreuzgang** gelangt man vom nördlichen Seitenschiff. Seine unregelmäßige Form in Grundriss und Höhenentwicklung ist durch die Geländeform bedingt. Auch hier ist die Baugeschichte in verschiedenen Gesims- und Gewölbeformen dokumentiert; der frühe Südflügel (ca. 1160–1170) hat ein Tonnengewölbe, während das Gewölbe des Ostflügels schon leicht gebrochen ist. In der Nordost- und der Nordwestecke sind gotische Kreuzrippengewölbe eingezogen. Die Rundbogenarkaden zum Garten hin ruhen auf rechteckigen Pfeilern und sind mit zwei Rundbögen ausgefacht, die auf Rundsäulen mit einfachen Kapitellen sitzen und den wuchtigen Eindruck der 1,50 m starken Mauer mildern. Hier meint man noch die Tradition römischer Bauformen zu spüren (Dianatempel in ▶Nîmes).

Die Terrasse über dem Kreuzgang, die man vom Dormitorium aus erreicht, bietet den besten Blick auf die Anlage.

Das **Brunnenhaus** am Nordflügel des Kreuzgangs ist das einzige erhalten gebliebene Exemplar in der Provence. Der sechseckige Bau besitzt ein Bandrippengewölbe und Rundbogenfenster und ist mit separatem Ein- und Ausgang versehen. Der Brunnen selbst ist modern. An den nördlichen Querhausarm stoßen ebenerdig die nur 3 m breite **Sakristei** und die winzige **Bibliothek** (die Zisterzienser beschränkten sich auf das Nötigste an Geschriebenem), die wie die Konventsgebäude tiefer liegen. An sie schließt sich der 9,5 × 8 m messende **Kapitelsaal** an, dessen sechs Kreuzrippengewölbe auf zwei frei im Raum stehenden Säulen ruhen. Die Kapitellskulptur (Blätter, Palmzweige, Voluten) ist der einzige Bauschmuck im ganzen Komplex; man wollte wohl diesem nach der Kirche wichtigsten Raum für das Klosterleben eine gewisse Zier nicht versagen.

! **Baedeker** TIPP

Hart und entbehrungsreich

Eine Schar Mönche und Laienbrüder beginnt unter dem Baumeister Wilhelm Balz, einem Vertrauten Bernhards von Clairvaux, mit dem Bau des Klosters Le Thoronet, das zu den Höhepunkten der romanischen Zisterzienserarchitektur zählt. Fernand Pouillon (1912 – 1986) schildert in seinem Buch »Singende Steine« das entsagungsreiche, vom Kampf mit den Naturgewalten geprägte Leben der mittelalterlichen Mönche (dtv, München).

Das **Parlatorium** (Sprechraum) liegt zwischen Kreuzgang und Klostergarten. Weitere Mönchsbauten im Norden der Anlage (Wärmestube, Refektorium, Küche) sind z. T. rekonstruiert. Eine Treppe führt entsprechend der zisterziensischen Tradition vom nördlichen Querhausarm direkt ins Dormitorium, den Schlafsaal der Mönche, der über dem Kapitelsaal liegt. Der **Konversenbau** (Bau für die Laienbrüder) aus dem frühen 13. Jh. schließt sich nordwestlich an den Kreuzgang an.

Westlich ist an den Kreuzgang ein **Vorratsraum** angebaut, der wie dieser vom Ende des 12. Jh.s stammt, ein langgestreckter Raum mit Spitzbogengewölbe und Blendarkaden an der Westwand.

Zisterzienserkloster Le Thoronet *Orientierung*

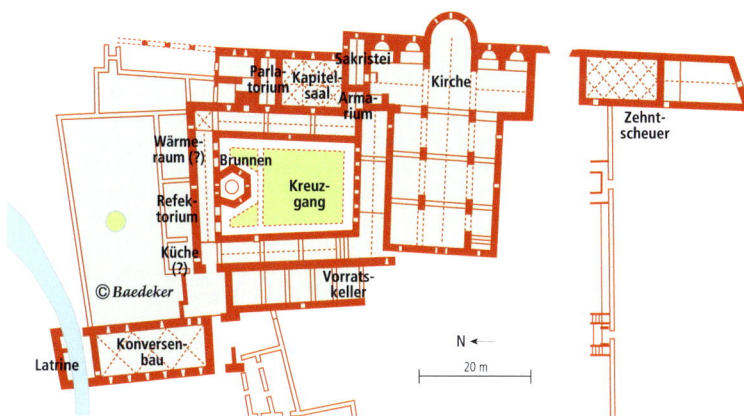

★ ★ Les Baux-de-Provence

Département: Bouches-du-Rhône   **Höhe:** 280 m
Einwohnerzahl: 370

Weit im Südwesten der Provence, am Südrand der Alpilles nordöstlich von ►Arles, liegt eine berühmte, einzigartige Ruinenstätte: Les Baux-de-Provence. Sie nimmt das Plateau eines Felsstocks ein, der sich über einer Unterstadt erhebt.

Wer zur Hauptreisezeit nach Les Baux kommt, ahnt schon beim Anblick der kilometerlang am Straßenrand parkenden Autos, dass Les Baux eine der Hauptattraktionen der Provence ist, mehr als 1 Mio. Besucher zählt man jährlich. In den schmalen, sehr atmosphärereichen Gassen der Unterstadt – mit Restaurants und vielen Souvenirläden – kann man provenzalische Mitbringsel erstehen. Der ganze Ort ist nur zu Fuß zu besichtigen. Diverse große, gebührenpflichtige Parkplätze gibt es vor dem Eingang zur Unterstadt.

Ein wenig Geschichte Schon in der Jungsteinzeit war das Plateau besiedelt. Die ersten Zeugnisse der Herren von Les Baux stammen aus der Zeit um 950. Im 12. und 13. Jh. war Les Baux die Hauptstadt einer Grafschaft, die einen großen Teil der Provence umfasste, und zählte über 3000 Einwohner. Der Name leitet sich möglicherweise vom provenzalischen »li baus«, »die Felsen«, oder von dem ligurischen Wort »balcius, baucius« für Anhöhe bzw. Abgrund her. Berühmt war der **»Liebeshof«, der Sammelpunkt der Troubadoure** im 13. Jh., als Zentrum höfischer Dichtkunst, die wenig später auch im Minnesang des deutschen Sprachraums ihre Entsprechung finden sollte.

Als **Hochburg der Hugenotten** – es existiert noch ein Fenster der ehemaligen protestantischen Kirche von 1571 mit dem Wahlspruch »Post tenebras lux«, »Nach dem Dunkel das Licht« – und als Zuflucht der Aufständischen von Aix wurde Les Baux im Auftrag von Ludwig XIII. 1631 von dem Herzog von Guise belagert und eingenommen. Die Einwohner boten um des Friedens willen dem König an, den Ort zu erwerben und die Befestigungen auf eigene Kosten einzureißen. Im 16. Jh. erlebte Les Baux eine neue Blüte, aus dieser Zeit stammen die prächtigen Renaissancehäuser in der Unterstadt. 1642 gelangte Les Baux als Schenkung an die Grimaldi, bis sie 1791 während der Revolution gegen eine Entschädigung enteignet wurden. Als Letzter führte der 1880 verstorbene Charles Maxime de Grimaldi den Titel eines Marquis de Baux. Das **Aluminiumerz Bauxit**, das man 1821 in der Umgebung entdeckte und das bis zu Beginn der 1990er Jahre abgebaut wurde, verdankt dem Ort seinen Namen.

L'Ousteau de Baumanière Erst Mitte des 20. Jh.s wurde das verfallene Les Baux wiederentdeckt. Dies verdankte es dem heute hochberühmten Restaurant und Hotel

Die Flaggen von Les Baux

▶ LES BAUX ERLEBEN

AUSKUNFT

Office du Tourisme
Maison du Roy, Rue Porte Mage
13520 Les Baux de Provence
Tel. 04 90 54 34 39, Fax 04 90 54 51 15
www.lesbauxdeprovence.com

BESICHTIGUNG OBERSTADT

Kassenzeiten: ab 9.00 Uhr, März – Juni bis 18.30, Juli/Aug. bis 20.30, Sept. bis Nov. bis 18.00, Dez. – Febr. bis 17.00 Uhr. Wer den Besuchermassen im Sommer entgehen will, kommt am frühen Morgen oder Abend hierher. Unbedingt feste Schuhe anziehen!

FESTE UND EVENTS

Der pittoreske Ort wird mit Belagerungsmaschinen (Vorführung April bis Sept. mehrmals tägl.) und mittelalterlichen Spektakeln (Anfang Juni und Ende Sept.) »animiert«. Zu Weihnachten feiern Hirten die Mitternachtsmette. Zum Spiel von der Geburt Christi mit Überreichung des Lamms kommen viele Besucher.

ESSEN / ÜBERNACHTEN

Les Baux ist ein Mekka für Genießer. Die Zahl exzellenter, berühmter Hotelrestaurants der Luxusklasse ist ungewöhnlich groß: allen voran das Oustaù de Baumanière und das Cabro d'Or, aber auch andere wie das Riboto de Taven und das Mas d'Aigret brauchen sich nicht zu verstecken.

▶ Luxus

① *Ousteau de Baumanière*
Val d'Enfer (D 27)
Tel. 04 90 54 33 07, Fax 04 90 54 40 46
www.ousteaudebaumaniere.com
In dem 500 Jahre alten Landhaus wohnt man herrlich in romantisch eingerichteten, luxuriösen Zimmern und Suiten mit Stilmöbeln, Himmelbett, Gebälk und Kamin. Die Küche mit provenzalischen Spezialitäten setzt seit vielen Jahren Maßstäbe. Angemessen hervorragende Weine, wunderbare Restaurantterrasse.

② *Cabro d'Or*
Route d'Arles, 800 m südwestlich
Tel. 04 90 54 33 21
www.lacabrodor.com
Relais-&-Châteaux-Tempel mit Terrasse unter Linden und feiner provenzalischer Küche. Elegante Gastzimmer, mit herrlichem Park und Swimmingpool. Golfplatz und Reitstall in der Nähe.

▶ Günstig

③ *Hostellerie de la Reine Jeanne*
In der Unterstadt
Tel. 04 90 54 32 06, Fax 04 90 54 32 33
www.la-reinejeanne.com
Wenn die Ausflügler weg sind, ist es sehr ruhig in Les Baux. Hier nächtigt und isst man (auf schattiger Terrasse) gut und preiswert. Versuchen Sie, Zimmer 2 zu bekommen, wegen der Terrasse mit großartigem Ausblick.

④ *La Ripaille*
Fontvieille, Route des Baux
Tel. 04 90 54 73 15, Fax 04 90 54 60 69
www.laripaille.com
Gepflegtes Haus im prozenzalischen Stil zwischen Les Baux und Fontvieille. Komfortable klimatisierte Zimmer mit Veranda oder Terrasse. Für das Gebotene sehr preiswert.

im Vallon d'Enfer, genauer seinem Gründer Raymond Thuilier. Der Hobbykoch verschrieb sich erst mit über 50 ganz der Kochkunst, und mit 80 war er der Doyen der französischen Meisterköche. 1945 kam er in die Provence und baute in einer alten Ölmühle sein eigentliches Lebenswerk auf. Die offizielle Eröffnung übernahm ein unbekannter junger Beamter des Ministeriums für Fremdenverkehr, Georges Pompidou. Trotz der abgeschiedenen Lage hatte die Küche Thuiliers Erfolg, schon 1954 verlieh der Guide Michelin ihr seinen dritten Stern. Seitdem wurde das Haus immer wieder erweitert, die Dépendance Cabro d'Or errichtet, eine Weinhandlung angeschlossen. Thuilier war auch Bürgermeister von Les Baux und kümmerte sich dementsprechend um den Tourismus.

✷ Unterstadt

Am ehemaligen Rathaus (17. Jh.) und der Porte Eyguières, dem alten Stadttor, vorbei folgt man der Rue de l'Eglise zur stimmungsvollen kleinen Place St-Vincent, deren Südseite von behauenen Felswänden gebildet wird. Von hier bietet sich ein reizvoller Blick nach Westen.

St-Vincent Die Kirche St-Vincent – dem hl. Vincentius geweiht, einem Märtyrer des 4. Jh.s – ist in ihrer Gedrungenheit von überraschender Raumwirkung. Die vom rechten Seitenschiff ausgehenden Kapellen sind in

Sehenswürdigkeiten in der Unterstadt: St-Vincent und die Kapelle der Weißen Büßer

Les Baux Orientierung

1 Ancien Hôtel de Ville
2 Maison du Connétable de Montmorency
3 Maison de Jean Manson le Vieux
4 Hôtel des Porcelet
5 Chapelle des Pénitents Blancs
6 Hôtel de la Tour de Brau
7 Denkmal Charloun Rieu

Essen • Übernachten
① Ousteau de Baumanière
② Cabro d'Or
③ Hostellerie de la Reine Jeanne
④ La Ripaille

das weiche Gestein gehauen. In der mittleren Kapelle ist ein aus dem Felsen herausgearbeitetes Taufbecken zu sehen. Das linke Seitenschiff ist bereits im 10. Jh. entstanden, also in karolingischer Zeit. Das Hauptschiff aus dem 12. Jh. zeigt romanisch-zisterziensischen Stil. Das rechte Seitenschiff (15. Jh.) ist hoch- bis spätgotisch. In einer der drei Kapellen befindet sich der Kenotaph der Familie de Manville. Die Fenster von Max Ingrand wurden 1962 von Fürst Rainier von Monaco gestiftet, der aus der Familie der Grimaldi stammte.

Gegenüber der Kirche schließt die Chapelle des Pénitents-Blancs (17. Jh.) den Platz ab. Innen besitzt sie modernen Bilderschmuck von **Yves Brayer** (1907–1990). Dem Maler, der seinen Lebensabend in Les Baux verbracht hat, ist auch das Museum im Hôtel des Porcelets aus dem 16. Jh. gewidmet.

Kapelle der Weißen Büßer

Hôtel de Manville
An der linken Seite des Museums führt eine Gasse leicht ansteigend an der einstigen protestantischen Kirche (Temple Protestant; rechts) vorbei zum Hôtel de Manville (spätes 16. Jh.) mit seinem schönen Innenhof. Vom Hôtel de Manville geht man weiter durch die Rue des Fours und die Rue du Trencat, eine in den Felsen geschnittene Gasse, zum Eingang in die Oberstadt. Durch das Musée d'Histoire de Baux gelangt man in die Oberstadt (Eintrittsgebühr).

★ ★ Oberstadt

Plateau
Jenseits der kleinen Kapelle St-Claude-et-St-Blaise erreicht man ein großes, kahles Felsplateau, das nahezu senkrecht zum vorgelagerten Hügelland abfällt. Ein Denkmal erinnert an den provenzalischen Dichter **Charloun Rieu** (1846 – 1924); er gehörte zum Kreis der »Félibres« um Frédéric Mistral, denen die Renaissance der provenzalischen Sprache und Kultur zu verdanken ist. Hier bietet sich ein grandioser Panoramablick in das Tal der Rhône, die Ebene der Crau und über die Alpilles.

Beeindruckendes mittelalterliches Felsennest: Les Baux

Parallel zum Ostrand des Plateaus führt der Weg zur Ruinenstadt. Vom einstigen Schloss sind nur noch geringe Reste erhalten. Unmittelbar an den Rand des Felsens war an höchster Stelle der **Donjon** gebaut, von dem westlich anschließenden Wohntrakt existieren noch Reste der Unterkonstruktionen. Ein eindrucksvoller Rundblick bietet sich von den hohen Felskämmen und Mauern, die die Oberstadt im Osten begrenzen und zu deren Höhe schmale Wege und steile Stufen führen. Zur Unterstadt kann man auf direktem Weg zurückkehren, der am sog. Kolumbarium (»Taubenschlag«) vorbeiführt, wohl eine Urnen-Beisetzungsstätte.

> ! *Baedeker* TIPP
>
> **Pure Romantik**
>
> Besonders zu empfehlen ist der Besuch der Oberstadt zum Sonnenuntergang, am besten mit einem Picknick. Die Oberstadt ist auch nach Schließung der Kasse zugänglich.

★★ **Blick auf Les Baux**

Den besten Blick auf Les Baux hat man vom Plateau des Bringasses: Man fährt auf der D 27 nach Norden, dann nach 1 km rechts. Hier liegt einem außerdem »die halbe Provence zu Füßen«, der Mont Ventoux und der Lubéron, das Rhône-Tal und die Camargue, Aix und Arles.

Cathédrale des Images

Auf halbem Weg zum genannten Aussichtspunkt passiert man die ehemaligen Steinbrüche, die z. T. unterirdisch angelegt wurden. In einem solchen Steinbruch hat der Künstler Albert Plécy seine »Kathedrale der Bilder« installiert; auf die riesigen, 400 m langen Steinwände werden Dias zu verschiedenen Themen projiziert. Öffnungszeiten: April – Sept. tägl. 10.00 – 19.00, sonst bis 18.00 Uhr.

Umgebung von Les Baux

★ **Les Alpilles G 4 – 5**

Der Höhenzug der Alpilles (»Kleine Alpen«) erstreckt sich zwischen ► St-Rémy-de-Provence und Les Baux. Trotz seiner geringen Höhe macht das schroffe Kalkmassiv einen durchaus alpinen Eindruck. Geologisch ist es eine Fortsetzung des ►Lubéron, der sich östlich anschließt. Der Westteil (Alpilles de Baux) und der Ostteil (Alpilles d'Eygalières) besitzen unterschiedlichen Charakter. Die Betätigungsmöglichkeiten, wie Klettern, Wandern, Angeln und MTB-Fahren, sind zahlreich (www.les-alpilles.info).

Die höchste Erhebung der Alpilles bildet die **Caume** (387 m). Zu erreichen ist der aussichtsreiche Gipfel auf einem Fahrweg (manchmal gesperrt), der von der Straße D 5 zwischen St-Rémy und Les Baux östlich abzweigt. Der Rundblick reicht bis zur Rhône-Mündung und der Camargue im Westen sowie zum Mont Ventoux und dem Tal der Durance im Osten.

St-Rémy ►dort

Fontvieille ►Arles

✷✷ Lubéron

G 6–9

Département: Vaucluse   **Höhe:** bis 1125 m

Im Lubéron ist die Provence geheimnisvoll und mystisch. Kleine verträumte Dörfer wie Oppède-le-Vieux, Ménerbes und Lacoste bilden Akzente in den Lavendelfeldern und sonst landwirtschaftlich genutzten Flächen.

Seit einigen Jahrzehnten gilt es als schick, hier – besonders im Petit Lubéron – einen Zweitwohnsitz zu haben. Anfang der 1990er-Jahre hat der britische Schriftsteller Peter Mayle mit seinen Erfolgsromanen »Mein Jahr in der Provence« und »Toujours Provence« der Popularität dieser Region aufgeholfen, jedenfalls kurzzeitig: Nach einer Umfrage kamen damals 8 % der Touristen, weil sie seine Bücher gelesen hatten. Die Einheimischen waren vom Rummel und vom Boom der Grundstückspreise allerdings weniger begeistert. Mittlerweile ist wieder eine gewisse Normalität eingekehrt, und auch der Grand Lubéron rund um Apt hat an Popularität gewonnen. Zur Ehrenrettung muss man sagen: Schon 1977 wurde der Gebirgszug zum **Parc Régional du Lubéron** (Regionaler Naturpark, 1200 km²) erklärt,

 **LUBÉRON ERLEBEN**

AUSKUNFT

Office de Tourisme
20 Av. Ph.-de-Girard, 84400 Apt
Tel. 04 90 74 03 18, Fax 04 90 04 64 30
www.provence-luberon-news.com
www.ot-apt.fr

FESTE

Himmelfahrt: Luberon Jazz Festival.
Mai–Juli, Ménerbes: Les Musicales du
Luberon. Ende Juni, ungerade Jahre,
Manosque: Fêtes Médiévales. Juli,
Apt: Été Culturelle, Wallfahrt zur
hl. Anna, Anchoïades. August,
Simiane-la-Rotonde: Riches Heures
Musicales. Nov., St-Saturnin-lès-Apt:
Fête Provençale.

MIT DEM RAD

Ein ausgeschilderter Radweg führt
von Cavaillon nach Forcalquier über
Apt im Norden und Lourmarin im

Süden. 235 km kann man abseits der
Hauptverkehrswege durch den Lubéron zurücklegen. Informationstafeln nennen Übernachtungsmöglich-keiten und Reparaturwerkstätten, aber auch die nächsten
Sehenswürdigkeiten (Info ►S. 96).

EINKAUFEN

In der Altstadt von Apt kann man
besonders in der Rue des Marchands
einkaufen. Am Sa. erlebenswerter
Wochenmarkt, am Di. Marché Paysan
mit Produkten des Landes.

ESSEN

► **Fein & Teuer**
Auberge La Fenière
Lourmarin, Route de Cadenet (2 km)
Tel. 04 90 68 11 79
www.reinesammut.com
Mo., Di.mittag geschl.

Reine Sammut vereint – nach Wanderjahren am und im Mittelmeer – in ihrer leichten, fantasievollen Küche die ganze Welt mediterraner Aromen, bei angemessenen Preisen. Sehr gut und preisgünstig isst man im gemütlichen »Cour de Ferme«. Wunderschöne Zimmer in der Auberge und in der alten Poststation, Terrasse mit Blick über das Tal der Durance.

Ausgezeichnet isst man im »Le Fournil«.

► Erschwinglich

Auberge des Tilleuls
Grambois, Moulin du Pas
Tel. 04 90 77 93 11, www.tilleuls.com
Dominique Bucaille pflegt in einer charmanten Bastide eine kreative Küche auf alpin-provenzalischer Basis. Schöne Terrasse »unter den Linden«. Hübsche, preiswerte Zimmer.

Le Fournil
Bonnieux, 5 Place Carnot
Tel. 04 90 75 83 62
Mitten im Ort steht das gelbe Haus am kleinen Platz beim Office de Tourisme. Im Sommer nehmen die Tische den Platz mit seinen Kastanienbäumen ein, im Lokal herrscht moderne Kühle. Exzellente, einfallsreiche provenzalische Gerichte zu moderaten Preisen, gute Weinkarte.

ÜBERNACHTEN

► Luxus

L'Auberge de l'Aiguebrun
Bonnieux, Domaine de la Tour
an der D 943 Richtung Apt
Tel. 04 90 04 47 00
www.aubergedelaiguebrun.fr
Ein echtes altes Landhaus, ruhig im Grünen gelegen. Sehr hübsches Ambiente mit kühlen rostroten Tonfliesen aus Salernes, weißen Wänden und alten Möbeln. Man kann auch in gut ausgestatteten Hütten logieren, ein Swimmingpool ist vorhanden. Im Restaurant kann man Entdeckungstouren durch die provenzalische Küche unternehmen.

► Günstig

La Bastide de l'Adrech
Manosque, Avenue des Serrets
Tel. 04 92 71 14 18
www.bastide-adrech.com
Vier schnuckelige Gästezimmer in einem Landhaus aus dem 18. Jh. unter uralten Bäumen. Abendessen für Hausgäste; der Patron bietet auch Kochkurse an. Am südlichen Ortsrand Richtung Pierrevert.

Notre Dame de Lumières
Goult (westlich von Apt, nahe D 900)
Tel. 04 90 72 22 18, Fax 04 90 72 38 55
www.notredamedelumieres.com
Familienfreundliches, dennoch sehr gediegenes Quartier in einem ehemaligen Kloster mit 30 ha großem Park. Großes Angebot an Freizeiteinrichtungen wie Spielplatz, Fitnessraum, beheiztes Schwimmbad, Fahrradverleih. Im Restaurant oder draußen am Büffet genießt man Regionales.

Les Mylanettes
Apt, Rue des Bassins
Tel. 04 90 74 67 15, Fax 04 90 74 47 20
www.lesmylanettes.com
Sehr angenehmes Bed & Breakfast (Gîtes de France), ruhig südlich oberhalb der Stadt gelegen, mit schönem Ausblick. Vier große Zimmer. Frühstück im Wohnzimmer oder auf der Veranda des Hauses.

mit Begrenzung der Bebauung und strengen Denkmal- und Natur-schutzauflagen. So ist die Provence hier so typisch und wenig touris-tisch wie nur möglich. Nach wie vor kann man auf abgelegenen Pfa-den durch die sanfte Landschaft fahren oder tagelang wandern, ab und zu trifft man auf ein pittoreskes Dorf.

Die Montagne du Lubéron erhebt sich östlich von Cavaillon. Ihr Westteil, der **Petit Lubéron**, weist nach Süden ein markantes Relief auf, nach Norden fällt er sanft ab. Östlich der Combe de Lourmarin liegt der **Grand Lubéron**; hier erreicht der aus Kalkgestein aufgebaute Bergzug im Mourre Nègre seine größte Höhe: 1125 m. Die große Ebene der Durance südlich des Petit Lubéron wird intensiv landwirt-schaftlich genutzt (Wein, Getreide, Obst und Grünland).

Waldenser im Lubéron

Ein schlimmes Kapitel der Geschichte ist das Massaker, das der Ba-ron von Oppède (▶S. 233) 1545 in 24 Dörfern des Lubéron anrichte-te. Weil seine Angebetete, die Baronin von Tour d'Aigues, ihn nicht heiraten wollte, ließ er 2000 Einwohner ihrer Dörfer auf jegliche Art und Weise umbringen, 800 Männer verkaufte er auf die Galeeren, die Häuser wurden niedergebrannt. Diese Menschen hatten das Pech, Waldenser zu sein, Anhänger einer »protestantischen« Bewegung, die seit Ende des 12. Jh.s existierte und seitdem immer wieder scharfer Verfolgung ausgesetzt war. Im Lubéron waren sie seit dem »Parle-ment von Aix« 1501 bedroht, und seit 1504 hatten die Verfolgungen schon angedauert, bis der Baron vom feinsinnigen Renaissance-König Franz I. die Genehmigung zu seinem Racheakt bekam. Auch heute besitzen etliche Dörfer im Lubéron einen großen Anteil an Protestanten, was in Frankreich selten ist.

Alte Gemäuer und blühende Bäume in Viens: der Lubéron von seiner schönsten Seite

Fahrt durch den Petit Lubéron

Ein guter Ausgangspunkt für eine Fahrt durch den Lubéron ist Apt **Apt**
im gleichnamigen Becken (Bassin d'Apt) am Flüsschen Calavon. Apt
(11 200 Einw.) ist berühmt für kandierte Früchte; das in der Umgebung angebaute Obst wird auch zu Marmelade und Konfitüre verarbeitet, hauptsächlich von Kerry Aptunion, dem Hauptarbeitgeber der
Region (an der D 900 nach Avignon, mit Laden). Sehenswert ist die
ehemalige Kathedrale Ste-Anne (12./17. Jh.) mit zwei übereinander-
liegenden Krypten, die untere ist vermutlich merowingisch. In der
Chapelle Ste-Anne werden Reliquien einer hl. Anna verwahrt; erbaut
wurde sie ab 1662, nach dem Besuch 1660 der Anna von Österreich,
die sich bei den Reliquien für die Geburt ihres Sohns Ludwig XIV.
bedankte. Das Archäologische Museum (nur Gruppen nach Anmeldung) zeigt neben gallo-römischen Altertümern eine beachtliche Ke-
ramiksammlung. Interessant ist auch die **Maison du Parc du Luberon**
(Place J.-Jaurès, geöffnet Mo.–Fr. 8.30–12.00, 13.30–18.00 Uhr).

Einen Abstecher lohnt der hübsche Ort Rustrel gut 10 km nordöst- ✴
lich von Apt. Wie Roussillon (bei ►Gordes) ist er bekannt durch die **Rustrel**
Ockerfelsen, im **Colorado de Rustrel** wurde Ocker abgebaut. Die pittoreske Schlucht kann auf zwei von Rustrel nach Süden führenden
Sträßchen erreicht werden; Fußwege führen in die Ockerfelsen, die
mindestens ebenso spektakulär sind wie die von Roussillon.

Von Apt führt die D 943 nach Süden zum Lubéron. Sie verläuft ✴
durch eine herrliche, vielgestaltige Landschaft mit Wein- und Obst- **Bonnieux**
bau; voraus liegt der Höhenzug des Lubéron mit dem alten Ort Bonnieux. Das kleine Städtchen am Nordhang des Lubéron erstreckt sich
über einen Höhenunterschied von 100 m. Die **Obere Kirche** aus dem
12. und 15. Jh., von der Place de la Liberté über eine Treppe zu erreichen, ist von mächtigen Zedern umgeben (in den 1860er-Jahren
wurden im Lubéron Zedern aus dem Atlas gepflanzt); der Blick geht
von hier über das Becken von Apt, man sieht Gordes und Roussillon

❗ *Baedeker* TIPP

Back-Werk

Ein 150 Jahre alter Backofen steht im Zentrum
des Musée de la Boulangerie in Bonnieux (Rue
de la République). Bis in die 1920er-Jahre
versorgte er das Dorf mit Brot. Öffnungszeiten:
April–Sept. Mi.–Mo., Okt. Sa./So. 10.00 bis
12.00, 15.00–18.30 Uhr. Nach der Besichtigung
des Handwerkszeugs eines Bäckers lohnt sich der
Gang in die benachbarte Pâtisserie Thomas.

Die Untere Kirche von Bonnieux

und über dem Plateau de Vaucluse den alles überragenden Mont Ventoux. Die **Untere Kirche** enthält vier Tafelbilder eines deutschen Meisters aus dem 15. Jh. (Hl. Veronika, Darstellungen der Passion Christi).

Pont Julien 6 km nördlich von Bonnieux (nahe der D 900) liegt der Pont Julien. Die Römerbrücke wurde im Jahre 10 n. Chr. aus mörtellos gefugten Quadern errichtet und zählt zu den am besten erhaltenen römischen Brücken in Frankreich.

Lacoste In Lacoste westlich von Bonnieux stößt man auf die Ruine des gleichnamigen Schlosses, in das sich der berühmt-berüchtigte **Marquis de Sade** nach der Affäre Arcueil 1771 zurückzog. Trotz seines Zustands ist das Schloss immer noch beeindruckend.
Folgt man der D 109 weiter in Richtung Ménerbes, stößt man nach ca. 2 km auf die **Abtei St-Hilaire**, die 1254 von den Karmelitern gegründet wurde. Die heute in Privatbesitz befindliche, restaurierte Abtei kann mit einer Terrasse aufwarten, die einen traumhaften Blick auf den Lubéron bietet. Öffnungszeiten: Ostern – Juni 10.00 – 19.00, Juli – Allerheiligen bis 20.00 Uhr.

Ménerbes Langgestreckt liegt die Ortschaft auf einem Bergrücken, weshalb sie gerne mit einem Schiff verglichen wird. Gebäude aus dem 16. und 17. Jh. prägen den Ortskern. Eine **Kirche** aus dem 14. Jh. grenzt an einen alten Friedhof, von hier hat man einen schönen Blick auf die Ebene. Am anderen Ende des Orts liegt die **Zitadelle** von Ende des 16. Jh.s. Ménerbes erlangte in den 1990er Jahren durch den Schriftsteller Peter Mayle Berühmtheit. Er lebte einige Zeit in dem kleinen

Die kleinteilige Landschaft im Lubéron wird von Wein- und Obstbau geprägt.

Dorf und beschrieb es in seinen Büchern so liebevoll, dass sich zahlreiche Touristen auf Spurensuche begaben. Da er so intelligent gewesen war, die Lage seines Hauses exakt mitzuteilen, sah er sich zur Flucht (nach Long Island) gezwungen. Heute lebt er wieder im Lubéron, man sagt in Lourmarin. Diesmal jedoch ist er bezüglich seines Aufenthaltsorts diskreter.

Über die D 3 gelangt man nach Oppède-le-Vieux.

Jahrzehntelang war das Dorf Oppède-le-Vieux verfallen und nahezu unbewohnt. Heute hat man den Charme der kleinen Ortschaft wiederentdeckt. Nachdem sich während und nach dem Zweiten Weltkrieg Künstler und Aussteiger – wie auch die Frau des Schriftstellers Antoine de Saint-Exupéry – hier niedergelassen hatten, zieht es heute besonders Touristen und Ferienhausbesitzer hierher. Kleine Cafés, Läden und Galerien inmitten einer morbiden, überwucherten und dem Verfall preisgegebenen Bebauung üben nach wie vor große Faszination und Anziehungskraft aus. Folgt man den ausgetretenen Stufen an der Büßerkapelle vorbei zur Kirche und zur **Burgruine**, verstärkt sich dieser Eindruck noch. Die Burg stammt aus dem 13. Jh. und wurde von dem Grafen von Toulouse errichtet. Mit der Burg-

Oppède-le-Vieux

! Baedeker TIPP

Modelle in traditioneller Manier

In Oppède verewigen Sylvia und Patrick Haddou Sie oder Ihre Liebsten in Ton, Farbe oder Stoff. Nach Fotos modellieren sie Menschen in der Art der traditionellen Heiligenfiguren der Provence (»santons«). Größe, Stil und Kleidung der Figuren kann man frei wählen, Preis ab 800 €. Die Haddous bieten auch Kurse zur Einführung in die Santon-Modellierkunst an. Santons Patrick Haddou, http://membres.multimania.fr/santon haddou, Tel. 04 90 72 25 45.

ruine ist die schreckliche Geschichte des Barons von Oppède verknüpft (►S. 230).

Über die D 2 gelangt man wieder auf die D 900, die rasch nach Apt zurückbringt. Aber auch Abstecher nach ►Fontaine-de-Vaucluse, ► Gordes oder ►Sénanque bieten sich auf dem Rückweg an.

Fahrt durch den Grand Lubéron

Combe de Lourmarin

Auch diese Tour nimmt Apt als Ausgangspunkt. Die D 934 führt durch den dichten, halbhohen Wald aus Steineichen, Edelkastanien und Ginster in der Schlucht der Aigue Brun, vorbei an beeindruckenden, teils überhängenden Felswänden. Wer sich für die Schlösser im Lubéron interessiert, für den ist die ausgeschilderte **Route des Châteaux du Sud Lubéron** obligatorisch. Die Schlösser in Lourmarin, La Tour d'Aigues und Ansouisaus dem Mittelalter wurden in der Renaissance umgebaut. Sie befanden sich im Besitz der Grafen von Forcalquier, dann der Familie Sabran, die noch in Ansouis ansässig ist.

✳
Mourre Nègre

Kurz vor Lourmarin zweigt links eine schmale Forststraße ab, die zum Kamm des Grand Lubéron hinaufführt und nach knapp 15 km den Mourre Nègre erreicht, den höchsten Gipfel des Massivs. Von der Straße aus muss man noch ein kurzes Stück zu Fuß ansteigen; vom Gipfel genießt man dann einen großartigen Rundblick.

Lourmarin

Am südlichen Ausgang der Combe liegt Lourmarin, beherrscht von dem Renaissanceschloss aus dem 15./16. Jahrhundert. Von seinem Turm hat man einen guten Blick über den Lubéron, die Ebene der Durance und die Montagne Ste-Victoire (halbstündige Führung vor- und nachmittags). Auf dem Friedhof von Lourmarin ist der Schriftsteller und Literatur-Nobelpreisträger **Albert Camus** (1913 – 1960) bestattet, der sich im Jahr 1958 in Lourmarin niedergelassen hatte.

Cucuron

Von Lourmarin lohnt ein Umweg nach Osten zu dem rund 10 km entfernten Ort Cucuron. Beachtung verdienen die Kirche **Notre-Dame-de-Beaulieu** (romanisch-gotisch, in schlechtem Zustand; Kanzel mit polychromen Marmorintarsien, als Altaraufsatz ein Auferstehungsrelief des Marseiller Bildhauers Pierre Puget, Ende 17. Jh.) und das kleine, im Hôtel des Bouliers untergebrachte **Regionalmuseum** (Vor- und Frühgeschichte, gallorömische Funde). Auch von Cucuron kann man zum Mourre Nègre (►oben) aufsteigen.

La Tour d'Aigues

In La Tour d'Aigues steht bzw. stand einer der bedeutendsten Renaissancebauten Frankreichs. Allerdings wurde dieser einstige Prachtbau durch Feuer und die Französische Revolution teilweise zerstört, die Restaurierung hat u. a. großzügige Ausstellungsräume geschaffen. Die frühmittelalterliche Burg, in der Grafen von Forcalquier ansässig waren, bildete die Basis für eine umfassende Erweiterung in der Renaissance. Auffälligstes Bauglied ist das **monumentale Tor**, das mit

Kolossalpilastern, Trophäenreliefs und bekrönendem Dreiecksgiebel italienische Einflüsse aufweist. Die einst zur Verteidigung dienenden Ecktürme wurden hingegen nach dem Vorbild der Renaissanceflügel des Louvre von Pierre Lescot zu Wohntürmen umgestaltet. Heute finden im Ehrenhof, unter freiem Himmel, Konzerte und Theateraufführungen statt (Öffnungszeiten: April–Okt. tägl. 10.00–18.00, Nov.–März Mo.–Fr. 13.30–17.00, Sa., So. 10.00–12.00, 13.30 bis 17.00 Uhr; www.chateaulatourdaigues.com).

Hauptsehenswürdigkeit in Ansouis ist ebenfalls eine **Schlossanlage**, die ab dem 13. Jh. sukzessiv ausgebaut wurde. Nach dem Verfall der Burg wurde im 17. Jh. ein neuer Wohntrakt errichtet. Die Herzöge de Sabran, die im 13. Jh. in den Besitz der Burg kamen, mussten das Schloss aufgrund von Familienstreitigkeiten 2007 verkaufen. Zugänglich ist es Ostern–Allerheiligen 14.30–18.00 (im Winter Di. geschl). Die Terrassengärten eröffnen einen wunderschönen Ausblick auf den Grand Lubéron.   **Ansouis**

Über Cadenet fährt man hinaus in die Ebene der Durance und zur Abtei ►Silvacane. In Cadenet, das von der Ruine einer Burg aus dem 11. Jh. überragt wird, steht die Statue des »Trommlers von Arcole«. Der 19-jährige André Estienne, so will die Überlieferung, schlug als napoleonischer Soldat bei der Schlacht um die Brücke von Arcole in Oberitalien – nachdem er den Fluss durchschwommen hatte – die Trommel so furios, dass die Österreicher sich umzingelt glaubten und sich ergaben. In der Kirche aus dem 14. Jh. dient ein römischer Sarkophag (3. Jh.) als Taufbecken.   **Cadenet**
Von Cadenet führt die D 943 zurück nach Apt.

Im Licht der Abendsonne: Château Lourmarin

Marseille

Département: Bouches-du-Rhône   **Höhe:** 0 – 154 m
Einwohnerzahl: 852 000

Bedeutendster Hafen und nach Paris die zweitgrößte Stadt Frankreichs, Schmelztiegel der Ethnien und Kulturmetropole: Die Mischung aus pulsierender, südländischer Großstadt, provenzalischer Atmosphäre und bunt gemischter Bevölkerung ist einzigartig.

Als Brückenkopf zu arabischen und afrikanischen Ländern ist Marseille seit langem ein multikultureller Schmelztiegel: In 111 Bezirken (Quartiers) vereinigt die Stadt die unterschiedlichsten Nationen, was seine Probleme mit sich bringt. Heute fährt der TGV in drei Stunden von der Haupstadt Paris nach Marseille, und immer mehr gut Betuchte aus dem Norden entdecken den Reiz der kleinen Stadtviertel (wie der Panier, ► Baedeker-Special S. 248). Das Kulturleben sucht seinesgleichen; nirgends in Frankreich gibt es so viele Theaterbesu-

Highlights Marseille

Vieux Port
Der Alte Hafen – mit seinem Fischmarkt – ist der ideale Ausgangspunkt für die Erkundung der Stadt.
► Seite 245

Notre-Dame-de-la-Garde
Weithin sichtbares Wahrzeichen der Stadt, 154 m über dem Hafen gelegen. Die Aussicht von hier ist grandios.
► Seite 245

Musée des Docks Romains
Am Platz der antiken Stadt wurde das entsprechende Museum errichtet.
► Seite 246

Vieille Charité
Ehemals ein Armenhospiz, heute interessante Kulturinstitution mit Museum.
► Seite 247

Unité d'Habitation
Le Corbusiers auch heute noch beeindruckender Beitrag zum Wohnungsbau.
► Seite 252

Château d'If
Legendäre Festungsinsel, durch Dumas' spannenden Roman berühmt geworden.
► Seite 253

Corniche des Crètes
Atemberaubende Küstenstraße südöstlich von Marseille zwischen Cassis und La Ciotat.
► Seite 253

← *Die Cathédrale de la Major, mächtiger Blickfang am Hafen*

Marseille Orientierung

Beliebter Treffpunkt: Place aux Huiles im Quartier de l'Arsenal

cher, nicht einmal Paris bietet eine solche Vielfalt an Schauspielhäusern; die Oper, 1919 abgebrannt und im Art déco (mit den Kolonnaden von 1787) neu erbaut, ist des Marseillers liebstes Kind. Was niemand erwarten würde: Marseille – mit über 57 km Küstenlinie, dem größten Handelshafen Frankreichs und dem größten Jachthafen Europas (10 260 Liegeplätze) – verfügt südlich des Stadtgebiets über eine akzeptable Wasserqualität; die 3 km langen Prado-Strände gehören zu den schönsten am Mittelmeer. Zwar ist Marseille die älteste Stadt Frankreichs, von antiken und mittelalterlichen Bauten sind jedoch nur wenige Spuren erhalten. Auf dem höchsten Punkt wacht die Kirche Notre-Dame-de-la-Garde über die Hafenmetropole.

Wirtschaft Die ökonomische Situation der Stadt wird vom **Hafen** bestimmt, der vor allem für den Verkehr mit Nordafrika und Süd- und Ostasien bedeutsam ist. Der jährliche Güterumschlag des Port Autonome de Marseille, ein Drittel des französischen Seehandels, beläuft sich auf rund 100 Mio. t, fast 90 % davon sind Importgüter, zum großen Teil Erdöl. Mit rund 1,2 Mio. Passagieren pro Jahr ist Marseille der drittwichtigste Passagierhafen Frankreichs (v. a. Kreuzfahrtschiffe und Fähren nach Korsika, Sardinien und Nordafrika). Die Industrie des Raums Marseille/Etang de Berre/Fos wird geprägt durch Grundstoff- und Schwerindustrie; vier Raffinerien stellen 30 % der nationalen Kapazität, die Stahlproduktion beläuft sich auf 3 Mio. t pro Jahr.

Zu den wirtschaftlichen Krisen, in deren Folge die Arbeitslosigkeit anstieg, kam das Problem des stetigen **Immigrantenstroms** aus arabischen und afrikanischen Ländern. In Marseille leben über 100 000 Araber; das Viertel Belsunce nördlich der Canebière wird auch als das »Marseiller Beirut« bezeichnet, europäische Gesichter sind hier selten. Der rechtsradikale Front National verbucht große Erfolge. Gegen dieses Image von Armut und Ausländerfeindlichkeit muss Marseille immer wieder ankämpfen.

Geschichte

Die Stadt wurde um 600 v. Chr. unter dem Namen Massalia von Griechen aus der kleinasiatischen Stadt Phokäa gegründet. Sie war bis weit in die römische Kaiserzeit ein Zentrum hellenischer Kultur. Bereits im 1. Jh. wurde die nun römische Stadt Massilia durch Trockenlegung der sich östlich ausdehnenden Sümpfe ausgeweitet.

Nach dem Untergang des Römischen Reichs kam die Stadt an die Westgoten, dann an die Franken und schließlich an das Königreich Arelate (Burgund). Nach ihrer Zerstörung durch die Sarazenen wurde sie im 10. Jh. neu aufgebaut und den Vicomtes de Marseille untertan; 1218 wurde es als Handelsoligarchie freie Republik, bis Karl von Anjou um 1250 auch Marseille unterwarf. 1481 kam es zum Besitz der französichen Krone. Die Bedeutung des Hafens wuchs mit den Kreuzzügen entscheidend. Im Mittelalter wurden bei verschiedenen Gelegenheiten neue Verteidigungsanlagen erstellt, so von den Rittern des Johanniterordens die Tour St-Jean an der Nordseite der Hafeneinfahrt, von Franz I. eine Bastion bei der heutigen Wallfahrtskirche Notre-Dame-de-la-Garde und Erweiterungsbauten des Château d'If. Kardinal Mazarin ließ an der Hafeneinfahrt die Forts St-Jean und St-Nicolas ausbauen.

Während der Französischen Revolution, die in Marseille zu heftigen Auseinandersetzungen zwischen Jakobinern und Kaufleuten führte, zogen die unruhigsten Elemente nach Paris, wo sie die **Marseillaise** – von dem Pionieroffizier Rouget de Lisle in Straßburg für die Rheinarmee gedichtet und vertont – populär machten. Im 19. Jahrhundert wurde die Stadt nach Pariser Vorbild großzügig ausgebaut, wie die prachtvolle Rue de la République zwischen Altem und Neuem Hafen zeigt; zahlreiche Beispiele repräsentativer Architektur wie der Triumphbogen auf der Place d'Aix und das Palais Longchamps zeugen von der wirtschaftlichen Blüte zur Zeit der industriellen Revolution.

Mit dem beherrschenden französischen Einfluss in Nordafrika ab 1830 und der Öffnung des Suezkanals ging ein ungestümer Siedlungsdruck einher, der sich bis in die heutige Zeit fortsetzt.

Im Zweiten Weltkrieg war Marseille Ziel von Luftangriffen, und 1943 sprengten deutsche Soldaten weite Teile der Altstadt. Den Wiederaufbau führte Auguste Perret (1874–1954) durch, ein bedeutender Vertreter der »Stahlbetonarchitektur«. Der in den Jahren 1947–1954 von Le Corbusier geschaffene Wohnkomplex **Unité d'Habitation**, auch »Cité Radieuse« genannt, ist ein eindrucksvolles Monument moderner Architektur, ein Beispiel für die architektonische Vision einer autarken kleinen Stadt mit Geschäften, Kindergarten, Restaurant etc. Ursprünglich für sozial schwache Familien gedacht, sind heute viele der Wohnungen Privateigentum.

! *Baedeker* TIPP

Der rote Faden der Geschichte

Entlang dem auf die Gehsteige gemalten »roten Faden der Geschichte« führt ein kommentierter Weg durch Marseilles ältestes Viertel, den Panier. Eine Beschreibung (auch auf Deutsch) gibt es im Office de Tourisme.

▶ MARSEILLE ERLEBEN

AUSKUNFT

Office de Tourisme et des Congrès
4 La Canebière, 13001 Marseille
Tel. 0826 500 500, Fax 04 91 13 89 20
www.marseille-tourisme.com
www.marseille.fr
Das Office de Tourisme bietet eine
große Zahl Führungen zu den unterschiedlichsten Themen an, außerdem 2.30 Std. dauernde Rundfahrten
mit einem Taxi zum Pauschalpreis.

CITY PASS

Der Pass (für ein oder zwei Tage)
umfasst Eintritt in 14 Museen, Ausflug zum Château d'If, Benützung der
öffentlichen Verkehrsmittel, eine
Stadtführung und diverse Rabatte.

VERKEHR

Flughafen in Marignane 28 km
nordwestlich; Busverbindung mit
Bahnhof St-Charles. Metro, Tram und
Busse der RTM (Espace Infos: 6 Rue
des Fabres). Auch die Strände im
Süden der Stadt sind mit Bussen
erreichbar. Die Fähren nach Korsika,
Sardinien und Nordafrika legen von
der Gare Maritime ab, Boote zum
Château d'If, zu den Calanques und
nach Cassis vom Quai des Belges am
Ostrand des Alten Hafens.

FESTE UND EVENTS

2. Febr.: Pélérinage de la Chandeleur
in St-Victor. März: Karneval. Ende
Juni – Mitte Juli: Festival de Marseille
(Musik, Tanz, Kino, Theater).
15. Aug.: Fête de l'Assomption in der
Cathedrale de la Major. Dezember:
Foire aux Santons (Markt für Krip-
penfiguren aus Ton). Veranstaltungs-
termine und Ausgehtipps in
»L'Hebdo«, »Sortir«, »Vox Mag«,
»L'Officiel des Loisirs« sowie auf der
Website www.marseillebynight.com.

EINKAUFEN

Zwischen Préfecture und Canebière
erstreckt sich das Einkaufsviertel; die
Rues Paradis und Grignan locken mit
Nobelmarken. Am Alten Hafen findet
Mo. – Sa. von 7.30 bis 12.30 Uhr der
berühmte Fischmarkt statt.

STRÄNDE

Die Strände südlich von Marseille
können sich in puncto Sauberkeit
sehen lassen. Überwacht werden an
der Küste bis Cassis 21 Strände,
darunter die »Calanques«. Tipp: Plage
du Prado mit fast 3 km Länge, Treff
von Kite- und Windsurfern.

ESSEN

Mit einem Steuertrick haben sich
einige Kneipen preiswerter gemacht:
Sie haben sich zu Vereinslokalen
(»Bar Associatif«) erklärt; die Ein-
trittskarte ist Mitgliedsausweis. So
bekommt man einen wunderbaren
preiswerten Abend mit Musik, z. B.
in der »Nähmaschine« (6 Rue Jean
Roque, eine Seitenstraße der Canebière, www.lamachineacoudre.com).

▶ Fein & teuer

① *Le Miramar*
12 Quai du Port, Tel. 04 91 91 10 40
www.bouillabaisse.com
Echte Bouillabaisse und andere Fischspezialitäten in allen Variationen, in
Ambiance der 1960er-Jahre.

② *L'Epuisette*
Vallon des Auffes, Tel. 04 91 52 17 82
So./Mo. und Aug. geschl.
Einer der besten Plätze für Bouillabaisse und Bourride – die hier um die
60 € kosten – und andere Köstlichkeiten aus dem Meer. Auch fantastische Desserts … Am romantischen
kleinen Hafen Vallon des Auffes.

▶ Erschwinglich / Fein

③ *La Table du Fort*
8 Rue Fort Notre-Dame
Tel. 04 91 33 97 65
So., Sa.- und Mo.mittag geschl.
In klar-modernem Ambiente genießt
man hier eine einfallsreiche französische Küche voller Finesse. Gute Weinkarte zu vernünftigen Preisen.
(Wer Preiswerteres sucht, wählt die
nahe legendäre Bar de la Marine.)

▶ Preiswert / Erschwinglich

④ *Bistro Gambas*
29 Place aux Huiles
Tel. 04 91 33 26 44
Klassiker für Krustentiere in allen
Variationen, dazu große Auswahl an
(Weiß-)Wein. Schönes Ambiente.

ÜBERNACHTEN

▶ Komfortabel

① *Saint-Ferréol's*
19 Rue Pisançon, Tel. 04 91 33 12 21
www.hotel-stferreol.com
Sehr gemütliches, hübsches Hotel,
wenige Schritte vom Vieux Port und
der Canebière in einer Fußgängerzone. Ohne Restaurant.

▶ Günstig / Komfortabel

② *Hermès*
2 Rue Bonneterie
Tel. 04 96 11 63 63, Fax 04 94 96 16 64
www.hotelmarseille.com
Sympathische, modern eingerichtete
Herberge in einer Seitenstraße am
Alten Hafen, nahe dem Viertel Le
Panier. Fantastischer Blick von einigen Zimmern und der Dachterrasse.

③ *Hôtel Le Corbusier*
280 Bd. Michelet, Tel. 04 91 16 78 00
www.hotellecorbusier.com
Einer der ungewöhnlichsten Plätze
Frankreichs zum Nächtigen: in der
Unite d'Habitation von Le Corbusier
(Bus 21 von der Bourse). Spartanischschöne Zimmer, spektakulärer Ausblick ins Land oder aufs Meer (kostet
etwas mehr). Den Gästen sind alle
Einrichtungen der »Stadt in einem
Haus« zugänglich (Restaurant, Pool
auf dem Dach, Café, Läden etc.)

Um die Canebière

Hauptverkehrsader der lebhaften Innenstadt ist die am Alten Hafen **La Canebière**
beginnende, berühmte Canebière (provenzal. Canebiero), ein breiter,
von stattlichen Geschäftshäusern und Cafés gesäumter, etwa 1 km
langer Straßenzug, dessen Name – von »cannabis«, »Hanf«) »Seilerbahn« (Reeperbahn) bedeutet. Hanffelder lieferten früher den Rohstoff für die Seilereien. Die ehemalige Prachtstraße – einst wurde sie
mit den Pariser Champs-Élysées verglichen – bildet eine soziale und
kulturelle Grenze; sie trennt den armen Norden, das Belsunce-Viertel, vom reicheren Süden der Stadt. Verschiedene Sanierungsprogramme versuchen, die problematische Situation zu mildern.

Das Centre de la Bourse (»Börsenzentrum« mit Kaufhaus u. a.) leitet **Musée d'Histoire**
über zu dem Gelände, auf dem Reste der Hafenbefestigung von **de Marseille**
Massalia (3./2. Jh. v. Chr.) freigelegt wurden und das heute als Freilichtmuseum und Park dient. Im Erdgeschoss des Börsenzentrums
sind Grabungsfunde zu sehen, darunter der Rumpf eines römischen

Der Hafen ist gestern wie heute das Herz von Marseille.

Schiffs aus dem 3. Jahrhundert. Sehr interessant ist ein ca. 2500 Jahre altes, recht gut erhaltenes griechisches Schiff, auf das man 1993 bei Schachtarbeiten stieß. Öffnungszeiten: Mo.– Sa. 12.00 – 19.00 Uhr.

Musée Cantini

Südlich der Canebière, in der durch die Rue Paradis zu erreichenden Rue de Grignan (Nr. 19), ist das Musée Cantini zu finden. Neben altem Porzellan besitzt das Museum eine der bedeutendsten Sammlungen zur bildenden Kunst des 20. Jahrhunderts. Öffnungszeiten: Di. – So. Juni – Sept. 11.00 – 18.00, Okt. – Mai 10.00 – 17.00 Uhr.

An der Canebière folgt unweit östlich der Börse die Kreuzung mit dem breiten Cours St-Louis (rechts), der in die lange Rue de Rome übergeht, bzw. dem belebten Cours de Belsunce (links), der sich in der Rue d'Aix fortsetzt. Diese Kreuzung bildet die Südwestecke des **arabischen Viertels**, das sich nördlich bis zur Porte d'Aix und zur Gare St-Charles erstreckt.

Boulevard Longchamp

Palais Longchamp

Am östlichen Ende des Boulevard Longchamp – parallel zum Boulevard de la Libération, der Fortsetzung der Canebière –, steht das Palais Longchamp, erbaut 1862 – 1869 als stolzes Wasserschloss am Ende des Kanals von der Durance nach Marseille. Beiderseits einer Säulenhalle gehören stattliche Museumsgebäude dazu. Links das **Musée des Beaux-Arts** mit Gemälden des 16./17. Jh.s (Perugino, Rubens), Werken provenzalischer Meister (Puget, Serre, Mignard), modernen Skulpturen sowie Arbeiten des Karikaturisten Honoré Daumier, der 1808 in Marseille geboren wurde (voraussichtlich bis 2013 geschlossen). Im anderen Flügel des Palais Longchamp befindet sich das **Musée d'Histoire Naturelle** (Naturkundemuseum, Mo. geschl.).

An der Südwestseite des runden Platzes, der den Abschluss des Boulevard Longchamp bildet, steht das Musée Grobet-Labadié, ein der Stadt von Madame Grobet geschenktes Patrizierhaus. Neben Musikinstrumenten und mittelalterlichen Skulpturen sind Gobelins, Möbel und Fayencen zu sehen (Öffnungszeiten wie Musée Cantini).

Musée Grobet-Labadié

Um den Alten Hafen

Der malerische Vieux Port wird heute als Fischer- und Sporthafen genützt. Von hier fahren Boote zum Château d'If (►S. 253) sowie zu den Calanques (►S. 253). Am Quai des Belges findet vormittags der **Fischmarkt** statt. An der Hafenausfahrt rechts das Fort St-Jean, links das Fort St-Nicolas (Aussicht von der Terrasse). Im Fort St-Jean, erbaut unter Ludwig XIV., soll 2013 das **Musée des Civilisations de l'Europe** et de la Méditerranée (MuCEM) eröffnet werden. In der Nähe steht die romanische Kirche St-Laurent (Kapellen 15./16. Jh., oktogonaler Turm 18. Jh.); von der Terrasse schöner Blick.

✶ Vieux Port

◄ St-Laurent

Um 1780 wurden die **klassizistischen Lagerhäuser** um die Place Thiars südlich des Alten Hafens errichtet, die heute mit guten Restaurants, Bars und Cafés ein beliebter Treffpunkt sind. Von den alten Gebäuden des Marinearsenals, das von 1488 bis 1749 bestand, sind noch zwei erhalten (Cours d'Estienne-d'Orves 23 und 25). In der Nähe östlich die Opéra aus dem Art-déco. Am Hafen steht die Criée des Poissons, die **Fischauktionshalle** von 1909, die seit 1981 vom Théâtre National de Marseille genützt wird.

Quartier de l'Arsenal

◄ La Criée

Die festungsähnliche Basilique St-Victor östlich des Fort St-Nicolas gehörte zu einer im 5. Jh. gegründeten Abtei; ihre jetzige Gestalt mit zinnengekrönten Türmen datiert aus dem 11./14. Jahrhundert. In der Krypta befindet sich die ursprüngliche Katakombenkapelle und die Grotte des hl. Viktor.

Basilique St-Victor

Der südlich des Alten Hafens aufragende 154 m hohe Felsen wurde schon in antiken Zeiten als Beobachtungsort benutzt, im 15. Jh. war er Relaisstation für die königlichen Nachrichten. Heute ist die Basilique Notre-Dame-de-la-Garde auf seinem Gipfel das Wahrzeichen der Stadt. Sie wurde am Platz einer mittelalterlichen Kapelle 1853 bis 1864 in neobyzantinischem Stil erbaut. Den 60 m hohen Turm bekrönt eine fast 10 m hohe vergoldete Madonnenstatue. Das Innere der (nicht nur zum Fest am 15. August) frequentierten Wallfahrtskirche mit weißem und dunklem Marmor ausgekleidet. In der Krypta viele Votivtafeln und von Flie-

✶ Notre-Dame-de-la-Garde

! Baedeker TIPP

Charmante Abkürzung

Der schnellste und erfrischendste Weg zwischen Alt- und Neustadt: Die kleine blau-weiße Fähre, Baujahr 1952, tuckert gemütlich quer über den Alten Hafen. Auf den Holzbänken drängeln sich die Marseillaiser ebenso wie die Touristen.

gern gestiftete Flugzeugmodelle. Von der Terrasse hat man einen **grandiosen Ausblick**; um den 10. Februar und den 28. Oktober soll man vor der untergehenden Sonne den 250 km entfernten Pic du Canigou in den Ostpyrenäen erkennen können.

Le Panier

An der Nordseite des Hafenbeckens verläuft der Quai du Port mit dem **Hôtel de Ville** (Rathaus), erbaut im 17. Jh. nach Genueser Vorbild. Hinter ihm steigt das Panier-Viertel (Special S. 248) mit seinen steilen, winkeligen Gassen an.

Museen In der **Maison Diamantée** (Ende 16. Jh.), benannt nach den diamantförmigen Bausteinen, ist das **Musée du Vieux Marseille** untergebracht (Stadtgeschichte, provenzalische Möbel und Trachten, Gerät aus dem 17.–19. Jh.). Weiter westlich an der Place Vivaux das ebenfalls sehenswerte **Musée des Docks Romains**, das über den Ausgrabungen errichtet wurde; zu sehen ist einer der wenigen erhaltenen römischen Handelsplätze (Öffnungszeiten für beide Museen wie Musée Cantini). Von der Place de la Lenche, die die Stelle der griechischen Agora markiert, hat man einen guten Blick auf den Hafen.

Cathédrale de la Major Hinter dem Beton der Hafenanlagen ragt die gigantische Cathédrale de la Major (Ste-Marie-Majeure) mit zwei Türmen und 70 m hoher Vierungskuppel auf, 1852–1896 in einem romanisch-byzantinischen

Im Vallon des Auffes sind einige gute, beliebte Restaurants ansässig.

Mischstil aus weißem und grünem Kalkstein errichtet. Mit 146 m Länge ist die Kathedrale der größte Kirchenbau des 19. Jh.s (der Kölner Dom ist 135,6 m lang). Innen reiche Marmor- und Mosaikausstattung; in der Krypta sind die Bischöfe von Marseille beigesetzt. Östlich neben der Kathedrale liegt die winzige Alte Kathedrale (St-Lazare), die beim Bau ersterer vier ihrer fünf Joche verlor. Chor und Querschiff (11. Jh.) sind ein gutes Beispiel provenzalischer Romanik; innen ein Terrakottarelief des Florentiners Luca della Robbia (Grablegung, 1473) und ein romanischer Reliquienschrein von 1122.

✱
◄ Ancienne Cathédrale de la Major

Unweit nordöstlich der Kathedralen liegt die Vieille Charité, das Armenhospiz, das 1671–1749 von Jean und Pierre Puget erbaut wurde (Letzterer, ein wichtiger Bildhauer de Provence, ist kaum als Architekt hervorgetreten). Das meisterhafte Beispiel französischer Hospitalarchitektur mit der von Pierre Puget gestalteten Kapelle ist heute ein wissenschaftliches und kulturelles Zentrum; insbesondere ist hier das **Musée d'Archéologie Méditerranéenne** untergebracht (Öffnungszeiten wie Musée Cantini). Es verfügt über eine bedeutende ägyptische Abteilung, über Keramik, Bronzen und Gläser aus etruskischer, griechischer und römischer Zeit, über Zeichnungen und Malerei verschiedener Meister (u. a. Fragonard, Ingres, Boucher) sowie eine Sammlung zur regionalen Archäologie.

✱
Vieille Charité

Südöstlich von hier (Place Daviel) liegt das **Hôtel-Dieu**, das gegen Ende des 12. Jh.s gegründet worden sein soll. Die Pläne für den im 17. Jh. erstellten Neubau stammen größtenteils von den Architekten Portal und Hardouin-Mansart. Auf dem Vorhof ein Denkmal für den Marseiller Zeichner und Lithographen Honoré Daumier mit einer Bronzearbeit von A. Bourdelle. Ebenfalls an der Place Daviel das schöne **Vieux Palais de Justice** (Alter Justizpalast; 1743–1747). Seine schmiedeeisernen Balkongitter (»à la marguerite«) sind typisch für Marseille. In der Nähe die **Cour des Accoules** mit einer Kalvarienkapelle aus dem 19. Jh., überragt vom Clocher des Accoules (Glockenturm), dem Rest einer der ältesten Kirchen von Marseille.

> **!** *Baedeker* TIPP
>
> ### Schokolade mit Jasmin oder Zwiebeln
>
> Im Panier fertigt Michelle Laurier 180 Sorten Schokolade von Hand. Die Rezepte vom Urgroßvater haben ihren eigenen Charme: Lavendel- oder Rosenschokolade mit feinsten Essenzen aus Grasse, mit Orangencreme gefüllte schwarze Schokolade (zum Sichreinlegen gut) oder Zwiebel-Nuss (das ist wiederum Geschmackssache). La Chocolaterie, 4 Place des 13 Cantons.

Port Moderne

Nördlich des Forts St-Jean wurde ab 1853 der Port Moderne (Neuer Hafen) mit über 200 ha Fläche und rund 25 km Kailänge angelegt. Im 20 ha großen Bassin de la Grande Joliette legen die meisten Passagierschiffe (u. a. Fähren nach Korsika und Sardinien) an. Gegenwärtig wird der Bereich der Docks und Lagerhallen tiefgreifend um-

La Joliette

◄ weiter auf S. 252

Immer mehr Bewohner können sich ihr Viertel nicht mehr leisten: Geschlossener Laden.

DAS KLEINE DORF IN DER MILLIONENSTADT

Ein Gespenst geht um im Panier, dem ältesten Viertel in Marseille. Das Gespenst hat Geld, viel Geld und kommt wie alles, was die Stadt scheinbar oder tatsächlich bedroht, aus dem Norden die Rhône herunter. Mit dem TGV sind sie in drei Stunden hier, die Pariser.

»Sie richten sich in den alten Wohnungen ihre Zweitwohnsitze ein und vertreiben uns. Wir sind hier geboren, das lassen wir uns nicht gefallen«, schimpft Zéphora. Um die Armen zu vertreiben, erhöhe die Stadt die Grundsteuern, bis sich nur noch gut Betuchte die Wohnungen im Panier leisten könnten. »Die wollen uns in die Nordstadt stecken.« Das sind die grauen Plattenbauviertel außerhalb, wo es keine Arbeit und wenig Perspektive gibt, wo die Einwanderer aus Nordafrika angeblich ihre Schafe auf dem Balkon schlachten und wo der rassistische Nationale Front seine Stimmen holt.

»Aber wir wehren uns«, verspricht Zéphora, und droht dem Bürgermeister und seinem Stadtrat »ein Feuerwerk« an.

Gute Nachbarschaft

Noch erscheint der Panier, das kaum 1 × 1 km kleine Viertel hinter dem Rathaus über dem Alten Hafen, wie ein **idyllisches Dorf in der lärmenden Millionenstadt**. In den engen Straßen, durch die höchstens ein Kleinwagen passt, spielen die Kinder Fußball. Nachbarn unterhalten sich über die Gassen hinweg von Fenster zu Fenster, und am Sonntag trifft man sich draußen zum Grillen. »Jeder bringt was mit, und dann feiern wir hier zusammen, jeden Sonntag, wenn das Wetter mitmacht.« Die Einnahmen gehen an den Verein »Kinder, Eltern und Institutionen«, der sich um Jugendliche und Familien in Schwierigkeiten kümmert. Zéphora ist die Vorsitzende.

Zeichen der Zeit

»Wir sind draußen, kommt vorbei«, hat sie an die Tafel am Vereinslokal in der Rue de l'Eveché geschrieben. Gegenüber sieht man die ersten Zeichen des neuen Panier. Immer mehr der seit Jahrzehnten verfallenden Altbauten bekommen einen frischen Anstrich und neue, leuchtend blaue oder knallrote Fensterläden. Ins Erdgeschoss ziehen Boutiquen oder Ge-

»Stadt der Einwanderer, der Suchenden und der Verlorenen«

schäfte wie der Laden für handgeschöpftes Papier. In der ehemaligen Metzgerei hausen jetzt seltene Vögel. L'Oiseau Rare (»Der seltene Vogel«) haben Bruno, der Goldschmied, und Elisa, die Glaskünstlerin, ihr Atelier genannt.

»Klar haben die Leute erst komisch geguckt«, erinnert sich Bruno. Viele haben sich gewundert, dass es da, wo sie immer ihre Wurst gekauft haben, jetzt ausgefallenen Schmuck und bunte Glasdekorationen gibt. Inzwischen fühlen sich die beiden akzeptiert. Die Tür zu ihrem kleinen Laden

verkommen, weil die Bewohner kein Geld haben. Die niedrigen Mieten ziehen Studenten und Künstler an, die verrückte Läden und Ateliers aufmachen. Dann kommen die Designer, die Boutiquen und Leute, die sich ein schickes Nest in der Innenstadt einrichten wollen. Sie retten mit ihrem Geld viele Gebäude vor dem endgültigen Verfall.

Verlust der Individualität

»Die wollen hieraus einen Montmartre machen, ein Freilichtmuseum«, fürchten viele Panier-Bewohner. Wie

> »Es ist mein Viertel, und die Leute hier, ob Franzosen oder Einwanderer, Muslime, Juden, Christen oder sonst etwas, sind meine Nachbarn, meine Freunde, meine Familie.«

steht offen. Wenn sie feiern, kommen die Leute einfach herein und trinken ein Glas Wein mit. Elisa ist gerne hier im Viertel, auch wenn es manchmal sehr eng ist. »Die Leute reden viel übereinander.«

Im Wandel begriffen

Das Panier geht den Weg vieler ehemaliger Kleine-Leute-Viertel, sei es München-Schwabing, der Prenzlauer Berg oder Kreuzberg in Berlin, die Altstadt von Nizza oder der Montmartre in Paris. Jahrelang interessiert sich niemand für sie. Die Häuser

das aussehen könnte, zeigt ein riesiges Plakat, das die Stadt mitten auf einer großen Freifläche aufgestellt hat. »Wohnumfeldverbesserung im Panier« steht darauf, darunter wandelt eine brave Kleinfamilie über eine große gepflasterte Fläche. An deren Rand sind Betonkübel mit Stechpalmen abgebildet. Es könnte auch die neuzeitliche Fußgängerzone in Kleinkleckersdorf sein.

Den Platz für das seltsame Plakat hat 1943 die deutsche Wehrmacht geschaffen. Weil die Marseiller Polizei Drogenhandel, Kleinkriminalität und

*Die Alte Charité, im 17. Jh.
als Armenhaus und Hospital erbaut,
ist heute ein Kulturzentrum.*

Prostitution nicht in den Griff bekam, freute sie sich über den Vorschlag der deutschen Besatzer: Um »Ordnung« zu schaffen, sprengten sie 14 ha Panier in die Luft. Nach dem Krieg entstanden im unteren Teil des Viertels direkt am Hafen Wohnblocks, die an die Architektur der Stalinzeit in Ostberlin und in osteuropäischen Großstädten erinnern.

Hehler und Halsabschneider

Damit war ein großer Teil der Welt verschwunden, durch die sich Ende der 1920er- und Anfang der 1930er-Jahre der deutsche Exilschriftsteller Walter Benjamin mit einer Mischung aus Abscheu und Faszination treiben ließ. Zunächst auf der Suche nach Haschisch und Inspiration, später auf der Flucht vor den Nazis war er am Hafen von Marseille gestrandet, wo er 1940 – wie viele andere deutsche Intellektuelle – lange vergeblich auf die rettende Ausreisemöglichkeit nach Spanien wartete. Mittellos durchstreifte er das Stadtviertel der Halsabschneider, Hehler und Zuhälter: streunende Hunde, offene Mülltonnen, das Geschrei der Möwen und der Gestank nach Urin, der sich mit dem salzigen Duft des nahen Meeres mischte.

Heute führt eine in die Provence ausgewanderte deutsche Wissenschaftlerin Touristen und Einheimische **auf den Spuren Walter Benjamins** durch den Panier. »So pittoresk war das Leben hier nicht, schon gar nicht die Prostitution«, wirft eine Zuhörerin um die 50 ein. »Ich musste als Mädchen hier immer durch. Das war gar nicht angenehm.« Zwischen den »normalen Leuten« und den Kriminellen und Prostituierten war »auf engstem Raum eine unsichtbare Mauer«. Auch die Geschichten vom einfachen Marseiller, der hier im Panier mit seiner Familie in und von seinem kleinen Laden lebte, hält die kritische Besucherin für einen Mythos: »Mein Urgroßvater hatte hier so ein kleines Café, er hat getrunken und seinen Sohn geschlagen, das war das echte Leben.«

Chicago Frankreichs

Einen letzten Rest davon erahnt man heute noch in der Passage de Lorette am Nordrand des Viertels. Zwischen den graubraunen fünf-, sechsstöckigen Mietshäusern, von denen der Putz bröckelt, haben die Bewohner ihre Wäscheleinen gespannt. Von ihren Fenstern aus können sie dem Nachbarn gegenüber fast die Hand geben. Keine 5 Meter ist der geteerte Innenhof breit. Im Winter erreicht das Licht nur die oberen Stockwerke. Unten riecht es muffig-feucht.

Marseille, das »Chicago Frankreichs«, Stadt der Gegensätze, der Kriminellen

und Zuhälter, der Schmuggler und Gestrandeten, der Einwanderer, der Suchenden und der Verlorenen.

Legende und Wahrheit. Vor 2600 Jahren siedelten die ersten Menschen an einer Quelle im heutigen Panier. In der geschützten Bucht legten Griechen einen Hafen an.

Generationen von Flüchtlingen, Glücksrittern, Hoffnungsvollen und Verzweifelten sind seitdem hier an Land gegangen: Phönizier, Römer, Italiener, Spanier, Juden, Araber, Algerienfranzosen und zuletzt Tausende von Nordafrikanern, die auf dem Weg ins bessere Europa hier hängengeblieben sind.

Hier beginnt Afrika

Im Norden zieht die schnurgerade, vierspurige Rue de la République dem Panier eine messerscharfe Grenze. Heute beginnt hier mit den einst prächtigen Bürgerhäusern aus Baron Haussmanns Zeit der nördlichste Teil Afrikas, das **Belsunce mit ihren arabischen Läden, Teestuben und Märkten**. Von Westen her hat das moderne, das Weltstadt-Marseille, dem Panier schon seinen ersten Stempel aufgedrückt – so behutsam, als wollten die Planer den Alteingesessenen beweisen, dass sie nichts zu befürchten haben. Die Alte Charité, im 17. Jh. als Armenhaus und Hospital errichtet, hat man zum Museum und Kultur-

zentrum umgebaut, nachts ist es dezent rosa und blau in den Farben des Sonnenuntergangs erleuchtet.

Zéphora könnte der Kampf um ihr Viertel egal sein. Sie ist eine der wenigen Hausbesitzer. Niemand kann sie hinaussanieren. »Aber«, so sagt sie wütend, »es ist mein Viertel, und die Leute hier, egal ob Franzosen oder Einwanderer, Muslime, Juden, Christen oder sonst etwas, sind meine Nachbarn, meine Freunde, meine Familie.«

Kundige Führung

Die Literaturwissenschaftlerin Sabine Günther bietet unter dem Titel »Der andere Blick« in Marseille literarische Stadtrundgänge auf Deutsch und Französisch an. Für eine 2-stündige Promenade durch die Marseiller Innenstadt kann man wählen zwischen Themen wie »Tor zum Orient. Französische Romantiker und deutsche Reisende zu Beginn des 19. Jh.s«, »Marseille, Hafen der Exilanten im Zweiten Weltkrieg«, »Walter Benjamins Marseille-Flanerien«, »Skandalöse Dichter aus Marseille: Antonin Artaud & Co.« und »Marseille – Berühmte emanzipierte Frauen«. Buchen kann man die Führungen direkt bei Sabine Günther: Chemin de la Porte Rouge, 13530 Trets, Tel./Fax 04 42 29 34 05, passageetco@wanadoo.fr, www.passage-co.com.

gestaltet, mit 300 ha Fläche eines der ehrgeizigsten Stadtplanungs-projekte in Europa: Bürokomplexe für große Firmen entstehen eben-so wie Wohneinheiten und Ladengalerien mit Cafés für die Passagie-re der Kreuzfahrtschiffe und Fähren.

Südstadt

Avenue du Prado

Die großzügige, von Platanen beschattete Avenue du Prado (kurz »Prado«), die südliche Fortsetzung der Rue de Rome, führt zum Rond-Point du Prado; östlich von ihm liegen **Parc Amable Chanot** sowie das Messegelände mit dem **Palais des Congrès**.

Parc Borély

Vom Rond Point führt die Avenue du Prado südwestlich zum Strand Prado. Dort links (südlich) der schöne **Parc Borély** – hier wurden Er-zählungen von Marcel Pagnol verfilmt – mit dem Schloss, das 1767–1778 für den reichen Kaufmann dieses Namens erbaut wurde.

Unité d'Habitation

Etwa 1,3 km südlich des Rond-Point de Prado, auf der Westseite des Boulevard Michelet, ragt die Unité d'Habitation auf, auch Cité Ra-dieuse (»Strahlende Stadt«) genannt, ein von Le Corbusier in den Jahren 1947–1952 erstellter Wohnkomplex. Der riesige Quader von 165 m Länge und 56 m Höhe enthält auf acht Doppelstockwerken 337 Wohnungen in 23 unterschiedlichen Typen, Läden und Gemein-schaftseinrichtungen; es gibt einen Kindergarten, eine Bar, ein Restau-rant, ein Hotel (▶ S. 243) usw. In einigen Geschossen verlaufen »rues intérieures«, Straßen zur inneren Erschließung. Somit stellt das »Haus«, das auf 17 Betonstelzen-paaren ruht (sie enthalten auch die Versorgungsleitungen), eine ganze Stadt für etwa 1600 Einwohner dar. Zugrunde liegen dem Bau die Su-che nach dem Typ des elementaren Hauses und der städtebaulich-öko-nomische Aspekt, auf möglichst kleiner Fläche möglichst viele Menschen unterzubringen und Platz für Grünflächen zu lassen. Le Corbusier hat allerdings darauf ge-achtet, harmonische Proportionen und Formen zu verwirklichen. Heute wird dieser Versuch eher kritisch beurteilt, vor allem weil er die für städtische Lebensformen notwendige Spontaneität und Indi-vidualität nicht ermöglicht.

Calanques: schöne Badeplätze und »heiße« Kletterwände (hier: En Vau)

Umgebung von Marseille

Die in der Bucht von Marseille gelegene Felseninsel, etwa 2 km südwestlich des Hafens, ist durch den Roman »Der Graf von Monte
Christo« (1844/1845) von Alexandre Dumas Père bekannt geworden.
Die 1524 erbaute Feste diente früher als Staatsgefängnis. Schiffe fahren vom Alten Hafen (Quai des Belges) zur Insel. Westlich vor
Château d'If liegen die beiden Inseln **Ratonneau** und **Pomègues**. Sie
sind durch einen Damm verbunden, der den Port de Frioul (Jachthafen) abschließt. Weiter draußen im Meer ist das Inselchen **Le Pla-
nier** (mit Leuchtturm) zu sehen.

Château d'If

Das im Sommer überlaufene Hafenstädtchen **Cassis** liegt 22 km südöstlich von Marseille an einer halbkreisförmigen Bucht, die von
spektakulären hohen Bergen eingefasst wird. Einst wurde es von Malern wie Vlaminck, Dufy und Ma-
tisse geschätzt; heute ist es ein beliebtes Wochenendziel für die Einwohner von Marseille.
Renommiert ist der weiße Wein
von Cassis (AOP), der bestens zu
den hier angelandeten Meersfrüch-
ten passt (Weinfest am ersten
Sonntag im Sept.) Sehenswert ist
der alte Kern mit Resten der Befestigung (12./14. Jh.), einem Schloss
(1381) und der schönen Fontaine
des Quatre Nations.

> **!** *Baedeker* TIPP
>
> ### Calanques und Geckos
>
> Das Tourismusbüro Marseille vermittelt geführte
> Wanderungen und MTB-Touren in die Calanques,
> wo Bonelli-Adler kreisen und Mittelmeer-Geckos
> sich sonnen. An der Endstation der Buslinie 20 in
> Callelongue beginnt der Wanderweg GR 98 b
> entlang der Calanques zum 23 km entfernten
> Cassis (Rückfahrt mit der Bahn).

Südöstlich von Marseille, zwischen dem Cap Croisette und Cassis,
liegen schmale, tief eingeschnittene Buchten zwischen weißen Kalkfelsen: herrliche Badebuchten mit türkisblauem Wasser und Kletterwände (►Tipp S. 108), die im Jahr über 1 Mio. Besucher sehen (die
Einrichtung eines Nationalparks wird betrieben). Besonders eindrucksvoll sind die Calanques Port-Miou, En-Vau und Port-Pin. Wegen der Brandgefahr ist der Zugang Juni – Sept. reglementiert, besonders Juli/Aug., wenn auch keine Zufahrt möglich ist (gebührenpflichtige Parkplätze, z. T. längere Fußmärsche). Detaillierte Info unter
www.calanques13.com und Tel. 0811 20 13 13 (in Frz. und Engl.).

Calanques

Ein Muss ist die Fahrt auf der schmalen, kurvenreichen Corniche des
Crêtes, die Cassis mit der La Ciotat verbindet (30 km südöstlich von
Marseille). Sie führt entlang der »Falaises«, der höchsten Steilküste
Frankreichs, hoch über dem Meer zum Cap Canaille (416 m) und
bietet vor allem am Nachmittag einen fantastischen Blick auf die
Küste von den Calanques bis zum Cap Croisette. Über die Grande
Tête führt die insgesamt knapp 15 km lange Strecke hinab nach La
Ciotat.

Corniche
des Crêtes

La Ciotat La Ciotat, ein hübscher Fischerort mit ehemals bedeutender, 1986 geschlossener Werft, liegt an der Westseite der gleichnamigen Bucht, überragt von dem kühnen Felszacken des **Bec de l'Aigle** (»Adlerschnabel«, 155 m). Vorgelagert ist die kleine **Ile Verte** (»Grüne Insel«) mit einer Festung. In der hübschen Altstadt zahlreiche Häuser aus dem 17. und 18. Jahrhundert. Der zinnengeschmückte Bergfried beim Hôtel de Ville (Rathaus, 1864) wurde zum Wahrzeichen. Die am schönen Alten Hafen stehende Pfarrkirche Notre-Dame-de-la-Garde stammt aus dem 17. Jahrhundert. Einen Besuch lohnt auch das Musée Ciotaden (Ortsgeschichte). Am Neuen Hafen entlang erreicht man nördlich La Ciotat-Plage mit Hotels und Badestrand.

Angeblich wurde in La Ciotat das Pétanquespiel erfunden: Jules Le Noir, der an Rheuma litt, erfand die gemächlichere Form des Boulespiels, die sich bald überall in der Provence verbreitete (►Baedeker-Special S. 349). Am Blvd. Clemenceau steht das **älteste noch existierende Kino der Welt,** das Eden Théâtre (1889), in dem die Brüder Lumière ab 1895 Filme zeigten. Ihr erster Film – mit der Ankunft eines Zugs – löste eine Panik aus, weil die Zuschauer glaubten, dass der Zug auf sie zurase.

✳ Massif de l'Esterel

H – J 16 – 17

Départements: Var, Alpes-Maritimes   **Höhe:** bis 618 m

Unmittelbar hinter der Küste zwischen St-Raphaël im Südwesten und Cannes im Nordosten erhebt sich das kleine Esterel-Massiv. Es ist vorwiegend aus rotem Porphyr aufgebaut, dessen charakteristische Farbe die Landschaft sehr reizvoll prägt.

✳ **Mont Vinaigre** Die dichten Bestände von Koniferen, Korkeichen und Hartlaubgewächsen, die das Massiv bedecken, sind immer wieder Opfer von Waldbränden. Der höchste Gipfel des Esterel-Gebirges ist der 618 m hohe Mont Vinaigre am nördlichen Gebirgsrand. Man erreicht ihn von ► Fréjus aus auf der D N 7, von der nach 11 km rechts ein schmales Forststräßchen abzweigt. Vom Gipfel bietet sich ein herrlicher Rundblick.

✳ **Pic de l'Ours** Von dem an der Corniche de l'Esterel (►folgende Seite) gelegenen Küstenort Agay (► Fréjus) führt eine Straße landeinwärts und um den 496 m hohen Pic de l'Ours herum. Man erreicht den aussichtsreichen Gipfel im Ostteil des Gebirges am besten vom nahen **Col Notre-Dame** aus, zu dem die Bergstraße in zahlreichen Kehren hinaufführt. Auf diesem Streckenabschnitt bieten sich prachtvolle Ausblicke auf die felsige, zerklüftete Küste. Zum Gipfel des Pic de l'Ours (Sendeanlagen) gelangt man in einem etwa halbstündigen Aufstieg. Der sich hier bietende Rundblick ist höchst eindrucksvoll.

Im Abendlicht leuchtet das Rot des Massif de l'Esterel noch intensiver.

Die Corniche de l'Esterel (D 559, D 6098) führt zwischen St-Raphaël und Cannes in vielen Kurven an der felsigen Küste entlang. Sie berührt das Seebad Boulouris, passiert das eindrucksvolle Cap du Dramont (Leuchtturm; vorgelagert die kleine Ile d'Or) und den schön an einer Bucht gelegenen Ort **Agay** (an der Pointe de la Baumette eine Erinnerungsstätte für den Flieger und Schriftsteller Antoine de St-Exupéry), dann Anthéor und den links aufragenden Pic du Cap Roux (452 m; lohnende Aussicht) sowie im weiteren Verlauf Le Trayas, Miramar (mit Jachthafen), La Galère (in der Feriensiedlung Port-la-Galère bemerkenswerte grottenähnliche Häuser) und Théoule-sur-Mer. Über La Napoule gelangt man dann nach Cannes.

★
Corniche de l'Esterel

★ Massif des Maures

◄ ★

K 13–15

Département: Var   **Höhe:** bis 780 m

Das Massif des Maures zwischen Hyères und Fréjus ist eine der ältesten Gebirgsformationen der Provence. Über eine Länge von 60 km zieht sich das stark zerklüftete, weitgehend von Wald bedeckte, wenig erschlossene Bergland.

Der Name rührt nicht von den Mauren her, die hier immer als »sarrasins« (Sarazenen) bezeichnet wurden, sondern vom provenzalischen Wort »maure« oder »moure«, die Bezeichnung für »dunkel«, »unheimlich«.

Die Corniche des Maures, die größtenteils an der Küste entlangführende D 559 zwischen ► Le Lavandou und ► St-Tropez, überrascht immer wieder mit fantastischen Ausblicken auf das Meer.

★
◄ **Corniche des Maures**

Im Februar kommt ein weiterer Farbton zum rot-braunen Farbspiel des Esterel: Dann blühen die Mimosen in intensivem Gelb.

WO DIE SCHAFE DEM FEUER DAS GRAS WEGFRESSEN

Die Côte d'Azur hat hier Rouge aufgelegt. Kein aufdringliches Feuerrot, nein, ein dezentes Rostrot, das im Schatten der bizarr verwachsenen Korkeichen in Braun übergeht; ein erdiges Naturbraun, das so gar nicht zum großstädtisch-mondänen Glamour ein paar Kilometer weiter östlich passen will.

Symphonie in Blau, Grün und Rot

Zwischen Cannes und Fréjus macht die Côte d'Azur Urlaub von den Urlaubern. Kein Stau, keine Appartementkästen, keine Strandpromenaden, keine teuren Läden. Die Felsen aus rotem Porphyr, einem vulkanischen Gestein, stürzen unbebaut und nackt ins tief königsblaue Meer. Vor rund 300 Millionen Jahren hat die Erde diese Landschaft geboren. Als sich Europa und Afrika trennten, blieben die heutige Insel Korsika und viele der von Vulkanen ausgestoßenen Lavaströme im Meer liegen. Das Cap Dramont zum Beispiel mit seinem 150 Jahre alten Leuchtturm oder die unbewohnte »Goldene Insel« Île d'Or, deren Felsen im Sonnenuntergang rotgolden schimmern. So trägt auch die Uferstraße, die sich durch die Felslandschaft schlängelt, zu Recht den Namen **Corniche d'Or**. Hinter jeder Kurve komponieren Himmel, Meer, Steine, Kiefern, Pinien und Korkeichen eine neue Farbsymphonie in Blau, Grün und Rot. »Le Grand Bleu«, das große blaue Meer, das meist still und unschuldig am Ufer plätschert und bei Sturm seine Gischt über die Straße schleudert, hat über Jahrtausende kleine Buchten aus den Felswänden gewaschen.

Kanada, Colorado, Mexiko und Afrika in einem

In den Esterel-Bergen, wo sich bis ins 20. Jh. Räuber, Piraten und Ausbrecher aus dem Touloner Gefängnis versteckten, trifft man heute Wanderer und Mountainbiker. Für Autos ist das 130 km² große Naturschutzgebiet wegen der Waldbrandgefahr gesperrt. »Das hier ist Kanada, Colorado, Mexiko und Afrika in einem«, schwärmt Förster Bernard Mekhmoukh von seinem empfindlichen Revier, das zwischen dem **Mont Vinaigre** (»Essigberg«, 618 m) und dem Ufer des Mittelmeers zahlreiche Landschaftstypen vereint. In den höheren, dem Meer abgewandten Lagen wachsen Eichen und alpine Pflanzen,

Harmonie in Rot, Grün und Blau

dazwischen das Gestrüpp der Garrigue und unten an der Küste Agaven und Kakteen.

Grenzenlose Aussicht

Versteckt in tief eingeschnittenen Tälern spiegeln kleine Seen das Blau des Himmels. Auf den Eichhörnchensee, den **Lac de l'Ecureuil**, werfen die Berge von März bis Oktober den ganzen Tag lang ihre Schatten. Im Winter ist es hier, keine 10 km vom milden Meer entfernt, Tag und Nacht bitterkalt. Nach steilem Anstieg genießt man die in diesem Teil der Welt seltene Ruhe und die vor allem nach einem Mistral fast grenzenlose Aussicht über die ganze Côte d'Azur und die Alpen der Provence. Manchmal tauchen ganz in der Ferne die vagen Umrisse der Insel Korsika auf.

In den Wäldern zwischen den schroffen, eisenroten Felswänden haben die letzten wilden Falken Frankreichs, kleine Bergadler, Hirsche, Wildschweine, Myrten, sizilianischer Knoblauch und wilder Lavendel eine Heimat gefunden.

Schlangen soll es hier im Esterel geben und jede Menge Eidechsen, die sich auf den blanken Felsen sonnen, Schildkröten und sogar Schwarze Witwen – giftige Spinnen, die allerdings noch niemanden gebissen haben. So ist eine Wanderung nicht sehr gefährlich.

Brandgefahr

Unterwegs trifft man immer wieder eine Schäferin mit ihrer Herde. Die Schafe haben einen verantwortungsvollen Job. Sie müssen dem Feuer das Gras unter den Bäumen und Büschen wegfressen. »Vor zehn Jahren war hier alles schwarz«, erinnert sich der Förster. Bernard Mekhmoukh zeigt auf die schwarzen Spuren, die das letzte verheerende Feuer 1987 an Baumstämmen und Felsen hinterlassen hat. »Die Natur beginnt erst nach zehn bis zwölf Jahren sich von einem Waldbrand zu erholen.«

Vor allem die Mimosen und die nach den Waldbränden in den 1960er-Jahren angepflanzten Eukalyptusbäume »brennen wie Zunder«. 1200 Grad wird ein brennender Mimosenbaum heiß. »Da geht auf 30 m Entfernung die Kleidung eines Menschen in Flammen auf«, weiß der Fachmann, der sich vor allem über die Leichtsinnigkeit der Ausflügler ärgert. »80 % der Feuer sind von Menschen verursacht, und 3 % werden vorsätzlich gelegt.«

Durch das Esterel-Massiv führen zahlreiche Reit- und Wanderwege, Fahrradrouten und 100 km markierte Mountainbikestrecken. Geführte Touren (auch in Deutsch) zu Fuß und mit Geländewagen veranstaltet die Forstverwaltung ONF, Tel. 06 09 09 73 90, www.decouvertedelesterel.com.

Collobrières Mitten im Massif des Maures, von Bormes-les-Mimosas (▶Le Lavandou) auf der kurvenreichen Straße D 41 in nördlicher Richtung zu erreichen (etwa 22 km), liegt in einem Talkessel der Ferienort Collobrières, der für seine kandierten Maronen und die provenzalischen Schreinerarbeiten bekannt ist. Wenige Kilometer östlich des Orts zweigt von der D 14 ein asphaltiertes Sträßchen zur Chartreuse de la Verne ab. Das beeindruckende Kartäuserkloster, das seit der Gründung 1170 eine wechselvolle Geschichte hatte, wird von einer Ordensgemeinschaft genutzt (Monastère N.-D. de Clémence, www.diocese-frejus-toulon.com/famillemonastique.html) und kann teilweise besichtigt werden (Di.–So. 11.00–17.00/18.00 Uhr). Von Collobrières und La Môle an der D 98 aus führen Wanderwege dorthin, man sollte für beide ungefähr drei Stunden (einfach) rechnen.

✶
Chartreuse de la
Verne ▶

☺

La Garde-Freinet Das alte Städtchen La Garde-Freinet im Landesinneren ist von Port Grimaud auf der D 14 / D 558 (16 km) zu erreichen. Der Ort in hübscher, aussichtsreicher Passlage war einst ein Hauptstützpunkt der Sarazenen, davor bestand hier ein römischer Posten. Sehenswert sind die Ruinen der **Sarazenenfeste Fraxinetum** auf einer Anhöhe im Nordosten (zu Fuß 30 Min.) mit außergewöhnlichem Ausblick.

Grimaud ▶St-Tropez

Massif des Maures, Paradies für Mountainbiker und Wanderer

★ Menton

G 21

Département: Alpes-Maritimes   **Höhe:** Meereshöhe
Einwohnerzahl: 28 700

Menton liegt unmittelbar an der italienischen Grenze, die Nähe zu Bella Italia ist in der Kleinstadt an der Côte d'Azur vielfach zu spüren. Die Villen der Belle Époque machen den einstigen Nobelort reizvoll, und in jüngster Zeit erwacht er zu neuem Leben.

Stadtbild und Lebensart lassen über Nachbarschaft und Geschichte keinen Zweifel. Von 1346 bis 1848 gehörte Menton mit Unterbrechungen zum Fürstentum Monaco, danach war es freie Stadt unter dem Schutz des Königreichs Sardinien-Piemont, 1861 kam es durch Volksabstimmung zu Frankreich. Das milde Klima mit 316 wolkenlosen Tagen im Jahr, das Zitronen und Orangen reifen lässt – im Februar findet das Zitronenfest statt (►Baedeker-Special S. 263) – machte es zum Winterkurort für Geburts- und Geldadel sowie Künstler. Um 1900 legten Briten, die sich hier niedergelassen hatten, botanische Gärten an. In jüngerer Zeit entdeckten Rentner, dass man in Menton seinen Lebensabend gut verbringen kann, und so war es bis vor kurzem ein schlichter Ferienort ohne Glamour. Heute weht ein frischer Wind durch Menton, mit einigen modernen Hotels, erstklassigen Restaurants und dem neuen Cocteau-Museum am Hafen will es sich neu definieren. Man sieht wieder viele junge, gestylte Besucher, nicht zuletzt aus Italien; nach dem »Fall« der innereuropäischen Grenzen lassen sich viele Italiener hier nieder.

Weststadt

Mittelpunkt des Kurlebens war das an der Westbucht (Baie du Soleil) gelegene Casino Municipal (1932). Von hier führt die Promenade du Soleil – vorbei an der Markthalle – zum Hafen und zur Altstadt. Nordwestlich geht das Tal des Carei ab, in dem die prächtigen **Jardins Biovès** mit ihren exotischen Bäumen angelegt sind, im Februar Schauplatz des Zitronenfestes. Das Belle-Époque-Palais d' Europe (Avenue Boyer) beherbergt das Kongress- und Kulturzentrum sowie das Office de Tourisme.

Baie du Soleil

Der Dichter, Maler und Regisseur **Jean Cocteau** (1889 – 1963) schuf an der Côte d'Azur eine große Zahl von Werken, und zu Menton hatte er eine besondere Beziehung. In der kleinen Bastion (17. Jh.) am Beginn der Hafenmole ist ein Museum untergebracht, das Cocteau selbst konzipierte und ausgestaltete (Öffnungszeiten: Mi. – Mo. 10.00 – 12.00, 14.00 – 18.00 Uhr. Wenige Schritte westlich, gegenüber der erlebenswerten Markthalle, hat 2011 das **Musée Jean Cocteau – Collection Séverin Wunderman** eröffnet, das dank der Schenkung

★
Musée Jean Cocteau

 ⏲

In Menton ist kann man sich schon wie im benachbarten Ligurien fühlen.

von Wunderman (1938–2008), einem renommierten Uhrmacher und Uhrenfabrikanten, über 1700 Werke aller Art zeigen kann. Der Museumsbau von Rudy Ricciotti ist angemessen ungewöhnlich.

Hôtel de Ville ✱
Im Hôtel de Ville (Rathaus) in der Rue de la République, hat Jean Cocteau 1957/1958 die Salle des Mariages ausgestaltet. Eine allegorische Hochzeitsszene und Orpheus mit dem Zentauren stellte er an den Wänden dar. Auch das Mobiliar hat Cocteau teilweise entworfen. Öffnungszeiten: Mo–Fr. 8.30–12.30, 14.00–17.00 Uhr.

Musée de Préhistoire Régionale
Nördlich des Rathauses (Rue Henri Greville) ist das Musée des Préhistoire Régionale mit reichhaltiger Sammlung zur Volkskunde und Frühgeschichte der Region zu finden (u. a. der Schädel, der 1884 in der Höhle Balzi Rossi bei Grimaldi/Ligurien entdeckte wurde). Öffnungszeiten: Mi.–Mo. 10.00–12.00, 14.00–18.00 Uhr.

Musée des Beaux-Arts ✱✱
Am südwestlichen Stadtrand (3 Av. de la Madone) steht das prachtvolle Palais Carnolès, einst die Sommerresidenz der monegassischen Fürsten. Sie wäre für sich schon einen Besuch wert, sie beherbergt aber auch die Kunstsammlung der Stadt mit Werken vom 13. Jh. bis zur Gegenwart, von flämischen, holländischen, italienischen und französischen Künstlern. Öffnungszeiten wie Musee Cocteau.

Altstadt
Zentrum der Altstadt, die über dem Hafen ansteigt, ist der Parvis St-Michel, auf dem im Sommer die Konzerte des Musikfestivals stattfinden. Hier stehen die die prächtig ausgestattete Pfarrkirche **St-Michel** (17. Jh.; Flügelaltar von Manchello, 1569) und, eine Treppe höher,

die **Chapelle des Pénitents Blancs** (Eglise de la Conception) von 1689, beide im italienischen Jesuitenstil. Auf dem einstigen Burgberg, über die Rue du Vieux Château oder die Montée du Souvenir zu erreichen, liegt der **Alte Friedhof** (46 m), der eine herrliche Aussicht bietet. Er wurde im 19. Jh. angelegt und zur Ruhestätte reicher Ausländer verschiedener Konfessionen.

Außenbezirke

Vom Friedhof verläuft der Boulevard de Garavan oberhalb der Ostbucht zum **Jardin Botanique** (Botanischer Garten). Dieser exotische Garten auf dem Gelände der ehemaligen Villa Val Rameh enthält viele tropische und subtropische Pflanzen, die sich in dem besonders warmen Klima Mentons sehr wohl fühlen. Von der Terrasse Blick auf Stadt und Meer.

Jardin Botanique

MENTON ERLEBEN

AUSKUNFT

Office de Tourisme
8 Avenue Boyer, 06506 Menton
Tel. 04 92 41 76 76, Fax 04 92 41 76 96
www.menton.fr

FESTE UND EVENTS

2. Febr.-Hälfte – Anf. März: Fête du Citron (►Special S. 263). August: Festival de Musique (Klassik).

ESSEN

► Erschwinglich / Fein & teuer

Mirazur
Menton, 30 Av. Aristide Briand
Tel. 04 92 41 86 86, www.mirazur.fr
Ein wenig überzeugender Bau der 1930er mit Rundumverglasung am Grenzübergang zu Italien, mit herrlichem Blick auf Menton, sehr angenehmer Atmosphäre und exzellenter Küche: moderne Haute Cuisine mit provenzalisch-mediterranem Einschlag. Preiswerte Mittagsmenüs.

► Preiswert / Erschwinglich

La Cantinelle
Menton, 8 Rue Trenca
Tel. 04 93 41 34 20
Italienisches und Meeresfrüchte werden hier, wenige Schritte hinter der Promenade du Soleil, serviert. Beste Qualität zu angenehmen Preisen. Reservierung ist angezeigt.

ÜBERNACHTEN

► Komfortabel

Royal Westminster
Menton, 1510 Promenade du Soleil
Tel. 04 93 28 69 69
www.vacancesbleues.com
Größeres Hotel an der Strandpromenade mit herrlichem Blick aufs Meer. Der stilvolle Bau aus der Belle Époque strahlt einen etwas ältlichen Charme aus. Komfortable, klimatisierte Zimmer. Mit Restaurant (Terrasse).

Hôtel Victoria

Roquebrune-Cap-Martin, 7 Promenade du Cap, Tel. 04 93 35 65 90
www.hotel-victoria.fr
Meer und Himmel sind die Themen der gegenwärtigen Neugestaltung, die den klaren Linien von Eileen Gray und Le Corbusier verpflichtet ist – wunderbar schlicht und großzügig. Unmittelbar am Meer gelegen.

Umgebung von Menton

Villa Hanbury

Lohnend ist ein Ausflug nach Italien zur Villa Hanbury (bei Mortola Inferiore, 4 km jenseits der Grenze). Der ehemals 40 ha große Park, der von dem britischen Kaufmann Sir Thomas Hanbury angelegt wurde, umfasst heute 8 ha typisch mediterraner Küstenvegetation mit Aleppokiefern und 10 ha Gartenanlagen, in denen seit 1898 etwa 7500 verschiedene Arten angepflanzt wurden; heute zählt man etwa 2000. Geöffnet ab 9.30 Uhr, 16. Juni – 15. Sept. bis 19.00 Uhr, 16. März – 15. Juni und 16. Sept. – 15. Okt. bis 18.00, im Winter (Mi. geschl.) bis 17.00 Uhr (Kassenschluss jeweils 1 Std. vorher).

Roquebrune

Roquebrune ist oberhalb von Menton horstartig an einen Konglomerathügel gebaut. Stimmungsvoll sind die engen, überwölbten Treppengässchen, durch die man bergan zur alles überragenden **Burg** gelangt, die um 970 zum Schutz vor den Sarazenen erbaut wurde; vom Donjon aus dem 13. Jh. hat man eine schöne Aussicht. Westlich oberhalb von Roquebrune steht an der Grande Corniche das Luxushotel **Vista Palace** in atemberaubender Lage direkt über dem Steilabfall. Von hier genießt man einen grandiosen Rundblick.

Cap-Martin

Der Badeort Cap-Martin östlich des gleichnamigen Kaps ist mit Menton zusammengewachsen. Die Halbinsel bietet schöne Spazierwege. In 2 Std. kann man von Cap-Martin nach Monaco gehen (zurück mit Bus oder Bahn). Am Weg kurz vor Roquebrune liegt das »Cabanon«, eine winzige Hütte, die sich **Le Corbusier** 1952 zum Wohnen und Arbeiten baute; bis zu seinem Tod – er erlitt 1965 beim Baden im Meer eine Herzattacke (Grab auf dem Friedhof) – hielt er sich oft hier auf. Die Hütte entstand nach seinem »Modulor«-Maß (3,66 × 3,66 m) und ist ein Manifest der Idee vom »Wohnen mit Sonne, Luft und Grün«, die er in allen Projekten verfolgte. Außerdem entwarf er einen Block mit fünf Ferienwohnungen. Das Cabanon ist Di./Fr. um 9.30 Uhr zugänglich (Anmeldung beim Office de Tourisme nötig: 218 Avenue Aristide Briand, Tel. 04 93 35 62 87, www.roquebrune-cap-martin.com). Später übernahm Le Corbusier das benachbarte »Haus am Meer« der irischen Designerin **Eileen Gray** (»E 1027«, 1929); fünf der Wandgemälde, die Le Corbusier hinterließ, sind erhalten. Ein Schüler hat einen Beton-Grabstein nach dem Modulor-Maß aufstellen lassen.

Zu Füßen des Sémaphore die Ruine der im 11. Jh. von den Mönchen von Lérins erbauten Kirche St-Martin. In den Oliven- und Pinienhainen stehen viele Villen.

! *Baedeker* TIPP

Schauen ohne Stau

Auf der einen Seite die Berge, auf der anderen, zum Greifen nah, das Meer. Ganz entspannt reist man mit den klimatisierten Regionalzügen (TER) an der Blauen Küste zwischen Ventimiglia und Marseille. Ganz nebenbei erlebt man Land und Leute. Fahrräder darf man mitnehmen. Achtung: Nicht alle Züge halten an allen Stationen. Den Fahrplan gibt's unter www.ter-sncf.com.

Nur zum Anschauen: Kunstwerke aus sonnengereiften Früchten

NICHT MIT ZITRONEN GEHANDELT

Als sie aus dem Paradies vertrieben wurde, nahm Eva eine goldene Frucht mit. Adam fürchtete Gottes Zorn und bat sie, die Frucht wegzuwerfen. Schließlich gab Eva nach, wollte aber selbst einen Ort dafür aussuchen. Nach einer langen Wanderung über Berge, Täler, Wiesen und Felder entdeckten Adam und Eva die Bucht von Garavan.

Die Alpen stürzen hier fast senkrecht ins azurblaue Mittelmeer. Dazu scheint an über 300 Tagen im Jahr die Sonne. »Hier ist es wie im Paradies«, sagte Eva und vergrub die goldene Frucht, eine Zitrone. Seitdem, so weiß es die Legende, wachsen im Mentoner Land, der wärmsten Ecke Frankreichs, Orangen und Zitronen. Jedes Jahr in der zweiten Februarhälfte gestalten die Mentoner ganze Geschichten aus diesen Früchten, bauen aus Orangen und Zitronen Menschen, Tiere, Märchenfiguren, Mondraketen und fünf Meter hohe Schlösser. An drei Wochenenden inszenieren die Gärtner der Stadt die Geschichten aus modernen oder historischen Märchen, Legenden oder Wahrheiten aus Zitrusfrüchten. An den Sonntagen gibt es Umzüge, an Donnerstagen abends ein Feuerwerk.

Fest der Verschwendung

130 t Orangen und Zitronen, die meisten davon **aus der spanischen Partnerstadt Valencia**, befestigen die Mentoner auf den Umzugswagen und im Stadtgarten. Für 1 m² Tierfell, Mauer oder Figur verbrauchen sie bis zu 30 kg Früchte.

Belebende Konkurrenz

Die Stadt investiert jedes Jahr rund 1,25 Mio. € in das bunte, weltweit einmalige Spektakel. »Mit fast einer halben Million Besuchern haben wir inzwischen das zweitgrößte Ereignis an der Cote d'Azur«, freut sich Patricia Mertzig, die das Zitronenfest vermarktet. Das Formel-1-Rennen in der Nachbarstadt Monte Carlo haben die Mentoner schon überholt, den weltbekannten Karneval von Nizza noch nicht. Der zieht, ebenfalls immer im Februar, etwa 1 Mio. Besucher an. Dafür ist das Gedränge dort noch hektischer als in der Gartenstadt an der italienischen Grenze. In Menton und Umgebung servieren die Cafés und Restaurants zum Fest allerlei Spezialitäten aus den sauren Früchtchen; berühmt sind die Tarte aux citrons und der Zitronenlikör. Damit es noch »gelber« wird, blühen zur selben Zeit die Mimosen.

✶✶ **Mercantour**

C – F 15 – 21

Départements: Alpes-Maritimes, Alpes-de-Haute-Provence   **Höhe:** bis 3143 m

Das Massif du Mercantour nimmt den südlichsten Teil der französischen Alpen ein. Zu den Attraktionen der grandiosen Berglandschaft zählen eine Reihe eindrucksvoller Schluchten und das »Tal der Wunder« mit bronzezeitlichen Ritzzeichnungen.

Im äußersten Osten der Côte d'Azur fallen die Seealpen steil zum Meer ab. Der Hauptkamm des Mercantour (Cime du Gélas, 3143 m) ist nur ca. 50 km von ▶Nizza entfernt, kurven- und aussichtsreiche Straßen führen durch die herrliche Berglandschaft. Überraschend ist der Reichtum an Kunstschätzen, v. a. aus der »Schule von Nizza« (15./16. Jh.). Ein großer Teil des Berglands bildet den über 2000 km² großen **Parc National du Mercantour** (www.mercantour.eu).

Var / Vésubie   Vom Flughafen Nizza führt die D 6202 im unteren Var-Tal, das von knapp 1000 m hohen Bergen eingefasst wird, nach Norden. Bei der Pont Charles-Albert ist wegen der fantastischen Aussicht ein Abstecher nach Gilette und Bonson zu empfehlen (Kirche mit Bildern von A. Brea und J. Durandi). Bei Plan-du-Var zweigt die D 2565 in die Gorges de la Vésubie ab, die eindrucksvollen Schluchten des gleichnamigen Flusses. Von der 1174 m hoch gelegenen Wallfahrtskapelle Madone d'Utelle (1806) beim Dorf Utelle hat man ebenfalls eine großartige Aussicht. Bis Lantosque ist das Bild noch mediterran, dann wird's alpin. In Roquebillière lohnt sich ein Blick in die Malte-

✶

Gorges de la Vésubie ▶

serkirche St-Michel-du-Gast (12./16. Jh.; Antonius-Retabel, 16. Jh.), in Venanson in die Kapelle St-Sébastien (1481, Fresken von Giovanni Baleison zur Legende des Heiligen). **St-Martin-Vésubie** (1000 Einw., 960 m) schließlich, ein hübsches Dorf, ist Ausgangspunkt für Touren in den **Parc National du Mercantour**. Er ist mit Wanderwegen gut erschlossen (u. a. GR 52; Info: Maison du Parc in St-Martin-Vésubie, Tende, St-Etienne-de-Tinée, Valberg u. a.). An der schmalen Rue du Dr Cagnoli mit schönen alten Häusern stehen die Kapelle der Weißen Büßer (Ende 17. Jh.), die Pfarrkirche (17. Jh., Altarbilder von Ludovico Brea) und das Haus der Grafen Gubernatis.

> ❗ *Baedeker* **TIPP**
>
> **Bahnabenteuer**
>
> Der **Train des Pignes** (»Pinienzapfenzug«) fährt auf der 1890 – 1911 erbauten, ca. 150 km langen Strecke von Nizza über Entrevaux nach Digne. Am Bahnhof der Chemins de Fer de Provence in Nizza ist ein Wanderführer zu haben. Auf dem Teil Entrevaux – Puget-Théniers fährt Mai – Okt. sonntags ein Dampfzug. Reservieren bei C.F.P., www.trainprovence.com, Tel. 04 97 03 80 80. Ein kühnes Unternehmen war der Bau der 119 km langen **Tenda-Bahn** ab 1920, die von Nizza ins Roya-Tal und durch den Tende-Tunnel nach Cuneo (Italien) führt. Mehrere Züge täglich vom SNCF-Bahnhof in Nizza, die 80 km weite Fahrt bis Tende dauert ca. 1.45 Stunden.

Die von der D 6202 abzweigende D 28 zum Bergdörfchen Beuil folgt
dem rauschenden Cians. Der vom Fluss in das Gebirge gesägte Fels-
spalt ist bis 80 m tief und stellenweise nur wenige Meter breit. Zunächst durchfährt man die von 450 m hohen Kalkwänden überragten, etwa 5 km langen Gorges Inférieures bis zur Moulin de Rigaud.
Dann geht es hinauf in die noch wilderen und tieferen Gorges Supé-
rieures (7 km lang), die in dunkelroten Porphyr eingeschnitten sind.

✶ ✶
Gorges du Cians

Nochmals gut 20 km weiter aufwärts im Tal des Var, jenseits von
Entrevaux (s. u.), zweigt von der D 6202 rechts die D 2202 ab, die
dem Oberlauf des Var folgt. Die Gorges de Daluis sind eine 6 km
lange, großartige Schlucht, über der die Straße zwischen roten, teils
grün gefleckten, bis 400 m hohen Porphyrwänden etwa 200 m über
dem Var verläuft, wobei man zahlreiche Tunnel durchfährt.

✶
Gorges de Daluis

In der pittoresken Landschaft des Oberen Var liegt die kleine Stadt
Entrevaux (900 Einw.). Im Krieg gegen Savoyen ließ Ludwig XIV.
den Ort 1692–1706 durch Vauban neu befestigen; auf spektakulä-
rem Felsen thront die **Zitadelle**. Den schönsten Blick auf sie und den
Ort hat man von der Straße zum Col de Felines / Col de Buis. Die
Kathedrale (1610–1627) ist
prunkvoll ausgestaltet, teils barock, teils klassizistisch; im
Hauptaltar ein bemerkenswertes
Retabel (Himmelfahrt Mariens),
wie das Chorgestühl aus dem
17. Jh. Am Samstag vor dem 24.
Juni wird das Reliquiar des hl. Johannes des Täufers von den »St-
Jeannistes« in Landsknechtskluft
in das 12 km entfernte St-Jean-
du-Desert gebracht, am Sonntag-
nachmittag wieder zurück, wobei
die letzten 100 m im Laufschritt
zurückgelegt werden. Motorrad-
fans lassen das **Musée de la Moto**
nicht aus (Rue Serpente, geöffnet
Mai–Sept. tägl. 10.00–12.00,
14.00–18.00 Uhr).

✶
Entrevaux
F 16

*Entrevaux, die Festungsstadt »zwischen den Tälern«,
mit der Porte Royale aus dem 17. Jahrhundert.*

Die ca. 40 km lange Strecke von St-André nordöstlich von Nizza
zum 1604 m hohen Col de Turini (D 2204/2566) ist bekannt als
Schlussetappe der **Rallye Monte-Carlo**. In L'Escarène ist die Kirche
St-Pierre sehenswert (16. Jh., schöne Renaissance-Fassade), im herrlich gelegenen Lucéram die Kirche Ste-Marguerite (nach 1483) mit
großartigen Altären aus der Schule von Nizza: Margareten-Retabel
(L. Brea, 1500), Antonius-Retabel (Giovanni Canavesio zugeschrieben, 1480) sowie Retabeln von A. Brea (1510) und F. Brea (1560).

Col de Turini

◄ L'Escarène

✶
◄ Lucéram

Carei-Tal
Sospel

Von Menton fährt man auf der D 2566 durch das reizvolle Carei-Tal über Castillon nach **Sospel** (2600 Einw.), dessen Teile links und rechts der Bevera durch eine Turmbrücke (11. Jh., Tourismusbüro) verbunden sind. Die Kirche St-Michel, zur Zeit des Kirchenschismas Kathedrale, besitzt eine Barockfassade (1641) und ein hervorragendes Polyptychon von F. Brea (um 1530). Über dem Ort das Fort St-Roch, eine ganze unterirdische Festungsstadt (Führungen).

Breil-sur-Roya

Von hier geht es über den 879 m hohen Col de Brouis (benannt nach dem hier häufigen Heidekraut) in des Tal der Roya. Die Altstadt von Breil-sur-Roya (2000 Einw.) liegt schön zwischen Fluss und einem Sporn des 1610 m hohen Arpette; sehenswert an der Place de Brancion die Kirche S. Maria in Albis (17. Jh.; Altarbild von 1500, prachtvoller Orgelprospekt aus dem 17. Jh.), außerdem das Ecomusée du Haut-Pays (Eisenbahnmuseum). An den Gorges de Saorge entlang gelangt man zum alten Ort **Saorge** (350 Einw.), der kühn am Berg klebt; besonders schön der Marktplatz. Nicht zugänglich ist die Kirche Madonna del Poggio (11. Jh.) südlich des Orts, ein hervorragendes Beispiel der lombardischen Romanik. Bei St-Dalmas-de-Tende zweigt das Sträßchen nach **La Brigue** (600 Einw.) im reizvollen Tal der Levense ab, dessen Kollegiatkirche St-Martin (Ende 15. Jh.) eine Reihe von Altarbildern der Schule von Nizza enthält. Ein herausragender Kunstschatz ist 4 km östlich zu finden, die Wallfahrtskapelle Notre-Dame-des-Fontaines, in deren Umgebung heilkräftige Quellen entspringen. Der schlichte Bau (12./14. Jh.) ist vollständig – auf 320 m² Fläche – mit dramatischen Fresken (1491/1492) von Giovanni Canavesio und Giovanni Baleison ausgemalt (Info: www.labrigue.fr).

✳ ✳
Notre-Dame-des-Fontaines ►

✳
Vallée des Merveilles

St-Dalmas ist Ausgangsort für Wanderungen in das Gebiet des Mont Bego (2872 m) und das **Vallée des Merveilles**, das für seine in den Fels geritzten Bilder aus der frühen Bronzezeit (ca. 2800–1500 v. Chr.) berühmt ist. Aufgrund der vielen Besucher ist der Aufenthalt streng geregelt, bestimmte Bereiche sind nur mit Führern zugänglich. Das Tourismusbüro in Tende (www.tendemerveilles.com) gibt Informationen, in Tende und St-Dalmas werden Touren angeboten. Übernachtungsmöglichkeit in Hütten, Bergausrüstung ist erforderlich.

Tende

Das Städtchen (816 m, 2000 Einw.), das erst 1947 französisch wurde, ist seit dem Mittelalter **Grenzort zum Piemont**. Über den aus grünem und rötlichem Schiefer gebauten Häusern (z. T. 15. Jh.) ragt der Rest der 1692 zerstörten Lascaris-Burg auf. Das Musée des Merveilles informiert über die Felszeichnungen im **Tal der Wunder**; die lombardisch-gotische Kirche Notre-Dame-de-l'Assomption (1462–1506, Grablege der Lascaris) besitzt ein schönes Portal. Der **Tenda-Pass** (1871 m) wurde ab 1882 von den Italienern mit Festungsanlagen gesichert; die größtenteils nicht asphaltierte Südrampe zählt zu den kühnsten Passstraßen der Alpen. Die N 204 führt hingegen durch den 1882 eröffneten, 3182 m langen Tunnel nach Limone Piemonte.

Monaco

G 20

Principauté de Monaco	**Fläche:** 1,95 km²
Höhe: 0 – 65 m	**Staatsbürger:** 6100
Einwohnerzahl: 32 000	

An der Côte d'Azur, nahe der französisch-italienischen Grenze, liegt der zweitkleinste europäische Staat, das Fürstentum Monaco, schicke Oase für Steuerflüchtlinge und seit Fürstin Gracia Patricia bis heute unerschöpfliches Thema für die Regenbogenpresse.

Monaco, amtlich Principauté de Monaco, ist mit einer Fläche von nur 2,02 km² nach dem Vatikanstaat der zweitkleinste Staat der Welt. Die überwiegend katholische Bevölkerung setzt sich zusammen aus einheimischen Monegassen (16 %, mit eigener Umgangssprache, dem »Monegasco«, einem provenzalisch-ligurischen Mischdialekt), Franzosen (47 %), Italienern (ca. 16 %) und einem von anderen Ausländern gebildeten Rest (u. a. 800 Deutsche). Der Felsen von Monaco ist Monegassen als Wohnbereich vorbehalten.

1297	Das Lehnsgut Monaco wird von dem aus Genua vertriebenen Adligen Francesco Grimaldi eingenommen.
1793	Vereinigung mit Frankreich.
1861	Fürst Charles III. tritt Menton und Roquebrune an Frankreich ab, das Fürstentum wird unabhängig.
2005	Fürst Albert II. tritt die Herrschaft an.

Geschichte

Funde in Monaco-Ville belegen eine Besiedlung des Felsens von Monaco-Ville vor der Steinzeit. Die Griechen von Massalia (Marseille) richteten hier den Handelsplatz Herakleia Monoikos ein, der später von den Römern übernommen wurde. Im 8. Jh. kam Monaco zu Genua; 1215 erhielt es eine Festung (Reste erhalten), 1297 wurde es von dem genuesischen Adligen Francesco Grimaldi eingenommen, 1308 dann von einem Grimaldi käuflich erworben. Nach spanischer Oberhoheit 1524 – 1641 (der Fürstentitel wurde 1612 verliehen) kam Monaco 1731 an die französische Linie Goyon de Matignon-Grimaldi und wurde 1793 mit Frankreich vereinigt, 1814 jedoch an den Fürsten Honoré IV. zurückgegeben. Von 1815 stand es unter dem Schutz des Königreichs Sardinien-Piemont, das es 1860 an Frankreich abgab. Fürst Charles III., der dagegen protestierte, trat 1861 Menton und Roquebrune an Frankreich ab, wofür das Fürstentum die Unabhängigkeit erhielt. Das erste Casino wurde 1856 eröffnet, doch erst mit der Gründung der Société des Bains de Mer (S. B. M.) 1861 und des Grand Casino begann der Aufstieg zum Nobeltreff. Albert I. erließ 1911 eine Verfassung. Rainier III. aus der Linie Polignac (1923 – 2005) heiratete 1956 die US-amerikanische

Highlights Monaco

Palais du Prince
Um 11.55 Uhr wird die Wachablösung zelebriert. Die eindrucksvollen Prunk-räume des Palasts sind in Führungen zu bestaunen.
▶ Seite 269

Musée Océanographique
Highlight des Museums in exponierter Lage am steil abfallenden Fels sind die rund 100 Aquarien mit 4000 Arten.
▶ Seite 271

Jardin Exotique
Hoch über dem Meer, im Stadtteil Mone-ghetti, gedeiht eine große Zahl tropischer Pflanzen. Sehenswert sind auch die Grot-ten mit den Versteinerungen sowie das Prähistorisch-Anthropologische Museum.
▶ Seite 272

Casino
Niemand anders als der Architekt der Pariser Oper, Charles Garnier, zeichnete sich für das Spielcasino verantwortlich, mit dem Monaco sich einst finanzierte.
▶ Seite 273

Trophée des Alpes
8 km nordwestlich von Monaco, 480 m über dem Meer, feierte Kaiser Augustus die Unterwerfung der Alpenvölker mit einem riesigen Monument. Hier hat man einen herrlichen Blick über die Küste.
▶ Seite 274

Peillon
Eines der schönsten Beispiele eines »Ville perchée«, eines der kühn auf hohem Fels thronenden Dörfer.
▶ Seite 274

Filmschauspielerin Grace Kelly (Fürstin Gracia Patricia, † 1982). Ge-genwärtig regiert sein Sohn Albert II. Seit 1993 ist Monaco Mitglied der UN. Seit den 1980er-Jahren wurden neue Stadtviertel ins Meer gebaut und das Staatsgebiet auf knapp über 2 km² erweitert.

Wirtschaft Reich und berühmt gemacht hat Monaco das Glücksspiel, tragen die Spielbanken gerade noch zu 4 % zu den Staatseinnahmen bei; zu über 50 % stammen sie aus der hohen Mehrwertsteuer (25 – 40 %), dafür gibt es weder Einkommen- noch Kapitalertrag- oder Vermö-gensteuern. Unter Fürst Rainier III. wurde Monaco zu einer bedeu-tenden Industrie- und Geschäftsstadt. In der Industrie (Elektronik, Elektrotechnik, Chemie, Pharmazie usw.) sind 10 % der 41 000 Ar-beitnehmer – davon über 30 000 Einpendler – beschäftigt, im Hotel-gewerbe arbeiten 11 %. Am lukrativsten ist jedoch das Bankwesen, das mit 7 % der Beschäftigten 18 % des nationalen Geschäftsvolu-mens bestreitet. Auch als Kongress- und Festivalort spielt Monaco ei-ne große Rolle. Auch eine niedrige Kriminalitätsrate zeichnet Mona-co aus. Das Grimaldi-Forum erweiterte die Kapazitäten der Kon-gressstadt Monaco beträchtlich. Zu den jüngeren Errungenschaften des wirtschaftlich ungebrochen weiter aufstrebenden Fürstentums zählen der Bahnhof, der mit einem dreizehnstöckigen Parkhaus in den Berg verlegt wurde, und ein 352 m langer schwimmender Anle-ger, der Kreuzfahrtschiffen den Besuch von Monaco ermöglicht.

Monaco-Ville

Monaco-Ville, der älteste Bezirk, thront mit seinen engen Sträßchen malerisch auf einer weit ins Meer vorspringenden Halbinsel mit zahlreichen Zeugnissen einer früheren Befestigung.

Im Westteil von Monaco-Ville liegt das im 13. Jh. als genuesische Festung erbaute Palais du Prince. Die Wachablösung findet täglich um 11.55 Uhr statt. Außer der Repräsentation dient die fürstliche Garde der Sicherheit der Fürstenfamilie und bei Großveranstaltungen. Die glänzenden Prunkräume, u. a. der Thronsaal im Empire-Stil, das York-Schlafzimmer aus dem 18. Jh. und schöne Fresken (Genueser Arbeiten, 17. Jh.), sind in Führungen zugänglich (April bis Okt. 10.00 – 18.00 Uhr).

✱ Palais du Prince

Das **Palastmuseum** (Musée des Souvenirs Napoléoniens et Collections des Archives Historiques) dokumentiert die Geschichte des Fürstentums, besonders zur Zeit Napoleons I. Öffnungszeiten wie Palais du Prince, zusätzlich Dez. – März 10.30 – 17.00 Uhr. Im Sommer werden im Palasthof Konzerte veranstaltet.

In der Kathedrale, erbaut 1875 – 1884 in romanisch-byzantinischem Stil, sind die Fürsten und Bischöfe von Monaco bestattet. Sie besitzt ein großartiges Nikolaus-Polyptychon von Ludovico Brea (um 1500)

Kathedrale

Großes Brimborium: Wachablösung vor dem Palais du Prince

▶ MONACO ERLEBEN

AUSKUNFT

Direction du Tourisme
2 a Boulevard des Moulins
MC-98030 Monaco Cedex
Tel. (00 377) 92 166 166
www.visitmonaco.com
Ländervorwahl Monaco: 00 377

MONTE CARLO PASS

Ein Pauschalangebot mit Unterbringung in erstklassigen Hotels, Eintritt in Museen etc. und (nach Wunsch) Helikopter vom Flughafen Nizza. Buchung über Airtours, Dertours, Frantour Suisse und Kuoni.

FESTE UND EVENTS

Ende Jan.: Rallye Monte-Carlo. 27. Jan.: Fest der Stadtheiligen Ste-Dévote. 23./24. Juni: Johannes-Fest mit Folklore und großen Feuern. Ende Mai: Grand Prix der Formel 1 (Karten: Automobile Club de Monaco, 23 Blvd. Albert 1er, Fax 93 15 26 78, www.acm.mc). 19. Nov.: Nationalfeiertag. Das ganze Jahr über viele kulturelle, sportliche etc. Ereignisse, u. a. Zirkusfestival (Jan.), Tennis Masters (April). Veranstaltungstermine im kostenlosen »Bienvenue«.

SPIELCASINOS

Casino Garnier, Le Sporting, Café de Paris, Sun Casino. Mindestalter 18 Jahre. www.casino-monte-carlo.com

ESSEN

▶ Fein & teuer

Louis XV
Tel. 98 06 88 64, Di. geschl.
Restaurant im Hotel de Paris (s. u.): Mediterrane Küche, zubereitet unter der Regie von Alain Ducasse, einem der profiliertesten Köche Frankreichs, und zelebriert in einem opernreifen Speisesaal.

▶ Erschwinglich / Preiswert

① *Polpetta*
2 Rue Paradis, Tel. 77 93 50 67 84
Gute italienische Küche zu verträglichen Preisen. Mit Terrrasse.

▶ Preiswert

② *U Cavagnetu*
14 Rue Comté-F.-Gastaldi
Tel. 93 30 35 80
Eines der wenigen einigermaßen preiswerten Lokale mit guter monegassischer Küche.

ÜBERNACHTEN

▶ Luxus

① *Hôtel de Paris*
Place du Casino, Tel. 98 06 30 00
www.montecarloresort.com
Luxus und Ambiente der Belle Époque im edelsten Haus von Monaco. Zimmer und Suiten mit Blick aufs Meer, Zugang zu den Thermes Marins. Drei Restaurants mit angemessen prachtvollem Dekor.

▶ Günstig

② *Hôtel de France*
6 Rue de la Turbie
Tel. 93 30 24 64, Fax 92 16 13 34
Preisgünstiges, ordentliches Haus in attraktiver Umgebung nahe der Place d'Armes. In der Nähe das hypermoderne, schicke NI-Hotel (1 bis Rue Grimaldi, ab 150 €).

Etwas über 2 km² groß ist das Staatsgebiet von Monaco, gesehen von der Tête de Chien

und andere Kunstwerke der sog. Schule von Nizza. Das immer mit roten Rosen geschmückte Grab von Fürstin Gracia Patricia wurde zur Pilgerstätte. Die Orgel von 1976 ist in Konzerten zu hören, von Sept. bis Juni singen bei der Messe sonntags um 10.00 Uhr die Sängerknaben. Neben der Kathedrale der bis 1930 erbaute Justizpalast.

Östlich der Jardins St-Martin ragt das 1910 gegründete renommierte **Meeresmuseum** auf, dessen Südfront auf gewaltigen Unterbauten ruht (Öffnungszeiten: tägl. Juli, Aug. 9.30 – 19.30, April – Juni, Sept. 9.30 – 19.00, Okt. – März 10.00 – 18.00 Uhr). Es enthält wertvolle wissenschaftliche Sammlungen (u. a. von den Forschungsreisen Fürst Alberts I., Tauchboote und Ausrüstung von J. Cousteau), Aquarien mit 4000 Arten, ein Labor mit Bibliothek sowie Schiffsmodelle und technische Geräte. Von der Dachterrasse (Café) herrliche Aussicht. Östlich schließt ein Parkhaus an; auf seiner Dachterrasse wird die audiovisuelle Schau »Monte Carlo Story« gezeigt, nebenan das Freiluftkino mit der angeblich größten Leinwand Europas, das Filme in Originalfassung (ggf. mit französischen Untertiteln) vorführt.

★ ★
Musée Océano-graphique

◄ Monte Carlo Story

Am Rückweg zum Fürstenpalast liegen die Chapelle de la Visitation mit der sehenswerten Sammlung Piasecka Johnson (sakrale Kunst, Mo. geschl.), das Historial des Princes (Wachsfigurenkabinett) und die Chapelle de la Miséricorde (1639) mit einer Christusfigur von F.-J. Bosio, dem 1769 in Monaco geborenen Bildhauer Napoleons.

Chapelle de la Visitation

Um die Altstadt

Fontvieille Westlich des Fürstenpalasts schließt das Viertel Fontvieille an, für das 30 ha im Meer aufgeschüttet wurden. Am Steilabfall des Altstadtfelsens liegt der Zoo mit tropischer Fauna. Im Complexe Commercial sind das Automuseum mit über 100 herrlichen alten Exemplaren, das Briefmarken- und Münzenmuseum sowie das Musée Naval untergebracht (alle tägl. 10.00 – 18.00 Uhr geöffnet).

★
Museen ►

Hafen Im 1901–1926 ausgebauten Hafen drängen sich die Luxusjachten. 2003 ging der 352 m lange Anleger in Betrieb: Er wiegt 163 000 t, wurde in seiner ganzen Länge in Spanien gebaut und übers Meer hierher geschleppt. Hinter dem Hafen liegt das teils noch kleinstädtische Viertel **La Condamine** mit Geschäften und Cafés, der Markthalle (1880) auf der lebhaften Place d'Armes und dem alten Bahnhof (hinter ihm einer der Zugänge zum 1999 eröffneten Tunnelbahnhof). Im Taleinschnitt an der Nordwestecke des Hafens steht die kleine Kirche Ste-Dévote (1870) mit einem schönen Marmoraltar (18. Jh.); an der Place Ste-Devote ein weiterer Zugang zum Bahnhof.

Ste-Dévote

Monaco *Orientierung*

Fast endlose Treppen und Straßen mit Haarnadelkurven klettern am Osthang der Tête de Chien empor zur **Moyenne Corniche** (D 6007). Sie erschließen den von großartigen Villen und Gärten geprägten, in Terrassen angelegten Stadtbezirk Moneghetti.

Moneghetti

Der Botanische Garten von Monaco ist einer der eindrucksvollsten seiner Art. Aufgrund der günstigen klimatischen Bedingungen am ständig feuchtwarmen Steilhang gedeiht hier eine Vielzahl äußerst empfindlicher, teilweise sehr eigenartiger tropischer Pflanzen. Aber auch Kakteen sind hier zu bewundern sowie die Grotte del'Observatoire mit schönen Tropfsteinbildungen. Im Park ist auch das beachtenswerte, 1902 gegründete **Musée d'Anthropologie** (Anthropologisches Museum) gelegen, das mit seinen Exponaten die Geschichte der Vor- und Frühzeit im Allgemeinen sowie in der Region (Balzi Rossi, Grotte de l'Observatoire) illustriert. Zu sehen ist außerdem eine Sammlung von Münzen, Schmuckgegenständen u. a. von der Steinzeit bis zur römischen Zeit. Öffnungszeiten: Mitte Mai bis Mitte Sept. tägl. 9.00 – 19.00, sonst bis 18.00 bzw. bis Einbruch der Dunkelheit (www.jardin-exotique.mc).

★ ★
Jardin Exotique

Promenade Ste-Barbe
Conseil National
Musée du
Vieux Monaco
Palais de Justice
Évêché
Historial des
Princes de Monaco
Chapelle de la Misericorde
Mairie
Prince Albert 1er

10 Parking des Pêcheurs/ Monte Carlo Story
11 Ministère d'Etat
12 Fort Antoine (Théâtre)
13 Marché
14 Jardin Animalier
15 Musée d'Anthropologie Préhistorique
16 Église Réformée
17 Bibliothèque Louis Notari

18 Automobile Club de Monaco
19 Centre de Rencontres Internationales
20 Villa Sauber
21 Jardin Japonais
22 Grimaldi Forum

Essen
① Polpetta
② U Cavagnetu
Übernachten
① Hotel de Paris
② Hotel de France

— - — - Staatsgrenze
··········· Lift
→ - → - → Grand Prix de Monaco

Monte-Carlo

Der Stadtbezirk Monte-Carlo erstreckt sich nördlich des Hafens von Monaco. Sein höhergelegener Teil wird von Geschäftsstraßen durchzogen, so vom Blvd. Princesse Charlotte (im Westen die Gebäude von Radio-Télévision Monte-Carlo), vom Blvd. des Moulins (Pavillon des Tourismusbüros am Südwestende; nördlich etwas abseits die Kirche **St-Charles** von 1883) und von der Avenue de la Costa mit zahlreichen Luxusgeschäften.

★★
Casino

Auf einer Terrasse nördlich des Hafens steht das »Herz« von Monaco, das prächtige **Grand Casino**, das 1877–1879 vom Architekten der Pariser Oper, Charles Garnier, errichtet wurde und die legendäre Spielbank der Société Anonyme des Bains de Mer beherbergt. Den östlichen Flügel nimmt die Salle Garnier ein, der üppig in Gold und Rot dekorierte Opernsaal. Das berühmte, 1864 eröffnete **Hotel de Paris** (mit Drei-Sterne- und Panorama-Restaurant) bildet mit dem Casino und dem Café de Paris gegenüber – bevorzugter »Aussichtspunkt« ist dessen Terrasse – einen grandiosen Belle-Époque-Komplex. Unterhalb des Casinos liegt das **Kongresszentrum C.C.A.M.** (1978), ein mächtiger, vom Blvd. Louis II unterquerter Bau mit hexagonalen Grundrissen. Hier sind das Auditorium Rainier III, das

Und die Kugel rollt: Reich wird man beim Glücksspiel im Kasino nur selten.

Monte Carlo Grand Hotel und das Sun Casino untergebracht. Das Dach ziert ein Mosaik von Victor Vasarely (1979) aus farbigen Fliesen. Weiter östlich an der Av. Princesse-Grace ist der **Japanische Garten** zu finden, entworfen von Yasuo Beppu, eine Oase der Ruhe. Östlich schließen an ihn das **Grimaldi Forum** an, ein Kongresszentrum (Notari/Genin, 2000); die künstlich angelegte Plage du Larvotto ist der frequentierte Strand des Stadtstaats (grober Sand).

Die von Charles Garnier erbaute Villa Sauber (17 Avenue Princesse Grace) gehört, wie die Villa Paloma (56 Blvd. du Jardin Exotique), zum Nouveau Musée National de Monaco, das in den beiden Villen in Wechselausstellungen das historische und kulturelle Erbe Monacos präsentieren soll. Öffnungszeiten: tägl. 10.00 – 18.00 Uhr.

Nouveau Musée National de Monaco

🕐

Umgebung von Monaco

Am Fuße der Tête de Chien, 2 km südwestlich von Monaco, liegt inmitten von Pinienwäldern der Ferienort Cap d'Ail (Strände). Sehenswert sind die Ruine der **Tour d'Abeglio** sowie das von Jean Cocteau mit Mosaiken geschmückte **Freilichttheater**. Mehrere Felsvorsprünge ragen bei Cap d'Ail ins Meer hinaus.

Cap d'Ail

Das aussichtsreiche alte Städtchen La Turbie liegt 8 km nordwestlich von Monaco auf dem Sattel zwischen der Tête de Chien und dem Mont de la Bataille. In der barocken Kirche **St-Michel-Archange** (2. Hälfte 18. Jh.) eine bemerkenswerte Kommunionbank aus Achat und Onyx, zwei Gemälde von J.-B. van Loo, eine Pietà aus der Schule von Ludovico Bréa und ein schöner Hauptaltar aus farbigem Marmor, der während der Französischen Revolution in Nizza als »Altar der Vernunft« diente. Die beiden **Stadttore** sind Reste der im 13. Jh. begonnenen Ortsbefestigung. La Turbie wird signalisiert von der weithin sichtbaren Trophée des Alpes (Trophée d'Auguste), einem Denkmal, mit dem der römische Senat im Jahre 6 v. Chr. Kaiser Augustus für die Unterwerfung der Alpenvölker (14/13 v. Chr.) ehrte. Im 14. Jh. wurde das Bauwerk in eine Festung umgewandelt, 1705 im Spanischen Erbfolgekrieg gesprengt (mit dürftigem Erfolg). Um 1930 wurde die Restaurierung in Angriff genommen, der das Monument sein heutiges Aussehen verdankt; Geldgeber war ein US-amerikanisches Ehepaar. Öffnungszeiten: Di. – So. 19. Mai – 20. Sept. 9.30 – 13.00, 14.30 – 18.30, sonst 10.00 – 13.30, 14.30 – 17.00 Uhr. Vom Parkgelände um die Trophée sowie von der Tête de Chien südlich des Orts hat man einen **grandiosen Blick über die Küste**.

La Turbie

✱
◄ **Trophée des Alpes**

Peillon, 376 m hoch im Hinterland von Monaco gelegen (in Luftlinie 5 km), ist eines der schönsten Beispiele eines provenzalischen »Nid d'aigle«. In der Kapelle Notre-Dame de la Madone-des-Douleurs eindrückliche **Fresken des ligurischen Malers Giovanni Canavesio** (spätes 15. Jh.). Im August finden die Fêtes du Vieux Village statt.

✱
Peillon

★★ Mont Ventoux

D-E 7-8

Département: Vaucluse   **Höhe:** 1909 m

Weithin dominiert ein auch im Sommer schneeweiß leuchtender Bergrücken die Provence. Der kahle »Windberg« im Nordwesten der Region ist durch Petrarca berühmt geworden, der ihn 1336 bestieg und damit eine neue Art der Naturwahrnehmung schuf.

Diese erste Besteigung eines Bergs um ihrer selbst willen war von dem Glauben getragen, dass die menschliche Wahrnehmung durch eine ästhetische Erfahrung der Landschaft erweitert werden kann – das erwachende Naturgefühl eines neuen Zeitalters.

Riese der Provence

Der Mont Ventoux – provenzalisch »ventour«, d. h. »Windberg«, so benannt nach den häufigen und heftigen Stürmen, die über ihn hinwegbrausen – ragt eindrucksvoll isoliert aus dem Umland auf (►Foto S. 13). Die höheren Lagen sind eine Steinwüste fast ohne Vegetation, Ergebnis der Abholzung für die Werften von Toulon. Wegen seiner Flora (besonders interessant in der ersten Julihälfte) und Fauna wurde der Berg von der UNESCO zum Biosphären-Reservat erklärt. Beachten: Auf dem Gipfel können die Temperaturen 10 – 20 °C niedriger sein als im Tal. Von 1902 bis in die 1970er Jahre war die D 974 an der Südflanke des Bergs eine berühmte Autorennstrecke. Für Radsportler ist der Berg eine faszination aus, mit 1700 m Höhenunterschied und glühender Hitze eine der härtesten Routen.

Fahrt über den Mont Ventoux

Für eine Fahrt sollte man die Wochenenden meiden und im Sommer den frühen Morgen wählen, wenn sich noch keine Wolken gebildet haben; außerdem entgeht man so den Besuchermassen. Ein gut geeigneter Ausgangspunkt ist ► Vaison-la-Romaine nordwestlich des Massivs. Bis Malaucène folgt man der D 938; im Ort zweigt links die D 974 ab, der man folgt. Die Strecke steigt in herrlicher Landschaft und mit prachtvollen Ausblicken nach beiden Seiten zunächst durch Koniferenbestände ziemlich steil an. 16 km hinter Malaucène in 1400 m Höhe zweigt links eine schmale Straße zum Aussichtspunkt **Le Contrat** ab. Die D 974 steigt auf den letzten 6 km in Serpentinen den immer vegetationsärmeren steilen Hang hinan und erreicht schließlich den **Col des Tempêtes** (»Pass der Unwetter«), den mit 1841 m höchsten Punkt der Strecke. Hier hat man einen grandiosen Blick nach Norden über das

_i_ Auf Petrarcas Spuren

■ Die Besteigung des Mont Ventoux lohnt sich nur bei klarem Wetter. Ein besonderes Erlebnis ist ein nächtlicher Aufstieg, der Sonnenaufgang über den Alpen ein unvergessliches Schauspiel. Die Tourismusbüros in Carpentras, Bedouin und Malaucène bieten Wanderungen in Begleitung kompetenter Führer an. Für Radwanderer sind zahlreiche Strecken beschildert.

Stolze Gefühle bei der Ankunft auf dem Gipfel

Tal des Toulourenc und die dahinter aufragenden Berge. Auf dem **Gipfel** (1909 m) des Mont Ventoux stehen ein Observatorium und ein Fernsehsender, etwas unterhalb eine Radarstation. Von der Aussichtsplattform beim Observatorium geht der Blick zur Montage du ►Lubéron.

Wer nach Vaison-la-Romaine zurückkehren will, fährt an der Südflanke des Bergs (auf der alten Rennstrecke) über Bédoin und Le Barroux nach **Beaumes-de-Venise**, das für vorzügliche Rot- und Roséweine und Vin Doux Naturel berühmt ist (Restaurant ► S. 177). Die Route führt weiter um die Dentelles de Montmirail herum (►S. 345). An der Kapelle Notre-Dame-d'Aubune (12. Jh.) vorbei gelangt man in das renommierte Weinbaugebiet von Vacqueyras, Gigondas, Sablet, Seguret (mit Burgruine, schöner Ausblick) und Rasteau.

★
Dentelles de Montmirail

Von Bédoin kann man auch direkt nach ►Carpentras weiterfahren. Schöner ist allerdings die Route über Sault im Osten, das von Lavendelfeldern umgeben ist, und die D 942 durch die pittoresken Gorges de la Nesque (►Carpentras).

★ Nîmes

F – G 2

Région: Languedoc-Roussillon **Département:** Gard
Höhe: 39 m **Einwohnerzahl:** 143 500

Nîmes gehört nicht zur Provence, ist jedoch einen Besuch wert: mit seinen beeindruckenden Bauwerken aus römischer Zeit und seiner zeitgenössischen Architektur, aber auch einer lebhaften, »jungen« Atmosphäre, besonders zur Pfingst-Feria.

Die im hügeligen Vorland der Cevennen gelegene Stadt 30 km nordwestlich von Arles ist Hauptstadt des Départements Gard. Die noch heute bedeutende Textilindustrie brachte ab dem 18. Jh. neuen Aufschwung; berühmt wurde der blaue Stoff »Serge de Nîmes« (Denim), den der gebürtige Franke Levi Strauss in den USA zu »blue jeans« (von »bleu de Gênes«) verarbeitete.

Geschichte

Nemausus war die Hauptstadt der Volcae Arecomici. 121 v. Chr. unterwarf sie sich den Römern und entwickelte sich an der Straße von Italien nach Spanien zu einer der bedeutendsten Städte Galliens. Unter Kaiser Augustus wurden in der »Colonia Augusta Nemausus« Veteranen aus Ägypten angesiedelt, worauf Münzen mit Krokodil und Palmzweig deuten (im heutigen Stadtwappen verwendet); Antoninus Pius, Kaiser ab 138 n. Chr., stammte aus Nîmes. Bis 1185 unterstand Nîmes eigenen Vizegrafen, dann kam es an die Grafen von Toulouse. In den Religionskriegen des 16. Jh.s hatte die Stadt, da drei Viertel der Bewohner Calvinisten waren, schwer zu leiden, und sogar noch 1704 zur Zeit des Cevennen-Aufruhrs. Ab Mitte des 18. Jh.s wurden in großem Stil die preiswerten »Indiennes«-Stoffe produziert, zunächst von Hand bedruckt, dann maschinell, womit der Wohlstand von Nîmes begründet wurde. Heute steht Nîmes im Schatten des Wirtschafts- und Verwaltungszentrums Montpellier.

✷
Zentrum zeitgenössischer Architektur

In den 1980er-/1990er-Jahren wurde unter dem ehrgeizigen Bürgermeister Jean Bousquet v. a. die Altstadt umfassend restauriert, aber auch das Viertel Ilot Littré, wo man nett essen gehen kann. Auch die moderne Architektur hielt damals Einzug. Martial Raysse entwarf die **Place d'Assas** und die **Fontaine au Crocodile** (in Anlehnung an das Stadtwappen) an der Place du Marché, Philippe Starck gestaltete den **Abribus** (Haltestelle) einschließlich der »Möblierung« der Avenue Carnot. Norman Foster baute das **Museum für zeitgenössische Kunst**, die **Überdachung des Amphitheaters** stammt von N. Michelin und F. Geipel. Jean Nouvel betätigte sich im sozialen Wohnungsbau: **Nemausus** heißt der Komplex von 144 Wohnungen an der Route d'Arles im Süden der Stadt. Das Fußball- und Rugbystadion **Stade des Costières** realisierten Vittorio Gregotti und Marc Chausse. Der den römischen Amphitheatern nachempfundene Bürokomplex **Colisée** am Stadtrand ist ein Werk des Japaners Kisho Kurokawa.

Sehenswertes in Nîmes

✷✷
Arènes
🕐
Öffnungszeiten:
ab 9.00 Uhr
April/Mai bis 18.30,
Juni 19.00,
Juli 20.00,
Aug. 19.30,
Sept./Okt. 18.00,
Dez. – Febr. 17.00

Hauptattraktion von Nîmes ist das Amphitheater in der Stadtmitte. Es stammt aus dem 1. Jh. und ist 133 × 101 m groß sowie bis 21 m hoch. Mit einem Fassungsvermögen von 21 000 Zuschauern ist es zwar nicht das größte, aber (besonders im Oberbau) eines der am besten erhaltenen der 70 bekannten römischen Amphitheater. Die 60 Bögen der Umgänge sind im Untergeschoss mit Pilastern, oben mit dorischen Halbsäulen geschmückt. An der Attika befinden sich Konsolen, die die hölzernen Masten der Sonnensegel trugen. Der reich geschmückte Haupteingang liegt an der Nordwestseite. Durch 124 Ausgänge konnten die Besuchermassen das Theater in wenigen Minuten verlassen. Im 5. Jh. bauten die Westgoten die Arena zu einer Festung aus; im Mittelalter diente sie als Ritterburg, dann als Wohnviertel für etwa 2000 Menschen mit einer eigenen Kirche. Mit dem Rückbau begann man 1809. Seit 1989 macht ein 4800 m² großes

Dach auf 30 Metallpfeilern das Amphitheater im Winter zu einer Mehrzweckhalle. Außer Sport- und Musikveranstaltungen finden hier die Stierkämpfe statt.

Wenige Schritte südwestlich liegt das **Musée Taurin** (Stierkampf-museum, Rue Alexandre Ducros, Öffnungszeiten: Pfingsten bis Ende Okt. tägl. 10.00 – 18.00 Uhr).

Östlich der Arena erstreckt sich die verkehrsreiche **Esplanade Charles de Gaulle** mit der Fontaine Pradier (1848), die eine Personifikation von Nîmes trägt. Die Rue Notre-Dame führt zum Abribus, der von Philippe Starck gestalteten Bushal-testelle. Nördlich der Arena die Place du Marché mit der Fontaine au Crocodile. Weiter östlich sind in der Rue de l'Aspic schöne alte Häuser zu sehen.

Mittelpunkt von Nîmes ist die römische Arena

Die Place de la Maison Carree nordwestlich des Amphitheaters wird von der Maison Carrée dominiert, einem ausgezeichnet erhaltenen Podiumstempel, der unter Kaiser Augustus 20 – 12 v. Chr. errichtet wurde. Im Lauf der Zeit diente er u. a. als Kirche, Pferdestall und Archiv. Korinthische Säulen tragen das z. T. mit einem feinen Akan-thusrankenfries gezierte, reich ornamentierte Gebälk; 15 Stufen füh-ren hinauf zum Pronaos (Vorhalle) und der Cella, in der eine 3 D-Show zur Geschichte von Nîmes gezeigt wird.

★ ★
Maison Carrée
🕐
Öffnungszeiten:
ab 10.00 Uhr
bis 16.30 / 20.00
nach Jahreszeit

Westlich gegenüber der Maison Carrée zieht ein anderer Tempel die Kunstfreunde an. Den Platz eines durch Feuer zerstörten Theaters nimmt das **Musée d'Art Contemporain** ein, dessen Sammlung (nach 1960 entstandene Werke) zu den renommiertesten in Frankreich zählt. Stararchitekt Norman Foster zitiert, ganz im Sinn der Post-moderne, den Vorgängerbau und lenkt durch die verglaste Front den Blick auf die benachbarte Maison Carrée. An Kunst weniger Interes-sierte sollten auf jeden Fall im Café auf der Dachterrasse den Blick über die Stadt genießen.

★
Carré d'Art
🕐
Öffnungszeiten:
Di. – So.
10.00 – 18.00

Nordwestlich der Maison Carrée liegen am Rand der Innenstadt die schönen Jardins de la Fontaine (»Quellengärten«). Sie wurden um 1750 im Bereich der ehemaligen Festungswälle unter Einbeziehung der antiken Ruinen eines Quellheiligtums angelegt und erstrecken sich über mehrere Ebenen. Lebensvolle barocke Statuengruppen schmücken die stimmungsvolle Anlage. Am Westrand des Parks steht

★
Jardins de la Fontaine

▶ NÎMES ERLEBEN

AUSKUNFT

Office de Tourisme
6 Rue Auguste, 30000 Nîmes
Tel. 04 66 58 38 00, Fax 04 66 58 38 01
www.ot-nimes.fr, www.nimes.fr

FESTE UND EVENTS

Corridas und Courses Camarguaises
in der Arena. Pfingsten: Féria de
Pentecôte, mit »Pégoulade«. 3. Sept.-
Wochenende: Féria des Vendanges.
Info und Karten: Bureau de Location
des Arènes, 4 Rue de la Violette, Tel.
0891 70 14 01. Juli: Festival de Nîmes.
Juli/Aug.: »Les Jeudis de Nîmes« (Jazz,
Rock, Flamenco etc.) in der Altstadt.

EINKAUFEN

Erlebenswert ist die Markthalle
nordöstlich der Place du Maison
Carrée. Hier wird auch Stierfleisch
von den Corridas feilgeboten.

ESSEN

▶ Preiswert / Erschwinglich

Les Olivades
Nîmes, 18 Rue Jean Reboul
Tel. 04 66 21 71 78, So./Mo. geschl.
Elegant-gemütliches Ambiente in
Gewölben, sehr gute Küche zu fairem
Preis und ebensolche Weinauswahl.

Le Bouchon et L'Assiette
Nîmes, 5 bis Rue de Sauve
Tel. 04 66 62 02 93, Di./Mi. sowie
Mitte Juli – Mitte Aug. geschl.
Heimeliges kleines Restaurant, antik-
modern gestaltet. Sehr einfalls- und
abwechlungsreiche Küche des Südens.

ÜBERNACHTEN

▶ Komfortabel

New Hôtel La Baume
Nîmes, 21 Rue Nationale, Tel. 04 66
76 28 42, www.new-hotel.com
Ein Renaissance-Palais mit herrlichem
Innenhof, im Norden der Altstadt.
Angenehm zurückhaltend-moderne
Einrichtung. Während der Férias
sind die Preise deutlich höher.

Ständiger Begleiter: das Krokodil des Stadtwappens

unter alten Bäumen der so genannte **Dianatempel** (eigentlich ein Nymphäum). Der teilweise eingestürzte, harmonisch proportionier-
ter Quaderbau wird aufgrund des Bauschmucks in die 1. Hälfte des 2. Jh.s datiert und könnte zu Thermen gehört haben, die das Forum Augusteum mit der Tour Magne verbanden. Da man das Bauwerk seit dem Mittelalter als Kirche verwendet hatte, wurde es in den Religionskriegen erheblich beschädigt und seine Ruine später als Steinbruch genutzt.

Tour Magne Über dem Jardin de la Fontaine erhebt sich der 114 m hohe Mont Cavalier mit südlicher Flora und schattigen Promenierwegen. Auf seinem Gipfel steht die Tour Magne, ein 30 m hohes römisches Monument aus dem Jahr 15 vor Christus. Der Turm ist der mächtigste der Mauer, die in der Römerzeit die Stadt umgab. Von seinem obersten Geschoss bietet sich ein weiter Blick auf Stadt und Umland.

Westlich außerhalb des Forts, an der Rue de la Lampèze, wurden 1884 die Reste eines antiken Wasserschlosses (Castellum Divisorium, Château d'Eau Romain) entdeckt, das dazu diente, das über den ► Pont du Gard (► Baedeker-Special S. 301) herangeführte Wasser in der Stadt zu verteilen. Erhalten ist ein rundes Sammelbecken von ca. 6 m Durchmesser, von dem zehn Versorgungsleitungen (Bleirohre mit 40 cm Durchmesser) in die einzelnen Stadtbezirke abgingen.

Castellum Divisorium

Im Mittelpunkt der Altstadt steht an der netten Place aux Herbes die Kathedrale Notre-Dame et St-Castor, gegen Ende des 11. Jh.s erbaut (Weihe 1096 durch Papst Urban II.) und später mehrfach erneuert, vor allem im 19. Jh. im romanisch-byzantinischen Stil. Am Giebel der Westfassade ein bemerkenswerter romanischer Relieffries mit Szenen aus der Schöpfungsgeschichte, der stilistisch mit St-Gilles verwandt ist und aus der 2. Hälfte des 12. Jh.s stammen dürfte.

Notre-Dame et St-Castor

Neben der Kathedrale liegt das ehemalige bischöfliche Palais, in dem das Musée du Vieux Nîmes mit seinen regionalgeschichtlichen Sammlungen untergebracht ist. Beachtenswert in dem aus den privaten volkskundlichen Sammlungen von Henri Beauquier hervorgegangenen Museum sind Erzeugnisse der nicht mehr bestehenden Textilmanufaktur, Mobiliar aus der Provence und dem Languedoc, Kunstgewerbe und anderes. Geöffnet Di. – So. 10.00 – 18.00 Uhr.

✶ Musée du Vieux Nîmes

🕐

Am Boulevard Amiral Courbet, der die Altstadt im Osten begrenzt, ist im ehemaligen Jesuitenkonvikt das Archäologische Museum zu Hause. Die Sammlungen umfassen gallorömische Funde, Skulpturen bis zum Mittelalter und ein ausgezeichnetes Münzkabinett. In der Kapelle ein schönes Mosaik. Geöffnet Di. – So. 10.00 – 18.00 Uhr.

✶ Musée Archéologique

🕐

Nahe dem nördlichen Ende des Boulevard Amiral Courbet steht die Porte d'Arles, nach Kaiser Augustus, der die Stadt mit einer Mauer sichern ließ, auch Porte d'Auguste genannt. Das Stadttor, Ausgangspunkt der nach Rom führenden Via Domitia, entstand im Jahr 15 v. Chr. und wurde im 14. Jh. in die Bausubstanz einer Festung einbezogen. Erst 1752 wurde es wieder entdeckt, als die Festung beschädigt worden war. Im Bezirk des Tors steht heute ein Bronzestandbild des Augustus (eine nichtantike Kopie). Die Lage der in der Französischen Revolution zerstörten Seitenflügel des Tores ist auf dem Straßenpflaster markiert.

Porte d'Arles

Die Gemäldesammlung des südlich der Arènes gelegenen Musée des Beaux-Arts (Rue de la Cité Foulc) umfasst vornehmlich Werke älterer Meister (16. – 18. Jh.), vor allem aus Holland, Deutschland und Frankreich, aber auch aus Italien und Spanien. Das beachtenswerte antike Mosaik der »Hochzeit der Admetus« im Erdgeschoss wurde an dieser Stelle entdeckt. Öffnungszeiten: Di. – So. 10.00 – 18.00, Juli/ Aug. Do. bis 21.00 Uhr.

Musée des Beaux-Arts

🕐

Nizza · Nice

G 19

Département: Alpes-Maritimes
Höhe: 0 – 20 m

Hauptstadt des Départements
Einwohnerzahl: 347 000

Die wunderbare Lage und das milde Klima machten Nizza zu einem der ersten und bedeutendsten Winterkurorte der Côte d'Azur, und auch heute trifft sich hier die mondäne Welt. Andererseits hat sich die italienisch geprägte Altstadt eine sehr angenehme, »normale« Atmosphäre bewahrt.

Das »fashionable« Nizza, herrlich vor den Seealpen an der »Baie des Anges«, der »Engelsbucht«, gelegen, ist als fünftgrößte Stadt Frankreichs die Metropole der Riviera. Es besitzt den nach Paris verkehrsreichsten Flughafen Frankreichs und den bedeutendsten Hafen für Kreuzfahrtschiffe (Fähren nach Korsika). Die Hauptstadt des Départements Alpes-Maritimes und Universitätsstadt mit über 25 000 Studenten verfügt über ein reiches Kulturleben mit hervorragenden Museen. Die Strände sind frequentiert, obwohl wenig attraktiv.

Metropole der Riviera

Highlights Nizza

Vieille Ville
Lebendige Altstadt am Fuß des Schlossbergs mit viel Barockarchitektur und italienischer Atmosphäre.
▶ Seite 288

Cours Saleya
Der Blumenmarkt ist das Zentrum des Vieux Nice, lebendig und farbenfroh!
▶ Seite 288

Promenade des Anglais
Die weltberühmte Strandpromenade wird von Palästen der Belle Époque wie dem Hotel Negresco gesäumt.
▶ Seite 292

Musée des Beaux-Arts
Eine der bedeutendsten Kunstsammlungen des 17. – 20. Jahrhunderts.
▶ Seite 292

Römische Siedlungsanlagen
Amphitheater und Thermen im Stadtteil Cimiez. Das Museum zeigt die Funde an Ort und Stelle.
▶ Seite 293

Musée Matisse
Das Museum in einer Genueser Villa des 17. Jh.s in Cimiez lebt von der Schenkung der Familie.
▶ Seite 293

Musée Chagall
Noch ein Museumshighlight. Sehenswert sind die Werke mit biblischer Thematik.
▶ Seite 294

Musée d'Art Moderne et d'Art Contemporain
Pop-Art, Minimalismus und der Nizzaer Yves Klein in wirkungsvollem Rahmen.
▶ Seite 295

Musée des Arts Asiatiques
Architekturfreaks zieht es ins Museum des Japaners Kenzo Tange.
▶ Seite 296

← *Prachtvoller Barock des 17. Jahrhunderts: Palais Lascaris*

Geschichte Die frühesten, 400 000 Jahre alten Siedlungsspuren fand man im östlichen Stadtteil Lympia (**Terra Amata**). Im Jahr 350 v. Chr. wurde vom griechischen Massalia (Marseille) aus auf dem Burghügel der Handelsstützpunkt Nikaia Polis gegründet, die Römer ließen sich 154 v. Chr. auf dem Hügel von Cimiez nieder. Im frühen Mittelalter gehörte Nikaia zur Grafschaft Provence und ab 1388 zum Herzogtum Savoyen, das 1720 Sardinien erhielt; damals wurden Hafen und Festung gebaut (für Piemont der einzige Zugang zum Meer). 1860 kam Nizza durch Volksentscheid an Frankreich. Ein Sohn der Stadt war der italienische Freiheitsheld **Giuseppe Garibaldi** (1807 – 1882). Die Maler Raoul Dufy und Henri Matisse sind hier begraben, Paganini starb in einem Haus in der Rue de la Préfecture. In der modernen Geschichte wichtig waren Jean Médecin, Bürgermeister ab 1928, und sein Sohn Jacques, Bürgermeister ab 1966 († 1998). Unter Letzterem entwickelte sich Nizza zu einem Mittelmeer-Chicago. Heute scheint sich die Lage etwas beruhigt zu haben, obwohl die »neuen« reichen Russen, die sich die teuersten Plätze der Cote d'Azur sichern, mit gemischten Gefühlen betrachtet werden. Nizza ist außerdem eine Stadt mit großen sozialen Problemen, resultierend aus der Kluft zwischen Arm und Reich; ein rechtsradikaler Bürgermeister ließ schon einmal missliebige »Elemente« aus der Stadt schaffen.

1388	Nizza kommt zum Herzogtum Savoyen.
1543	Das savoyisch-habsburgische Nizza wird von einer französisch-türkischen Flotte belagert.
1720	Als Savoyen die Insel Sardinien erhält, werden Hafen und Festung angelegt.
1792	Die Stadt kommt zu Frankreich, 1814 an das Königreich Sardinien, 1860 wieder zu Frankreich.

Wirtschaft und Tourismus Das milde Klima (mittlere Temperatur im Winter 9 °C) ließ Nizza in der 2. Hälfte des 19. Jh.s zum geschätzten Winterkurort und einem der ersten Fremdenverkehrszentren werden, nachdem schon 1776 der schottische Arzt Tobias Smollett mit einem Reisebericht die erste britische »Invasion« ausgelöst hatte. Bis in die 1920er-Jahre war Nizza ein reiner Winteraufenthaltsort für gut betuchte ältere englische Herrschaften und russische Aristokraten, die sich die Zeit mit ihrer Spielleidenschaft vertrieben. Nach dem Ersten Weltkrieg wurde die Riviera im Gefolge der US-Soldaten und der Künstler und Schriftsteller als Feriengebiet bekannt, und als 1926 über 8000 amerikanische Gäste den Juli hier verbrach-

> ! **Baedeker TIPP**
>
> **Lou Canoun de Miejour**
>
> Sie sitzen in der Altstadt mittags in einem Café – und dann gibt es plötzlich einen ohrenbetäubenden Knall! Das ist Tradition seit den 1860ern: Sir Thomas Coventry, ein britischer Colonel, ließ sich in Nizza nieder, und weil seine Frau vom Spaziergang immer zu spät zum Mittagessen kam, feuerte er um 12 Uhr eine Kanone ab.

Cours Saleya: morgens Markt, abends Treffpunkt der lebensfrohen Stadt

ten, war damit der moderne Massentourismus eingeläutet. Doch noch einige Zeit waren die Einnahmen in den Wintermonaten beträchtlich höher als in der Sommersaison; das änderte sich erst ab 1936, als es für französische Arbeiter bezahlten Urlaub gab.

Heute lebt der Tourismus zu einem Gutteil vom Mythos vergangener Zeiten, die Zuckerbäckerarchitektur der Luxushotels wird konterkariert von Appartementblöcken aus Beton, die prächtige, gepflegte Promenade an der Bucht wird von einer sechsspurigen Straße begleitet. Mit dem Kongresstourismus und der High-Tech-Industrie im nahen Sophia-Antipolis, einem europäischen »Silicon Valley«, hat man dem Kapital neue Betätigungsfelder erschlossen.

Colline du Château

Ältester besiedelter Stadtteil von Nizza ist der Burgberg (92 m), zu dem von der Strandpromenade (Quai des Etats-Unis) am östlichen Ende der Baie des Anges ein Aufzug hinauffährt. Der schön gestaltete Park auf dem Berg bietet besonders von der Terrasse einen beeindruckenden Blick auf die Stadt. Die einst hier stehende Zitadelle wurde 1706 zerstört. Beachtenswert sind griechische Grundmauern und die Reste zweier übereinanderliegender Kirchen aus dem 11. bzw. 15. Jh., die freigelegt wurden. Wenige Schritte weiter östlich bietet sich ein guter Blick hinunter zum Hafenbecken.

Park mit Traumblick

▶ NIZZA ERLEBEN

AUSKUNFT

Office de Tourisme et des Congrès
5 Promenade des Anglais
06000 Nice
Tel. 0892 70 74 07, Fax 04 89 06 48 03
www.nicetourisme.com
Weitere Büros beim Bahnhof (Avenue
Thiers) und im Flughafen.

VERKEHR

Flughafen 6 km westlich, Busse 98/99
zur Innenstadt. Busse und Tram der
Ligne d'Azur (www.lignedazur.com),
Info-Büros: 3 Place Masséna, 29 Av.
Malausséna. Die kostenlosen Vélos
Bleus sind an 90 Punkten der Stadt
verteilt (www.velobleu.org).

MUSEEN

Die städtischen Museen sind immer
gratis zugänglich, die staatlichen am
1. So. des Monats. Für die Carte
Musées Côte d'Azur ►S. 77.

FESTE UND EVENTS

Febr.: Seit dem 14. Jh. bekannt ist der
Karneval, Höhepunkt am Faschings-
dienstag mit Blumenschlacht und
Feuerwerk. Am 1. Mai und allen Mai-
So.: »Lu festin de Nissa«, traditionelles
Folklorefest in den Arènes. Ende Mai:
Fête de la Mer. Juli: Jazzfestival.

Chichi auf dem Trödelmarkt

14. Juli: Fête Nationale mit Feuerwerk.
Juni – Aug. finden viele Konzerte statt,
u. a. beim Festival de Musique Sacrée
und im Kloster in Cimiez. Anf. Sept.:
Hafenfest. Ende Okt.: Festival de Gui-
tare Acoustique (Blues).

EINKAUFEN

Der Markt auf dem Cours Saleya (Di.
bis So.; Mo. Trödel) bietet alles für die
Küche der Côte. Hier treffen gestylte
junge Leute auf Bauersfrauen, hier ist
die »lenga nissarda« zu hören, ein
Konglomerat aus Französisch und
dem italienischen Dialekt der Riviera.
Mode: Rue Paradis, Av. de Suède,
Rue A. Karr, Rue du Maréchal Joffre.
Delikatessen (u. a. Niçoiser Confise-
rie): Rue St-François-de-Paule, Quai
Papacino (am Hafen).

ESSEN

▶ Erschwinglich / Fein & teuer

Le Chantecler (im ① Negresco)
37 Promenade des Anglais
Tel. 04 93 16 64 00
Wer den Glanz der Belle Époque
genießen will, ohne sich zu ruinieren,
sollte das Angebot des Mittagsmenüs
wahrnehmen. Während hier abends
unter einem dreistelligen Betrag
kaum etwas geht, bekommt man
mittags ein dreigängiges Menü zur
Zeit für 50 €. Für den Platz überaus
preisgünstig isst man auch in der
Brasserie Rotonde.

▶ Erschwinglich

① Les Pêcheurs
18 Quai des Docks, Tel. 04 93 89 59
61 Mo./Di. geschl.
Ein kleines Paradies für perfekt zu-
bereitete Meeresfrüchte (Fleischfans
müssen nicht darben) am hübschen
Sporthafen, mit Terrasse. Sehr
freundlicher, effektiver Service.

② *La Merenda*
4 Rue Raoul Bosio, kein Telefon
Sa./So. und 3 Wochen Anf. Aug.
geschl., keine Kreditkarten
Winziges Lokal, unbequeme Hocker,
drangvolle Enge, aber hervorragende
regionale Küche von Dominique
Le Stanc, einst Chef des Chantecler.
Reservierung ist angezeigt.

► **Preiswert**
③ *Grand Café de Turin*
5 Place Garibaldi
Tel. 04 93 62 29 52
www.cafedeturin.com
An der »italienischen« Place Garibaldi
schwelgt man in Meeresfrüchten,
dazu in Socca, Pizza und Pissaladière.
Seit dem Gründungsjahr 1908 hat
sich nicht viel verändert. Draußen
unter den Arkaden werden frische
Schätze des Meeres verkauft.

④ *Cantine de Lulu*
26 Rue Alberti, Tel. 04 93 62 15 33
Sa./So. geschl. Außer französischen
Klassikern (und Ausreißern aus der
K.u.k.-Zeit) serviert man hier Ge-
richte der Niçoiser Tradition.

⑤ *Nissa Socca*
7 Rue Ste-Reparate
Tel. 04 93 80 18 35
Nizza hat seine Wurzeln wiederentdeckt. An Ständen und in vielen
kleinen Restaurants gibt es die köst-
liche Socca, in Öl gebackene Fladen
aus Kichererbsen. Auch die Pissaladière schmeckt hier, eine Pizza mit
Zwiebeln, Oliven und Sardellenfilets.

⑥ *La Route du Miam*
1 Rue Molière, ab 18.30 Uhr geöffnet
Tel. 06 16 36 33 22
Etwas abgelegen im Norden, aber die
herzhafte, üppige Küche des französischen Südwestens – etwa Ente, mit
Foie gras gefüllt – ist den Weg wert.

ÜBERNACHTEN

► **Luxus**
① *Negresco*
37 Promenade des Anglais
Tel. 04 93 16 64 00
www.hotel-negresco-nice.com
Legendärer Hotelpalast der höchsten
Luxuskategorie mit Mobiliar aus dem
17./18. Jh. und der Belle Époque.
Entsprechend edel und erstklassig ist
das Restaurant Le Chantecler. Die
Brasserie La Rotonde ist wie ein altes
Karussell eingerichtet. Privatstrand.

② *Hi Hotel*
3 Avenue des Fleurs
Tel. 04 97 07 26 26, www.hi-hotel.net
Wer bereit ist, für ein ungewöhnliches
Hotel viel Geld auszugeben, ist hier
richtig: ein wenig verrücktes, aber
stilvolles Design einer Starck-Mit-
arbeiterin, junge dienstbare Geister.
Mit exzellenter »Cantine bio« (mit
nächtlicher Selbstversorgung) und
Spa, Pool auf dem Dach (Aussicht!).

► **Komfortabel**
③ *Windsor*
11 Rue Dalpozzo, Tel. 04 93 88 59 35
www.hotelwindsornice.com
Attraktives, ein wenig »schräges«
Haus ca. 150 m vom Meer: Jedes
Zimmer wurde von einem anderen
Künstler gestaltet. Tropischer Garten
mit kleinem Pool. Mit Restaurant.

Baedeker-Empfehlung

► **Günstig / Komfortabel**
④ *Nice Garden Hotel*
11 Rue du Congrès
Tel. 04 93 87 35 62, Fax 04 93 82 15 80
www.nicegardenhotel.com
Sehr hübsches kleines Hotel, nur einen
Steinwurf vom Meer und von der Altstadt
entfernt. Herzliche Betreuung, zauberhafter
Garten für das opulente Frühstück.

Tour Bellanda

Vom Burgberg führt eine Treppe hinunter zur Strandpromenade, vorbei an der Tour Bellanda, einem massigen runden Turm, der im Jahr 1880 an der Stelle der Bastion St-Lambert erbaut wurde und in dem Hector Berlioz seine Oper »König Lear« komponierte. Im Turm das **Musée Naval** (Schifffahrtsmuseum).

Vieille Ville

Italienisches Flair

In der hübscher, lebensvollen Altstadt mit ihrem Gewirr winkliger Gassen und Straßen glaubt man sich nach Italien versetzt. Sie heißt im Volksmund »Babazouk« und erstreckt sich am westlichen Fuß des Burgbergs. Im Nordwesten wird sie begrenzt von großzügigen Boulevards und Gärten, die über dem Flussbett des Paillon liegen (Jardin Albert-Ier, Place Masséna, Promenade du Paillon), im Süden von den Ponchettes, in denen Fisch- und Lebensmittelhändler das Angebot des Markts auf dem Cours Saleya ergänzen.

Cours Saleya

Italienische Atmosphäre strahlt der Cours Saleya aus – Nizza wurde erst 1860 französisch –, ein langgestreckter Platz ohne »Sehenswürdigkeiten« (auch wenn im südwestlichen Eckhaus 1796 Napoleon residierte). Mit seinem Markt (Lebensmittel Di.–So.vormittag, Mo. Trödel) macht ihn die Kultur des Nizzaer Alltags anziehend.

Die Trilogie »Die Engelsbucht«, in der der in Nizza geborene Schriftsteller Max Gallo die Geschichte einer italienischen Einwandererfamilie beschreibt, entstand in dem gelben Barockhaus an der Ostseite des Cours. An seiner Nordseite steht die schönste Kirche Nizzas, die barocke **Chapelle de la Miséricorde** (1736), ein Werk des Turiners Guarino-Guarini; in ihr ein Altar mit der Statue der »Vierge de la Miséricorde« von Jean Marailhet (frühes 15. Jh.) sowie ein Ludovico Bréa zugeschriebenes Madonnenbild. Nördlich der Kapelle steht das einstige **Palais Grimaldi**, 1611 bis 1613 errichtet und 1907 erneuert. Heute ist es Sitz der Préfecture (Stadtverwaltung). Daneben das 1892 fertiggestellte Palais de Justice (Justizpalast).

Das mehrere hundert Meter lange Dach der **Ponchettes**, der doppelten Häuserzeile zwischen Cours Saleya und Quai des États-Unis – einst das Arsenal der Marine Sardiniens –, konnte man früher betre-

Abends trifft man sich auf der Cours Saleya zum Essen.

ten; von dort blickt man über die Baie des Anges hinüber nach Antibes, bei guter Sicht bis nach Korsika. Die dort angesiedelten kleinen Läden werden immer mehr von angesagten Restaurants verdrängt.

Der **Quai des États-Unis**, der östliche Teil des Boulevards an der Baie des Anges, hieß bis 1917 Quai du Midi; umbenannt wurde er zum Dank an die USA wegen ihres Eintritts in den Ersten Weltkrieg. Hier befindet sich nur wenige Schritte vom westlichen Ende

> **! Baedeker TIPP**
>
> **Olivenöl vom Feinsten**
>
> Über zwei Dutzend Sorten Olivenöl vom Fass verkauft Nadim Berouti in seiner Oliviera in der Altstadt (8 bis Rue du Collet, www.oliviera.com). Die von kleinen Erzeugern der Region handwerklich hergestellten Öle kann man im Laden probieren und dabei entscheiden, welche der vielen Olivensorten einem am besten mundet. Im Restaurant kann man sich an Holztischen ein kleines Gericht mit edlem Öl nach Wahl schmecken lassen.

des Cours Saleya die **Galerie des Ponchettes**, die in wechselnden Ausstellungen moderne Kunst präsentiert. Ebenfalls am Quai des États-Unis (Nr. 59) ist die **Galerie de la Marine** zu finden, die ehemalige Fischhalle.

An der Rue Droite, nordöstlich der Préfecture, steht die ehemalige Jesuitenkirche St-Jacques (auch Eglise du Gésu, nach der Kirche Il Gesú in Rom) aus dem 17. Jh. mit reich ausgestattetem Innenraum. Die korinthischen Pilaster springen zum Schiff hin so weit vor, dass ein Umgang auf ihnen angelegt werden konnte.

✶
St-Jacques

Weiter nördlich an der Rue Droite verdient das Palais Lascaris Beachtung. Der prachtvolle Barockbau aus der Mitte des 17. Jh.s war das Palais der Familie Lascaris-Vintimille, Grafen von Castellar. Im Erdgeschoss die schöne Eingangshalle sowie eine **Apotheke von 1738**; in den Schauräumen eine hervorragende große Sammlung alter Musikinstrumente, Mobiliar aus dem 17./18. Jh., flämische Gobelins, reicher Stuck und Deckengemälde italienischer Schule. Wechselnde Ausstellungen zur kulturellen Tradition der Region.

✶
Palais Lascaris
🕐
Öffnungszeiten:
Mi. – Mo.
10.00 – 18.00 Uhr

Ville Moderne

Bereits zur Ville Moderne (Neustadt) gehören die Anlagen und Bauten, mit denen der Fluss Paillon überdeckt ist; sie ziehen sich vom Meer hinauf in das Viertel Carabacel und umfassen v. a. den Busbahnhof, das Theater und das Musée d'Art Moderne (▶S. 295) sowie das Kongresshaus Acropolis. Die Grünanlagen des Jardin Albert-Ier am Meer reichen nördlich bis zur belebten **Place Masséna**, dem Verkehrsmittelpunkt von Nizza. Hier stehen die schöne Fontaine du Soleil und das Casino Municipal von 1883. Nach Norden geht von der Place Masséna die lebhafte Avenue Jean Médecin ab, eine der Hauptgeschäftsstraßen der Stadt.

✶
Jardin Albert-Ier

Nizza Orientierung

Baie des Anges

300 m

©Baedeker

Cimiez
Conservatoire
National de Musique
Avenue de Provence
Don Bosco
Palais des Expositions

Av. de Bran
Avenue de Gien
Palais des Sports J. Bouin
Parvis de l'Europe
Avenue des Diables Blues
Boulevard J.-B. Verany
Boulevard Pierre Sola

Tunnel Malreux
Avenue de Normandie
Avenue Émile Bieckert
CARABACEL
Arènes de Cimiez
Esplanade de Lattre de Tassigny
Palais des Congrès et de la Musique »Acropolis«
RIQUIER
Boulevard Général
Rue Rue Th
Gal
Rue Auguste
Rue P. Blanton
Dr. Pierre Richelmi
Gare Riquier

St-Spyridon
Chaussée St-Charles
Rue Barberis
Rue Barberis
Square Normandie Niémen
Rue Arson
Rue de Roquier
Delfino

Boulevard Carabacel
Boulevard Carabacel
Rue E. Berri
Esplanade F. Glordan
St-Joseph
Rue Smolett
Rue Scaliero
Rue C. de Plerlas
Place Arson
Rue Beaumont
Rue de Orestis
Rue Scaliero
Boulevard de Riquier
Rue Barberis

Bibliothèque
Dulbouchage
Rue des Portes
Rue Penchienatti
Rue Deffy
Musée d'Art Moderne
Musée Barla
Rue Barla
Rue Ribotti
Rue Smolett
Rue Arson
Boul. de Riquier
Rue Fontaine de la Ville
Rue Soleau
Corniche A. de Joly

Pastorelli
Place Wilson
St-Jean-Baptiste
Rue A. Mortier
Rue Delille
Avenue St-Jean-Baptiste
Théâtre
Place Garibaldi
Rue Bonaparte
Rue Bonaparte
Place Max Barel
Moyenne Corniche
Parc Castel des deux Rois

(4)
Rue de Hôtel des Postes
Rue de Lycée
Gare Routière
Faure
16 (3)
15
Rue Sincaire
Rue Lascaris
Cassini
Notre-Dame du Port
Boulevard Lech Walesa
Imp. Terra Amata
Carnot

Rue Giofredo
Place île de Beauté
Boulevard
Casino Club
Promenade du Paillon
Faure
Bassin Lympia
Musee Terra Amata

Espace Masséna
Félix Square Leclerc
Avenue
Rue de la Boucherie
Rue Rossetti
13 ✝ 14
COLLINE DU CHATEAU
20
Port
Boulevard de Stalingrad
Mont Boron

Boulevard Jean
12
Rue de la Préfecture
(5)
11
8
Cours Saleya
9
Allée F. Aragon
Quai Lunel
Bassin des Amiraux
LYMPIA
Avenue Lympia
Avenue Gustavin
Boulevard Winston Churchill

Rue A. Mari
1 2
François-de-Paule
(2) 4
3
5 6
10
18
17
19
Quai Rauba Capeu
Place Guynemer
Quai Amiral Infernet
Boulevard Franck Pilatte
Bassin du Commerce
Gare Maritime
Parc Vigier

Quai des États-Unis
Quai Rauba Capeu
(1)
Club Nautique
Villefranche Petite Corniche

— — — *Tramway*
Phare
↘ *Korsika*

6	Palais Grimaldi (Préfecture)	9	St-Suaire	14	Ste-Croix	18	Aufzug
7	Chapelle de la Miséricorde	10	St-Jaume (St-Giaume)	15	St-Martin	19	Monument
8	Muséum d'Histoire	11	St-Jacques (Eglise du Gésu)	16	St-Sépulcre		aux Morts
	Naturelle	12	Cathédrale Ste-Réparate	17	Tour Bellanda	20	Orientierungs-
	(Galerie de Malacologie)	13	Palais Lascaris		(Musée Naval)		tafel

Hotel Negresco, Wahrzeichen Nizzas seit über 100 Jahren

Promenade des Anglais

★ Westlich der Avenue de Verdun führt die Promenade des Anglais am Kiesstrand der Baie des Anges entlang. Den 1822–1824 auf Initiative und mit finanzieller Beteiligung englischer Gäste angelegten, später mehrfach erweiterten Straßenzug säumen zahlreiche Luxusbauten, darunter das **Palais de la Méditerranée** (vom einstigen Art-déco-Casino ist nur noch die Fassade erhalten), das Palais Masséna (►unten) und das berühmte **Hotel Negresco**, das unter Denkmalschutz steht.

Musée d'Art et d'Histoire

★ Im prunkvollen Palais Masséna sind Werke der Malerschule von Nizza (Bréa, Durandi u. a.), italienisches und provenzalisches Porzellan, eine Sammlung zu Geschichte und Kultur der Region sowie Werke von Nizzaer Aquarellisten des 19. Jh. zu sehen. Öffnungszeiten: ⊘ Mi. – Mo. 10.00 – 18.00 Uhr.

Les Baumettes

Musée des Beaux-Arts

★ Im Universitätsviertel Les Baumettes, das sich westlich anschließt, ist in einem Palais von 1878 das Musée des Beaux-Arts untergebracht (33 Av. des Baumettes). Diese bedeutende Kunstsammlung zeigt u. a. Arbeiten von Jules Chéret († 1932 in Nizza), ferner italienische und französische Gemälde aus dem 17. bis 19. Jh. sowie der klassischen ⊘ Moderne. Öffnungszeiten: Di. – So. 10.00 – 18.00 Uhr.

Musée International d'Art Naïf

Noch weiter westlich (Av. Val-Marie) das Museum für naive Kunst, das aus einer Stiftung des Kunstkritikers Anatole Jakovsky hervorging und einen ausgezeichneten Überblick über die Kunst der Naiven in aller Welt bietet. Angeschlossen ist ein Forschungs- und Informa-⊘ tionszentrum. Öffnungszeiten: Mi. – Mo. 10.00 – 18.00 Uhr.

St-Barthélemy

Vom Universitätsviertel gelangt man über den Blvd. Gambetta und den ihn fortsetzenden Blvd. de Cessole in den nördlichen Stadtbezirk St-Barthélemy. Hier sind in der Av. St-Barthélemy (Nr. 59) in der **Prieuré du Vieux Logis** (16. Jh.) Objekte aus dem 14.–16. Jh. zusammengetragen, die Interieurs des ausgehenden Mittelalters vorstellen: Studierzimmer, Speisesaal, Küche usw.; außerdem zu sehen französisches Kunsthandwerk und Gemälde französischer und flämischer Schulen. Öffnungszeiten: Mi., Do., Sa. 15.00–17.00 Uhr.

Prieuré du Vieux Logis

Cimiez

Im nördlichen Stadtteil Cimiez liegen – auf einer Hochfläche vor dem Mont Gros – die umfangreichen Reste des römischen Cemenelum. Gut erhalten sind das Amphitheater (über 5000 Plätze) – hier finden u. a. das Folklorefest »Lu Maïs« und das Jazzfestival statt – und die Thermen, die größte erhaltene Anlage Galliens. Auch eine frühchristliche Kirche wurde nachgewiesen. Im Musée Archéologique sind die Funde (Münzen, Schmuck, griechische, etruskische und römische Keramik) in ihrem thematischen Zusammenhang ausgestellt. Öffnungszeiten: Mi.–Mo. 10.00–18.00 Uhr.

✶ Römische Reste

Nizza-Cimiez *Orientierung*

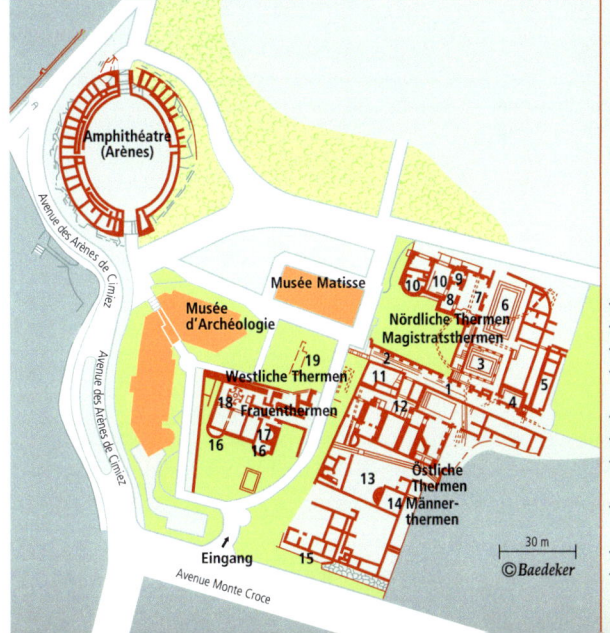

1 Decumanus I
2 Frühere Begrenzungsmauer (1. Jh.)
3 Natatio (Schwimmbecken)
4 Latrine
5 Wasserreservoir
6 Hof (Eingang)
7 Frigidarium
8 Tepidarium
9 Laconicum (Schwitzbad)
10 Caldarium
11 Gebäude 4. Jh.
12 Präfurnium (Ofen)
13 Großer Hof (Palaestra)
14 Sog. Schule
15 Decumanus II
16 Thermenfundamente (3. Jh.)
17 Chor der frühchristl. Basilika (5. Jh.)
18 Baptisterium
19 Cardo

Amphithéâtre (Arènes)
Avenue des Arènes de Cimiez
Musée Matisse
Musée d'Archéologie
Nördliche Thermen Magistratsthermen
Westliche Thermen
Frauenthermen
Östliche Thermen
Männerthermen
Eingang
Avenue Monte Croce
30 m
©Baedeker

Blick auf den Hafen von Nizza

Musée Matisse

★ Das antike Gelände ist auch für Kunstfreunde interessant: In einer Genueser Villa aus dem 17. Jh. sind Werke von Henri Matisse ausgestellt, der von 1917 bis zu seinem Tod 1954 in Nizza lebte (Gemälde, Grafiken, fast alle Plastiken, Keramik). Sie stammen aus einer Schenkung der Familie an die Stadt. Besonders bemerkenswert sind die Vorarbeiten für die Gestaltung der Chapelle du Rosaire in ▶Vence.

🕐 Öffnungszeiten: Mi. – Mo. 10.00 – 18.00 Uhr.

Monastère Notre-Dame-de-Cimiez

Östlich über den römischen Ruinen steht das Monastère Notre-Dame-de-Cimiez, im 9. Jh. von Benediktinern gegründet. Das heutige Bild verdankt sich der 1850 vorgenommenen historisierenden Erneuerung. Das Museum stellt die Geschichte der Franziskaner in Nizza sowie die geistliche und soziale Arbeit der Franziskaner dar. In der Kirche ein schönes Frühwerk von Ludovico Brea, ein Triptychon von 1475 (Pietà, Hll. Martin und Katharina), eine Kreuzigung (1512) und eine Kreuzabnahme von Ludovico oder Antonio Brea. Auf dem Friedhof sind die Maler Henri Matisse und Raoul Dufy begraben.

🕐 Öffnungszeiten: Mo. – Sa. 10.00 – 12.00, 15.00 – 18.00 Uhr.

Carabacel

Musée National Marc Chagall

★ Von Thermen und Amphitheater aus gelangt man auf der Avenue de Flirey und dem Boulevard de Cimiez nach Süden. An der Kreuzung mit der Av. Docteur-Ménard steht das Musée National Marc Chagall, die bedeutendste Ausstellung des Lebenswerks von Chagall (Gemälde, Radierungen, Lithografien, Skulpturen, Glasfenster, Mosaiken, Wandteppiche; www.musee-chagall.fr). In Ausstellungen werden

🕐 auch Werke anderer Künstler gezeigt. Öffnungszeiten: Juli – Sept. Mi. bis Mo. 10.00 – 18.00, Okt. – Juni bis 17.00 Uhr.

Gegenüber dem Theater, mit dem es als architektonische Einheit konzipiert ist, steht das Museum für moderne und zeitgenössische Kunst von Yves Bayard und Henri Vidal (www.mamac-nice.org). Seine vier mit Carrara-Marmor verkleideten Türme präsentieren einen Querschnitt durch die bildende Kunst der 1960er- und 1970er-Jahre: Neue Realisten und Pop-Art, amerikanische Abstrakte, Minimalisten, die Bewegung des Fluxus. Vor allem aber werden Werke von **Yves Klein** gezeigt, dem 1928 in Nizza geborenen Hauptvertreter der Nouveaux Réalistes; ihm ist ein eigener Saal gewidmet, und auf der Dachterrasse (außerordentlich schöne Sicht auf Nizza) stehen zwei »Immatériels«, 1990 für das Museum geschaffen.

★
Musée d'Art Moderne et d'Art Contemporain
🕐
Öffnungszeiten:
Di. – So.
10.00 – 18.00

Schräg gegenüber dem Musée d'Art Moderne zeigt das Musée Barla/ Muséum d'Histoire Naturelle (www.mhnnice.org) Sammlungen zur Pilzkunde, zur biologischen Entwicklungsgeschichte, zu Paläontologie, Geologie und Mineralogie. Aktuellen Bezug bietet die Informationsschau über bedrohte Arten.

Musée Barla
🕐
Öffnungszeiten:
Di. – So.
10.00 – 18.00

Unweit südöstlich die Place Garibaldi mit dem Standbild des in Nizza geborenen italienischen Freiheitshelden; die Rue Cassini führt von dem Platz weiter nach Südosten zum Hafen.

Hafenviertel

Am Fuß des 178 m hohen Mont Boron, der die Baie des Anges im Osten abschließt, liegt das Hafenviertel mit dem Port Lympia. Schmucklose Wohnbauten italienischen Stils prägen das Bild. Nördlich schließt sich der nach 1780 angelegte Stadtteil Riquier an. Auf dem Gelände des **Terra-Amata-Museums** (25 Blvd. Carnot, Mo. geschl.) wurde 1965 ein 400 000 Jahre alter Rastplatz des *Homo erectus* mit 21 Schichten entdeckt.

! Baedeker TIPP

Süße Kunstwerke

Nizzas berühmten Konditoren kann man in der Confiserie Florian über die Schulter schauen: Sie kandieren Früchte aus der Provence und überziehen Orangenstäbchen mit feinster Schokolade. All die Leckereien gibt's im liebevoll alt eingerichteten Hausladen zu kaufen – richtig teuer, aber lecker. Confiserie Florian, 14 Quai Papacino (an der Westseite des Hafens), Tel. 04 93 55 43 50, www.confiseriflorian.com.

Umgebung von Nizza

Nordöstlich der Stadt (Anfahrt über die Grande Corniche, D 2564) leuchtet am Rand des Mont Gros (375 m) der weiße Komplex des Observatoriums, erbaut von Charles Garnier. Gustave Eiffel konstruierte die Kuppel, mit 24 m Durchmesser die größte Europas (1885). Führungen: Mi., Sa., So. 14.45 Uhr (www.oca.eu).

Observatorium

🕐

Jenseits des Mont Boron, 6 km östlich, liegt Villefranche, ein 1295 von Karl II. von Anjou ausgebauter schöner Naturhafen. Der sehr angenehme Ort, von Hügeln mit Olivenhainen umgeben, besitzt ein

Villefranche-sur-Mer

In Villefranche geht alles noch einen ruhigeren Gang.

so mildes Klima, dass hier Bananen reifen. Am Meer, im Süden der malerischen Altstadt, steht die Zitadelle (1580, zugänglich). In der im italienischen Barock erbauten Kirche St-Michel sind ein aus Ulmenholz geschnitzter Christus sowie ein hl. Rochus (16. Jh.) zu beachten. Unter mächtigen Gewölben (14. Jh) verläuft die treffenderweise so benannte Rue Obscure. Am Hafen stehen die 1956 von **Jean Cocteau** ausgemalte Fischerkapelle St-Pierre und das Palais de la Marine. In Villefranche – im heute noch empfehlenswerten **Hotel Welcome** – hat Cocteau sich öfter aufgehalten; eine Szene seines Films »Das Testament des Orpheus« spielt in der Rue Obscure.

Interessantes im Westen Westlich des Flughafens, jenseits der Mündung des Var, liegt das erlebenswerte **Einkaufszentrum CAP 3000** (geöffnet Mo. – Sa. 10.00 bis 21.00, der Gourmettempel Lafayette ab 8.30 Uhr). Unmittelbar hinter den Startbahnen des Flughafens ist der **Parc Phénix** einen Besuch wert, mit See, Vogelhaus und einem 110 m langen und 25 m hohen Gewächshaus, das tropische Lebenwelten nachbildet (Öffnungszeiten: April – Okt. 9.30 – 19.30, sonst bis 18.00 Uhr). Am See steht ein Leckerbissen für Freunde moderner Architektur und fernöstlicher Kultur, das 1998 eröffnete Musée Départemental des Arts Asiatiques, entworfen von **Kenzo Tange**. Das Gebäude, das über dem Wasser zu schweben scheint, basiert auf den einfachen Formen von Quadrat und Kreis. Die Sammlung – mit Leihgaben aus hervorragenden Museen und Privatsammlungen – möchte mit Kunst und Kunsthandwerk aus China, Japan, Kambodscha und Indien die spirituelle und ästhetische Kultur Ostasiens erfahrbar machen. Der Eintritt ist frei; man kann auch Teezeremonien und andere Vorführungen verfolgen (Gebühr). Öffnungszeiten: Mi. – Mo. 2. Mai – 15. Okt 10.00 – 18.00, 16. Okt. – 30. April 10.00 – 17.00 Uhr (405 Promenade des Anglais, www.arts-asiatiques.com).

★
Musée des
Arts Asiatiques ►

★ Orange

Département: Vaucluse   **Höhe:** 46 m
Einwohnerzahl: 30 000

Orange, ein ruhiges Provinzstädtchen im unteren Rhône-Tal, ist für seine Opernfestspiele und die beeindruckenden Baudenkmäler aus der Römerzeit berühmt, die zum Welterbe der UNESCO zählen.

Das Klima im unteren Rhône-Tal begünstigt den Obst- und Gemüseanbau. Die Rhône, in die hier der Aigues mündet, fließt in ca. 6 km Entfernung an Orange vorbei. Hier teilt sich die von Lyon kommende Autobahn in die Richtungen Marseille bzw. Nîmes.

Vor den Mauern von Orange, dem antiken Arausio, kam es im Jahr 105 v. Chr. zur ersten Begegnung des römischen Heers mit den Kimbern und Teutonen, wobei 100 000 Römer den Tod fanden. Drei Jahre später führte Marius bei Aix den Gegenschlag. In der Zeit der folgenden »Pax Romana« hatte Orange viermal so viel Einwohner wie heute. Später war es Hauptort des kleinen Fürstentums Oranien und kam 1531 an die niederländische Linie des Hauses Nassau; deshalb führt die Königin der Niederlande noch heute den Titel einer Prinzessin von Oranien-Nassau, deshalb besuchen viele Niederländer die Stadt. 1713, nach dem Spanischen Erbfolgekrieg, wurde Orange im Frieden von Utrecht an Frankreich abgetreten.

Ein wenig Geschichte

Orange *Orientierung*

Übernachten
① Arène

Essen
① Le Parvis
② Au Petit Patio

▶ ORANGE ERLEBEN

AUSKUNFT

Office de Tourisme
5 Cours A. Briand, 84100 Orange
Tel. 04 90 34 70 88, Fax 04 90 34 99 62
www.otorange.fr
www.ville-orange.fr

OPENFESTIVAL

Im Römischen Theater mit seiner
ausgezeichneten Akustik finden Mitte
Juli bis Anfang Aug. die »Chorégies
d'Orange« statt (Opern, Konzerte).
Info und Karten: Chorégies d'Orange,
Place Silvain, BP 205, 84107 Orange
Cedex, Tel. 04 90 34 24 24,
www.choregies.com

ESSEN

▶ Erschwinglich

① *Le Parvis*
55 Cours Pourtoules
Tel. 04 90 34 82 00, So./Mo. geschl.
Eines der besten Restaurants der
Stadt. Moderne provenzalische Küche
in freundlich-elegantem Ambiente.

▶ Preiswert / Erschwinglich

② *Au Petit Patio*
58 Cours Aristide Briand
Tel. 04 90 29 69 27
Gute französische Küche und gute
Weinauswahl zu sehr angenehmen
Preisen, in modern-provenzalischem
Rahmen. Aufmerksamer Service.
Hübsche Terrasse, ruhig trotz des
großen Parkplatzes.

ÜBERNACHTEN

▶ Komfortabel

① *Arène*
8 Place Langes, Tel. 04 90 11 40 40
www.hotel-arene.com
Hübsches Haus aus dem 18. Jh.,
ruhige, komfortable Zimmer, mit
Gartenrestaurant (So. geschl.). Für
das Opernfestival früh buchen!

Sehenswertes in Orange

★ ★
Théâtre Romain

Im Süden der Innenstadt steht das Römische Theater, das besterhal-
tene und eines der schönsten der Antike. Es wurde schon zu Beginn
der Kaiserzeit (1. Jh.) angelegt, wohl aber im 2. Jh. erneuert. Mit seiner aus mächtigen Steinblöcken errichteten, die Stadt dominierenden
mehrgeschossigen Rückwand – 103 m breit, 38 m hoch, mit Resten
der reichen Verzierung – und seinen sich am Berg ansteigenden Rän-
gen und Sitzstufen für etwa 7000 Besucher vermittelt es eine gute
Vorstellung von einem römischen Theater. Als einziges römisches
Theater verfügt das von Orange noch über die Statue des Kaisers
(Augustus, 3,55 m groß). Öffnungszeiten: Juni – Aug. 9.00 – 19.00,
April, Mai, Sept. 9.00 – 18.00, März, Okt. 9.30 – 17.30, Jan., Febr.,
Nov., Dez. 9.30 – 16.30 Uhr.

Westlich stößt an das Theater die Ruine eines großen römischen Tempels an, der den Abschluss eines 400 m langen Stadions bildete. Ihm gegenüber das interessante **Musée d'Art et d'Histoire**, das v. a. antike Fragmente enthält und über Architektur und Technik des römischen Theaters informiert. Die Kataster, die in dieser Form einzigartig sind, dienten den Römern im 1. Jh. zur Aufteilung der umliegenden Gebiete. Sehr interessant sind auch die Exponate zur lokalen Tuchfabrikation. Öffnungszeiten wie Théâtre Romain.

Römischer Tempel

🕐

Vom Park auf der Colline St-Eutrope hat man einen ausgezeichneten Blick in das Theater und über die Stadt auf den Mont Ventoux.

Colline St-Eutrope

Mitten in der Altstadt steht an der Place Clemenceau das **Hôtel de Ville** (Rathaus, 1671), nördlich davon die in den Religionskriegen schwer beschädigte **Kathedrale** (Notre-Dame, erbaut 1083 – 1126).

Altstadt

An der Ausfallstraße Richtung Norden (N 7, Avenue de l'Arc de Triomphe) steht, auf einem von Platanen umrahmten Rondell, der berühmte Triumphbogen, trotz starker Verwitterung der schönste seiner Art in Frankreich. Er wurde wahrscheinlich nach dem Seesieg Caesars bei Massalia im Jahre 49 v. Chr. oder nach der Schlacht von Actium 31 v. Chr. errichtet. Drei Bögen mit kassettierten Gewölben bilden die Durchgänge. Eine bronzene Quadriga und vier Statuen bekrönten einst die obere Attika. Über den seitlichen Toren und in der unteren Attika sind zahlreiche Symbole kriegerischer Auseinandersetzungen dargestellt: Waffen, Schilde, Teile von Kriegsschiffen. Auf der besser erhaltenen stadtabgewandten Nordseite ist im Mittelrisalit der oberen Attika ein Schlachtengetümmel abgebildet. An den Schmalseiten kann man u. a. drei Menschenpaare erkennen, deren Hände auf dem Rücken zusammengebunden sind. In den Giebelzwickeln sind antike Fabelwesen sichtbar. Bildprogramm ist der Kampf zwischen Römern und Galliern, wobei die Römer als die Sieger charakterisiert werden. Am deutlichsten kommt dies in den Szenen mit den gefesselten Barbaren zum Ausdruck. In den schmalen Friesen kontrastieren die stehenden Römer in Rüstung mit den unterlegenen, nackten und meist am Boden liegenden Galliern.

★
Arc de Triomphe

Zur Feier eines römischen Siegs errichtet

Umgebung von Orange

Sérignan-du-Comtat

In Sérignan-du-Comtat 8 km nördlich von Orange hatte sich der Biologe und Verhaltensforscher Jean-Henri Fabre in seinem Anwesen (»Harmas«, rechts am Ortseingang) niedergelassen, wo er 36 Jahre lang in großer Abgeschiedenheit lebte und arbeitete (▸ S. 49). Das Haus ist als Museum eingerichtet; zugänglich sind das Arbeitszimmer und ein Zimmer mit Zeichnungen und Aquarellen. Öffnungszeiten: Juli/Aug. 10.00 – 12.30, 15.30 – 19.00, April – Juni, Sept., Okt. 10.00 bis 12.30, 14.30 – 18.00 Uhr, geschlossen Mi. sowie Sa.- und So.vormittag. Das Standbild von Fabre auf dem Marktplatz zeigt ihn mit seinem wichtigsten Werkzeug, dem Vergrößerungsglas.

Pont-Saint-Esprit

Pont-St-Esprit (9200 Einw.) 23 km nordwestlich von Orange heißt nach seiner 1265 – 1309 errichteten, knapp 1000 m langen **Rhône-Brücke** mit 25 Bögen (19 davon alt). Einen schönen Blick hat man von der Terrasse zwischen den Kirchen St-Saturnin und St-Pierre (17. Jh.). Südlich geht von der Place St-Pierre die Rue St-Jacques ab; dort sind u. a. in der Maison des Chevaliers ein Museum für sakrale Kunst und die alte Apotheke aus dem Hospiz interessant.

✶✶
Gorges de l'Ardèche

Nördlich von Pont-St-Esprit mündet die Ardèche, die am Rand des Massif Central entspringt, in die Rhône. Zwischen Vallon-Pont-d'Arc und der Mündung (ca. 60 km) liegen die bis zu 300 m tief eingeschnittenen, beeindruckenden Ardèche-Schluchten. Die D 290 verläuft teils in, teils über der Schlucht und bietet gute Aussichtspunkte. Der Fluss ist im Sommer ein frequentiertes Kajakrevier (Verleih). In der Region der Gorges gibt es großartige Tropfsteinhöhlen, so den Aven d'Orgnac südlich bei Orgnac und der Aven de Marzal nördlich zwischen Bidon und St-Remèze. 1995 wurde bei Vallon-Pont d'Arc die Chauvet-Höhle mit den ältesten Bildern der Welt entdeckt.

✶✶ Pont du Gard

F 3

Région: Languedoc-Roussillon   **Département:** Gard

Mächtige Sandsteinblöcke, vor zweitausend Jahren zu einem technischen Meisterwerk geformt, faszinieren heute Millionen von Besuchern. Das Meisterwerk, der Pont du Gard, überspannt mit eindrucksvollen Bögen den Gardon 25 km nordöstlich von Nîmes.

Der 49 m hohe und 275 m lange Aquädukt wurde wohl um das Jahr 19 v. Chr. von Agrippa, dem Schwiegersohn und Mitregenten von Kaiser Augustus, errichtet und darf als eines der gewaltigsten und besterhaltenen Römerbauwerke überhaupt gelten. Die Bögen sind – mit Ausnahme der obersten – unterschiedlich breit (von der Mitte

weiter auf S. 306 ▸

ANTIKES MEISTERWERK

»Der Widerhall meiner Schritte unter diesen enormen Gewölben ließ mich glauben, die Stimmen derer zu hören, die sie gebaut haben. Ich machte mich klein und fühlte zu gleicher Zeit, dass irgendetwas meine Seele erhob und ich mir sagte: Warum bin ich kein Römer!« (J.-J. Rousseau)

Als Aquädukt hat der Pont du Gard 25 km nördlich von Nîmes in den ersten Jahrhunderten nach Christus das römische **Nemausus** mit Wasser versorgt. Wasser war auch für eine römische Stadt ein lebenswichtiges Element, als Kultobjekt und für die Hygiene, zur Reinigung und zum geselligen Vergnügen. Selbst nach heutigen Begriffen waren die Römer große Wasserverschwender. Was also sollte man in diesem Nemausus im Süden Galliens, zwischen dürren, verbrannten Hügeln tun? Erst bei Uzès, knapp 20 km weit entfernt, gab es die Quellen von Eure und Airan. Das Wasser musste hergeleitet werden, ins heutige Nîmes. Die römischen Baumeister waren hervorragende Konstrukteure vom Brücken und Wasserleitungen. Ingenieure und Handwerker stellte üblicherweise die Armee. Aber die Angelegenheit hier war doch sehr anspruchsvoll: Die Quellen liegen 76 m über dem Meer, das Verteilerbecken in Nîmes, das **Castellum divisorium**, aber noch 59 m hoch. Dazwischen türmten sich Felsen und Steilwände, wanden sich Flussbetten durch Niederungen. Bei Berücksichtigung der landschaftlichen Gegebenheiten, so fanden die Römer heraus, war eine Wasserleitung über 50 km machbar – bei einem Höhenunterschied von 17 m ergab sich damit ein Gefälle von ganzen 0,0034 ‰!

Das steinerne Monument aus der Antike lässt uns auch heute noch über das Können der römischen Ingenieure staunen.

Bögen, Mauern, Tunnel

Eine gigantisches Bauwerk wurde in Angriff genommen, dessen Niveau bis ins 17. Jh. nicht übertroffen wurde. Ein erstes Problem war der bröselnde Kalkstein. **Vitruvius, glanzvoller Architekt von Theatern und Arenen**, riet, tief zu graben, bis man festen Grund fand. In den Steinbrüchen von Vers fand man einen ockerfarbenen Stein, der im Lauf der Jahre noch härter werden würde. Mehrere Tonnen schwere Blöcke wurden aus dem Fels geschnitten, nummeriert und zu den Baustellen gebracht. Die Wagenräder haben tiefe Rinnen hinterlassen. Dauerte die Arbeit zehn, fünfzehn Jahre oder noch länger? Man weiß es nicht. Nicht einmal die genaue Bauzeit ist bekannt. Auch nichts darüber, wie viele Bauarbeiter ihr Leben zwischen den riesigen Steinen ließen.

Südlich von Uzès verlief schließlich der neue Kanal, der das Wasser führte, parallel zum Alzon, einem Nebenfluss des Gardon. Die Schlucht von Bornègre wurde mit einer dreibogigen Brücke überwunden. Teils auf Mauern, teils auf Bögen durchquerte die Wasserleitung die Tiefebene bei Vers, erreichte nahe Remoulin das linke Ufer des Gardon, überquerte den Fluss auf einer Brücke, lief am Fuß der Hügel weiter, umrundete die Ebene von St-Bonnet, verschwand bei Sernhac in den Kalkbergen, erreichte St-Gervasy und lief dann durch einen letzten Tunnel auf Nîmes zu, wo es sich ins Castellum divisorium ergoss. 24 bis 30 Stunden brauchte das Wasser – täglich etwa 20 000 m³ – für den Weg von Uzès bis Nîmes.

Antike Präzionsarbeit

Hätte man das Problem der Gardon-Überquerung auch bescheidener lösen können? War es Größenwahn oder ein Prestigeobjekt? Der Besucher heute ist für den Aufwand dankbar, weil hier eines der schönsten und

eindrucksvollsten Bauwerke der Antike erhalten ist. Wie genau, auch
ohne Präzisionswerkzeuge, vergleichs-
weise geringe Abweichungen berück-
sichtigt wurden! Selbst geringste Be-
rechnungsfehler, z. B. ein etwas zu
großer Stein hier oder ein falsches
Gewicht da, hätten die Stabilität des
Bauwerks beeinträchtigt, es womög-
lich zum Einsturz gebracht oder seine
Funktion gefährdet.

Für die Ewigkeit gebaut

Auf den späteren Standort der Arkaden legten die Römer auf den glatt
geschliffenen Fels miteinander ver-
bundene Grundsteine. Darauf steht
die Basis der Pfeiler, die die Arkaden
und den Kanal tragen – schwere
Blöcke, **ohne Mörtel** zusammengefügt.
Die tragenden Pfeiler, die bei Niedrig-
wasser verankert wurden, brechen
den Strom. Erhalten gebliebene ein-
geritzte Ziffern und Buchstaben dienten wohl der Orientierung bei der

Konstruktion. Für die Abdichtungs
das Kanals hat man einen Anstrich
auf Eisenoxidbasis benutzt. Diese
Bauweise hat Jahrtausende und den
Ansturm der Elemente überdauert.
Rund 500 Jahre war der Aquädukt in
Gebrauch, wie man aus den Kalkabla-
gerungen errechnete. Im 19. Jh. wollte
man ihn wieder als Teil eines Wasser-
versorgungssystems nützen, und selbst
das Hochwasser im Jahr 2002 konnte
ihm nichts anhaben.

Historische Größe

Napoleon III. ist es zu verdanken, dass
der Pont du Gard von 1855 bis 1878
gründlich restauriert wurde. Er wollte
das schöne Bauwerk erhalten wissen.
Im Sommer 2000 hat der US-amerikanische Künstler James Turrell das
historische Monument – 1985 von der
UNESCO zum Welterbe erklärt – in
Licht gehüllt. Selbst moderne Kunst
passte zu den zeitlos schönen, zwanzig
Jahrhunderte alten Formen.

RÖMISCHER AQUÄDUKT

✦ ✦ **Der höchste Aquädukt der antiken Welt ist im oberen Niveau 275 m lang, der Kanal verläuft 48,77 m über dem Fluss, getragen von 35 (einst 47) Arkaden. Die darunterliegenden Brückenbögen, elf im mittleren, sechs im unteren Niveau, sind unterschiedlich breit; am breitesten die beiden mittleren, die den Fluss mit je 24,52 m Weite überspannen.**

🕐 Öffnungszeiten Besuchereinrichtungen:
Juni – Sept. 9.00 – 19.00, Okt. bis 18.00,
Nov., Dez. bis 17.00 Uhr. Die Brücke selbst
ist frei zugänglich. Info: www.pontdugard.fr

① Kanal
Der Wasserkanal selbst ist rechteckig, durchschnittlich 1,30 m breit und 1,90 m hoch, mit Boden und fast 40 cm dicken Seitenwänden aus gleichmäßig behauenem Werkstein. Pro Tag flossen ca. 20 000 m³ Wasser über den Aquädukt. Wo er der Kanal im Gelände unterirdisch verlief, verzichtete man auf eine, manchmal auf beide Seitenwände; nur 30 cm dicke Bruchsteingewölbe hielten das Gewicht der darüberliegenden Erde.

② Bauweise
Die Fugen zwischen den Steinen erscheinen perfekt. Der Pont du Gard ist nicht gemauert, was heißt, dass die Steine nicht mit letzter Präzision zusammengefügt werden konnten. Durch Zapfen und Stifte, Holzpfriemen und Falzbeine verhalf man ihnen zum Halt; auch goss man Blei in die Ritzen, um ein Verrutschen zu verhindern. Nur sehen durfte man das alles nicht.

③ Der Pont du Gard als Brücke
Im Mittelalter passierten zum ersten Mal Fuhrwerke und Fußgänger die untere Bogenreihe.

Die Pfeiler der mittleren Reihe wurden damals verschmälert, wie alte Gemälde zeigen. Das destabilisierte sie jedoch. Auf Veranlassung des Erzbischofs von Narbonne wurden die Pfeiler 1743 wieder vervollständigt und eine eigene Straßenbrücke angefügt.

In fast 49 m Höhe verläuft der Kanal, getragen von der noch 7,40 m hohen obersten Bogenstellung.

Ende des 18. Jh.s malte Hubert Robert den Pont du Gard (Louvre, Paris). Damals gab es schon eine eigene Fahrbahn in Höhe der unteren Bogenreihe.

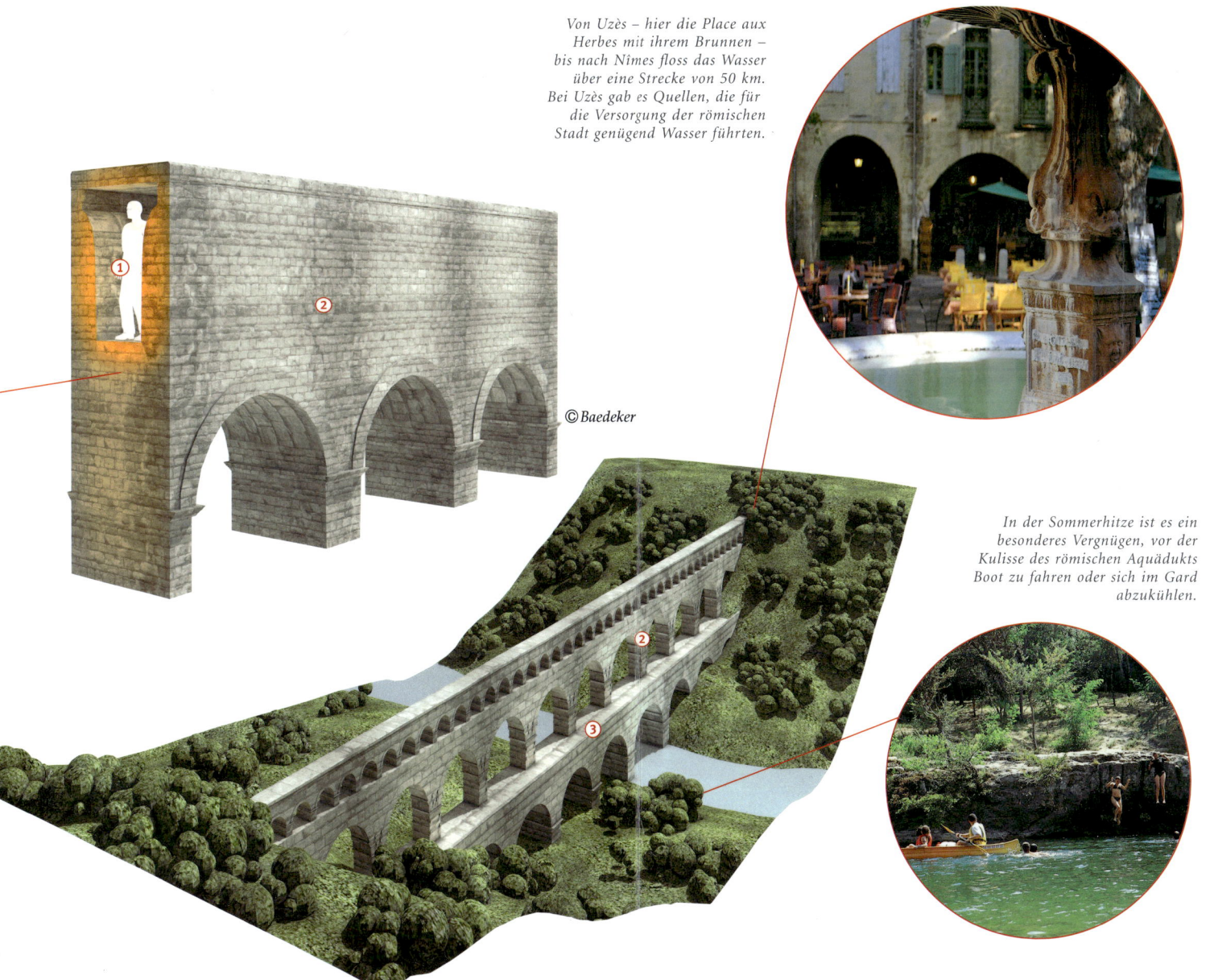

Von Uzès – hier die Place aux Herbes mit ihrem Brunnen – bis nach Nîmes floss das Wasser über eine Strecke von 50 km. Bei Uzès gab es Quellen, die für die Versorgung der römischen Stadt genügend Wasser führten.

In der Sommerhitze ist es ein besonderes Vergnügen, vor der Kulisse des römischen Aquädukts Boot zu fahren oder sich im Gard abzukühlen.

© Baedeker

aus abnehmend), auch ist der Komplex durch die unterschiedliche Uferneigung asymmetrisch; dadurch erscheint er nie öde oder monoton. Der gedeckte Kanal auf der obersten Bogenreihe gehörte zu der insgesamt etwa 50 km langen Leitung, die mit nur 17 m Höhenunterschied Wasser nach Nîmes transportierte. 1743 wurde eine Straßenbrücke in Höhe des ersten Stockwerks angefügt.

Das Wunderwerk römischer Baukunst gehört zum **Welterbe der UNESCO**; im Jahr zählt man über 2 Mio. Besucher. An heißen Tagen ist ein Bad im Fluss sehr beliebt. Es gibt auf beiden Seiten gibt es gebührenpflichtige Parkplätze, Cafés etc. und am Nordufer ein **Besucherzentrum** mit interessantem Museum und Audiovisionsschau. Unvermeidlich sind die »historischen« Vorführungen und die Animationen für Kinder, sehr beeindruckend ist allerdings die abendliche Illumination (Juni – Aug. tägl.).

Salon-de-Provence

H 6

Département: Bouches-du-Rhône   **Höhe:** 82 m
Einwohnerzahl: 41 000

Das hübsche Städtchen Salon-de-Provence, das vom Touristenrummel weitgehend verschont ist, liegt im Schatten einer mächtigen Burganlage nordwestlich von Marseille und nördlich des Etang de Berre. Berühmtester Sohn der Stadt ist Nostradamus, dem Arzt und Astrologen ist ein Museum gewidmet.

> ! *Baedeker* TIPP
>
> **Duftende Pflege**
>
> Im Jahr 1760 stellten 28 Manufakturen im Raum Marseille aus Pflanzenöl und Kräutern 9000 t der berühmten Seife von Marseille (Savon de Marseille) her. Seit 1900 produziert die Savonnerie Marius Fabre in Salon nach Rezepten aus der Zeit Ludwigs XIV. die duftenden Blöcke, die wieder in aller Welt begehrt sind (148 Av. Paul Bourret, Tel. 04 90 53 24 77, www.marius-fabre.fr). Die Boutique ist Mo. – Fr. 8.30 – 12.30, 13.30 – 17.00 Uhr geöffnet, das Museum leicht abweichend.

Einst stand an dieser Stelle, auf dem Hügel Valdemech am Rand der Crau, das römische Castrum Salonense. In der Zeit Karls des Großen wurde nach der Trockenlegung der Salzsümpfe die heutige Stadt angelegt. Salon ist die Heimatstadt von **Adam de Craponne**, der bis 1554 den nach ihm benannten Kanal von der unteren Durance zur Crau erbaute und damit den Grundstein zu dem heutigen, weitverzweigten Kanalsystem zwischen Durance, Rhône und Etang de Berre legte. Nostradamus (Michel de Nostredame, geb. 1503), von Beruf Apotheker, lebte von 1547 bis zu seinem Tod 1566 in Salon und verfasste hier seine berühmten »Propheties«. Er ist in der Kirche St-Laurent bestattet.

SALON-DE-PROVENCE ERLEBEN

AUSKUNFT

Office de Tourisme
56 Cours Gimon, 13664 Salon
Tel. 04 90 56 27 60, Fax 04 90 56 77 09
www.visitsalondeprovence.com
www.salon-de-provence.fr

EVENTS

Im ganzen Sommer viele kulturelle Termine: Jazz, klassische Musik (u. a. im Hof des Château de l'Empéri), Theater, Volksfeste etc.

ÜBERNACHTEN

► **Komfortabel / Luxus**
Le Mas du Soleil
38 Chemin St-Côme
Tel. 04 90 56 06 53, Fax 04 90 56 21 52
www.lemasdusoleil.com
Ein Relais du Silence mit Schwimm- bad und anderem Vier-Sterne-Komfort, mit hübschem Hof. Ein Highlight ist das Restaurant.

► **Günstig**
Hotel d'Angleterre
98 Cours Carnot, Tel. 04 90 56 01 10
www.hotel-dangleterre.biz
Nettes, schlichtes, nicht ganz stilsicher gestaltetes Hotel in einem ehemaligen Kloster, beste Lage in der Altstadt. Frühstück unter einer Glaskuppel.

ESSEN

► **Erschwinglich**
Le Craponne
146 Allées Craponne, Tel. 04 90 53 23 92
Sehr gute regionale Küche in elegant-familiärer Atmosphäre. Schöner Innenhof. So.abend, Mo. geschl.

Sehenswertes in Salon und Umgebung

Die mit ca. 170 m Länge stadtbeherrschende Festung, erbaut von den Erzbischöfen von Arles (12.–15. Jh.), ist eine der besterhaltenen und größten in der Provence. Die heutige Anlage geht im Wesentlichen auf den Erzbischof Jean des Baux (1233–1258) zurück. Der Name »Burg des Kaisers« rührt daher, dass Salon mit dem Königreich Provence 1032 an den deutschen Kaiser fiel und damit reichsunmittelbar wurde. Im Sommer ist der Hof stimmungsvoller Rahmen für klassische Konzerte (www.festival-salon.fr). Bemerkenswert ist die schön ausgestattete Kapelle Ste-Cathérine aus dem 12. Jahrhundert. Im **Musée de l'Empéri** wird die Geschichte der französischen Waffentechnik von der Zeit Ludwigs XIV. bis zum Ende des Ersten Weltkriegs mit vielen Exponaten dargestellt.

★
Château de l'Empéri
🕐
Öffnungszeiten:
Mi.–Mo.
10.00–12.00
14.00–18.00

Östlich des Schlosses (Rue St-Michel) steht die im 13. Jh. erbaute Kirche St-Michel, interessant die zweigeschossige Glockenwand mit fünf Öffnungen. Das romanische Portal verfügt über ein eigenartiges **Tympanon,** das aus Reliefplatten zusammengesetzt ist: in der Mitte oben der Erzengel Michael, Patron der Kirche, mit zwei Schlangen (Teufel), darunter das Lamm mit dem Kreuz, Symbol des auferstandenen Christus. Die anderen Felder weisen stilisierte, von antiken Vorbildern abgeleitete florale Ornamente auf.

St-Michel

Porte d'Horloge mit der typischen »Barbarotte«

Einige Schritte östlich geht man durch die **Porte Bourg-Neuf**, einen Rest der Stadtbefestigung aus dem 13. Jh.; sie musste für den Ring von Boulevards weichen, der heute den Stadtkern umgibt. Rechts der Brunnen mit dem Standbild des Adam de Craponne und das hübsche Rathaus, erbaut 1655–1658.

Im Wohnhaus des Arztes und Propheten Nostradamus – er verbrachte die letzten 19 Jahre seines Lebens hier – ist das **Nostradamus-Museum** eingerichtet (2 Rue Nostradamus). Es umfasst historische Ausgaben seiner Prophezeiungen, Erinnerungsstücke und eine Nachbildung seiner Studierstube. Öffnungszeiten: Mo.–Fr. 9.00 bis 12.00, 14.00–18.00, Sa., So. 14.00 bis 18.00 Uhr. Durch die **Porte d'Horloge** (Mitte 17. Jh.) – über dem Torbogen das bischöfliche Wappen – gelangt man zur Place Crousillat mit einem der typischen, über und über mit Moos bewachsenen Brunnen.

St-Laurent Nördlich des Stadtkerns steht am Square St-Laurent die Dominikanerkirche St-Laurent (14./15. Jh.), in ihrer radikalen Schmucklosigkeit ein hervorragendes Zeugnis provenzalischer Gotik. Innen eine Madonnenstatue aus Alabaster (16. Jh.), ein Steinrelief (Kreuzabnahme, 15./16. Jh.) und das neuzeitliche Grab des Nostradamus.

✳ Sénanque

F 7

Département: Vaucluse

Die Abtei Sénanque bildet mit ► Silvacane und ► Le Thoronet die Gruppe der bedeutenden romanischen Zisterzienserklöster in der Provence, die »drei provenzalischen Schwestern«.

Sénanque liegt 4 km nördlich von ► Gordes im Tal der Sénancole. Der Name ist von »sine aqua« abgeleitet, »ohne Wasser«, da das Flüsschen wenig Wasser führte. Schon bei der Anfahrt von Gordes auf der schmalen D 177, die durch dichte Garrigue führt, hat man

einen sehr schönen Blick auf das unten im Tal zwischen Lavendelfeldern gelegene Kloster. Das schönste Bild bietet sich Juli/Anfang
August, wenn der Lavendel blüht.

Gegründet wurde Sénanque 1148 vom Zisterzienserkloster Mazan
(Ardèche) aus. Der Bau der Kirche wurde 1160 begonnen und im
frühen 13. Jh. abgeschlossen; der Konvent entstand etwa 1180 – 1210
(Baubeginn Silvacane 1175, Le Thoronet 1160). Ihre Blütezeit erlebte
die Abtei im 14. Jh., als ein Zisterzienser (Benedikt XII.) Papst in
Avignon war. Durch den wachsenden Reichtum – Sénanque hatte
zwischen Mont Ventoux/Montagne de Lure und dem Lubéron viele
Besitzungen – lockerte sich die strenge Disziplin, was zum Niedergang führte; 1544 wurde es Opfer eines Waldenseraufstands, wovon
es sich nicht mehr erholte. In der Französischen Revolution wurde
die Anlage konfisziert und an einen Privatmann verkauft. 1854 zog
eine Kongregation von Zisterziensern ein; nach Rückschlägen während der antiklerikalen Dritten Republik siedelten die letzten Mönche nach Lérins über. 1988 kamen Mönche von Lérins zurück.

✶ Klostergebäude

Die Erscheinung von Sénanque ist bestimmt durch einfachste geo-
metrische Körper, harmonische Proportionen und das handwerklich
perfekte, nahtlos gefugte Mauerwerk. Die das Bild beherrschende
Nordfront mit durchgehendem Schieferdach über Querschiffen und

🕐
Öffnungszeiten:
Führungen tägl.
(nicht So.vormittag)
Jan. 14.50, 16.20
(11. – 24.1. geschl.)
Febr., März
10.30, 14.50, 16.20
April, Mai
10.10, 10.30,
14.30 – 16.30
Juni 10.10, 10.30,
14.30 – 16.30
Juli/Aug.
9.50 – 10.30,
14.30 – 16.30
Sept. 10.10, 10.30,
14.30 – 16.30
Okt. – 15. Nov.
10.30, 14.30 – 16.30
16. Nov. – Dez.
14.50, 16.20
www.senanque.fr

Senanque, einer der drei eindrucksvollen Zisterzienserklöster der Provence

Konventsräumen wird links durch die runde Hauptapsis und den Vierungsturm akzentuiert, rechts durch Wandpfeiler. Die Apsiden der Seitenschiffe schließen außen gerade ab und liegen unter Pultdächern. Die Kuppel ist von einem Maueroktogon umgeben, dessen Schmalseiten durch kleine Wandpfeiler verstärkt sind.

Bis auf den zerstörten und im 18. Jh. wieder aufgebauten Südflügel und das Refektorium ist Sénanque im originalen Zustand erhalten. Zu besichtigen ist das Kloster nur in Führungen (auf Französisch).

Dormitorium

Der Rundgang führt zunächst zu dem im Obergeschoss gelegenen Dormitorium (Schlafsaal), einem strengen Raum, dessen nachträglich eingezogenes Spitzbogengewölbe das des Querhauses der Kirche fortsetzt. Hier schliefen die Mönche in ihrer Kleidung nebeneinander auf Strohsäcken. Vom Dormitorium gab es einen direkten Zugang zur Kirche; die Mönche versammelten sich täglich siebenmal zum Gottesdienst, davon zweimal in der Nacht. So führt eine Treppe hinunter zum Kreuzgang, eine andere in die Kirche.

Kirche

Nach den Regeln der Zisterzienser sollten die der Versorgung dienenden Räume am Fluss liegen und die Kirche den höchsten Platz einnehmen; das war in Sénanque nur durch die Ausrichtung der Kirche nach Norden zu erreichen. Der Bau der dreischiffigen Kirche wurde 1160 mit Altarraum und Querflügel begonnen, mit dem Langhaus im 13. Jh. abgeschlossen. Planänderungen führten dazu, dass die Langhausarkadengestaltung vom Rundbogen im ersten Joch zum Spitzbogen variierte und die Gurtbögen der Seitenschiffe unregelmäßig sind. In der Südwand gibt es kein Mittelportal, nur zwei kleine Türen in den Seitenschiffen dienten der Laienbruderschaft als Zugang. Außergewöhnlich ist die achteckige Kuppel über der Vierung; die meisten Zisterzienserkirchen besitzen nur einen Dachreiter. Überraschend ist auch die Gestaltung der Trompen, in die je eine von einem kannelierten Pilaster »gestützte« Halbkuppel eingestellt ist; dafür war das Mutterkloster Mazan und das diesem benachbarte Velay Vorbild.

An das breite, mit einer Spitztonne überwölbte Querhaus schließt sich die gleich hohe Chorpartie mit halbrunder Hauptapsis und je zwei Seitenapsiden rechts und links an, die in die mächtige Chorwand eingelassen sind. Die Altäre sind original, einer stammt noch aus romanischer Zeit und diente als Vorbild für die anderen. Im rechten Querschiffarm ein zehnstrahliges Radfenster. Insge-

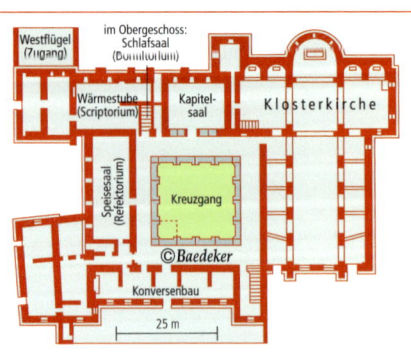

Kloster Sénanque Orientierung

Westflügel (Zugang)

im Obergeschoss: Schlafsaal (Dormitorium)

Wärmestube (Scriptorium)

Kapitelsaal

Klosterkirche

Speisesaal (Refektorium)

Kreuzgang

©Baedeker

Konversenbau

25 m

samt beeindruckt der gut ausgeleuchtete Bau durch seine Raumwirkung, die durch keinerlei schmückendes Beiwerk beeinträchtigt wird. Darin verwirklicht sich die zisterziensische Auffassung vom mönchischen Leben in Einsamkeit, Armut und Einfachheit, in Gebet und harter körperlicher Arbeit, die Bernhard von Clairvaux in Abkehr vom weltlichen Prunk Clunys vorschrieb.

Der Kreuzgang wird von Rundtonnen überwölbt. Die Arkaden zum **Kreuzgang** Garten bestehen je Flügel aus vier großen Entlastungsbögen auf rechteckigen Pfeilern, in denen zwei zierliche Doppelsäulen drei kleine Rundbögen tragen (also zwölf Bögen, eine »heilige« Zahl). Der Rhythmus dieser Abfolge vermittelt ein Bild großer Harmonie; der nur wenig ältere Kreuzgang von Le Thoronet wirkt sehr viel archaischer. Der für ein Zisterzienserkloster (und auch im Vergleich zur Kirche) reiche Schmuck der Kapitelle ist schlicht, aber fein ausgearbeitet. Von dem einst in der Südwestecke befindlichen Brunnen sind noch die Gewölbestützpfeiler zu sehen.

Unter dem Dormitorium liegen der **Kapitelsaal** und die Wärmestube. Der Kapitelsaal war neben der Kirche das Zentrum der Abtei; hier wurden Dinge des alltäglichen Kloster- und Ordenslebens besprochen und geregelt. Die Mönche saßen dabei auf steinernen Sitzreihen, die an den Wänden entlanglaufen. Die Kreuzrippen der später eingezogenen sechs Spitzbogengewölbe laufen im Saal in zwei Pfeilern mit aufwendig gearbeiteten Kapitellen zusammen.

Die Kraft einfacher Formen

Ebenfalls auf der Ebene des Kreuzgangs liegt die **Wärmestube**, der einzige beheizbare Raum des Klosters. Während er sonst nur für Tätigkeiten genutzt wurde, die einen temperierten Raum erforderten (Krankenpflege, Schreibarbeiten), diente er in Sénanque auch als allgemeiner Aufenthaltsraum. Er besaß zwei Kamine; der erhaltene führt auch durch den Schlafsaal, wo er etwas Wärme abgab.

Das im 16. Jh. zerstörte, im 17. Jh. wieder nutzbar gemachte **Refektorium** (Speisesaal) kann nicht besichtigt werden. Es wurde im 19. Jh. zur Kapelle umgebaut.

✴ Silvacane

Département: Vaucluse   **Höhe:** 230 m

Die einstige Zisterzienserabtei Silvacane, nahe dem Städtchen La Roque-d'Anthéron unterhalb der Montagne du ▸Lubéron gelegen, entstand als letztes der drei provenzalischen Zisterzienserklöster.

Geschichte Der Name der Abtei leitet sich von dem lateinischen »silva cannorum« ab, was »Schilfwald« bedeutet und darauf hinweist, dass die Gegend früher ein Sumpfgebiet war. Das Kloster wurde 1144 von Graf Raymond des Baux gestiftet und den Zisterziensern übertragen. Silvacane liegt nicht, wie sonst die Zisterzienserklöster, fernab der Zivilisation, sondern an einer wichtigen Verkehrsverbindung; vorher bestand hier eine Mönchsgemeinschaft, die die Reisenden auf der Straße über die Durance betreute. Baubeginn war erst um 1175, fertiggestellt wurde die Kirche um 1230 – im Norden Frankreichs entwickelte sich um diese Zeit bereits die Gotik. Kreuzgang und Klostergebäude folgten etwa 1250–1300, das Refektorium entstand erst im 15. Jh. während einer kurzen neuen Blüte. 1443 kam Silvacane dann an das Domkapitel von Aix-en-Provence und wurde Pfarrkirche des nahen **La Roque-d'Anthéron**, nachdem es als Kloster völlig unbedeutend geworden war. Nach der Revolution erwarb der Staat 1846 das Anwesen und ließ die Kirche restaurieren.

> ❗ *Baedeker* TIPP
>
> **Klassik im Kloster**
>
> Ein Klavierfestival unter freiem Himmel? Mit internationalen Spitzenmusikern? Im Schlosspark von Florans, in der Abtei Silvacane und anderen ungewöhnlichen Orten findet im Juli/August das Festival International de Piano La Roque-d'Anthéron statt, das viele Musikliebhaber anlockt. Château de Florans, Tel. 04 42 50 51 15, Fax 04 42 50 46 95, www.festival-piano.com.

✴ Klostergebäude

Kirche

🕐
Öffnungszeiten:
Juni – Sept. tägl.
10.00 – 18.00
Okt. – Mai
Mi. – Mo.
10.00 – 13.00
14.00 – 17.00
www.ville-laroque
dantheron.fr

Silvacane hat zwar einen sehr einfachen Grundriss, aber durch die späte und lange Bauzeit macht sich die Aufweichung der strengen Bauprinzipien der Zisterzienserromanik (▸Le Thoronet) bemerkbar. Die kräftigen Strebepfeiler an Fassade, Querhaus und Chor, zunächst aus statischen Gründen verwendet, weisen in Richtung des gotischen Skelettbaus. Die Fenster in der Ost- und Westfront (besonders das Rundfenster über dem Hauptportal) sind nicht glatt in die Wand geschnitten, sondern weisen eine profilierte Laibung auf; das Hauptportal ist ein Stufenportal mit Säulen und Knospenkapitellen. Der Turmaufsatz schließlich wirkt durch seine rundbogigen Schallarkaden recht zierlich. Über dem Portal an der Westfassade das Wappen des Domkapitels von Aix-en-Provence, das beim Übergang von Silvacane in dessen Eigentum im 15. Jh. angebracht wurde.

An das dreijochige Langhaus mit Spitzbogentonne schließt das aus- ◀ Inneres
ladende Querhaus an. Das Gefälle von Süden nach Norden ist optisch durch eine Sockelmauer zum nördlichen Seitenschiff kaschiert.
Das Kreuzrippengewölbe der Vierung ist wohl später eingezogen
worden, da es Kenntnis gotischer Bauweise voraussetzt. Insgesamt ist
der Innenraum stärker und mit aufwendigeren Mitteln gegliedert als
in Sénanque und Le Thoronet. Den Rechteckgurten der Gewölbe
und Seitenschiffe sowie der Längsarkaden sind Halbsäulen vorgelagert, die zum Mittelschiff
hin auf mehrfach gestuften
Konsolen aufliegen. Die
Kapitelle weisen Blatt-
schmuck auf, die teils
recht archaisch, teils verfeinert sind und auf gotische Formen verweisen.
Ebenso lassen sich Fort-
schritte in den Gewölbe-
formen der Seitenschiffe
in Bautechnik und Ästhe-
tik ablesen.
Von der Kirche gab es –
wie in Zisterzienserklös-
tern üblich – einen Zu-
gang zum Kreuzgang und
zu den Mönchsbauten.

Aufweichung strenger Bauprinzipien

Eine Treppe führt vom nördlichen Seitenschiff hinunter zum 1,60 m   **Kreuzgang**
tiefer liegenden kleinen, stimmungsvollen Kreuzgang. Die zum Garten hin sehr einfachen, romanisch wirkenden Rundbogenarkaden
waren ursprünglich (teilweise erhalten) mit einer Doppelsäule, die
zwei Spitzbögen tragen, und einem Rundfenster (Oculus) unterteilt.
Dass der Bau in gotischer Zeit errichtet wurde, ist an den Formen
von Gurten, Konsolen und Kapitellen zu erkennen; der Gesamtein-
druck ist gegenüber der Kirche deutlich »gotischer«.

Noch tiefer liegen die Konventbauten. Der Kapitelsaal verfügt über   **Konvent**
sechs kreuzgewölbte Joche, die im Saal von zwei unterschiedlich und
sehr kunstvoll gestalteten Säulen getragen werden. An ihn schließt
sich die Treppe zum Dormitorium im Obergeschoss an. Der
Mönchssaal war mit einem Kamin ausgestattet (Wärmeraum) und
diente auch als Schreibstube. Das wegen der Geländeneigung auf einem Kellergeschoss errichtete Refektorium aus dem 15. Jh. (vierjo-
chiges Kreuzrippengewölbe) schließlich zeigt in seinen Fenstern gotische Formen (Spitzbogen, Maßwerk) und an den Kapitellen spätgotischen Blattschmuck; besonders bemerkenswert ist die Fensterrose im
östlichen Joch. Ein Konversenbau, wie er in Zisterzienserklöstern
sonst üblich war, ist nicht erhalten.

✳ Sisteron

Département: Alpes-de-Haute-Provence   **Höhe:** 485 m
Einwohnerzahl: 7300

Sisteron, im Norden des in diesem Reiseführer erfassten Gebiets an der Route Napoléon gelegen, gilt nicht zu Unrecht als das »Tor zur Provence«. Seit römischer Zeit war es ein verkehrsmäßig und strategisch wichtiger Ort, da sich hier die Durance ihren Weg grandios zwischen zwei Felsmassiven gebahnt hat.

Aus der Geschichte

Die hier ansässigen keltischen Stämme der Avantici und Vocontii wurden unter dem römischen Kaiser Augustus unterworfen, der den an einer wichtigen Engstelle der Durance gelegenen Ort Segustero an der Via Sinistra ausbauen ließ. Mitte des 14. Jh.s begann man mit dem Bau der auch heute noch beeindruckenden Festung. 1481 fiel Sisteron als Erbe an die französische Krone. Große Zerstörungen brachten die Religionskriege im 16. Jahrhundert. Auf seinem Zug von Elba nach Paris konnte Napoleon am 15. März 1815 die kritische Stelle unbehelligt passieren. Im August 1944 wurden Stadt und Zitadelle von britischen und US-Flugzeugen bombardiert (über 300 Opfer), um die deutschen Truppen zu vertreiben.

Sehenswertes in Sisteron und Umgebung

✳ Zitadelle

⏱ Öffnungszeiten: April – 11. Nov. tägl. 9.00 – 19.30/ 19.00/18.00/17.00

Mit der hoch über dem Durchbruch der Durance thronenden Zitadelle bietet Sisteron ein eindrucksvolles Bild. Von der im 12., 16. und 19. Jh. auf mehreren Ebenen erbauten Zitadelle konnte nicht nur die Engstelle, sondern das ganze nördliche und südliche Hinterland kontrolliert werden. Der größte Teil der Bausubstanz ist das Werk des Festungsarchitekten Jean Erard (16. Jh.). Besonders von den höchsten Zinnen der Anlage und vom Vorwerk »Guérite du Diable« bietet sich ein fantastischer Blick hinüber zum **Rocher de la Baume**, dem Felsen, die andere Seite der Engstelle bildet (die Erosion hat die fast senkrecht gestellte Gesteinsschichtung freigelegt), sowie nach Norden zu den Alpen der Dauphiné.

Altstadt

In der Altstadt sind einige schöne Häuser aus dem 16./17. Jh. erhalten; ein Rundweg durch die teils unter Schwibbögen verlaufenden malerischen Gassen (»andrônes«) ist mit Pfeilen markiert. Zentrum der Unterstadt ist die einstige Kathedrale **Notre-Dame-des-Pommiers** (1160 – 1220). Wie viele Kirchen in diesem Bereich der Alpen zeigt sie lombardischen Einfluss. Nähere Betrachtung verdienen der Figurenschmuck am Eingang, die Kapitelle der Halbsäulen im Schiff und die Altarbilder von Mignard (1643), Van Loo, Coypel u. a. Östlich der Kathedrale ist im Visitandinnenkonvent das **Musée Terre & Temps** untergebracht, das sich mit den Zeiten der Erde und ihrer

Deftig-Köstliches gibt es auf dem Markt.

▶ SISTERON ERLEBEN

AUSKUNFT

Office de Tourisme
Hôtel de Ville, Place de la République
04200 Sisteron
Tel. 04 92 61 36 50, Fax 04 92 61 19 57
www.sisteron.com
Im Sommer fährt eine Touristenbahn
von der Place de la République hinauf
zur Zitadelle.

FESTE UND EVENTS

Dem berühmten Sisteron-Lamm sind
zwei Tage gewidmet: um Mitte Mai
der Alpauftrieb, um den 20. Juli Fête
de l'Agneau, beide mit entsprechen-
dem lukullischem und folkloristi-
schem Programm. Mitte Juli – Anf.
Aug. Nuits de la Citadelle (Musik,
Tanz, Theater). Ende Aug.: Fête
Médiévale. Markt Mi. und Sa. vormittags auf der Place de l'Horloge.

ESSEN

▶ **Preiswert / Erschwinglich**
L'Oustaou de La Foun
Château-Arnoux, N 85 (10 km süd-
östlich von Sisteron)
Tel. 04 92 62 65 30
Familiär-feines Restaurant mit eben-
solcher Küche. Ein Muss ist das 7 Std.

lang geschmorte Sisteronlamm, Ken-
ner ordern Pieds-et-Paquets.

ÜBERNACHTEN

▶ **Günstig / Komfortabel**
Grand Hôtel du Cours
Place de l'Eglise
Tel. 04 92 61 04 51, Fax 04 92 61 41 73
www.hotel-lecours.com
Gepflegtes gutbürgerliches Tradi-
tionshotel im lebhaften Zentrum.
Mit Restaurant und Garage.

▶ **Günstig**
Les Chênes
300 Route de Gap (D 4085)
Tel. 04 92 61 13 67, Fax 04 92 61 16 92
2 km nordwestlich. Logis de France,
mit Pool im Garten. Provenzalische
Gerichte werden auf der Terrasse
serviert. Mit eigenem Parkplatz.

Messung befasst (Di. – Sa. 14.00 – 18.00 Uhr). Südlich der Kirche stehen an der Allée de Verdun drei gut erhaltene Türme mit halbkreis-
förmigem Grundriss, die einst zur **Stadtmauer** gehörten (um 1370).

Der Thermalkurort Digne (17 500 Einw.) 53 km südöstlich von Sisteron ist Hauptstadt des Départements Alpes-de-Haute-Provence, Metropole des Lavendelanbaus und Zentrum der Réserve Géologique de
Haute-Provence (berühmte Fossilfunde, v. a. um Barles und Barrè-
me). Die hübsche Altstadt gruppiert sich mit engen Gassen und
Treppen um den Hügel mit der **Kathedrale St-Jérôme** (1490, 1851
neogotisch umgestaltet). Nördlich, am Blvd. Gassendi, das Musée
Gassendi (italienische und flämische Gemälde des 17. Jh.s, Natur-

**Digne-les-Bains
E 13**

Sisteron, Tor zur Provence: Durance vor dem Rocher de la Baume

kunde; Mo. geschl.). Die romanische Kathedrale Notre-Dame-du-Bourg (1200–1330) besitzt Reste von Wandmalereien (14.–16. Jh.) und einen merowingischen Altar in der Krypta (beides 5. Jh.). An der Straße nach Nizza (N 85) ist das Haus, in dem die Asienforsche-rin **Alexandra David-Néel** (1868–1969) ab 1927 wohnte, als Mu-seum eingerichtet. 2 km nördlich der Stadt liegt das Centre de Géo-logie mit Museum (15 Min. Fußweg vom Parkplatz, schöner Blick).

✴ ✴ St-Gilles

G 2

Région: Languedoc-Roussillon
Höhe: 7 m

Département: Gard
Einwohnerzahl: 13 200

Eine Runde durch die ▶ Camargue wäre unvollständig ohne einen Besuch von St-Gilles 16 km westlich von Arles. Seine Kirche aus dem 12. Jh. gilt als Hauptwerk der Romanik in Südfrankreich, ihr Portal gehört im Rahmen der Via Tolosana – des in Arles beginnen-den Jakobswegs – zum Welterbe der UNESCO.

Kirche St-Gilles Im Kern der Altstadt steht die im 12. Jh. erbaute und im 17. Jh. in kleineren Abmessungen wiederhergestellte Wallfahrtskirche. Von hervorragender Bedeutung ist die **Westfassade**, genauer die Portal-zone mit drei Portalen und überaus reichem Figurenschmuck, für den möglicherweise der Triumphbogen in ▶ Orange Pate stand. Die über die ganze Breite reichende Portalwand wird durch klassisch ge-staltete Säulen und kannelierte Pilaster unterteilt. Zu sehen sind: in den Tympana (von links) die Hl. Drei Könige, Christus in der Mandorla, Kreuzigung (besonders realistisch); in den Friesen darunter die Passion; in der Portalzone die Apostel; ganz unten zu Seiten des Hauptportals links Kain und Abel, rechts ein bogenspannender Zentaur und Bileam mit seiner Eselin. Die Passion Christi gilt als erster geschlossener Zyklus in der abendländischen Skulptur. Stilistisch gehören die Darstellungen, die sich durch eine lebhafte Erzählkunst auszeichnen, in die südfranzösische Tradition. Wahrscheinlich aber sind die Portale, die vom frühen 12. bis ins 13. Jh. datieren, das Werk mehrerer Künstler aus ganz Frankreich. Die 40 m lange **Krypta** beherbergt die Confessio mit dem Grabmal des hl. Ägidius (St-Gilles). Das Innere der dreischiffigen, querhauslosen Kirche ist von gotischen Formen geprägt, für diese Epoche aber überraschend breit.

Links neben der Fassade führt ein Gässchen zur Ruine des im 17. Jh. zerstörten alten Chors. Hier steht die »Vis de St-Gilles« (»Schraube von St-Gilles«), ein heute freistehendes Treppenhaus aus dem 12. Jahrhundert. Die komplizierte Form der Wendeltreppe im Inneren ist ein unglaubliches Meisterwerk der Steinmetzkunst. Außerdem sind hier Reste der alten Apsis (Säulenbasen usw.) zu sehen.

✱
Vis de St-Gilles

Vom Kirchplatz (Place de la République) gelangt man durch eine Gasse zur stimmungsvollen Place de l'Olme. Hier steht die Maison Romane (Romanisches Haus) mit figurengeschmückten Kapitellen im ersten und zweiten Stock. Das darin untergebrachte kleine **Museum** zeigt u. a. einen frühchristlichen Sarkophag, Relieffragmente und eine naturkundliche Sammlung.

Maison Romane

ST-GILLES

AUSKUNFT

Office de Tourisme
1 Place F. Mistral, 30800 Saint-Gilles
Tel. 04 66 87 33 75, Fax 04 66 87 16 28
www.saint-gilles.fr

St-Maximin-la-Ste-Baume

J 11

Département: Var
Einwohnerzahl: 14 200

Höhe: 303 m

Hier ist der bedeutendste gotische Bau der Provence zu finden – doch nicht nur für Kunstinteressierte lohnt ein Besuch des ruhigen Landstädtchens 40 km östlich von Aix-en-Provence.

Die Wallfahrtskirche entstand, nachdem man im späten 13. Jh. angeblich die Reliquien der hl. Maria Magdalena gefunden und ein gewaltiger Pilgerstrom eingesetzt hatte. Eine Maria Magdalena soll mit ihrer Schwester Martha, ihrem Bruder Lazarus, mit Maximin, Sidonius, ihrer Dienerin Sara und anderen nach ihrer Vertreibung aus

Ein wenig Geschichte

Palästina mit einem Boot in ► Stes-Maries-de-la-Mer gelandet sein. Während Maximin und Sidonius als Missionare ins Land gingen, verbrachte Maria Magdalena auf göttliches Geheiß 30 Jahre ohne irdische Nahrung als Büßerin in einer Grotte (»Ste-Baume«). Beigesetzt wurde sie, so heißt es, in einem Mausoleum, das als Krypta der Kirche erhalten ist. So wie in dieser Legende in der Figur der Maria Magdalena verschiedene Gestalten des Neuen Testaments zusammenfließen (die Sünderin, Maria aus Bethanien, Maria aus Magdala), so bizarr ist die Geschichte der Legende und ihrer Folgen. Im burgundischen Vézelay wurde die hl. Magdalena schon im 11. Jh. verehrt; man behauptete, dass ihre Gebeine Ende des 9. Jh.s dorthin gebracht worden seien, und zwar eben aus St-Maximin. Politische Querelen – Territorialkonflikte, Konflikte zwischen Papst und König – veranlassten 1279 Karl II. von Anjou, in St-Maximin nach den »echten« Reliquien zu suchen, und er hatte »Erfolg«; man entdeckte vier prächtige Sarkophage in der Krypta, die von den Sarazenen zugeschüttet worden sein sollte. Im Streit um die Echtheit der Reliquien entschied Papst Bonifatius VIII. für Karl von Anjou; Vézelay verlor damit schlagartig seine große Bedeutung.

Sainte-Madeleine

Baugeschichte Für die Pilgerströme wurde 1295 mit dem Bau der neuen Kirche und des Dominikanerkonvents begonnen. Chor und erstes östliches Joch waren 1316 fertig, weitere fünf Langhausjoche erst 1404. Im

Für die Reliquien der Maria Magdalena wurde eine monumentale Pilgerkirche errichtet.

letzten Bauabschnitt (1508 – 1532) entstanden die westlichen Teile; Fassade und Mittelportal blieben unvollendet bzw. provisorisch. Ein geplanter Glockenturm rechts des Portals wurde nicht gebaut. Der Treppenturm im Süden wurde erst später aufgestockt und dient als Glockenturm. Die Französische Revolution vertrieb die Dominikaner, doch Lucien Bonaparte, Bruder Napoleons und Präsident des örtlichen Jakobinerklubs, richtete hier ein Nachschublager ein und rettete so den Bau. Auch die Erhaltung der Orgel wird Lucien zugeschrieben; als die Pfeifen eingeschmolzen werden sollten, habe er auf der Orgel die Marseillaise spielen lassen (in seinen Memoiren steht davon jedoch nichts).

Das stille Städtchen wird dominiert von der gewaltigen Baumasse dieser **größten und bedeutendsten gotischen Kirche der Provence**. Der außen 79 m lange Bau ist trotz der langen Baugeschichte völlig einheitlich gestaltet. Auffällig sind die flache Silhouette, die durch senkrechte Linien kaum durchbrochen wird, die das Langhaus und den Chor flankierenden wuchtigen Strebepfeiler und das gänzliche Fehlen des üblichen gotischen Bauschmucks. Die karge Schlichtheit könnte mit den Bauvorschriften der Dominikaner erklärt werden, aber auch mit den romanischen Traditionen des Landes.

Ebenso einfach, doch von großartiger Raumwirkung ist das Innere. ◄ Inneres
Auch hier Ungewöhnliches: Ein Querschiff fehlt, ebenso der für Wallfahrtskirchen übliche Chorumgang; stattdessen sind zwischen letztem Mittelschiffjoch und den Seitenschiffen polygonale Kapellen schräg eingestellt, die als solche zunächst kaum erkennbar sind. Die Joche der Seitenschiffe setzen sich in den Kapellen fort. Der dreistufige Raum, der durch ursprünglich 66 Fenster gut belichtet wird, ist in Vertikale und Horizontale ausgeglichen proportioniert. Die Schlusssteine der Kreuzrippengewölbe sind mit Wappen der Stifter verziert. Das Chorjoch ist wegen der Treppentürme fensterlos, wodurch der Chor selbst mit seinen schmalen Fenstern besonders hell wirkt.

Im Kontrast zur Architektur ist die (barocke) Ausstattung äußerst ◄ Ausstattung
reich: prunkvoller Hauptaltar (Ende des 17. Jh.s), Chorgestühl und -schranken aus Nussbaum (1692), Kanzel (1756) mit Bekehrung und Entrückung der hl. Maria Magdalena, Orgel (Isnard 1773, eines der

ST-MAXIMIN-LA-STE-BAUME

AUSKUNFT

Office de Tourisme
Hôtel de Ville, 83470 St-Maximin
Tel. 04 94 59 84 59, Fax 04 94 59 82 92
www.st-maximin.fr

ÜBERNACHTEN
► **Komfortabel / Luxus**
Le Couvent Royal
Place Jean Salusse
Tel. 04 94 86 55 66, Fax 04 94 59 82 82
www.hotelfp-saintmaximin.com
Das ab 1295 erbaute Kloster mutierte zum stilvollen Hotel mit 67 luxuriösen Zimmern, Zentrum ist der mit alten Zedern bestandene Kreuzgarten, in dem im Sommer feine provenzalische Gerichte serviert werden – sonst speist man im Kapitelsaal. Unter der Woche sehr preiswertes Mittagsmenü.

hervorragendsten französischen Instrumente des 18. Jh.s). Ein besonderes Stück ist in der linken Apsis der **Passionsaltar** des Flamen François Antoine Ronzen von 1520, der zuvor in Italien (Rom, Venedig) gearbeitet hatte. Die 22 Tafeln mit der Leidensgeschichte Jesu sind auch durch die präzise Darstellung von Orten und Bauwerken interessant (Venedig, Rom; älteste bekannte Darstellung des Papstpalastes in Avignon). Ausgestellt ist auch das Pluviale von König Ludwig IX. (Ende 13. Jh.). Die **Krypta**, die »Keimzelle« der Kirche, ist über eine Treppe (16. Jh.) vom nördlichen Schiff aus zu erreichen. Der niedrige Raum mit Tonnengewölbe (4,24 × 4,48 m; ehemals mit Marmor verkleidet) von Ende 4./Anfang 5. Jh. birgt die aus derselben Zeit stammenden Sarkophage der Maria Magdalena (aus feinkörnigem Marmor vom Marmarameer), des hl. Maximin, des Sidonius und des hl. Innozenz. Ihre Reliefs zeigen Szenen aus Altem und Neuem Testament und gehören zu den ältesten christlichen Dokumenten in Frankreich. Das Büstenreliquiar aus vergoldeter Bronze (1860) enthält einen Schädel, angeblich den der Maria Magdalena.

Konvent

Der Bau des Klosters wurde mit dem der Basilika 1295 begonnen. Der stimmungsvolle Kreuzgang mit seinen einfachen, kräftigen Formen stammt aus dem 15. Jahrhundert. Zusammen mit dem Kapitelsaal wurde er zu einem Hotel umgestaltet, nachdem von 1859 bis 1966 die Dominikaner noch einmal hier ansässig waren. Die Herberge des Klosters aus dem 17. Jh. fungiert heute als Rathaus.

Umgebung von St-Maximin

★
Massif de la Ste-Baume

Die D 80 führt hinter Nans-les-Pins hinauf ins Bergland. Nach 8 km beginnt bei der Einmündung der D 95 ein Fußweg (ein zweiter Weg von der Hostellerie de la Ste-Baume, 1 km weiter), der durch prächtigen Wald südöstlich zur Ste-Baume (»Heilige Höhle«) führt, die sich in einer Kalkfelswand öffnet und zu einer Kapelle umgewandelt wurde (hin und zurück 1 Std.). Sie soll von der hl. Maria Magdalena bewohnt worden sein und ist seit alter Zeit Wallfahrtsziel. Am 22. Juli wird mit einer Mitternachtsmesse in der Grotte das Fest der Heiligen gefeiert. Die Bezeichnung »Ste-Baume« ist vom provenzalischen Wort für »Grotte« (»baoumo«) abgeleitet. Der Wald hat den Charakter einer ursprünglichen, für die Gegend ungewöhnlichen

Laubwald prägt das Massif de la Ste-Baume.

Pflanzengemeinschaft bewahrt, da er schon früh als heilig galt und bis heute nicht wirtschaftlich genutzt wird. Die beschattete Lage mit einem feuchten und kühlen Lokalklima lässt Laubbäume (Linden, Buchen, Ahorn) und ein dichtes Unterholz gedeihen.

Vom Carrefour de l'Oratoire führt der Weg (Teil des GR 9, rot-weiß markiert) in 30 Min. auf den Gipfel St-Pilon (994 m) mit großartigem Ausblick: landeinwärts vom Mont Aurélien und der Montagne Ste-Victoire bis zum Mont Ventoux, südlich das Meer.

✳ ✳
◀ St-Pilon

St-Rémy-de-Provence

G 4–5

Département: Bouches-du-Rhône
Einwohnerzahl: 10 200

Höhe: 60 m

St-Rémy-de-Provence, ca. 20 km südlich von Avignon an den nördlichen Ausläufern der Alpilles gelegen, ist für die bedeutende griechisch-römische Stadt Glanum bekannt, vor allem aber als wichtiger Aufenthaltsort von Vincent van Gogh.

Van Gogh war 1888 nach ▶ Arles übergesiedelt, wo ihn die Landschaft und das Licht der Provence zu einem neuen Malstil mit hellen, starken Farben brachte. Gauguin besuchte ihn dort im Dezember; ein Zerwürfnis stürzte van Gogh in eine Krise, die darin mündete, dass er sich einen Teil eines Ohres abschnitt. Van Gogh wurde nach St-Rémy in das Irrenhaus St-Paul-de-Mausole gebracht. Nach Arles war St-Rémy der wichtigste Ort für sein Schaffen, hier erhielt er die Eindrücke für viele seiner Bilder. Hatten für van Gogh Licht und Farben der Provence eine magische Wirkung, so steht der 1503 in St-Rémy geborene Nostradamus für das Abgründige und Unheimliche, das der Provence ebenfalls nachgesagt wird, ebenso wie die Ruinenstadt ▶ Les Baux (10 km südlich). Maillane, 7 km nordöstlich von St-Rémy, ist der Geburtsort des »Homers der Provence«, Frédéric Mistral. In seinem Haus, in dem er von 1876 an wohnte, ist ein kleines Museum eingerichtet.

Berühmtheiten der Stadt

! *Baedeker* TIPP

Vincents Motive
Einen eineinhalbstündigen Rundgang zu den Plätzen, wo Vincent van Gogh seine Staffelei aufstellte, bietet das Tourismusbüro an, auch auf Deutsch (Di., Do., Fr., Sa. 10.00 Uhr, Anmeldung unter Tel. 04 90 92 05 22, www.saintremy-de-provence.com).

▶ ST-RÉMY ERLEBEN

AUSKUNFT

Office de Tourisme
Place Jean-Jaurès, 13210 St-Rémy
Tel. 04 90 92 05 22, Fax 04 90 92 38 52
www.saintremy-de-provence.com

FESTE UND EVENTS

Di. großer Markt. Pfingstmontag:
Auftrieb der Schafherden in die
Alpilles. Juli – Sept. Orgelfestival.
14. Juli: Nationalfeiertag mit Abrivado. Mitte Aug.: Féria de Saint-Remy.
Ende Sept.: Fest des St-Rémy.

ÜBERNACHTEN

▶ Luxus

Château des Alpilles
Ancienne Route des Baux (D 31)

Tel. 04 90 92 03 33, Fax 04 90 92 45 17
www.chateaudesalpilles.com
Edler adliger Landsitz von 1825 am
Ende einer Platanenallee mit stuckgezierten, großzügigen Gastzimmern,
leicht Pompöses kontrastiert mit
Modernem. Das Restaurant pflegt
eine leichte Mittelmeerküche, mit
Terrasse am herrlichen Park.

ESSEN

▶ Erschwinglich / Fein & teuer

La Maison Jaune
15 Rue Carnot, Tel. 04 90 92 56 14
www.lamaisonjaune.info
Im »Gelben Haus« in der Stadtmitte
beglückt François Perraud mit einer
raffinierten provenzalischen Küche
(michelinbesternt). Angenehm informelles, ländliches Ambiente.

▶ Preiswert

Chez Xa
24 Blvd. Mirabeau, Tel. 04 90 92 41 23
Von April bis Oktober werden in dem
Bistro am Ostrand der Altstadt provenzalisch-italienische Spezialitäten
und Meeresfrüchte kredenzt. Die
Chefin kocht selbst. Stilvolle, nicht
allzu elegante Atmosphäre; gutes
Preis-Leistungs-Verhältnis.

**Sehenswertes
in St-Rémy**
Zu beachten sind die Kirche St-Martin (14. Jh./1821; schöne renommierte Orgel), wenige Schritte südlich das Geburtshaus von Nostradamus, das Hôtel d'Estrine (18. Jh.) mit einem Van-Gogh-Zentrum,
das Hôtel de Sade (15./16. Jh.) mit einem Lapidarium und das Musée
des Alpilles im Hôtel Mistral de Mondragon (ebenfalls Renaissance).

✳ Glanum

Südlich von St-Rémy, an der zu den Alpilles führenden Straße, liegen
die Reste der 480 von den Westgoten zerstörten griechisch-römischen Siedlung Glanum Livii (2. Jh. v. Chr. – 3. Jh. n. Chr.).

Les Antiques

Rechts der Straße stehen auf einem von Platanen umgebenen Platz zwei eindrucksvolle Monumente: das an die Gründung der Stadt erinnernde Tor und das 18 m hohe »Grabmal der Julier«, beide aus dem frühen 1. Jh. und Beispiele für den augusteischen Klassizismus. Das quadratische Sockelgeschoss des Juliergrabmals ist in seinem unteren Teil mit Reliefs (Kampfszenen) geschmückt, darüber erhebt sich ein von Säulen getragener tempelähnlicher Aufsatz. An dem Monumentaltor sind der Bogenfries und die mit sechseckigen Kassetten geschmückte Innenwölbung zu beachten; die Hochreliefs an den Außenseiten (Trophäen, Gefangene) sind stark beschädigt.

Ausgrabungen

Auf dem Grabungsgelände sind drei Epochen zu unterscheiden, wobei die frühe Kaiserzeit die wichtigste darstellt. In dieser erhielt Glanum eine große Zahl öffentlicher Bauten, wie sie in römischen Provinzstädten üblich war: Forum, Thermen, Theater etc. Glanum besaß nicht mehr als 5000 Einwohner und war wohl ein Durchgangsort für Reisende und Händler, da es sich an der alten Handelsroute der Via Aurelia befand.

Öffnungszeiten:
April – Aug. tägl.
9.30 – 18.30
Sept. Di. – So.
9.30 – 18.30
Okt. – März
Di. – So.
10.00 – 17.00

Um einen kleinen Marktplatz gruppiert sich eine Reihe von Bauten, die man für Läden oder Vorratskammern hält. Die Rue des Thermes durchzieht das ganze Stadtgebiet; unter der gepflasterten Straße be-

Glanum *Orientierung*

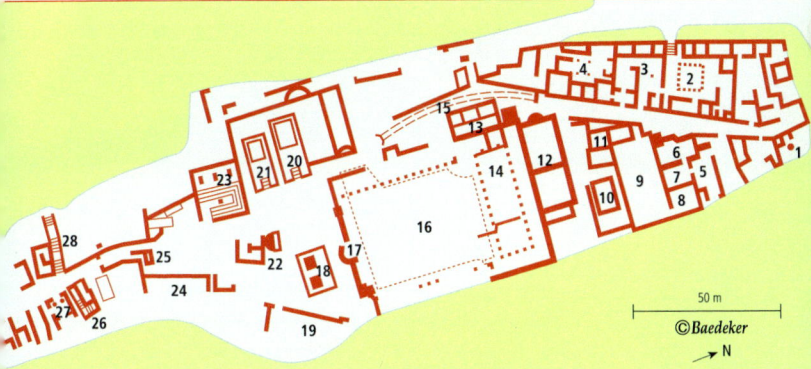

©Baedeker

50 m

N

abungsgelände der echisch-römischen dt Jh.v.Chr. – 3.Jh.n.Chr.)

Brunnenschale
echische Peristylhäuser
Maison des Antes
(Haus der Anten)
Maison de Cybèle
(Kybele-Heiligtum)
Maison d'Atys
(Haus des Atys)

Römische Thermen
5 Heizungsraum
6 Caldarium
(warmes Wasser)
7 Tepidarium
(lauwarmes Wasser)
8 Frigidarium
(kaltes Wasser)
9 Palaestra (Hof)
10 Natatio
(Schwimmbecken,
kaltes Fließwasser)

Weitere Ausgrabungen
11 Maison du Capricorne
(Haus des Steinbocks;
Mosaiken)
12 Gebäude mit Apsis
13 Basilika
14 Haus des Sulla
(Mosaiken)
15 Überdeckte Wasserrinne
16 Forum
17 Mauer mit Apsis
18 Denkmal oder Altar
19 Römisches Theater

20/ Römische Tempel (vielleicht
21 den Augustus-Enkeln
Caius und Lucius geweiht)
22 Brunnen
23 Buleuterion (?)
24 Dorische Säulenhalle
25 Befestigtes Tor
26 Nymphäum (vermutlich
über der heiligen Quelle
von Glanum)
27 Altäre (dem Herkules
geweiht)
28 Keltisches Heiligtum

Römisches Stadtgründungsmonument

fand man einen Abwasserkanal. Hinter der umfangreichen Thermenanlage weitet sich das Gelände zum Forum, dessen Seiten von schmalen Säulenhallen gesäumt waren. Auch die Basilika, das Gebäude für öffentliche Versammlungen, stand hier. Zwei kleine Tempel waren wahrscheinlich ebenso wie das Juliermonument Gaius und Lucius geweiht, zwei Enkeln des Kaisers Augustus. Das gegenüberliegende Theater ist nicht zugänglich. Nun kommt man zur Oberstadt, dem Ursprung von Glanum. Einem keltischen Quellenheiligtum und einen Nymphäum wurde später ein Herkulesheiligtum hinzugefügt.

St-Paul-de-Mausole

Nahe dem Grabungsgelände liegt östlich der D 5 das einstige Kloster St-Paul-de-Mausole mit romanischer Kirche und schönem kleinem Kreuzgang (12. Jh.). Es ist heute wie vor über 100 Jahren, als Vincent van Gogh hier lebte, ein psychiatrisches Krankenhaus. 143 Ölbilder und über 100 Zeichnungen sind während seines Aufenthalts von Mai 1889 bis Juni 1890 hier entstanden. Zum Malen stellte man ihm damals eine Zelle neben seiner zur Verfügung. Besuchen kann man außer dem romanischen Kreuzgang nur eine Rekonstruktion der Zelle, in der er wohnte, die echte musste einem Anbau weichen. Tägl. zugänglich, Info: www.cloitresaintpaul-valetudo.com.

✳ St-Tropez

K 15

Département: Var
Einwohnerzahl: 5600
Höhe: Meereshöhe

Mitte der 1950er-Jahre begründete der Film »Und immer lockt das Weib« (»Et Dieu créa la femme«) mit Brigitte Bardot in der Hauptrolle den Ruf von St-Tropez. Das Städtchen wurde zum Treffpunkt der Schönen und Reichen bzw. solchen, die sich dazu rechnen. Seine Anziehungskraft hat es bis heute nicht verloren.

St-Tropez' Vorzüge, wie die traumhafte Lage in einer geschützten Bucht, die Altstadt, der Sandstrand und das schöne Hinterland, sind im Sommer wegen des Besucheransturms nicht zu genießen. Täglich drängen sich an die 100 000 Touristen in endlosen Autoschlangen und an überfüllten Stränden. Außerhalb der Saison, wenn der Jetset abgereist ist und die Ausflügler fehlen, lohnt der Besuch durchaus. Schon früh war St-Tropez ein **Treffpunkt für Künstler**: Liszt und

Maupassant hielten sich hier auf; Paul Signac kaufte sich hier 1892 ein Haus (La Hune) und zog damit eine ganze Reihe von Malern nach St-Tropez, wodurch der Ort so etwas wie ein Kunstzentrum zu Anfang des 20. Jh.s wurde (Matisse, Bonnard, Utrillo). Viele ihrer Werke hängen heute im **Musée de l'Annonciade**, der wichtigsten Institution von St-Tropez für Kunstfreunde. Von 1924 bis 1938 lebte die Schriftstellerin Colette in ihrer Villa »La Treille Muscate« in St-Tropez. 1955 kaufte Françoise Sagan eine Villa in der Nähe des Fischerhafens, und kurz darauf gelangte der Ort durch Brigitte Bardot und Gunter Sachs zu Weltruhm.

Sehenswertes in St-Tropez

Hoch über dem Ort thront die 1590–1607 erbaute Zitadelle. In dem sechseckigen Festungsbau ist das **Musée de la Citadelle** untergebracht, in dem u. a. eine gute Nachbildung einer griechischen Galeere zu sehen ist. Von den Zinnen der Festung hat man einen wunderbaren Blick auf den Golf und auf das Massif des Maures. Öffnungszeiten: 10.00–12.30, 13.30–17.30 Uhr.
Unterhalb der Zitadelle liegt einer der schönsten **Friedhöfe** Frankreichs – die Gräberreihen reichen bis ans Meer.

Zitadelle

St-Tropez *Orientierung*

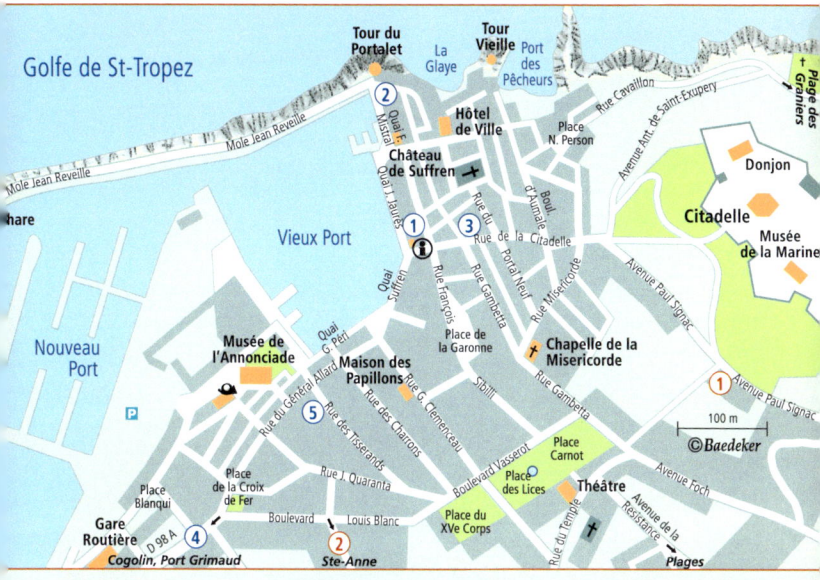

Übernachten
① Byblos
② Lou Cagnard

Essen
① Sénéquier
② La Tour Joseph
③ Chez Fuchs
④ Les Santons
⑤ Le Petit Charron

Altstadt Die Altstadt von St-Tropez liegt westlich unterhalb der Zitadelle und grenzt an der anderen Seite an das Hafenbecken. Ein Teil ist als Fußgängerzone gestaltet, Ladengeschäfte, Boutiquen und Restaurants reihen sich aneinander.

Die **Rue de la Citadelle** führt hinab ins Ortszentrum. Weiter rechts auf der Rue du Portail-Neuf geht es zu der im Stil des italienischen Barock errichteten Kirche (18. Jh.), die über eine Büste des Stadtheiligen Torpes und schöne Holzschnitzereien verfügt; zur Weihnachtszeit ist eine bemerkenswerte provenzalische Krippe aufgebaut.

Nordwestlich der Kirche, nahe am Hafenbecken und beim Hôtel de Ville (Rathaus), steht das einstige **Palais des Bailli Pierre-André de Suffren** (1729–1788), Ballivus (Vogt) des Malteserordens und einer der bedeutendsten Admiräle der französischen Flotte (»Schrecken der Engländer«; sein Standbild an der Ostseite des Hafens). Von hier aus rechts zur Mole Jean-Réveille, die den Hafen im Norden begrenzt und einen schönen Blick auf die Seefront des Städtchens gestattet. Die luxuriösen Jachten im Hafen bieten ein prächtiges Bild, vor allem zur Zeit der Regatta »Voiles de St-Tropez« Ende September/Anfang Oktober.

ST-TROPEZ ERLEBEN

AUSKUNFT

Office de Tourisme
Quai Jean-Jaurès, 83990 St-Tropez
Tel. 0892 68 48 28, Fax 04 94 97 82 66
Tel. aus dem Ausland 04 94 97 45 21
www.ot-saint-tropez.com

STRÄNDE

Die Strände von St-Tropez gehören zu den schönsten der Côte d'Azur. Von Norden nach Süden: »Les Graniers« unterhalb der Zitadelle ist meist recht voll. Der Sandstrand »Plage des Salins« ist naturbelassen und familienfreundlich. »Pampelonne« ist der (teure) Hauptstrand, 8 km lang mit Restaurants, Bars und Verleihstationen für Liegen und Schirme. »L'Escalet« und »Bastide-Blanche« sind noch wenig berührt und nur über Küstenwege zu erreichen.

BOOTSTOUREN

Bei einer Bootstour zu den Villen in der »Baie des Canoubiers«, der Bucht der Stars, werden die entsprechenden Geschichten gleich mitgeliefert. Wo einst Romy Schneider und Alain Delon am Pool lagen (»La Piscine«) oder Brigitte Bardots Villa »La Madrague«, über der Gunther Sachs Rosen regnen ließ, nichts wird ausgelassen. Les Bateaux Verts, Tel. 04 94 49 29 39; Bateau Brigantin, Tel. 04 94 54 40 61.

AUSGEHEN

In den Clubs und Bars kann man den Jetset, Stars und Sternchen treffen. So im »Les Caves du Roy« im Hotel Byblos (▶Übernachten) oder im »Café de Paris« (Quai Suffren), ein mit Lüstern, rotem Samt und alter Theke ausgestattetes Bar-Restaurant.

FESTE UND EVENTS

Märkte: Place des Lices (Di., Sa.), Place aux Herbes (tägl.). Mitte Mai: Bravade (3-tägiges Stadtfest). 15. Juli: Feuerwerk. Ende Sept.: Voiles de St-

Tropez (300 alte und moderne Jachten). Okt.: Sommerschlussverkauf.

ESSEN

► Fein & Teuer

① Sénéquier
Quai Jean-Jaurès, Tel. 04 94 97 600 90
Das Café am Hafen ist eine Institution, ein (teurer) Platz zum Schauen; gastronomisch ist es, bis auf die Tarte tropézienne, weniger interessant. 1889 wurde der Teesalon mit Patisserie eröffnet, Anfang der 1930er-Jahre kam die Terrasse mit der unübersehbaren roten Markise hinzu.

② La Tour Joseph
Quai F. Mistral, Tel. 04 94 97 29 00
Exzellente provenzalische Küche am Hafen in relativ schlichtem Rahmen im Stil der 1950er-Jahre. Herrlicher Blick auf den Golf von St-Tropez.

► Erschwinglich

③ Chez Fuchs
7 Rue des Commerçants
Tel. 04 94 97 01 25
So etwas wie die Heimatstube von Saint-Trop. Das Lokal gab es schon, bevor die Massen über das Dorf herfielen. Sehr gute provenzalische Küche, Reservieren ist nötig.

④ Les Santons
Grimaud, Route Départementale 558
Tel. 04 94 43 21 02
Gepflegtes Ambiente im Stil der Provence: Antiquitäten und »Krippenfiguren«, eben die Santons. Hier gibt es die berühmte »brouillade aux truffes« (Rührei mit Trüffeln) aus dem Var, Fischgerichte und Rücken vom Sisteron-Lamm mit Thymian.

► Preiswert / Erschwinglich

⑤ Le Petit Charron
6 Rue des Charrons
Tel. 04 94 97 73 78

Schon das Schauen ist im Fischmarkt von St-Tropez ein Fest.

Schlichtes, familiäres Bistro mit köstlicher Regionalküche, in einer Seitenstraße, in die kein Ferrari passt. Ein Lokal, in dem Promis sie selbst sein dürfen, ein Rest des Fischerdorfs.

ÜBERNACHTEN

► Luxus

① Byblos
Avenue Paul Signac
Tel. 04 94 56 68 00, Fax 04 94 56 68 01
www.byblos.com
Ein »Dorf im Dorf« mit bunten Häusern, Gärten und Höfen. Die Zimmer sind individuell im provenzalischen Stil eingerichtet. Ebensolche Spezialitäten werden im Restaurant Les Arcades am Pool gereicht, das Restaurant Spoon ist der mediterrane Ableger des berühmten Spoon Paris von Alain Ducasse (Tel. 04 94 56 68 20). Im Sommer ist die Discothek »Les Caves du Roy« beliebter Treff.

► Günstig / Komfortabel

② Lou Cagnard
18 Avenue Paul Roussel
Tel. 04 94 97 04 24
www.hotel-lou-cagnard.com
Eine (sehr selten) für normale Geldbeutel erschwingliche Oase: Charmantes altes provenzalisches Haus wenige Schritte vom Hafen und der Place des Lices, ruhiger Garten unter schattigen Bäumen, privater Parkplatz (!). Freundlichste Betreuung.

**Maison des
Papillons**

In der Rue Etienne Berny lädt das Schmetterlingsmuseum zum Besuch ein. Es ist in einem kleinen Wohnhaus mit Garten untergebracht. Der Maler Dany Lartigue, Sohn des Fotografen Jacques-Henri Lartigue, dessen Werke hier ebenfalls zu bewundern sind, hat über 20 000 Arten zusammengetragen, darunter sehr seltene und heute ausgestorbene. Öffnungszeiten: April – Okt. und Weihnachtsferien Mo. – Sa. 14.30 – 18.00 Uhr.

**✶ ✶
Musée de
l'Annonciade**

An der Südecke des Hafens (Quai de l'Epi) steht die einstige Chapelle Notre-Dame de l'Annonciade (Verkündigungskapelle, Kirche der Weißen Büßer von 1510). Hier ist das Musée de l'Annonciade untergebracht, das mit der bemerkenswerten Sammlung des Lyoner Industriellen Georges Grammont zu den schönsten Kunstmuseen an der Küste gehört. Es zeigt zumeist pointillistische und fauvistische Gemälde, deren Schöpfer in St-Tropez gearbeitet haben, wie Paul Signac, André Derain, Kees van Dongen, Georges Rouault, Georges Braque, Pierre Bonnard, Henri Matisse und Aristide Maillol. Öffnungszeiten: Mi. – Mo. Juni – Sept. 10.00 – 12.00, 15.00 – 19.00, sonst 10.00 – 12.00, 14.00 – 18.00 Uhr.

Hafen mit Luxusjachten: Sehen und Gesehenwerden ist hier das Programm.

Umgebung von St-Tropez

Ramatuelle

Auf einer bergigen, großenteils bewaldeten Halbinsel ist 12 km südlich von St-Tropez das malerische Bergdorf Ramatuelle mit seinen befestigten Häusern und imposanten Toren zu finden. Umgeben von Weinbergen und Pinienhainen, kann es sich einer herrlichen Aussicht rühmen. Auf dem kleinen Friedhof das Grab des Schauspielers Gérard Philipe (1922 – 1959); ihm zu Ehren findet im Juli/August ein Theaterfestival statt.

Nordwestlich ragt der 326 m hohe **Moulins de Paillas** auf, benannt nach den ehemaligen Mühlen an seiner Südflanke. Ein Sträßchen führt auf die Höhe, von der man einen wunderbaren Blick auf die ganze Halbinsel des Cap Camarat, westlich auf das Massif des Maures, südwestlich auf die Bucht von Cavalaire und nördlich auf die Bucht von St-Tropez hat. 5 km unterhalb von Ramatuelle schiebt sich das **Cap Camarat** ins Meer vor; von seinem Leuchtturm kann man den Blick weit über die Strände der Bucht Anse de Pampelonne (nördlich) und der Plage de l'Escalet (südlich) schweifen lassen.

Ste-Maxime

Nördlich von St-Tropez jenseits der Bucht (14 km) liegt der Hafenort Ste-Maxime, ein beliebter Ferienort. In der Kirche an der Westseite des Hafens ein sehenswerter Marmoraltar (18. Jh.) aus der Kartause von La Verna (Italien). Nordöstlich über dem Städtchen der aussichtsreiche Sémaphore (127 m). Das Musée de la Phonographie et de la Musique Mécanique (Straße nach Muy, 10 km; Öffnungszeiten: ⏱ Mi. – So. Ostern – Sept. 10.00 – 12.00, Juli/Aug. auch 16.00 – 18.30 Uhr) zeigt über 300 Musikmaschinen und Phonographen.

Port-Grimaud K 15

Port-Grimaud ist ein Musterbeispiel für die Realisierung eines Ferienorts auf dem Reißbrett. 1966 entstand 6 km von St-Tropez entfernt das Dorf mit seinem Gewirr von Kanälen nach dem Vorbild eines **venezianischen Fischerdorfs**. Die Kanäle, an denen Segelboote und Kajütkreuzer liegen, sind von Boutiquen, Läden und Restaurants gesäumt; auf dem Hauptplatz wird der Markt abgehalten. Viele der Appartementhäuser haben eigene Bootsliegeplätze vor der Haustür, Autos bleiben außerhalb. Weit an der Seeseite steht die nach romanischen Vorbildern entworfene ökumenische Kirche St-François d'Assisi; von ihrem Turm hat man einen ausgezeichneten Rundblick auf das Lagunenstädtchen und das bergige Hinterland.

Cogolin

Cogolin, am Südwestrand der Küstenebene von Port-Grimaud gelegen, ist ein Zentrum kunsthandwerklicher und industrieller Holz- und Textilverarbeitung. Hauptprodukte sind Möbel aus Bambus, Schilfrohr u. a., Teppiche und **Pfeifen aus Bruyère** (Wurzeln der Baumheide). Im Ort die hübsche Kirche St-Sauveur (11./16. Jh.) – ihr Renaissance-Portal wurde aus dem hier typischen grünen Serpentin gefertigt – und ein Uhrturm, der Rest der einstigen Befestigung. Südlich von Port-Grimaud der Jachthafen Les Marines de Cogolin.

✷
Grimaud

Grimaud, ein landeinwärts gelegener, schon von den Ligurern genutzter Siedlungsplatz, ist ein »village perché« hoch über der Ebene von Cogolin mit malerischem Ortsbild und entsprechend touristisch geprägt. Sehenswert sind die Ruinen der Festung (gute Aussicht) und die Kirche St-Michel, beide aus dem 11. Jahrhundert. Gut erhalten ist auch die Maison des Templiers (Haus der Templer) mit ihren gotischen Arkaden. An der nach Port-Grimaud führenden Straße steht 2 km östlich die Kapelle Notre-Dame-de-la-Queste (11. Jh.).

La Garde-Freinet ▶Massiv des Maures

✷ Stes-Maries-de-la-Mer

J 2

Département: Bouches-du-Rhône   **Höhe:** Meereshöhe
Einwohnerzahl: 2300

Saintes-Maries-de-la-Mer liegt im äußersten Westen der Provence in der Lagunen- und Salzsteppenlandschaft der ▶ Camargue. Die pittoresken Zigeunerwallfahrten haben dem einstigen Fischerort zu großer Popularität verholfen, weshalb sich hier Restaurants, Bars und Souvenirläden reihen.

Besonders im Juli und August drängen sich zahlreiche Tagesbesucher in den Fußgängerzonen. Besucht man den Ort außerhalb der Saison, kann man den Reiz des einst stillen Camarguestädtchens, das im Mittelalter noch 6 km vom Meer entfernt lag, durchaus erleben. Saintes-Maries-de-la-Mer verdankt seinen Namen einer Legende, nach der die drei Marien – Maria Jacobaea (Schwester der Mutter Gottes), Maria Salome (Mutter der Apostel Jakobus und Johannes) und Maria Magdalena (die Büßerin) im Jahr 45 n. Chr. mit ihrer schwarzen Dienerin Sarah, ausgesetzt in einem Boot ohne Ausrüstung und ohne Proviant, hier landeten und das Christentum in die Provence brachten (▶St-Maximin-la-Ste-Baume). Im 15. Jh. soll ein Engel dem Guten König René im Traum den Aufbewahrungsort der lange in Vergessenheit geratenen Gebeine der heiligen Frauen mitgeteilt haben.

Ein beeindruckendes Ereignis: Wallfahrt zur hl. Sarah

Sehenswertes in Stes-Maries-de-la-Mer

Die festungsähnliche Kirche in Ortsmitte geht ins 10./12. Jh. zurück und wurde im 14. Jh. in unruhigen Zeiten zu einer zinnenbekrönten Wehrkirche ausgebaut; ein Brunnen im Inneren sollte im Fall einer Belagerung die Trinkwasserversorgung sicherstellen. In einer Krypta, die König René 1448 errichten ließ, ist die **Statue der hl. Sarah** aufbewahrt. Die **Reliquien der hl. Marien** befinden sich in einer über dem Chor gelegenen Kapelle. Man sollte unbedingt der Kirche auch »aufs Dach steigen«, da man dort einen schönen Blick über Stes-Maries, das Meer und die Camargue hat.

✶ **Kirche**

► STES-MARIES-DE-LA-MER ERLEBEN

AUSKUNFT
Office de Tourisme
5 Av. Van Gogh, 13460 Stes-Maries
Tel. 04 90 97 82 55, Fax 04 90 97 71 15
www.saintesmaries.com

FESTE UND EVENTS
Jedes Jahr am 24./25. Mai strömen Tausende Sinti und Roma nach Stes-Maries-de-la-Mer, um ihrer Schutzpatronin, der hl. Sarah, zu huldigen. Umrahmt wird die Wallfahrt von ausgelassenen Festen mit Musik und Tanz. Eine zweite Wallfahrt gibt es am Sonntag, der dem 22. Okt. am nächsten liegt. Von Ostern bis Okt. finden Stierkämpfe statt. Mitte Juli: Festival du Cheval. Ende Juli: Festo Vierginienco (Fest der »Jungfrauen«). 11. Nov.: Festival d'Abrivado.

ESSEN
► Preiswert / Erschwinglich
El Campo
13 Rue V. Hugo, Tel. 04 90 97 84 11
www.elcampo.camargue.fr
Große Auswahl an Fisch, Salaten und anderen Spezialitäten der Camargue, etwa Paella oder Stier in Rotwein, umrahmt von feuriger Musik.

Le Piccolo
7 Rue Léon Gambetta, Tel. 04 90 97 82 82, www.lepiccolo.camargue.fr

Auf der überdachten Terrasse oder im bunten Saal genießt man frische Spezialitäten der Region, ob aus dem Meer oder vom Camargue-Stier.

ÜBERNACHTEN
► Günstig
Mazet de la Grenouillère
Rond Point Fourcade, ca. 1 km nordwestlich an der D 570
Tel. 04 90 97 90 22, Fax 04 90 97 70 94
www.mazet-grenouillere.camargue.fr
Angenehmes Haus im Stil eines Camargue-Hofs, mit Swimmingpool. Geboten werden Ausritte mit eigenen Pferden, Rad- und Geländewagentouren, Boots- und Angelausflüge.

Camille
13 Av. de la Plage
Tel. 04 90 97 80 26, Fax 04 90 97 63 90
www.hotel-camille.camargue.fr
Im Zentrum am Meer gelegen. Die Zimmer auf der Südseite (zur Straße) sind klimatisiert, die anderen haben eine eigene Terrasse zum Hof.

Mirage
14 Rue C. Pelletan, Tel. 04 90 97 80 43
www.lemirage.camargue.fr
Familiäres, komfortables Haus in einem ehemaligen Kino mit hübschem Salon. Terrasse zum kleinen Garten. Ca. 100 m zum Strand.

Musée Baroncelli Das Musée Baroncelli im ehemaligen Rathaus wenige Schritte südlich der Kirche (Rue V. Hugo) zeigt ortsgeschichtliche und volkskundliche Sammlungen von gallorömischer Zeit bis Anfang des 20. Jh.s, Exponate zu Flora und Fauna der Camargue sowie archäologische Funde aus der Umgebung. Öffnungszeiten: 10.00–12.00, 14.00 bis 18.00 Uhr, April–Sept. tägl., sonst Di. geschlossen.

Am Strand steht die Arena, in der u. a. die Stierkämpfe stattfinden.

Musée des Roulottes Bei Pioch Badet 8 km nördlich von Stes-Maries ist im Musée Tsigane die Geschichte der Sinti und Roma nachzuvollziehen.

Tarascon

G 3–4

Département: Bouches-du-Rhône   **Höhe:** 9 m
Einwohnerzahl: 13 200

Tarascon liegt am Unterlauf der Rhône auf halbem Weg zwischen Avignon und Arles. Seinen Namen führt die Stadt auf die Tarasque zurück, ein menschenfressendes Fabelwesen, das einst hier gehaust haben soll und erst von der hl. Martha besänftigt wurde.

Seither ist die Tarasque das Wappentier der Stadt. Nicht weniger fabelhaft ist die zweite Berühmtheit von Tarascon: Tartarin de Tarascon, der von Alphonse Daudet geschaffene Romanheld. Klein und untersetzt, schwarzbärtig und von gar kriegerischem Gehabe, aber dennoch eher geneigt, sich Abenteuer zu ersinnen als sie in der Realität durchzustehen, nicht zuletzt dem physischen Wohlergehen zugeneigt, ist er für viele die liebenswerte Verkörperung des Provenzalen.

Das Schloss des Guten Königs René

Sehenswertes in Tarascon

Am Ufer der Rhône, nördlich der Straßenbrücke (Boulevard du Château), ragt das festungsartige, massige **Schloss** auf. Seine Anfänge gehen in das späte 14. Jh. zurück. Benannt wurde es nach René, Herzog von Anjou und König von Neapel (genannt »le Bon Roi René«), der das Schloss 1447 bis 1449 zu seiner Residenz ausbauen ließ und hier ein den Künsten und Wissenschaften zugewandtes höfisches Leben initiierte. Auf der einen Seite durch den Fluss, auf der anderen durch

▶ TARASCON ERLEBEN

AUSKUNFT

Office de Tourisme
Le Panoramique, Blvd. de la République, 13150 Tarascon
Tel. 04 90 91 03 52, Fax 04 90 91 22 96
www.tarascon.fr

FEST DER TARASQUE

Seit den Zeiten des Königs René wird am letzten Juni-Wochenende die viertägige Fête de la Tarasque gefeiert. Im Umzug wird der menschenfressende Drache mitgeführt.

ÜBERNACHTEN

▶ Komfortabel

La Bastide de Boulbon
Boulbon, Rue de l'Hôtel de Ville
7 km nördlich von Tarascon
Tel. 04 90 93 11 11, Fax 04 90 97 04 01
www.labastidedeboulbon.com
Hübsches Palais von 1850, modern

gestaltete schlichte Gästezimmer. Mit feinem Restaurant und Swimmingpool im gepflegten Park.

▶ Günstig / Komfortabel

Abbaye Saint Michel de Frigolet
Tel. 04 90 90 52 70, Fax 04 90 95 75 22
www.frigolet.com
Schon 1316 lobte Papst Johannes XXII. die Gastfreundschaft der Abtei Frigolet 15 km nordöstlich von Tarascon. Zwei-Sterne-Komfort in einer fast 1000 Jahre alten Abtei, hübsch modernisierte Zimmer mit Bad. Mit gutem, preiswertem Restaurant.

ESSEN

▶ Preiswert / Erschwinglich

Mistral
26 Blvd. Itam, Tel. 04 90 91 27 62
Gute, feine Küche der Provence in etwas überdekoriertem Ambiente.

---

einen tiefen Graben geschützt, widerstand das Schloss allen Belagerungen und Angriffen bis hin zur Bombardierung durch alliierte Verbände im Jahr 1944. Das Gebäude umschließt einen Ehrenhof; von den zinnenbekrönten Türmen hat man einen schönen Rundblick. Öffnungszeiten: Juni – Sept. tägl. 9.30 – 18.30, Okt. – Mai Di. – So. ⊙ 9.30 – 17.00 Uhr.

Schräg gegenüber steht die ins 12. Jh. zurückgehende, im 14./15. Jh. **Ste-Marthe** gotisch umgestaltete Kirche Ste-Marthe. Bemerkenswert das romanische Südportal. Innen sind zahlreiche Gemälde (Mignard, Van Loo, Parrocel u. a.) zu sehen sowie in der Krypta von 1197 der Sarkophag der hl. Martha, deren Reliquien in Tarascon aufgefunden wurden.

Umgebung von Tarascon

Das gegenüber von Tarascon am rechten Rhôneufer gelegene Städt- **Beaucaire** chen Beaucaire gehört zur Région Languedoc-Roussillon. Einst war es wegen seiner seit 1464 bestehenden Messe (Foire de la Madeleine) berühmt. Sie wird heute noch vom 21. bis zum 28. Juli mit einem historischen Umzug, mit Weinfest, Konzerten und Stierspielen begangen. Beachtung verdient das von J. Hardouin-Mansart erbaute schöne Rathaus (1679 – 1683). Über der Stadt die Ruine einer Burg aus dem 13./14. Jh. mit schöner Aussicht.

Abbaye St-Roman
✳
Aussicht ▶

Etwa 5 km nördlich von Beaucaire ist über die Rhône die Abbaye (Troglodytique) St-Roman in den Felsen gebaut (5. Jh.). Anfahrt: Dem Sträßchen parallel zur D 986 L folgen; vom Parkplatz ca. 15 Min. zu Fuß. Vom Gipfel des Hügels (bei der Abzweigung von der D 986 L geradeaus den Berg hinauf) herrlicher Blick über etwa 40 km Rhône von Avignon bis Arles (Kraftwerk Fourques), die Bergketten der Montagnette und der Alpilles sowie Tarascon und Beaucaire.

Toulon

L 11

Département: Var	**Höhe:** 0 – 10 m
Einwohnerzahl: 166 500	

Toulon, das ca. 70 km östlich von Marseille am südlichsten Punkt der Côte d'Azur liegt, ist nicht gerade ein Mussziel, besitzt aber als bedeutendster Militärhafen Frankreichs eine lebhafte Atmosphäre, besonders in der Altstadt, die nach dem Zweiten Weltkrieg wieder aufgebaut wurde.

Wichtiger Hafen am Mittelmeer

Dank seiner Lage an der von der Halbinsel St-Mandrier geschützten Bucht ist Toulon, Hauptstadt des Départements Var und Zentrum einer Agglomeration mit über 500 000 Einwohnern, ein bedeutender Handels-, Fähr- und Fischereihafen. Mit über 6000 Angestellten ist die Marine der größte Arbeitgeber, sonst spielen Schiffsbau, Rüstungsindustrie und Blumenzucht eine Rolle.

Ein wenig Geschichte

In der Antike war das griechische Telonion bzw. das römische Telo Martius als Hafen und wegen der Gewinnung von Purpur aus Meeresschnecken bedeutend. 1487 kam Toulon zum Königreich Frankreich und wurde wichtiger Flottenstützpunkt, der unter Ludwig XIV. von Vauban ausgebaut wurde. In der Revolution hatten die Royalisten 1793 die Stadt dem englischen Admiral Hood übergeben; sie wurde von der Revolutionsarmee zurückerobert, wobei sich ein unbekannter 23-jähriger Leutnant mit Namen Napoleon Bonaparte besonders auszeichnete. Im Zweiten Weltkrieg war Toulon Basis der französischen Mittelmeerflotte; im November 1942 wurde die Stadt von den Deutschen bombardiert, die französische Flotte versenkte sich hier am 27. November. Weitere Zerstörung brachten alliierte Luftangriffe 1943/1944. Nachdem in den 1960er-Jahren große Außenbezirke entstanden und die Innenstadt allmählich verfiel, besitzt die Stadt – insbesondere im »Vieux Toulon« – heute wieder über eine geschäftig-gemütliche, »provenzalische« Atmosphäre.

Toulon Orientierung

Point Lyautey
Avenue des Dardanelles
Rue des Dardanelles
Avenue Rapael de la Touche
Carnot
Avenue Maréchal Foch
Gendarmerie
Monument
Jardin Alexandre 1er
Place G. Péri
Rue Chalucet
Rue Revel
Rue Peiresc
Rue Gimelli
Rue Mirabeau
Gare
Place Albert Ier
Espace Culturel des Lices
Boulevard Commandant Nicolas
Boulevard de Tessé
Boulevard Louvois
Téléphérique Mont Faron
Av. des Lices
Palais de Justice
Rue R. Guillemard
Musée d'Art
Police
Place Léon Blum
Avenue Moulin
Avenue Maréchal Leclerc
Rue Jean Jaurès
Avenue Général Magnan
Rue Anatole France
Avenue Vauban
Rue de Clabannes
Rue Picot
Place de la Liberté
Rue Victor Clappier
Avenue Colbert
Rue Gimelli
Boulevard de Strasbourg
Préfecture
Théâtre (Opera)
Place V. Hugo
④ ②
Place Puget
Rue Picot
Rue Truguet
Place Noël Blache
Côte d'Azur
Arsenal de la **Marine Nationale**
○ **Place d'Armes**
○
✚ **St-Louis**
Rue P. Sémard
VIEILLE VILLE
Rue P. Landrin
Rue Hoche
Rue Lafayette
Rue St-Bernard
Halles
Cathédrale ✚
Rue Garibaldi
Porte d'Italie
Darse Neuve
Musée de la Marine
Rue d'Alger
Préfecture Maritime
Quai Cronstadt
Avenue de la République
Place de la Poissonnerie
Musée du Vieux Toulon
200 m
© Baedeker
Mairie d'Honneur
Hôtel de Ville
✚ St-François
Cours
Quai de la Sinse
ℹ
Centre Mayol
Stade Mayol
Darse Vieille
Grand Rang
La Seyne, Les Sablettes, ↓ Îles d'Hyeres
P Rond-Point Bonaparte
Gare Maritime
②
①
Tour Royale, Mourillon

Übernachten
① Dolce Frégate
② Dauphiné

Essen
① Bernard
② Les Régates de Toulon
③ Castel
④ Au Sourd

Sehenswertes in Toulon

An der **Darse Vieille** (Altes Hafenbecken) verläuft die Hauptflanier-   **Hafen**
meile der Stadt, der Quai Cronstadt. Die Häuserfront des Quais wurde nach den Zerstörungen des Zweiten Weltkriegs wieder aufgebaut.
An der Mairie d'Honneur sind die Atlanten (1657) zu beachten, die
der bedeutende Marseiller Bildhauers Pierre Puget (1620–1694) an-
fertigte; sie schmückten zuvor das ebenfalls im letzten Krieg zerstörte
alte Rathaus. Diese Atlanten wurden in der Provence immer wieder
nachgeahmt, etwa am Cours Mirabeau in Aix-en-Provence, blieben
aber in ihrer lebendigen Wirkung unerreicht.

▶ TOULON ERLEBEN

AUSKUNFT

Office du Tourisme
12 Place Louis Blanc, 83000 Toulon,
Tel. 04 94 18 53 00, Fax 04 94 18 53
09, www.toulontourisme.com

SCHIFFSVERKEHR

Hafenrundfahrten und Boote zu den
Iles d'Hyères, nach La Seyne und St-
Mandrier legen vom Quai Cronstadt
ab, die Fähren nach Korsika/Sardinien
vom südöstlichen Hafenbecken.

ESSEN

▶ Erschwinglich / Fein & teuer
① *Bernard*
Cap Brun, Calanque de Magaud
Tel. 04 94 27 20 62. Am östlichen
Ende des »Sentier des Douaniers« am
Meer gelegen, ein wunderbarer Platz,
um Meeresgetier zu genießen. Bouil-
labaisse auf Bestellung. Reservieren.

▶ Erschwinglich
② *Les Regates de Toulon*
Toulon, Quai des Sous-Mariniers
Tel. 04 94 41 55 55
Stilvoll-schlichtes Lokal unmittelbar
am Sporthafen, große Fenster und die
Terrasse eröffnen den Blick auf diesen. Exzellente französische Gerichte,
ob vom Land oder aus dem Meer, zu
sehr moderaten Preisen.

③ *Castel*
Sanary-sur-Mer, Chemin de la Carolle
Tel. 04 94 29 82 98
Essen und Wohnen in einem blumen-
dekorierten, familiären Gasthaus mit
traditioneller Küche der Region.

▶ Preiswert / Erschwinglich
④ *Au Sourd*
Toulon, 10 Rue Molière
Tel. 04 94 92 28 52, www.ausourd.com
Das Fischrestaurant ist zu Recht seit
langem eine echte Institution in
Toulon. Mit Terrasse.

ÜBERNACHTEN

▶ Luxus
① *Dolce Frégate*
St-Cyr-sur-Mer, Route de Bandol
Tel. 04 94 29 39 39, Fax 04 94 29 39 40
www.dolce-fregate-hotel.com
Große Residenz in einem Weingut der
AOP Bandol mit drei Restaurants und
Golfplatz, der bis zum Meer reicht.

▶ Günstig
② *Dauphiné*
Toulon, 10 Rue Berthelot
Tel. 04 94 92 20 28, Fax 04 94 62 16 69
www.grandhoteldauphine.com
Freundliches, schlichtes Hotel im
provenzalischen Stil. In der Fußgängerzone, nicht weit vom Markt.

Musée National de la Marine Das sehenswerte Marinemuseum (www.musée-marine.fr), das man durch die schöne **Porte de l'Arsenal** von 1738 betritt, besitzt alte Schiffsmodelle, Stiche und Zeichnungen und dokumentiert die Entwicklung der Artillerie. Öffnungszeiten: Mi.–Mo. 10.00–18.00 Uhr (Juli/Aug. tägl., Jan. geschl.).

Altstadt Von der Mairie d'Honneur führt die schmale, lebhafte Rue d'Alger nach Norden; sie geht in die Rue Hoche über, die an der hübschen **Place Puget** mit der Fontaine des Trois Dauphins (1782) endet. Über die Rue Landrin gelangt man zum Cours Lafayette (Di. – So. vormittags Markt) und zum **Musée du Vieux Toulon** (Stadtgeschichte und sakrale Kunst; Mi. – Mo. 14.00 – 17.45 Uhr). Nebenan die frühgotische Kathedrale **Ste-Marie-Majeure** (urspr. 11./12. Jh. Turm 1740), in der 1870/1871 die Goldreserven Frankreichs versteckt wurden. Südlich der Kathedrale die Place de la Poissonnerie mit dem Fischmarkt. Am Ostende der von hier ausgehenden Rue Garibaldi ist die **Porte d'Italie** erhalten, ein Rest der Vaubanschen Befestigung.

In Toulon prägt die Marine das Bild.

Von der Place Puget, dem lebhaften Altstadtzentrum, gelangt man durch die Rue Muraire (auch »Raimu« genannt) zur beachtenswerten, repräsentativen **Oper** (Grand Théatre, 1862), deren Südfassade sich auf hübschen Pl. Victor Hugo öffnet. Nordwestlich die Place de la Liberté mit dem von Allard geschaffenen **Monument de la Fédération**. Weiter westlich (Boulevard Leclerc 113) das **Musée d'Art de Toulon**: hauptsächlich provenzalische Landschaftsmaler der Jahre um 1850 (Guigou, Aiguier, Courdouan, Ziem), Fauves und Symbolisten bis ins 20. Jh. (Öffnungszeiten: Di. – So. 12.00 – 18.00 Uhr). ☉

Militärhafen

An der 1680 – 1700 angelegten Darse Neuve dehnen sich die Analgen der Kriegsmarine aus (nicht zugänglich). Hier lag der berüchtigte Bagno, das Gefängnis, das 1748 die Galeerenstrafe ablöste und bis 1874 existierte; bis zu 4000 Gefangene arbeiteten hier.

Mourillon

Im südöstlichen Stadtteil Mourillon steht an der Südspitze der Landzunge die mächtige **Tour Royale** (1514, eindrucksvolle Rundsicht). Östlich schließt der Strand von Toulon mit dem Fort St-Louis (1707) an. Die reizvolle Corniche Mistral führt weiter an der Grande Rade nach Osten, vorbei am Jardin d'Acclimatation (Botanischer Garten), zum **Cap Brun** (103 m, Aussicht). Unterhalb der Küstenstraße verläuft der »Sentier des Douaniers«, der Zöllnerpfad, über die Batterie Basse zu den romantischen Buchten von Méjean und Magaud.

★ **Corniche Mistral**

★ **Mont Faron**

Auf den 584 m hohen Mont Faron, der die Stadt im Norden überragt, führen eine sehr schmale, steile und kurvige Straße sowie eine Kabinenbahn (vom Blvd. Amiral-Vence; Bus 40 von der Av. de la République). Letztere ist auf der Corniche Marius Escartefigue zu erreichen, die prachtvolle Ausblicke eröffnet, besonders frühmorgens und kurz vor Sonnenuntergang. Oben das **Musée Mémorial du Débar-quement**, ein Festungsbau von 1845, in dem die Landung der Alliierten in der Provence ab dem 15. August 1944 dokumentiert wird (Öffnungszeiten: Di.–So. 10.00–13.00, 14.00–18.00 Uhr, im Winter bis 17.00 Uhr). Einen grandiosen Blick hat man vom Dach.

Umgebung von Toulon

Sanary-sur-Mer

Sanary-sur-Mer (12 km westlich von Toulon), umgeben von bewaldeten Hügeln, war einmal ein hübsches Fischerdorf, heute lassen ausgedehnte Villensiedlungen eine andere Rolle erkennen. Sehenswert ist die im Westen auf einer Anhöhe stehende, 1560 erbaute Kapelle Notre-Dame-de-Pitié mit schönem Ausblick. Bevor Frankreich in den Zweiten Weltkrieg eintrat, war Sanary ein Sammelpunkt deutscher Intellektueller, die auf ein baldiges Ende der Naziherrschaft hofften (► Tipp S. 339). Sie trafen sich am Hafen im Hotel de la Tour, auch heute noch mit seiner bürgerlichen Gediegenheit empfehlenswert (24 Quai Général de Gaulle, Tel. 04 94 74 10 10).

Bandol

An einer hübschen Bucht zwischen Toulon und Marseille liegt der Hafen- und Ferienort Bandol (7500 Einw.). Er besitzt ein Spielcasino, schöne Strände und einen Jachthafen. Reizvoll sind die von Palmen und Pinien gesäumten Uferpromenaden. In der Kirche sehenswert sind die barocken Holzarbeiten. In der Umgebung wächst ein hochgeschätzter Wein (AOP Bandol, www.maisondesvins-bandol.com). Vorzügliche Küche der Provence bietet das Restaurant Clocher (1 Rue Paroisse, Tel. 04 94 29 97 28) im alten Ortskern.

So verlassen sind die Strände um Bandol nur selten anzutreffen.

Schiffchen fahren von Bandol hinüber zur Ile de Bendor, einem Felseneiland 1 km vor der Küste. Außer am Strand liegen kann man sich hier den provenzalischen Hafen ansehen, das Musée de la Mer, die Fondation Paul Ricard (Kunstausstellungen; mit riesigem Gemälde von Salvador Dalí) und die Exposition Universelle des Vins et des Spiritueux – die Insel gehört nämlich dem Pastis-Hersteller Paul Ricard (www.bendor.com). Weiteren Naturgenuss bieten das Centre International de Plongée (Tauchsportzentrum), ein kleiner Zoo und das Meerwasserschwimmbad.

Ile de Bendor

> **!** *Baedeker* TIPP
>
> **Spuren der Geschichte**
> Ein beschilderter Rundweg folgt den Spuren der deutschen Geistesgrößen, die in den 1930er-Jahren nach Sanary geflohen waren: die Manns, Lion Feuchtwanger, Ernst Toller und viele andere. Nähere Informationen gibt es im Tourismusbüro. Veranstaltet werden auch Lesungen und Ausstellungen zum Thema »Exil in Sanary«.

De mehrteilige Ort St-Cyr-sur-Mer 9 km nordwestlich von Bandol besitzt eine entwickelte Landwirtschaft (Blumen, Kapern, Oliven, Trauben) und Keramikindustrie. Touristischer Brennpunkt ist der Küstenabschnitt zwischen den Jachthäfen Les Lecques und La Madrague. Sehenswert ist das **Musée de Tauroentum** (Standort einer römischen Villa) mit gut erhaltenen Mosaiken (1. Jh. n. Chr.), Säulenresten und Amphoren.

St-Cyr-sur-Mer

Unweit nördlich von Ollioules, ca. 8 km westlich von Toulon, hat der Fluss Reppe eine Schlucht mit bizarren Felsformationen geschaffen. Über der Schlucht steht auf schroffen Vulkanfelsen der Ort **Evenos**, ein »village perché« mit den Resten einer Burg, deren Wehrturm ebenso wie die alten Häuser aus Basaltblöcken erbaut ist.

✶ ✶
Gorges d'Ollioules

✶ Uzès

E 2

Région: Languedoc-Roussillon
Höhe: 138 m

Département: Gard
Einwohnerzahl: 8000

Wer den ▶ Pont du Gard besucht, sollte dieses malerische Städtchen 25 km nördlich von Nîmes nicht auslassen.

Sehenswertes in Uzès

Die Altstadt ist von einem Ring platanenbestandener Boulevards umgeben. Am einfachsten parkt man auf der großen Esplanade an ihrem Westrand. Wenige Schritte östlich empfängt die atmosphärereiche Place aux Herbes, der schöne Hauptplatz der Stadt. Den Platz ziert der meist überwachsene Brunnen, ringsum ist er von mittelalterlichen Häusern mit Arkadengängen umgeben.

✶
Place aux Herbes

▶ UZÈS ERLEBEN

AUSKUNFT

Office de Tourisme
Chapelle des Capucins, Place Albert I
30700 Uzès
Tel. 04 66 22 68 88, Fax 04 66 22 95 19
www.uzes-tourisme.com

ESSEN

▶ Preiswert / Erschwinglich
L'Authentic
St-Siffret (5 km nordöstlich)
Place de l'École, Tel. 04 66 22 60 09
Die alte Schule wurde zu einem der
besten Restaurants der Gegend. Menü
nach der Saison, hervorragende Wein-
auswahl. Reservieren! Sehr schön

nächtigt man im kleinen Chambre
d'hôtes Clos des Ocres gegenüber
(2 Zimmer, Tel. 04 66 20 91 86).

ÜBERNACHTEN

▶ Günstig
Saint-Géniès
Uzès, Route de St-Ambroix
Tel. 04 66 22 29 99
www.hotel-saintgenies.com
Wer Ruhe sucht, ist in diesem un-
prätentiösen Haus 1,5 km außerhalb
von Uzès richtig. Sehr gutes Preis-
Leistungs-Verhältnis. Frühstück auf
der Veranda mit schönem Ausblick.
Mit Pool, ohne Restaurant.

Hôtels Weiter nördlich ist an der Rue de la République das Hôtel de Joubert
mit hübschem Treppenhaus und Innenhof interessant. Hier wendet
man sich nach Osten und erreicht über die kleine Place Dampmartin
(Arkaden mit Kreuzrippengewölben) das gleichfalls bemerkenswerte
Hôtel Dampmartin.

Château Ducal
🕐
Öffnungszeiten:
Juli/Aug.
10.00 – 12.30,
14.00 – 18.30
sonst 10.00 – 12.00,
14.00 – 18.00

Das Schloss der Herzöge von Uzès – der ältesten noch existierenden
Herzogsfamilie Frankreichs – wurde zwischen dem 11. und dem 17.
Jh. erbaut und im 19. Jh. nochmals verändert. Gegenwärtig residiert
hier Jacques de Crussol als 17. Herzog. Im Innenhof verdient die
1565 entstandene **Renaissancefassade** Beachtung; sie ist durch Säulen gegliedert und mit Reliefmedaillons geschmückt. Von der **Tour
Bermonde** (der Turm entstand wohl im 11. Jh., seine Balustraden erhielt er aber erst 1839) genießt man eine gute Rundsicht.

Hôtel de Ville Gegenüber dem Schlossportal das Hôtel de Ville (Rathaus), das unter
Ludwig XVI. 1773 errichtet wurde. Die dem Schloss zugewandte Fas-
sade zeigt noch die Eleganz der Erbauungszeit, während die Nordfas-
sade (mit dem Haupteingang) um 1900 neu gestaltet wurde. Die
Hoffassaden sind durch Säulen gegliedert; reizvoll ist der Blick durch
das schmiedeeiserne Gitter auf das Herzogsschloss.

Crypte Gegenüber der Nordostecke des Schlosses liegt der Eingang zur so
genannten Krypta, einem in den Felsen gehauenen frühchristlichen
Kultraum. An den Wänden im Halbrelief Johannes der Täufer und
ein Orans (Betender mit ausgebreiteten Armen).

Den Osten der Altstadt dominiert der Kathedral-komplex mit der unge-wöhnlichen runden **Tour Fenestrelle**, ein 42 m ho-her, im 12. Jh. nach lombardischem Vorbild errichteter Glockenturm und Rest der mittelalter-lichen Kathedrale. Seine nach oben hin leichter wirkenden sechs Geschos-se sind durch unterschied-

Die romantische Place aux Herbes mit ihrem Brunnen

lich gestaltete Blendbögen gegliedert. Da der Turm zu jener Zeit als Wachtturm diente, entging er – anders als Vorgängerbau der Kathe-drale St-Théodorit (17.–19. Jh.) – der Zerstörung durch die Albi-genser. In der Kathedrale bemerkenswert die Orgel von 1685.

Im nördlich anstoßenden Palais Episcopal (Bischofspalast) zeigt das **Musée Georges Borias** Exponate zu Kunst, Volkskunde und Vorge-schichte; außerdem erinnert es an den Schriftsteller André Gide, des-sen Familie aus Uzès stammte. Öffnungszeiten: Di.–So. Nov.–Febr. 14.00 bis 17.00, Juli/Aug. 10.00–12.00, 15.00–18.00, März–Juni, Sept., Okt. 15.00–18.00 Uhr. Gegenüber dem Bischofspalast das **Hôtel du Baron de Castille**, ein klassizistischer Bau mit eleganter Säulenfront (18. Jh.). In der zweiten Julihälfte finden in Uzès die »Nuits Musicales« statt (klassische Musik, Jazz u. a.). Haribo-Fans lassen sich das **Musée de Bonbon** an der D 981 nach Avignon nicht entgehen (Öffnungszeiten: Juli/Aug. tägl. 10.00–19.00 Uhr, sonst Di.–So. 10.00–13.00, 14.00–18.00 Uhr; www.haribo.com).

✱ Vaison-la-Romaine

Département: Vaucluse
Einwohnerzahl: 6200
Höhe: 200 m

Am Fuß des ►Mont Ventoux liegt dieses lebhafte Städtchen, das für die weitläufigen Reste aus römischer Zeit berühmt ist. Auch die Umgebung ist interessant, mit den Dentelles de Montmirail und den bekannten Weinbaugebieten von Séguret und Gigondas.

Im 4. Jh. v. Chr. lag hier der Hauptort der keltischen Vocontii. Die Römer gründeten im fruchtbaren Tal der Ouvèze den Ort Vasio Vo-contiorum, der fünf Jahrhunderte blühte. Schon Anfang des 4. Jh.s war Vaison Sitz eines Bischofs, in den Jahren 442 und 529 fanden hier Konzile statt; im 11./12. Jh. errichtete man die Kathedrale. We-nig später belagerte und eroberte Raymond, Graf von Toulouse, die

Ein wenig Geschichte

Stadt, beraubte den Bischof seiner Liegenschaften und ließ an der höchsten Stelle Bergs, der die Stadt überragt, eine Burg erbauen. Die Oberstadt wurde ummauert, und erst im 18. Jh. besiedelte man das Gebiet der einstigen Römerstadt neu. Im September 1992 wurde das Tal der Ouvèze von einer schweren Flutkatastrophe heimgesucht, bei der 30 Menschen ums Leben kamen.

Vaison-la-Romaine *Orientierung*

Übernachten
① L'Évêché
② Villa Elaïa

Essen
① Le Bateleur

© Baedeker

✳ **Römische Stadt**

Westlich und östlich des Hauptplatzes in der Unterstadt erstrecken sich die zwei Bereiche mit den römischen Ausgrabungen. Den östlichen Teil bildet das Quartier de Puymin, den westlichen das Quartier de la Villasse. Das leicht ansteigende **Quartier de Puymin** ist mit Eichen und Zypressen parkähnlich gestaltet. Im unteren Teil sind Grundmauern zu sehen, u. a. vom »Haus der Messii«, dem »Porticus (Säulenhalle) des Pompeius« und einem Nymphäum. Die Statuen im Gelände sind Kopien der im Museum ausgestellten antiken Originale. Das Museum umfasst neben einem großen Lapidarium (römische Grabmäler, Statuen etc.) ein Modell des Theaters. Weitere Themen sind das römische Wohnhaus und die gallorömische Keramik. Interessant sind eine Vitrine mit Aschenurnen, darunter einige aus Glas. Am Eingang eine Karte zur Geschichte der Provincia Gallia Narbonensis. Unweit oberhalb des Museums gelangt man durch einen Tunnel zum antiken Theater, das etwas kleiner war als die Theater von Arles und Orange. Es wurde weitgehend restauriert und dient als Freilichtbühne, u. a. für Chor- und andere Konzerte.

🕐 Öffnungszeiten: Nov., Dez., Febr. 10.00 – 12.00, 14.00 – 17.00 März, Okt. 10.00 – 12.30, 14.00 – 17.30 April – Sept. 9.30 – 18.00

▶ VAISON-LA-ROMAINE ERLEBEN

AUSKUNFT

Office de Tourisme
Place du Chanoine Sautel
84110 Vaison-la-Romaine
Tel. 04 90 36 02 11, Fax 04 90 28 76 04
www.vaison-la-romaine.com
www.vaison-en-provence.com

FESTE UND EVENTS

Viele Konzerte, u. a. Festival Brassens (Ende April) und Jazz dans les Vignes (Mai – Nov.). Alle 3 Jahre Anf. August großes Chorfestival (»Choralies«, wieder 2013). Ganzer Okt.: Festival des Soupes. Di.vormittag ist Markt.

ESSEN

▶ **Erschwinglich**

① *Le Bateleur*
1 Place Aubanel, Tel. 04 90 36 28 04
In gemütlich-rustikalem Rahmen genießt man hier eine hochklassige, ungewöhnliche französisch-provenzalische Küche. Herzlicher Service.

ÜBERNACHTEN

▶ **Komfortabel**

① *L'Evêché*
Rue de l'Evêché, Tel. 04 90 36 13 46
www.eveche-vaison.com
Traumhaftes Chambre d'hôtes in der 500 Jahre alten Bischofsresidenz in der Oberstadt. Freundliche, hübsch ausgestattete kleine Zimmer, Terrasse mit herrlichem Ausblick.

▶ **Günstig / Komfortabel**

② *Villa Elaia*
Puymeras, Route de Faucon (4 km nordöstlich von Vaison), Tel. 04 90 46 51 16, www.hotel-villaelaia.fr
Sehr angenehm logiert man in der 1998 erbauten Villa im römischen Stil mit Atrium, Garten und Pool, umgeben von Weinbergen und Olivenbäumen. Den Hausgästen wird abends ein provenzalisch inspiriertes Menü geboten. Deutschsprachige Gastgeber und Malkurse.

Die römischen Ausgrabungen in Vaison-la-Romaine

Quartier de la Villasse Im westlichen Grabungsterrain sind der große Bogen der einstigen Basilika sowie die sorgfältig gepflasterte und mit Kanalisation versehene Römerstraße besonders bemerkenswert. Unter Schutzdächern sind an einigen Stellen Bodenmosaiken zu sehen.

Weitere Sehenswürdigkeiten

Kathedrale Am Westrand des Quartiers de la Villasse steht die Kathedrale Notre-Dame. Sie wurde auf antiken Fundamenten errichtet, möglicherweise denen eines Tempels, der heutige Bau datiert aus dem 11.–13. Jahrhundert. Er hat einen kleineren Grundriss als sein Vorgänger, was aus den ringsum freigelegten älteren Fundamenten zu ersehen ist. Nördlich schließt sich an die Kirche der schöne Kreuzgang an. Der Südflügel musste im 19. Jh. instandgesetzt werden, die anderen drei Flügel sind weitgehend original erhalten. Zu beachten ist der feine Schmuck der Kapitelle der Arkadensäulen.

★ Oberstadt Südlich der Ouvèze steigt die Oberstadt am Burgberg an. Man überquert den Fluss auf der römischen Brücke – die das Hochwasser 1992 ohne Schaden überstanden hat – und geht durch einen mittelalterlichen Torturm. In den romantischen, engen Gassen der Oberstadt, die sich seit dem 14. Jh. im Schutz der Burg entwickelte, haben sich Kunsthandwerker niedergelassen. Reizvoll ist der Blick vom Vorplatz der Kirche am Ostrand der Altstadt talaufwärts. Ganz oben steht die Ruine der **Burg**. Von dem Felsplateau, das im Süden und Westen senkrecht abfällt, bietet sich ein großartiger Rundblick.

Umgebung von Vaison-la-Romaine

Der westliche Ausläufer des ► Mont Ventoux zwischen Malaucène und Gigondas heißt treffend Dentelles de Montmirail, »Klöppelspitzen«. Die schroffen Kalkfelsen mit ihren senkrecht stehenden Gesteinsschichten machen einen wesentlich »alpineren« Eindruck als der Mont Ventoux und sind trotz ihrer geringen Höhe (734 m im Pic St-Amand) ein beliebtes Revier für Wanderer und Kletterer.

Dentelles de Montmirail

Am Westfuß der Dentelles erstreckt sich ein **renommiertes Weinbaugebiet** mit malerischen Dörfern: Rasteau (Süßwein), Gigondas und Vacqueyras (Rotweine), Seguret (Burgruine, schöner Ausblick) und Sablet. An der Kapelle Notre-Dame-d'Aubune vorbei kann man nach Beaumes-de-Venise weiterfahren (►S. 277).

> **!** *Baedeker* TIPP
>
> **Wein mit fast allen Sinnen**
>
> Auf dem »Sinnesparcours« der Cave de Cairanne (15 km westlich von Vaison) kann man Wein und Weinbau mit Auge und Ohren, Nase, Mund und Hand kennenlernen. 90-minütige Führungen finden Mo. – Sa. um 11.00 und 16.00 Uhr statt. Von April bis Oktober werden auch Kutschfahrten und Ausritte in die Weinberge veranstaltet. Info: Tel. 04 90 30 82 05, www.cave-cairanne.fr.

✶ Vence

G 18

Département: Alpes-Maritimes
Einwohnerzahl: 19 500

Höhe: 325 m

Im Hinterland der Côte d'Azur, auf halbem Weg zwischen Nizza und Antibes, ist ein besonders berühmtes »village perché« zu finden. Das herrlich gelegene Vence zog mit seinem Nachbarort St-Paul-de-Vence im letzten Jahrhundert zahlreiche Künstler an.

Im Mittelpunkt der Altstadt steht die ehemalige **Kathedrale** (Notre-Dame-de-la-Nativité, 10. – 15. Jh.). Sie besitzt ein schönes Chorgestühl aus dem 17. Jh., als Altar dient ein römischer Sarkophag. In der Taufkapelle ein Mosaik (1979) von **Marc Chagall**, das die Rettung des Moses aus dem Nil darstellt (Marc Chagall lebte bis zu seinem Tod 1985 in Vence). Chor und Turmkapelle sind mit karolingischen Flechtornamenten geschmückt. In der Fassade der Kathedrale sind zwei römische Inschriften zu sehen, die den Kaisern Heliogabalus und Gordianus gewidmet sind.

Sehenswertes in Vence

An der Place Godeau, östlich der Kirche, eine antike Säule; sehenswert auch der zinnengeschmückte Glockenturm und das hübsche Renaissance-Tor. Westlich am Rande der Altstadt die stimmungsvolle Place du Peyra mit dem gleichnamigen Brunnen. Westlich außerhalb des Stadtkerns, an der Avenue Henri Isnard, die **Chapelle des Pénitents-Blancs** aus dem 15. Jahrhundert.

▶ VENCE ERLEBEN

AUSKUNFT

Office de Tourisme
8 Place du Grand-Jardin, 06140 Vence
Tel. 04 93 58 06 38, Fax 04 93 58 91 81
www.ville-vence.fr
www.saint-pauldevence.com

ÜBERNACHTEN

▶ Luxus
Domaine Cocagne
Cagnes-sur-Mer, 30 Chemin du Pain
de Sucre, Tel. 04 92 13 57 77
www.domainecocagne.fr
Modernes Luxushotel mit einzelnen
Villen in großem Wald, Schwimm-
bad unter Palmen. Schlicht-edle
Zimmer mit Balkon oder Terrasse.

▶ Komfortabel
Auberge des Seigneurs
Vence, 1 Rue du Dr Binet
Tel. 04 93 58 04 24, www.auberge-
seigneurs.com. Alte Posthalterei im
Schloss Villeneuve: provenzalische
Atmosphäre, rustikal, gemütlich und
ruhig. Gute Regionalküche.

▶ Günstig
La Maison d'Accueil Lacordaire
Vence, 466 Av. Henri Matisse
Tel. 04 93 58 03 26, http://maison.

lacordaire.pagesperso-orange.fr
Sehr schlicht, dennoch schön wohnt
man bei den Dominikanerinnen vom
Rosenkranz (▶ Chapelle du Rosaire)
in zwei Villen des 19. Jh.s (mit Halb-
und Vollpension). Herrlicher Ausblick
auf Stadt und Meer.

ESSEN

Baedeker-Empfehlung

▶ Fein & teuer
La Colombe d'Or
Place Gén. de Gaulle, Tel. 04 93 32 80 02
Alle strömten sie in die »Colombe d'Or«,
Picasso, Braque, Miró, Léger, Chagall.
Und sie dedizierten den Inhabern schöne
Gemälde. Stars wie David Niven, Cary
Grant und Grace Kelly kamen immer
wieder und genossen den Sommer
»über den Dächern von Nizza«, Grace
Kelly verliebte sich in die Gegend und in
den Fürsten von Monaco. Yves Montand
heiratete ein Mädchen aus St-Paul und
wurde Mitbesitzer der »Goldenen Taube«.
Das Haus ist auch eine Herberge (luxuriös
natürlich). Vom Balkon über dem traumhaften Pool sieht man bis zum Meer.

▶ Erschwinglich / Fein & teuer
Josy-Jo
Haut-de-Cagnes, 2 Rue du Planastel
Tel. 04 93 20 68 76, So./Mo. geschl.
Erstklassige, verführerische Regional-
küche ohne Schnickschnack, serviert
in dem charmanten Haus, in dem die
Maler Soutine und Modigliani wohn-
ten, oder im Garten unter Weinlaub.
Das kleine Lokal ist immer voll, daher
früh reservieren!

*»Colombe d'Or«: vor dem Mahl
ein paar Runden schwimmen*

Am nördlichen Stadtrand, rechts der D 2210, steht die zu einem Dominikanerinnenkloster gehörende Chapelle du Rosaire. Man erkennt sie an ihren schlichten, strengen Formen und an der linearen Darstellung (über der Tür) von Maria, Jesus und dem hl. Dominikus von Henri Matisse. Auch das Innere wurde von **Henri Matisse** bis 1951 mit großen Grafiken (schwarze Linien auf weißen Keramikfliesen) zu biblischen Themen ausgestattet. Dargestellt sind u. a. die Geburt Christi, der hl. Dominikus sowie die Passion Christi (Kreuzweg). Ganz in Weiß gehalten, bekommt der einfache Raum Farbe nur durch die Glasfenster. Beeindruckend ist die gestalterische Ökonomie und die dadurch erzeugte Dramatik der Darstellung. Auch Altargerät und verschiedene Messgewänder hat Matisse entworfen; sie werden im Matisse-Museum in ►Nizza-Cimiez aufbewahrt.

★
Chapelle du Rosaire
🕐
Öffnungszeiten:
Mo.– Sa.
14.00 –17.30
(Fr. nur im Sommer)
Di., Do. auch
10.00 –11.30
Messe So. 10.00

Umgebung von Vence

Etwa 3 km südlich liegt schön auf einem Hügel das Städtchen St-Paul-de-Vence (www.saint-pauldevence.com), das sich einen mittelalterlichen Charakter bewahrt hat, auch wenn es in den 1920er-Jahren von Malern wie Signac, Modigliani und Bonnard »entdeckt« wurde– eine weltberühmte Sehenswürdigkeit ist das Hotelrestaurant Colombe d'Or, da die Maler mit einem Werk bezahlten. Die gut erhaltene **Ringmauer** aus dem 16. Jh. ist an den Steilabfällen mit starken Stützen versehen und besitzt einen stattlichen Wehrturm. In der **Kirche** (frühes 13./17. Jh.) ein sehenswerter Kirchenschatz mit Silberarbeiten, Reliquien und einem Ciborium von 1439. Am Platz neben der Kirche das alte Rathaus und das lokalgeschichtliche Museum. Die Place de la Grande Fontaine ziert der schöne Brunnen von 1615. Auf dem Friedhof ist Marc Chagall beigesetzt, der zuletzt in St-Paul lebte († 1985).

St-Paul-de-Vence

Mittelalterliches Flair in St-Paul-de-Vence

Kunstfreunde pilgern zur Fondation Maeght (www.maeght.com), die ca. 1 km nordwestlich von St-Paul-de-Vence zu finden sit. Die Stiftung des Kunsthändler-Ehepaars Aimé und Marguerite Maeght wurde 1964 eröffnet: eine erlebenswerte Verbindung von Natur, Architektur (Josep Lluis Sert) und moderner Kunst. Neben Mosaiken von Braque, Chagall und Tal-Coat sind die Keramikskulpturen von Miró hervorzuheben, ebenso die Bronzefiguren von Giacometti und das

★ ★
Fondation Maeght

Stabile von Calder. Die Kapelle wurde von Braque und Ubac mitgestaltet. Das Museum besitzt Werke u. a. von Arp, Bonnard, Chagall, Giacometti, Kandinsky und Miró. Beachten: Während Sonderausstellungen sind die Werke aus dem eigenen Bestand nicht zu sehen. Öffnungszeiten: Juli – Sept. tägl. 10.00 – 19.00, Okt. – Juni 10.00 bis 18.00 Uhr.

5 km westlich von Vence liegt auf einem Plateau das reizvolle **Tourrettes-sur-Loup** mit seinen mittelalterlichen Türmen, Stammsitz der Confiserie Florian (► Tipp S. 295). Die Kirche aus dem 14. Jh. besitzt einen beachtenswerten antiken Altar und ein Altarbild aus der Nizzaer Schule von Ludovico Bréa. Interessant ist auch das Musée d'Artisanat Local (Museum für örtliches Kunstgewerbe).

Ein Miró in der Fondation Maeght

Haut-de-Cagnes Cagnes (44 000 Einw.) ist dreigeteilt: Cros-de-Cagnes, einst Fischerhafen, ist der Strandurlaubsort (mit den riesigen Pyramiden der **Marina Baie des Anges**), dahinter liegen das moderne Cagnes-Ville und das malerische alte Haut-de-Cagnes. Letzteres wird von der Grimaldi-Burg beherrscht (14./17. Jh., wunderbarer Renaissance-Innenhof). Darin ein Museum zur Kultur des Olivenbaums, die Stiftung der Kabarettsängerin Suzy Solidor (Porträts von berühmten Malern) und eine Galerie mit Werken u. a. von Chagall, Matisse und Renoir. Im 1. Stock bemerkenswerte Deckengemälde des Genuesen Giovanni Carlone (17. Jh.). Öffnungszeiten: Mai – Sept. 10.00 – 12.00, 14.00 bis 18.00, sonst bis 17.00. In der Chapelle Notre Dame de Protection nordöstlich außerhalb der ummauerten Altstadt sind Fresken von ca. 1525 zu sehen.

In der Maison Les Collettes, etwa 1 km östlich der Altstadt, lebte der Maler **Pierre-Auguste Renoir** von 1908 bis zu seinem Tod 1919. Das hier eingerichtete sehr sehenswerte Museum ist geöffnet Mi – Mo. Mai – Sept. 10.00 – 12.00, 14.00 bis 18.00, sonst bis 17.00 Uhr.

! **Baedeker TIPP**

Papst der Gourmets

Mit dem Musée de l'Art Culinaire hat Villeneuve-Loubet seinem berühmten Sohn Auguste Escoffier (►S. 48) ein Denkmal gesetzt, mit 1500 Speisekarten, Küchengerät aus 6 Jahrhunderten und einer großen Bibliothek. So. – Fr. 14.00 bis 18.00, Juli/Aug. auch Mi., Fr. 10.00 – 12.00 Uhr. Tel. 04 93 20 80 51, www.fondation-escoffier.org.

DER KLANG DER PROVENZALISCHEN SEELE

Ein Klacken, mal laut, mal leise, mal zart, mal heftig. Dazu hitzige Rufe, Flüche, Freudenschreie. Eine Sandfläche, drum herum ein paar Platanen, und schon sind sie da: die Männer mit den silbernen Kugeln.

Gilles verbringt hier seine Zeit. Die scheint hier im Süden vom Himmel zu fallen, ständig und reichlich. Für Gilles sowieso. Seit ein paar Monaten ist er arbeitslos. Noch zahlt ihm das Arbeitsamt die Stütze. »Das Boule-Spiel ist mein Leben«, schwärmt der 34-Jährige, und strahlt über das ganze schmale Gesicht.

Die Regeln sind einfach: In jeder Mannschaft sollte mindestens einer gut »rollen«, der andere gut »schießen« können. Der **Roller** (pointeur) legt seine Kugel möglichst nahe ans Ziel, der **Schießer** (tireur) versucht, die Kugeln des Gegners vom Ziel wegzuschießen. Das Ziel, das ist eine kleine Holzkugel. **Schweinchen** heißt

sie, weil angeblich vor ganz langer Zeit die Römer mit Kugeln auf Spanferkel geworfen und so den Vorläufer des Boule-Spiels erfunden haben sollen.

Ein Spieler zeichnet einen Kreis in den Sand, aus dem er dann das Schweinchen 6–10 m weit wirft. Anschließend kommen abwechselnd die silbernen Kugeln der beiden Mannschaften zum Einsatz. »Pétanque«, wie das Boule-Spiel hier heißt, ist die sprachfaule Abkürzung für »pieds tanqués«, zu Deutsch »Füße angewurzelt«. Entstanden ist das Spiel um 1910 vermutlich in einem Dorf bei Marseille, wo ein Rheumakranker die Kugeln nicht mehr – wie beim Lyoner Boule üblich – im Lauf werfen

Besonders Rentner und die so genannten kleinen Leute tummeln sich auf den Plätzen, um die gemütliche okzitanische Variante des Boule zu spielen.

Welche Kugel kommt dem »Schweinchen« am nächsten?

konnte und so einfach beim Werfen stehen blieb. Die gemütliche okzitanische Variante war geboren.

Beim Werfen müssen nun beide Füße am Boden bleiben. Am Schluss gibt es einen Punkt für jede Kugel, die näher am Ziel liegt als die bestplatzierte Kugel des Gegners.

Küsschen auf den Allerwertesten

Mitspielen dürfen alle. Außer Frauen. Nur **Fanny**, die ist immer dabei. »Faire Fanny«, etwa »Fanny machen«, ist das Beste, was einem Spieler passieren kann. Dann hat er mit seiner Mannschaft 13:0 gewonnen, und der Verlierer muss Fannys runden Hintern küssen. Entstanden ist dieser Brauch – wie so vieles hier – aus einer Anekdote. Ein Spieler hatte gewettet, dass er das große Gesäß der Bedienung in der Kneipe nebenan küssen werde, wenn er 13:0 geschlagen würde. So bekam Fanny ihren Kuss auf den Allerwertesten und die französische Wirtschaft einen neuen Geschäftszweig: In den meisten provenzalischen Kneipen, in denen die Pétanque-Spieler nach der Partie ihren Pastis trinken, hängt ein hölzernes Relief, das hinter einem kleinen Vorhang zwei halbnackte weibliche Pobacken zeigt. Wer ohne einen Punkt verloren hat, zieht den Vorhang zur Seite und küsst sie.

Sportliche Disziplin

»Hier spielt der Bankdirektor mit dem Bauarbeiter, kein Problem«, versichern die Männer auf dem Platz. Auch die sonst so unbeliebten arabischen Einwanderer spielen mit. Doch vor allem tummeln sich Rentner und so genannte kleine Leute auf den Plätzen unter den Platanen.

Manche nennen das sogar Sport. Es gibt Meisterschaften, regionale, nationale, internationale, ausgerichtet vom Verband, der Fédération Française de

la Pétanque. Falls es doch noch was wird mit der Anerkennung als olympische Disziplin, hat Frank Filliaggi schon vorgesorgt. Er verkauft in **Frankreichs einzigem Boulemuseum** in Vallauris nicht nur Fannys aus Ton, Plastik oder Holz. In den Verkaufsregalen der Maison de la Pétanque warten Mützen, Wanduhren, Schlüsselanhänger mit Pétanque-Kugeln und Maßbänder.

Die Gemeinschaft zählt

Dass Kugel nicht gleich Kugel ist, verrät schon ein Blick in Filliaggis Sortiment. Da gibt es welche aus gewöhnlichem Stahl oder aus rostfreiem Metall. Wer schockbehandelte Boules aus ATX-Stahl haben möchte, muss für einen Satz (drei Stück) mindestens 230 € hinblättern. Damit sich die Investition lohnt, legt man vor dem Kauf seine Hand in Filliaggis Spezialmaschine. Die zeigt zu jeder Handgröße die passende Kugelgröße und das passende Gewicht an. Für die Männer, die ihre Nachmittage unter den Platanen vor dem Rathaus in Vallauris oder anderswo im Midi verbringen, zählt das gemeinsame Erlebnis. »Wer gewinnt, wer verliert, egal, man geht zusammen einen trinken und hat Spaß zusammen.« Das ist das ganze Geheimnis.

La Maison de la Pétanque, Vallauris, 1193 Chemin de St. Bernard (von der Autobahnausfahrt Vallauris / Golfe Juan Richtung Vallauris durch das Industriegebiet St-Bernard, nach etwa 3 km auf der rechten Seite), Tel. 04 93 64 11 36, www.petanque.com.

Unter den uralten Platanen vor dem Café de la Place, wo schon Yves Montand und Jacques Prévert gespielt haben, bietet St-Paul-de-Vence Pétanque-Kurse für Touristen an. Info und Anmeldung: Office de Tourisme St-Paul-de-Vence, 2 Rue Grande, Tel. 04 93 32 86 95, Fax 04 93 32 60 27, www.saint-pauldevence.com.

REGISTER

BILDNACHWEIS

VERZEICHNIS DER KARTEN
& GRAFISCHEN DARSTELLUNGEN

IMPRESSUM

Ausstattung: 236 Abbildungen, 34 Karten und grafische Darstellungen, eine große Reisekarte
Text: Dr. Bernhard Abend, Gisela Buddée, Jutta Buness, Robert B. Fishman, Peter M. Nahm, Dr. Fritz Nohr
Bearbeitung: Dr. Bernhard Abend
Kartografie: Christoph Gallus, Hohberg; Franz Huber, München; Falk Verlag, Ostfildern (Reisekarte)
3D-Illustrationen: jangled nerves, Stuttgart
Gestalterisches Konzept: independent Medien-Design, München; Kathrin Schemel

Chefredaktion: Rainer Eisenschmid, Baedeker Ostfildern

13. Auflage 2011

Urheberschaft:
Karl Baedeker Verlag, Ostfildern
Nutzungsrecht:
MAIRDUMONT GmbH & Co KG, Ostfildern

Sprachführer in Zusammenarbeit mit Ernst Klett Sprachen GmbH, Stuttgart, Redaktion PONS Wörterbücher

Anzeigenvermarktung:
MAIRDUMONT MEDIA
Tel. 0049 711 4502 333
Fax 0049 711 4502 1012
media@mairdumont.com
http://media.mairdumont.com

Printed in China
Gedruckt auf 100 % chlorfrei gebleichtem Papier

ℹ atmosfair

Reisen bereichert und verbindet Menschen und Kulturen. Jedoch wer reist, erzeugt auch CO_2. Dabei trägt der Flugverkehr mit bis zu 10% zur globalen Erwärmung bei. Wer das Klima schützen will, sollte sich somit nach Möglichkeit für die schonendere Reiseform entscheiden (wie z. B. die Bahn). Wenn keine Alternative zum Fliegen besteht, kann man mit atmosfair handeln und klimafördernde Projekte unterstützen.

atmosfair ist eine gemeinnützige Klimaschutzorganisation unter der Schirmherrschaft von Klaus Töpfer. Die Idee: Flugpassagiere spenden einen kilometerabhängigen Beitrag für die von ihnen verursachten Emissionen und finanzieren damit Projekte in Entwicklungsländern, die dort den Ausstoß von Klimagasen verringern helfen. Dazu berechnet man mit dem Emissionsrechner auf **www.atmosfair.de** wieviel CO_2 der Flug produziert und was es kostet, eine vergleichbare Menge Klimagase einzusparen (z.B. Berlin – London – Berlin 13 Euro). atmosfair garantiert die sorgfältige Verwendung Ihres Beitrags. Auch der Karl Baedeker Verlag fliegt mit *atmosfair*. Unterstützen auch Sie unser Klima. Alle Informationen dazu auf www.atmosfair.de.

BAEDEKER VERLAGSPROGRAMM

LIEBE LESERINNEN, LIEBE LESER,

ein herzliches Dankeschön, dass Sie sich für einen Baedeker Allianz Reiseführer entschieden haben. Er wird Sie zuverlässig auf Ihrer Reise begleiten und Sie nicht im Stich lassen.

Natürlich beschreibt er die wichtigen Sehenswürdigkeiten, aber er empfiehlt auch die nettesten Kneipen und Bars, dazu Hotels für den großen und kleinen Geldbeutel, gibt Tipps für Restaurants, Shopping und für vieles mehr, was eine Reise zum Erlebnis macht. Dafür haben unsere Autoren Sorge getragen. Sie sind für Sie regelmäßig in die Provence gereist und haben all ihre Erfahrungen und Kenntnisse in diesen Reiseführer gepackt.

Trotzdem: Die Erfahrung zeigt, dass Fehler und Änderungen nach Drucklegung, für die der Verlag keine Haftung übernehmen kann, nicht ausgeschlossen werden können. Für Kritik, Berichtigungen und Verbesserungsvorschläge sind wir Ihnen außerordentlich dankbar. Schreiben Sie uns, mailen Sie uns oder rufen Sie an:

▶ **Verlag Karl Baedeker GmbH**
Redaktion
Postfach 3162
D-73751 Ostfildern
Tel. (0711) 4502-262, Fax -343
E-Mail: info@baedeker.com

Besuchen Sie uns auch im Internet unter www. baedeker.com. Hier finden Sie jeden Monat den aktuellen Reisetipp der Redaktion und das gesamte Verlagsprogramm. Hier können Sie auch lesen, wer Karl Baedeker war und wie er seinen ersten Reiseführer geschrieben hat. Mit seinen über 180 Jahren ist der Karl Baedeker Verlag der älteste Reiseführer-Verlag der Welt.

www.baedeker.com

⊙ ZU GEWINNEN: **STADTREISE NACH LONDON**

Unter allen Einsendungen verlost der Verlag am Jahresende – unter Ausschluss des Rechtswegs – eine Städtekurzreise für zwei Personen nach London.
Freuen Sie sich auf ein spannendes Wochenende in London. Natürlich ist ein Baedeker Allianz Reiseführer London auch dabei!